LES TROUPES FRANÇAISES
INTERNÉES EN SUISSE

À LA FIN DE LA

GUERRE FRANCO-ALLEMANDE

en 1871.

RAPPORT

RÉDIGÉ PAR ORDRE

DU

DÉPARTEMENT MILITAIRE FÉDÉRAL

sur les documents officiels déposés dans ses archives

PAR

E. DAVALL

major à l'État-major général.

AVEC

CARTE, PLAN ET TABLEAUX

BERNE

1873

LIBRAIRIE MAX FIALA (Otto Kæser).

AU

HAUT CONSEIL FÉDÉRAL SUISSE

LES TROUPES FRANÇAISES

INTERNÉES EN SUISSE

A LA FIN DE LA

GUERRE FRANCO-ALLEMANDE

en 1871.

RAPPORT

RÉDIGÉ PAR ORDRE

DU

DÉPARTEMENT MILITAIRE FÉDÉRAL

sur les documents officiels déposés dans ses archives :

PAR

E. DAVALL

major à l'État-major général.

BERNE

1873

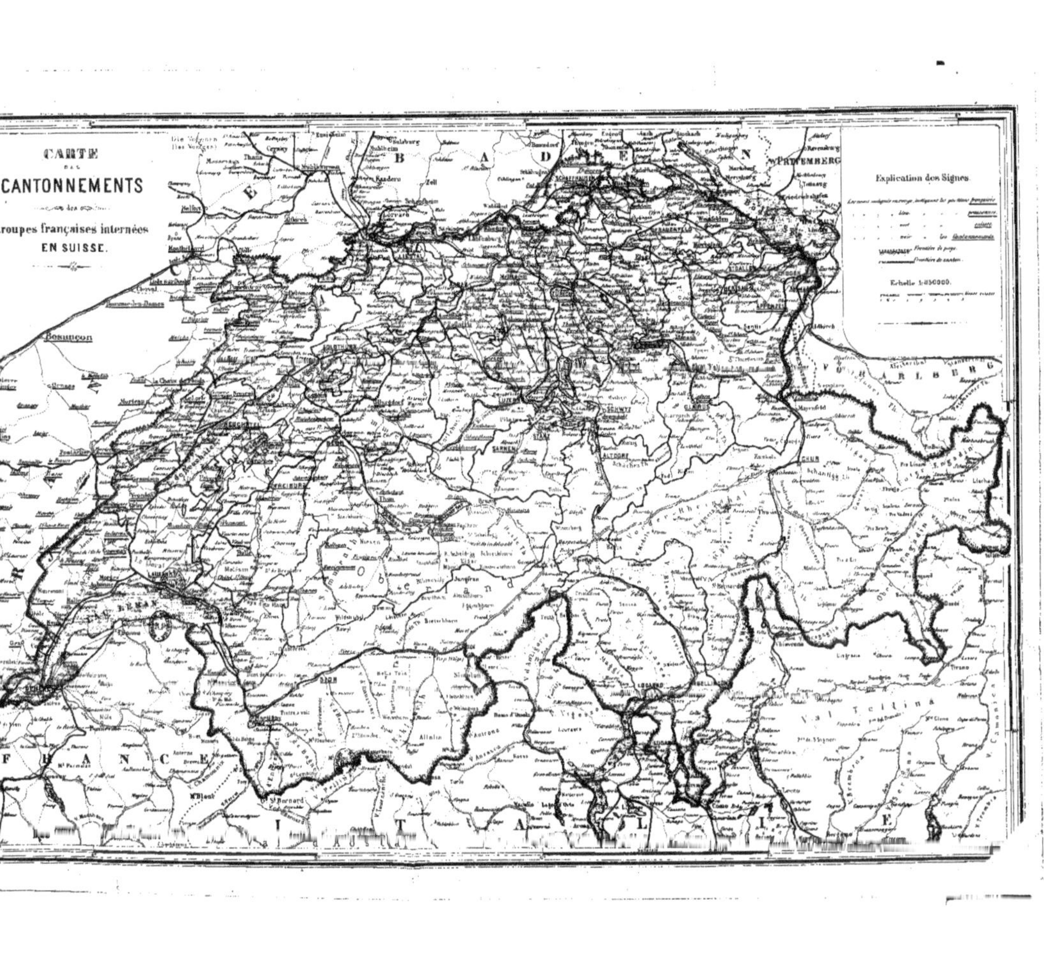

CARTE
des
CANTONNEMENTS
des
Troupes françaises internées
EN SUISSE.
Explication des Signes.
Echelle 1:830000.

PRÉFACE

Le récit des événements qui se sont passés pendant l'internement en Suisse de l'armée française de l'Est, à la fin de la guerre entre la France et l'Allemagne, est dénué de toute prétention littéraire; il n'est que le résumé pur et simple des actes administratifs et militaires qui ont eu lieu pendant la durée de son séjour sur le territoire de notre pays.

Chacun des faits mentionnés dans ce rapport est basé sur une pièce écrite déposée dans les archives du Département militaire fédéral.

La narration des opérations des armées belligérantes qui se sont passées dans le voisinage de nos frontières en janvier 1871 et qui ont amené l'armée du général Bourbaki à chercher un refuge en Suisse, a pour point de départ le service télégraphique et les excellentes correspondances du *Journal de Genève;* ce sont les seuls renseignements non officiels qui ont été utilisés.

Il eut fallu une plume plus autorisée et surtout plus habile pour traiter ce sujet, lui enlever un peu de sa couleur bureaucratique et le rendre plus attrayant pour le lecteur.

Le retard mis à la publication de ce rapport, provient de ce que diverses questions qui en font partie n'ont pu être réglées qu'à la fin de 1872 et que la Haute Assemblée fédérale n'a donné sa sanction au règlement définitif des comptes que dans sa session de décembre de la même année.

INTRODUCTION

Les années 1870 et 1871 ont vu se dérouler des événements politiques et militaires d'une importance telle que jusqu'alors l'histoire offre peu d'exemples de commotions semblables.

L'équilibre européen a été profondément troublé et le résultat des efforts constants de la diplomatie détruit en peu de mois.

Une grande nation, dont le prestige ne provenait pas seulement de l'immense gloire militaire qu'elle avait conquise sur les champs de bataille de l'Europe, de l'Afrique, de l'Asie et de l'Amérique, mais encore de sa supériorité artistique, de sa richesse industrielle et commerciale, des ressources inépuisables d'un sol riche et généreux, est menacée de perdre une partie considérable de son influence après avoir vu ses armées battues et prisonnières, ses forteresses enlevées, une portion de son territoire conquis par les troupes innombrables de l'ennemi qui pénétra jusqu'au cœur du pays.

En déclarant la guerre à la Prusse la France obéissait à un entraînement fatal. Les intérêts dynastiques, le désir de parer à des commotions intestines menaçantes, en détournant vers un but unique l'attention des divers partis qui s'agitaient de plus en plus, forcèrent le gouvernement à rompre brusquement la bonne harmonie qui avait régné jusqu'alors entre les deux Etats. De son côté l'armée, devenue inactive, poussait à la guerre, et il importait de lui complaire afin de la rallier autour du pouvoir. Cette armée cependant n'était point préparée à entrer en campagne, et le commencement des hostilités la prit à l'improviste.

L'Allemagne, de son côté, avait à poursuivre la solution du problème tant rêvé de son unité, de la création d'un puissant empire soutenu par une immense armée disciplinée, instruite, dévouée et par dessus tout animée d'un patriotisme éclairé. Cette guerre était populaire dans les pays germaniques, car le peuple et l'armée brûlaient de prendre la revanche des victoires de Napoléon Ier ; aussi fut-elle saluée partout avec enthousiasme.

Dès le début de la campagne le sort fut favorable aux armées allemandes.

Les troupes françaises, forcées de céder le terrain pied à pied, trouvèrent un abri de courte durée dans leurs places fortes qui, assiégées et investies, durent bientôt se rendre à merci.

Après les désastres de Metz et de Sedan, quelques cent mille soldats, l'élite des troupes françaises, furent emmenés captifs en Allemagne. La France à l'agonie, harcelée par un ennemi avide de nouvelles victoires, inquiétée par des troubles intérieurs, fit un effort surhumain ; de nouvelles armées sortirent de terre, mais mal équipées, dépourvues en grande partie de toute instruction militaire, de munitions suffisantes et souvent même de subsistances, elles ne purent opposer qu'un fragile obstacle au torrent envahisseur qui débordait de toutes parts.

Paris, assiégé et investi complétement depuis plusieurs mois, après avoir supporté avec une abnégation et un courage admirables les horreurs d'un siége rendu plus difficile par la population considérable que renfermait ses murs, fut réduit à capituler sans qu'aucune des armées levées pour le dégager eût pu lui venir en aide.

Un armistice fut enfin conclu pour permettre aux gouvernements des deux puissances belligérantes de négocier les préliminaires de la paix.

Le cadre du rapport que nous avons à faire ne comporte pas de plus grands détails sur la marche de la campagne de France ; un aperçu général et très succint des événements qui ont précédé ceux dans lesquels la Suisse s'est trouvée directement intéressée, doit suffire pour servir d'introduction au récit des faits qui ont nécessité la mobilisation d'une partie de notre armée pour la sauvegarde de notre neutralité, ou qui ont amené l'entrée en Suisse de l'armée française de l'Est.

LES TROUPES FRANÇAISES INTERNÉES EN SUISSE

A LA FIN DE LA GUERRE FRANCO-ALLEMANDE EN 1871.

CHAPITRE PREMIER

La Suisse pendant la guerre franco-allemande, sa neutralité. Mesures prises pour la faire respecter. Mise sur pied d'une partie de l'armée. — Les combats de l'armée allemande du Sud et de l'armée française de l'Est. — L'armistice. Continuation des hostilités. Etat de l'armée française à la fin de janvier. Préparatifs pour la recevoir. — Convention conclue entre le général en chef de l'armée suisse et celui de l'armée française.

La Suisse, ce petit territoire, resserré dans de hautes montagnes et entouré de toutes parts par de grands Etats de race, de langue et de mœurs différentes, doit à sa position géographique et à ses institutions politiques de rester en dehors, ou de ne prendre qu'une part indirecte dans les conflits armés qui surgissent entre ses puissants voisins.

Sa neutralité reconnue et garantie par les puissances signataires du traité de Vienne, ne l'exempte cependant pas de prendre les mesures suffisantes pour la faire respecter et pour s'opposer, par tous les moyens en son pouvoir, à ce que le sol helvétique soit violé par une armée étrangère.

Lors d'une guerre entre la France et l'Allemagne, dont les frontières bordent notre territoire depuis le lac de Constance jusqu'à Genève, la position stratégique de la Suisse est rendue plus difficile par la grande étendue de la ligne qu'elles forment et qui n'est que faiblement défendue par la nature, car nos frontières naturelles, qui sont formées par le Rhin au Nord et par la chaîne du Jura à l'Ouest, ne délimitent pas d'une manière continue la ligne de démarcation établie entre la Suisse et les deux Etats; ainsi une partie des cantons de Schaffhouse et de Bâle, traversée en outre par le chemin de fer badois, s'avance au-delà du Rhin et se trouve enclavée dans le grand-duché de Bade; ailleurs ce sont des portions du territoire français ou allemand qui se trouvent en deçà de la ligne de nos frontières naturelles. Aussi dès qu'il fut devenu imminent que la paix entre ces deux puissances serait troublée, nous dûmes songer à couvrir rapidement et complétement notre frontière du Nord-Ouest, d'autant plus qu'une violation de notre territoire était plus à craindre au début de la guerre, que lorsque les opérations seraient plus localisées suivant le sort des armes.

Il était en outre du plus haut intérêt pour nous, de montrer dès l'abord, que la Confédération suisse avait la ferme volonté et la force nécessaire pour repousser toute agression hostile et toute suggestion contraire à sa neutralité. Il était d'autant plus urgent d'agir ainsi, que des doutes s'étaient élevés récemment à l'étranger sur la question de savoir si la Suisse serait en mesure de maintenir sa neutralité par ses propres forces.

L'horizon politique se rembrunissant de plus en plus et l'orage étant sur le point d'éclater, le Département militaire fédéral adressa, le 15 juillet 1870, une invitation à tous les Etats confédérés d'avoir à tenir prêts leurs contingents d'hommes au complet, ainsi que le matériel et les chevaux. Le lendemain 16 juillet, le Haut Conseil fédéral déclara la mise de piquet de toute l'armée fédérale et ordonna la mise sur pied immédiate de l'élite de cinq divisions nos 1, II, VI, VII et IX.

Les ordres furent exécutés dans tous les Cantons atteints par cette levée de troupes avec le plus grand empressement et il fut déployé une telle activité par les autorités, les fonctionnaires et la population militaire, que, dans la nuit du 16 au 17 juillet, les premiers corps de troupes entrèrent à Bâle, occupé déjà, dès le 15, par le contingent de ce Canton, placé provisoirement sous les ordres du colonel fédéral Mérian.

Le 19 juillet, trois jours après le décret de mise sur pied, quatre divisions, les nos I, II, VI et VII, étaient en ligne et occupaient les positions qui leur avaient été assignées. La IXe division, retardée par la distance considérable qu'avaient à parcourir les troupes du Tessin qui la composent en partie, ne tarda pas non plus à gagner ses cantonnements à la frontière. — C'est grâce au zèle que déployèrent les compagnies de chemins de fer et les télégraphes, qui rendirent à cette occasion d'éminents services, que l'entrée en ligne de ces troupes put s'effectuer aussi rapidement.

La Ire division dût occuper les cantons de Bâle-Ville et Bâle-Campagne, avec son quartier-général à Bâle. La IIe division était répartie entre Nidau, Soleure et Delémont quartier-général Bienne. La VIIe division s'étendit de Brugg dans le Frickthal, et de Rheinfelden jusqu'à Laufenbourg; quartier-général Frauenfeld.

Les deux autres divisions, nos VI et IX, formèrent la seconde ligne.

La VIe division, sur l'aile gauche, avait son quartier-général à Berne, et s'étendait sur la ligne Grossaffoltern, Fraubrunnen, Berthoud, pour servir de soutien à la IIe division.

La IXe division, comme réserve de l'aile droite, avait son quartier-général à Lucerne et ses troupes dans les vallées de l'Emme et de la Reuss. L'effectif de ces cinq divisions, dont l'élite seule était sur pied, s'élevait à 37,423 hommes, 3,430 chevaux et 66 bouches à feu de 8cm et de 10cm rayées et en partie se chargeant par la culasse.

Le 15 juillet, pendant que les mesures militaires se préparaient, le Haut Conseil fédéral décida de charger les ministres de la Confédération suisse à Paris et à Berlin de faire savoir aux gouvernements de la France et de la Confédération de l'Allemagne du Nord qu'il avait la ferme intention de défendre la neutralité du sol helvétique par tous les moyens à sa disposition, au cas où la guerre viendrait à être déclarée.

Il invitait en même temps les ministres suisses à demander aux gouvernements auprès desquels ils étaient accrédités une déclaration conforme à cette notification, et à les informer que le Conseil fédéral allait s'exprimer publiquement dans ce sens.

En effet, le 18 juillet la notification suivante fut adressée aux Etats belligérants, ainsi qu'aux puissances garantes des traités de 1815 :

DÉCLARATION DE NEUTRALITÉ

Les traités de 1815 garantissent à la Suisse sa neutralité perpétuelle et l'inviolabilité de son territoire. Ils garantissent aussi la même neutralité à certaines contrées qui faisaient autrefois partie intégrante du royaume de Sardaigne, mais se trouvent actuellement en la possession de la France, par suite du traité de Turin du 24 mars 1860.

L'espoir en une solution pacifique du conflit survenu entre la France et la Prusse, à propos du trône d'Espagne, s'étant évanoui et ces deux Etats ayant pris les armes, la Confédération suisse a estimé qu'il était de son devoir de s'exprimer dès l'abord et avec la plus grande franchise sur la position qu'elle compte prendre en prévision de certaines éventualités.

Le Conseil fédéral déclare, en conséquence, en vertu du mandat spécial que l'Assemblée fédérale lui a conféré à l'unanimité de ses membres :

Que la Suisse maintiendra et défendra, pendant la guerre qui se prépare, sa neutralité et l'intégrité de son territoire par tous les moyens dont elle dispose. Elle conservera loyalement vis-à-vis de tous cette position qui lui est dictée par les traités européens et répond aussi bien aux conditions dans lesquelles elle se trouve qu'à ses propres besoins, mais si, contre toute attente, il était porté atteinte à cette neutralité, elle repousserait énergiquement toute agression, pénétrée qu'elle serait de la justice de sa cause.

Relativement aux parties de la Savoie qui, aux termes de la déclaration des grandes puissances du 29 mars 1815, de l'acte final de Vienne du 9 juin 1815, du traité de Paris du 20 mai 1815, art. III, et de l'acte de reconnaissance et de garantie de la neutralité suisse, portant la même date, doivent jouir d'une neutralité identique à celle de la Suisse, disposition que la France et la Sardaigne ont confirmée à l'art. 2 du traité de

Turin précité, du 24 mars 1860, le Conseil fédéral croit devoir rappeler que la Suisse a le droit d'occuper ce territoire. Le Conseil fédéral ferait usage de ce droit si les circonstances lui paraissaient l'exiger pour la défense de la neutralité suisse et de l'intégrité du territoire de la Confédération; toutefois il respectera scrupuleusement les restrictions que les traités apportent à l'exercice du droit dont il s'agit, et il s'entendra à cet égard avec le gouvernement impérial français.

Le Conseil fédéral exprime l'espoir que ces explications franches sur la position que prendra la Suisse en présence des événements qui se préparent, seront accueillies avec bienveillance soit par les États belligérants, soit par les autres grandes Puissances garantes du traité de Vienne, et qu'elles les convaincront que, dans les dispositions à prendre, la Suisse entend se placer au point de vue que lui assignent les traités en vigueur.

Dans cet espoir, il saisit cette occasion d'offrir à Son Excellence, etc., etc., les assurances de sa haute considération.

Berne, le 18 juillet 1870.

Au nom du Conseil fédéral suisse :

Le Président de la Confédération,

Dr J. DUBS.

Le Chancelier de la Confédération,

SCHIESS.

Les réponses à cette déclaration ne se firent pas attendre, car le 17 juillet M. le duc de Gramont, ministre des affaires étrangères de France, adressa la note suivante à M. le Dr Kern, notre ministre à Paris :

Le ministre des affaires étrangères de France au ministre de la Confédération suisse à Paris.

Paris, le 17 juillet 1870.

Monsieur,

Vous avez bien voulu me faire savoir, au nom du Conseil fédéral, qu'en présence de la situation actuelle il est fermement résolu à sauvegarder par tous les moyens en son pouvoir la neutralité de la Suisse et qu'il se dispose à porter cette déclaration à la connaissance de tous les cabinets de l'Europe.

Ainsi que vous le rappelez, le gouvernement de l'empereur a saisi toutes les occasions de témoigner l'importance qu'il attache au maintien de la neutralité de la Suisse. Il ne pouvait donc accueillir qu'avec faveur la résolution dont vous avez été chargé de lui donner connaissance. Il apprécie le sentiment qui a porté le gouvernement de la Confédération à prendre l'initiative de cette communication auprès de lui, et, fermement résolu, en ce qui le concerne, à ne point se départir de ses obligations internationales, il est heureux de pouvoir compter sur l'efficacité des mesures adoptées par le Conseil fédéral, pour assurer, de la part de toutes les puissances, la stricte exécution des stipulations européennes sous la sauvegarde desquelles la Suisse est placée.

Agréez les assurances, etc.

Le ministre des affaires étrangères,

GRAMONT.

Le 21 juillet, M. le lieutenant-général de Rœder, ministre de la Confédération de l'Allemagne du Nord en Suisse, vint communiquer au Président de la Confédération le télégramme suivant que son gouvernement lui adressait :

« La neutralité de la Suisse est garantie par les traités. Nous avons une entière
» confiance dans les mesures militaires prises par la Confédération pour le maintien de
» cette neutralité, et notre fidélité au traité et les relations amicales entre l'Allemagne
» et la Suisse sont un garant du respect de l'Allemagne pour cette neutralité. »

BISMARCK.

Les autres Puissances répondirent également à notre communication, les unes en annonçant simplement qu'elles en avaient pris acte, et les autres en exprimant de plus la satisfaction avec laquelle elles avaient accueilli cette notification.

La mise sur pied par nous de corps de troupes en nombre assez respectable et la rapidité avec laquelle elles ont été mobilisées, ont produit une excellente impression sur les deux parties belligérantes qui ont pu acquérir la certitude que la Suisse avait l'intention formelle de s'opposer à toute violation de sa neutralité et qu'elle possédait des forces suffisantes pour la faire respecter. Ces mesures énergiques n'ont pas tardé à déployer leur effet : au dedans, en augmentant dans la nation le calme et la confiance; au dehors, en donnant à la Suisse un relief que les événements ultérieurs n'ont point affaibli.

La neutralité de la Suisse étant désormais dûment établie et reconnue, il devint nécessaire de faire connaître les dispositions en vertu desquelles elle devait être observée pendant la durée de la guerre, et le 16 juillet le Haut Conseil fédéral rendit à cet effet l'ordonnance suivante :

Le Conseil fédéral suisse,

Voulant prévenir tous les actes non compatibles avec la position neutre de la Suisse ;
Se fondant sur l'article 90, chiffre 9, de la Constitution fédérale ;
A arrêté les dispositions suivantes, qui sont publiées par la présente, afin que chacun ait à s'y conformer :

ARTICLE PREMIER. Les troupes régulières, ainsi que les volontaires des Etats belligérants, qui tenteraient de pénétrer dans le territoire de la Confédération ou de le traverser en corps ou isolément, seront en cas de besoin repoussés par la force.

ART. 2. L'exportation dans les Etats voisins belligérants d'armes et, en général, de matériel de guerre, est interdite. Il est également interdit de rassembler des objets de cette nature à proximité de leurs frontières.

En cas de contravention, ces marchandises seront mises sous séquestre.

ART. 3. Les armes et le matériel de guerre qui seront apportés des Etats belligérants sur territoire suisse par des réfugiés ou déserteurs, ou de toute autre manière, seront pareillement séquestrés.

ART. 4. Il est interdit d'acheter, ou en général de prendre possession d'armes, de matériel de guerre et d'objets d'équipement apportés par des déserteurs en deçà de la frontière, et les objets de cette nature seront saisis, lors même qu'ils seraient trouvés dans les mains de tierces personnes.

ART. 5. Les réfugiés ou déserteurs arrivant sur territoire suisse seront internés à une distance convenable de la frontière. Pour le cas où leur nombre serait considérable, il en sera immédiatement donné connaissance au Conseil fédéral, qui avisera aux mesures nécessaires. Sont exceptés : les femmes, les enfants, les malades, les personnes très âgées et celles dont on a des garanties suffisantes pour admettre qu'elles se comporteront tranquillement.

Les réfugiés ou déserteurs qui ne se soumettront pas aux ordres des autorités ou fourniront matière à des réclamations, seront immédiatement expulsés.

Art. 6. Le passage par le territoire suisse, pour se rendre du territoire de l'une des puissances belligérantes sur celui de l'autre, est interdit aux gens aptes à porter les armes. Ces individus seront envoyés dans l'intérieur de la Suisse, s'ils ne préfèrent retourner sur leurs pas.

Art. 7. Les gouvernements des Cantons frontière, ainsi que les commandants militaires en fonctions, sont chargés de l'exécution de la présente ordonnance ; le Département fédéral du commerce et des péages est chargé de l'exécution de ce qui concerne la circulation des armes et du matériel de guerre, qui est interdite à la frontière.

Berne, le 16 juillet 1870.

Au nom du Conseil fédéral suisse :

Le Président de la Confédération ,

Dr J. DUBS.

Le Chancelier de la Confédération,

Schiess.

Le 19 juillet, l'Assemblée fédérale qui se trouvait réunie en ce moment à Berne pour sa session ordinaire, procéda à l'élection du commandant en chef de l'armée suisse, qui fut nommé dans la personne de M. le colonel fédéral Hans Herzog, d'Aarau, inspecteur en chef de l'artillerie. Le lendemain, M. le colonel fédéral Rodolphe Paraviccini, de Bâle, fut appelé aux fonctions de chef de l'état-major général Dès que ces deux officiers eurent prêté, devant les Chambres réunies, le serment exigé par la loi, le général en chef prit, le 22 juillet, le commandement des troupes mises sur pied et installa son quartier-général à Olten.

Le Haut Conseil fédéral adressait en même temps cette proclamation au peuple suisse, qui suivait avec un intérêt toujours croissant la marche des événements et s'occupait avec activité à terminer ses préparatifs d'entrée en campagne :

Fidèles et chers confédérés,

La paix qui régnait en Europe paraît tout à coup devoir être profondément ébranlée par des événements imprévus.

L'intention du gouvernement d'Espagne d'appeler au trône de ce pays le prince Léopold de Hohenzollern-Sigmaringen a provoqué des complications qui, paraît-il, ne peuvent être résolues que par une guerre entre la France et l'Allemagne.

L'attitude que la Confédération doit prendre dans ces graves circonstances lui est clairement indiquée par son histoire et par sa politique traditionnelle.

Elle a le sentiment que son salut dépend du soin qu'elle prendra de se tenir en dehors des conflits entre les puissances étrangères, mais de repousser énergiquement toute atteinte portée à ses intérêts et toute violation de son territoire.

Les mesures nécessaires pour la défense de notre neutralité et de l'intégrité de notre sol ont été prises ou préparées avec toute l'activité désirable.

L'Assemblée fédérale, qui siége dans ce moment à Berne, a adopté à l'unanimité, dans sa séance du 16 juillet courant, les dispositions suivantes :

« 1º La Confédération suisse, pendant la guerre qui va éclater, défendra sa neutralité » et l'intégrité de son territoire par tous les moyens dont elle dispose.

» Le Conseil fédéral est invité à communiquer cette déclaration aux gouvernements » des parties belligérantes, ainsi qu'à ceux des Puissances signataires et garantes des » traités de 1815.

» 2º Les levées de troupes ordonnées par le Conseil fédéral sont approuvées.

» 3º Le Conseil fédéral est en outre autorisé à lever toutes les troupes nécessaires » pour maintenir la neutralité de la Suisse et pourvoir à la sûreté de son territoire. Il » est pareillement autorisé à prendre toutes les mesures de défense qu'il jugera » opportunes.

» 4º Un crédit illimité est ouvert au Conseil fédéral pour couvrir les frais qu'entraînera » l'application des pleins-pouvoirs accordés par l'article précédent. Il est spécialement » autorisé à contracter les emprunts qui pourraient devenir nécessaires.

» 5º L'Assemblée fédérale procédera immédiatement à la nomination du commandant » en chef de l'armée suisse, ainsi qu'à celle du chef de l'état-major général.

» 6º Le Conseil fédéral rendra compte à l'Assemblée fédérale, dans sa prochaine » réunion, de l'usage qu'il aura fait des pleins-pouvoirs qui lui sont conférés par le » présent arrêté.

» 7º Le Conseil fédéral est chargé de l'exécution de cet arrêté. »

Le 19 juillet courant, M. le colonel fédéral Hans Herzog, d'Aarau, a été nommé commandant en chef de l'armée suisse, et le lendemain M. le colonel fédéral Rodolphe Paraviccini, de Bâle, lui a été adjoint comme chef de l'état-major général.

Nous avons déjà appelé sous les drapeaux l'élite des divisions nos I, II, VI, VII et IX et nous avons mis de piquet l'élite de toutes les autres divisions, afin de pouvoir faire face à tous les événements qui pourraient nous menacer.

Fidèles et chers confédérés,

Nous sommes heureux de pouvoir vous donner l'assurance tranquilisante, que toutes les parties de l'armée sont, à tous égards, pourvues de ce dont elles ont besoin pour pouvoir s'acquitter honorablement de leur mission.

Le peuple suisse sera appelé de nouveau à faire de grands sacrifices, mais la voix des autorités du pays a trouvé constamment un écho sympathique et enthousiaste quand il s'est agi de protéger la patrie et de transmettre intact aux générations futures l'honneur de la nation suisse.

L'histoire et l'expérience nous donnent la ferme conviction, qu'aujourd'hui comme toujours, vous serez prêts à supporter, avec l'esprit qui animait nos pères, les charges que vous impose la patrie et que vous appuierez de tous vos efforts les dispositions prises par vos autorités, qui ne sont que l'expression de votre volonté souveraine.

Soldats suisses,

Nous regrettons vivement d'être forcés par des circonstances indépendantes de notre volonté de vous arracher à vos foyers, à vos familles, à vos paisibles travaux.

Nous savons toutefois que vous suivrez toujours avec joie la bannière chérie qui porte la croix blanche en champ rouge.

Nous savons que le Suisse, à la fois citoyen et soldat, porte avec amour ses regards sur la patrie libre et pure de toute tache, et qu'il a toujours considéré la défense de cette patrie comme le premier des mandats qui puisse lui être confiés.

Nous savons aussi que, vous souvenant que la discipline militaire convient avant tout au républicain, vous verrez dans les populations au milieu desquelles vous serez appelés à séjourner, non point des étrangers, mais des confédérés et des frères.

Recevez d'avance les sentiments de gratitude de la patrie pour le dévouement dont vous donnerez la preuve !

Espérons qu'avec la protection divine notre pays sortira de cette crise d'une manière honorable et digne du nom suisse, certains que nous sommes que chacun de vous est prêt à trouver dans le sentiment du devoir loyalement rempli sa plus belle récompense pour les sacrifices qu'il aura faits !

Berne, le 20 juillet 1870.

Au nom du Conseil fédéral suisse :

Le Président de la Confédération,

Dr J. DUBS.

Le Chancelier de la Confédération,

SCHIESS.

Dans l'intervalle, la France avait décidé la guerre, et le 15 juillet, le ministre des affaires étrangères de France en fit la déclaration au Corps législatif et au Sénat. Le 19 juillet, elle fut officiellement notifiée à la Confédération de l'Allemagne du Nord.

Dès son entrée en charge, le général fit opérer une concentration plus serrée aux troupes qui avaient été appelées par le Département militaire fédéral, à occuper provisoirement les contrées les plus rapprochées de la frontière, près de laquelle des corps considérables des armées ennemies se mettaient en mouvement.

Les 27, 28 et 29 juillet, la 1re division se rapprocha de Bâle et occupa la contrée attenante et située derrière la Birse, jusqu'à l'Ergolz.

La IIe division se porta en avant à Delémont, Laufon et Porrentruy, avec Delémont comme quartier-général.

La VIIe division prit position dans le Frickthal, le long du Rhin, de Brugg à Rheinfelden, avec son quartier-général à Frick.

La VIe division transporta son quartier-général à Münchenbuchsee et se cantonna le long de l'Aar et de l'Emme.

La IXe division prit ses cantonnements sur le territoire situé entre la Limmat, le Rhin et la Tœss, avec Bülach comme quartier-général. Elle fit avancer à Schaffhouse un bataillon, une batterie d'artillerie, une compagnie de dragons et une compagnie de sapeurs du génie.

L'effectif de ces troupes se répartit par division, comme suit :

	Officiers et troupe.	Chevaux de selle et de trait.
Grand état-major et une compagnie de guides . . .	104	105
Ire division. Colonel Egloff	8,296	692
IIe » » Jaques de Salis	8,319	636
VIe » » Stadler	7,377	767
VIIe » » Isler	7,368	670
IXe » » Schædler	5,959	671
Ensemble	37,423	3,541

avec 66 pièces d'artillerie de campagne, savoir :

4 batteries de campagne de 10 cᵐ., avec	24 pièces.
7 » » 8 cᵐ., ...	42 »
11 batteries à chargement par la culasse, soit	66 bouches à feu.

Toutes ces troupes n'étaient composées que de l'élite. La réserve et la landwehr étaient de piquet, ainsi que les divisions III, IV, V et VIII, la division d'artillerie et celle de cavalerie.

Les cantonnements de la VIe division ayant paru trop éloignés pour pouvoir soutenir à temps les divisions n°s 1 et 11, qui occupaient la première ligne, elle reçut l'ordre de se porter en avant et de se cantonner à Soleure, Mümliswyl et Langenthal, et de prendre son quartier-général à Balstall.

Contrairement à toute attente, les hostilités n'avaient pas commencé immédiatement ; l'armée française fut dirigée vers la frontière du Rhin, à Sarrebrück, Wissembourg et autour de Belfort, où plusieurs corps de troupes furent concentrés. On fit de grandes réquisitions de voitures en Alsace et les habitants de Saint-Louis reçurent l'ordre de rentrer leurs récoltes, pour faciliter l'établissement de campements considérables dans les environs de Bâle. L'armée allemande, de son côté, paraissait vouloir se concentrer en grande partie dans le Palatinat et près de Mannheim. Les ponts sur le Rhin et sur la Kinzig, près de Kehl, furent détruits et toute la partie comprise entre Constance et la forteresse de Rastatt dégarnie de troupes.

On était donc en droit de s'attendre à ce que l'armée française ferait irruption dans la Forêt-Noire, et il était à craindre que l'inviolabilité du territoire suisse ne courut de sérieux dangers. On prit donc toutes les mesures pour parer à cette éventualité. — Les cantonnements de nos troupes furent resserrés ; Schaffhouse et les environs furent occupés par une brigade ; on se prépara à pouvoir détruire, en cas de besoin, tous les ponts sur le Rhin, de Bâle à Stein, et des détachements de sapeurs du génie furent établis dans ce but sur les points les plus importants.

Les passages du Jura, du Hauenstein et le plateau de Gempen furent de nouveau reconnus avec le plus grand soin par le grand état-major ; les positions importantes du Bruderholz, près de Bâle, celles du Petit-Bâle et de la Birse, furent étudiées par des officiers de l'état-major du génie, dans le but de pouvoir y établir au premier signal les ouvrages de défense nécessaires.

Un service très serré de garde et de patrouilles fut établi le long de la frontière et les troupes exercées assidûment à la marche, aux manœuvres, au tir et à l'établissement de fossés de tirailleurs ou de parapets. La plupart du temps elles étaient installées chez l'habitant, mais elles recevaient leur subsistance en nature et préparaient l'ordinaire, afin d'être moins à charge aux populations de ces contrées surchargées de troupes. On prit soin de changer fréquemment les cantonnements et partout, même dans les endroits les plus pauvres, le soldat fut accueilli avec cordialité et bon vouloir ; chacun s'empressait de le bien recevoir, lui donnait la meilleure place au feu et pour la couche ; aussi, de leur côté, les soldats ont-ils laissé dans les villages qu'ils ont occupés les meilleurs souvenirs ; ils ne se sont jamais montrés exigeants, ils se sont mêlés à la famille dont ils ont partagé les travaux dans les heures de loisir ; ils comprenaient la solidarité qui existe entre le père de famille ayant accompli déjà ses devoirs de citoyen et le jeune soldat quittant son foyer pour prendre les armes à son tour et défendre le sol de la patrie commune,

L'occupation des frontières pendant la guerre franco-allemande, a été pour la Suisse une nouvelle occasion de resserrer les liens qui unissent les Confédérés entr'eux.

Des bataillons venant de contrées éloignées se sont trouvés réunis dans une partie du pays généralement peu visitée, ils ont occupé pendant quelque temps des localités où ils remplaçaient des camarades d'autres parties de la Suisse ; les habitants ont vu se succéder chez eux des troupes de la plupart des cantons ; ils ont été à même de se connaître et de s'estimer réciproquement et pendant longtemps encore, on parlera avec plaisir dans les longues veillées de l'hiver, de la campagne du Jura.

La Suisse a pu encore constater avec bonheur, que, comme cela avait eu lieu déjà dans d'autres circonstances graves, elle pouvait compter en tout temps sur la coopération des Confédérés habitant l'étranger. A peine la guerre fut-elle devenue imminente que les colonies suisses établies dans les diverses parties du monde offrirent leur concours matériel pour l'organisation des secours ou pour contribuer à alléger les charges qu'une guerre éventuelle ferait peser sur le pays. De tous côtés arrivèrent à cet effet des adresses de nos concitoyens établis en Europe et en Amérique, se déclarant prêts à répondre au premier appel et à rejoindre sous les drapeaux les défenseurs de la mère-patrie.

L'histoire de notre pays et des faits de date peu ancienne, permettent d'assurer que ces offres n'eussent point été un vain mot, et le concours de ces nouvelles forces n'eut point été à dédaigner, car les Suisses *établis* en France seulement, sont d'après le dernier recensement au nombre de 45,000

et en Allemagne, d'environ   30,000

soit ensemble,   75,000

dont le 20 0/0 en état de porter les armes est de 15,000 hommes, au minimum ; car il réside en outre dans ces deux pays un nombre considérable de Suisses en séjour momentané, qui, sans aucun doute, seraient rentrés immédiatement et seraient probablement arrivés abondamment pourvus par la colonie suisse, dont chacun d'eux faisait partie, de toutes les ressources matérielles nécessaires.

Pendant ce temps, les événements avaient marché et la guerre avait pris une nouvelle tournure. L'armée française, après avoir canonné Sarrebrück, avait franchi la frontière d'Allemagne, mais attaquée vigoureusement, elle fut presque aussitôt forcée de la repasser. Les troupes allemandes entrèrent alors en France, et après les combats victorieux de Wissembourg, le 4 août ; de Wœrth, le 6 août, et de Spicheren, elles débouchèrent sur plusieurs points en masses imposantes et refoulant l'ennemi devant elles, le bloquèrent dans Metz, après les batailles des 14 et 16 août.

Le théâtre de la guerre s'éloignant de plus en plus, il devint inutile de prolonger l'occupation de nos frontières.

L'agriculture demandait des bras et les familles souffraient de l'absence prolongée de leurs soutiens ; aussi, le 17 août, l'ordre fut donné de licencier la Ire et la IIe division, et le 18 août, les VI, VII et IXe divisions.

Deux brigades, la 15e et la 19e, avec deux batteries d'artillerie, un escadron de dragons et une compagnie de guides furent cependant laissées jusqu'au 24 août, dans la vallée de Porrentruy et près de Bâle. Après cette époque, Bâle fut occupé par quatre compagnies de carabiniers, qui furent successivement relevées par d'autres, après quelques semaines de service.

L'armée fédérale restait de piquet ; elle pouvait être sous les armes du jour au lendemain et être de nouveau dans toutes ses positions trois jours après. — Toutes les dispositions furent prises pour que les troupes pussent rentrer en ligne avec la plus grande célérité.

Paris assiégé et étroitement investi par l'armée allemande renfermait dans son sein une partie du gouvernement qui avait succédé à la chute de l'empire ; les autres membres du pouvoir s'étaient transportés à Tours ; mais cette ville étant tombée entre les mains de l'ennemi, ils durent choisir Bordeaux comme siège du gouvernement.

La longue habitude qu'avait la France de ne puiser ses inspirations qu'à Paris, dont elle subissait l'influence presque exclusive, eût pour effet que, lorsque les rapports avec la capitale devinrent fort rares ou cessèrent entièrement, le pays fut plongé dans une sorte de stupeur. Tous les efforts du gouvernement tendirent dès lors à lever de nouvelles armées pour remplacer celles qui étaient détruites ou captives et à voler au secours de Paris.

Une activité, une énergie incroyables furent déployées dans ce but par les hommes qui s'étaient chargés du pouvoir ; bientôt trois armées se formèrent ; une fut placée sous les ordres du général Faidherbe et manœuvra dans le Nord ; la seconde, commandée par le général Chanzy et nommée armée de l'Ouest, se trouvait du côté du Mans ; enfin à l'Est, une armée organisée sous les ordres du général Bourbaki, devait ostensiblement passer le Rhin entre Mulhouse et Bâle, et se déployant dans la Forêt-Noire, prendre l'armée allemande à revers pour couper ses communications ou l'obliger à lui opposer des forces qui, en dégageant les positions qu'elles occupaient en France, faciliteraient la tâche des armées de Chanzy et de Faidherbe et aideraient à sauver Paris.

Ce plan ne put être exécuté ; quelques troupes volantes entrèrent bien sur le territoire badois, mais repoussées aussitôt, l'armée de Bourbaki se trouva en présence de troupes considérables sous les ordres des généraux de Werder et de Zastrow, qui, forçant les défilés des Vosges, vinrent mettre le siége devant Belfort.

Toute la ligne de forteresses que la France a élevées le long de ses frontières du Rhin était tombée au pouvoir de l'ennemi, qui les avait réduites successivement.

Strasbourg, bombardé, avait dû se rendre. Neu-Brisach, Phalsbourg, Haguenau,

Thionville, Longwy, Montmédy, Metz, Sédan, Mézières, Rocroi, Péronne, etc., avaient dû capituler, tandis que Belfort résistait encore vigoureusement.

L'objectif des armées du Nord et de l'Ouest ne pouvait être que de se rapprocher de Paris pour le dégager, et chaque pas effectué dans cette direction devait être considéré comme un succès, tandis que les efforts des armées allemandes tenant la campagne, devaient tendre à empêcher tout mouvement vers la capitale.

L'armée de l'Ouest, pressée au nord et au sud par les forces redoutables du prince Frédéric-Charles, malgré l'habileté incontestable que déploya le général Chanzy, et après une série de combats dont chaque général s'attribua le succès, fut entièrement défaite au Mans, qu'occupa l'ennemi. Divisée en deux parties, qui se retirent chacune de son côté, l'armée de l'Ouest ne peut désormais plus porter un secours efficace à Paris, dont le siége se poursuit avec énergie et dont chaque jour de retard avance la reddition inévitable.

L'armée du Nord, après la bataille de Bapaume, le 3 janvier, se retira sur Lille et Cambrai, et dans cette position excentrique ne pût être une entrave sérieuse aux plans de l'état-major allemand, à moins qu'elle n'eût repris l'offensive d'une manière plus efficace.

Nous devons nous borner à esquisser légèrement la position des armées belligérantes et à indiquer d'une manière toute sommaire les faits qui ont eu quelque influence sur les opérations de l'armée de l'Est, dont le sort doit nous occuper principalement. — Strasbourg étant tombé entre les mains de l'ennemi, les troupes qui l'assiégeaient purent reprendre la campagne.

L'Alsace était occupée par les Allemands et Mulhouse était en leur pouvoir ; leurs troupes arrivaient en reconnaissance jusqu'à la frontière suisse près de Bâle ; une partie de leur armée faisait le siége de Belfort.

De l'autre côté, le général de Werder, se dirigeant de Vesoul sur Belfort, avait rencontré le général Bourbaki à Villersexel, où se livra une sanglante bataille, à la suite de laquelle l'armée allemande s'établit solidement aux environs d'Héricourt, au sud-ouest de Belfort.

A ce moment-là, les postes avancés du général Bourbaki s'étendaient le long de la rive droite du Doubs, jusqu'aux villages d'Arcey et de Ste-Marie, occupés par les avant-postes prussiens, qui se replièrent à l'approche de l'ennemi, après de légers combats et livrèrent ces villages aux Français.

La journée du 14 janvier fut employée de part et d'autre, à se préparer à la lutte très sérieuse qui s'annonçait.

L'armée allemande occupait sur la rive gauche de la Lisaine, affluent du Doubs, des positions naturellement très fortes, que le génie avait rendues plus fortes encore par de nombreux ouvrages. Sa ligne s'étendait du village de Chagey jusqu'à Montbéliard avec un développement de 12 à 13 kilomètres. Elle était protégée sur son front par le torrent de la Lizaine, courant dans une étroite vallée où se trouvent les villages de Chagey, Luze, Saint-Valbert, Bussurel, Béthoncourt et les villes d'Héricourt et de Montbéliard.

La rive gauche de ce ravin est formée par une série de collines boisées, à 50 ou 60 mètres au-dessus du ruisseau et qui, s'élevant en pente douce vers le nord, atteignent jusqu'à 100 mètres environ.

Les collines de la rive droite occupées par les Français, sont dans des conditions semblables et présentent même sur celles de la rive opposée un commandement de quelques mètres. La ville d'Héricourt, qui est un des nœuds de cette ligne, est située dans un bas-fond dominé de toutes parts et n'offre aucun élément sérieux de défense. Montbéliard, construit entre l'Allaine et un rocher qui la domine de 50 mètres, est à la merci de l'armée qui occupe les hauteurs de la rive droite.

Le flanc gauche de la position allemande était protégé par un large ravin où se réunissent les eaux de l'Allaine et de la Savoureuse. Au delà de ce ravin, les villages d'Exincourt, d'Etupes et d'Audincourt, mis en état de défense et fortement occupés, servaient de postes avancés à cette position. Enfin, le flanc droit de l'armée de Werder s'appuyait aux contreforts des Vosges qui dominent Frahier et Belfort.

Telle est la position très forte que le général Bourbaki avait à percer sur un ou plusieurs points, s'il voulait exécuter son plan de campagne, soit : faire lever le siége de Belfort pour marcher ensuite à travers l'Alsace et les Vosges, en menaçant d'une part la ligne du Rhin, et de l'autre, les communications allemandes du côté de Nancy.

Ce plan hardi, qui, en cas de succès, ouvrait à la France des perspectives nouvelles, méritait bien que l'on fît un énergique effort pour en réaliser les promesses. C'était peut-être la plus heureuse combinaison stratégique que l'état-major français eût conçue dès le début de la guerre, et le général Bourbaki, par sa bravoure et par son expérience consommée, paraissait désigné d'avance pour en tenter l'exécution. — Des forces considérables en troupes de ligne, en gardes mobiles ou mobilisées, avec la cavalerie et l'artillerie nécessaires, avaient été mises sous ses ordres dans ce but.

En même temps, de nombreux corps-francs, sous la conduite de Garibaldi, étaient envoyés dans la vallée des Vosges pour protéger la marche de l'armée et entraver celle des corps ennemis qui pourraient être acheminés de Paris ou de la Loire au secours du général de Werder. Les forces ainsi réunies sous le commandement du général Bourbaki dépassaient cent mille hommes.

Si les circonstances avaient été favorables à une marche rapide et si les projets du général français avaient pu s'exécuter dans le terme qu'il avait lui-même fixé, il est incontestable que la position du général de Werder, avec ses 40,000 hommes, aurait été sérieusement menacée. Obligé, pour concentrer ses forces, de se transporter de

Dijon à Belfort à travers les Vosges et d'exécuter avec des troupes numériquement inférieures une marche de flanc en présence de l'ennemi, Werder aurait difficilement évité le double danger, ou d'arriver trop tard, ou d'être pris en flagrant délit de manœuvres.

Heureusement pour lui, ces suppositions ne se sont pas réalisées. Les projets de Bourbaki ont été connus avant qu'il fut trop tard pour les déjouer. Werder ne perdit pas un jour, pas une heure, pour évacuer Dijon et se replier par Vesoul, dans la direction de Belfort.

En même temps, des renforts considérables étaient acheminés sur ce nouveau champ de bataille, soit de l'Allemagne par l'Alsace, soit de Paris par Châtillon et Langres. On formait ainsi une nouvelle armée de l'Est, comprenant les corps des généraux de Treskow, de Zastrow et de Fransecki et pouvant présenter un effectif total de plus de cent mille hommes. Comme dès lors elle était appelée à jouer un rôle important dans cette nouvelle phase de la campagne, elle fut placée sous les ordres d'un officier supérieur habile, éprouvé et plus ancien, le général de Manteuffel.

Cependant les renforts envoyés directement d'Allemagne, paraissent seuls être arrivés devant Belfort, assez à temps pour prendre part aux combats qui devenaient imminents. Le général de Manteuffel ne s'y trouvait point encore, et le corps de Fransecki devait être encore dans les Vosges, où sa présence aurait pu dans certaines éventualités, devenir dangereuse pour la retraite de Bourbaki. Malgré ces retards presque inévitables, le général de Werder avait le 15 janvier, des forces suffisantes, sinon pour livrer une bataille offensive, du moins pour arrêter l'ennemi et se maintenir dans ses positions.

Pendant que l'état-major allemand faisait preuve dans cette circonstance de son activité accoutumée, les préparatifs français se poursuivaient avec une lenteur qui n'était pas de bon augure. A mesure que les jours s'écoulaient, les chances de succès diminuaient en égale proportion; il était facile de prévoir que, cette fois encore, on laisserait échapper l'occasion favorable, et qu'après avoir pris l'initiative du mouvement on finirait par être devancé. Le combat de Villersexel en fut la preuve.

Les têtes de colonne de Werder débouchèrent dans la vallée de l'Oignon en même temps que l'avant-garde de Bourbaki. Dès ce moment, l'on put concevoir des doutes sérieux sur la possibilité d'exécuter le plan conçu par cet entreprenant général. — Retranché derrière la Lizaine, dans des lignes dès longtemps préparées, le général de Werder adopta, comme les circonstances le lui commandaient, une attitude purement défensive. Ses ailes étaient suffisamment protégées; son front défendu par des fortifications et par une nombreuse artillerie. Les routes, rendues détestables par la neige et le dégel, étaient peu favorables à l'offensive. Le général allemand résolut donc de profiter de tous ces avantages et de laisser son adversaire user l'élan de ses troupes contre tous ces obstacles matériels.

L'attaque commença le 15 janvier, sur toute la ligne, depuis Chagey jusqu'à Montbéliard. D'après le rapport du général de Werder, ce fut principalement un combat d'artillerie. Après avoir duré de 8 1/2 heures du matin jusque près de 6 heures du soir, il se termina à l'avantage des Allemands, qui sont restés maîtres de toutes leurs positions. Leur ligne n'avait pu être forcée. Cependant le général Bourbaki annonçait s'être rendu maître de Montbéliard ; la ville étant dans une position défavorable au point de vue de la défense, avait cédé, mais le château fortifié et garni de canons, restait aux mains des Allemands.

Le 16 janvier, l'attaque reprit de nouveau. Les points les plus menacés par les Français furent les villages de Béthoncourt, de Bussurel, la ville d'Héricourt et la position importante de St-Valvert, au nord de cette ville. Mais sur tous ces points les Allemands sont en force ; leur artillerie, enfilant la vallée, prend en flanc les colonnes d'attaque et les empêche de gagner du terrain.

Le général Bourbaki déploie des troupes au-delà de son aile gauche, du côté de Frahier et de Chenebier, dans l'espoir de déborder la droite des Prussiens et de prendre leur ligne à revers, mais le général de Werder fait face avec promptitude à ce nouveau danger. Il envoie à son extrême droite, un corps de troupes qui dégage pendant la nuit le village de Frahier, et franchissant la Lisaine, s'empare de l'importante position de Chenebier, d'où il menace à son tour de tourner la ligne française.

Le 17, vers 8 heures du matin, le général Bourbaki essaie encore une fois, avec une résolution et une tenacité que l'on ne saurait trop louer, de forcer le passage en lançant ses colonnes sur le village de Chagey. Repoussé sur ce point, il recommence vers midi sans plus de succès sa tentative vers Béthoncourt. Il fait appuyer ce mouvement par une vive canonnade du côté de Luze et de Montbéliard. Mais Béthoncourt ne cède pas plus que Chagey. Vers 4 heures, une dernière attaque dirigée contre le général Keller, à l'extrême droite allemande, échoue contre la fermeté des troupes de ce général, qui tiennent tête et défendent victorieusement l'importante position de Frahier, occupée par elles dès la veille.

A la suite de cette lutte héroïque de trois journées, dans lesquelles ses troupes avaient aussi bravement fait leur devoir que leur général, Bourbaki reconnaissant l'impossibilité de percer une ligne si fortement défendue, ordonne la retraite et se retire sur les positions qu'il occupait avant la bataille.

La dépêche dans laquelle il annonce cette résolution, mérite d'être citée pour la mâle franchise avec laquelle le général reconnaît l'insuccès de son plan de campagne; car ce n'était pas alors un courage commun que celui d'avouer publiquement de pareilles vérités. Dans le même moment, le général von der Gœben battait, le 20 janvier, à St-Quentin, l'armée du Nord, sous les ordres de Faidherbe, et l'armée du général de Werder avec ses renforts, se mettait à la poursuite des troupes de l'armée française de l'Est.

4

Pendant que ces événements se déroulaient en France, la Suisse n'était pas restée inactive, car dès que les contrées avoisinant ses frontières furent de nouveau parcourues par les corps de troupes des armées belligérantes et dès qu'on fut certain, que l'intention du général Bourbaki était de percer les lignes ennemies pour se porter sur le territoire allemand, il devint évident qu'une partie du théâtre de la guerre allait se trouver transporté dans notre voisinage immédiat. En conséquence de nouvelles troupes furent mises sur pied.

Le 30 octobre, la 9e brigade (colonel fédéral Tronchin) de la IIIe division, fut dirigée sur Porrentruy avec un escadron de dragons, pour surveiller les mouvements des troupes allemandes et françaises, qui se trouvaient à proximité et occupaient tour à tour les villages environnants.

Cette brigade fut relevée le 12 novembre, par la 8e (colonel fédéral Paul Grand) de la même division, laquelle fut remplacée à son tour, le 26 décembre, par la 7e (colonel fédéral C. Borgeaud).

Les populations de l'Alsace et des environs de Belfort et de Montbéliard, frappées de terreur à l'arrivée des Prussiens, émigraient en Suisse, traînant après elles leurs bestiaux et leurs effets; reçues à la frontière par nos troupes, elles étaient disloquées dans les diverses localités voisines, et les gens qui, parmi eux, étaient dépourvus de ressources, et certes ils étaient en grand nombre, furent accueillis, logés et nourris par les soins des comités de secours, dont le zèle infatigable ne s'était pas ralenti un seul instant depuis le début de la guerre.

Lorsque, par suite des péripéties de la campagne, les Allemands venaient à s'éloigner quelque peu de la contrée, beaucoup de ces émigrés rentraient en hâte dans leurs foyers, pour revenir de nouveau à la première alerte.

Le 2 janvier, 174 soldats et 14 officiers, appartenant au corps dit des « Vengeurs de la mort » se présentèrent à la frontière, demandant un asile en Suisse. Le colonel fédéral Paul Grand, qui commandait la 8e brigade d'occupation, les reçut, et après les avoir désarmés, les dirigea sur Thoune et les officiers sur Lucerne, où ils devaient être internés par ordre du Département militaire fédéral.

Quelques soldats allemands des avant-postes, avaient également dû se réfugier chez nous. Ils furent internés à Appenzell.

Il devint bientôt nécessaire de renforcer les troupes d'occupation du Jura; le commandant de la IIIe division (colonel fédéral Aubert) se rendit sur les lieux et appela au service les bataillons 67 et 69 de Berne, qui se prélèvent sur la contrée occupée; il lui fut adjoint momentanément, la brigade no 13 (colonel fédéral Pfyffer), appartenant à la Ve division, et deux batteries d'artillerie attelée, no 4, de 10 cm et no 18, de 8 cm, plus l'escadron no 7 de dragons.

L'armée française de l'Est, pressée de plus en plus par le général de Werder, fut, comme nous l'avons dit plus haut, contrainte de renoncer à percer en avant les lignes allemandes et elle se mit en retraite, poursuivie par l'ennemi, en cherchant à se faire jour entre Belfort et la frontière suisse, pour se retirer par Besançon du côté de Lyon. L'exécution de ce mouvement pouvait présenter de sérieux dangers, car toute la contrée entre Belfort, Vesoul et Dijon était garnie de troupes allemandes et il était à craindre, qu'interceptant les communications, elles ne forçassent l'armée de l'Est à se rejeter sur la Suisse. Aussi, dès le 20 janvier, le général Herzog reprit-il le commandement de l'armée fédérale et ordonna les dispositions suivantes :

IIIe division. Colonel Aubert. — Etat-major : Porrentruy.

7e brigade. Colonel Constant Borgeaud   »

Bataillon n° 10, de Vaud, disloqué à Fahy, Bure et Courtedoux.

»   20, de Genève, disloqué à Damvant, Reclère, Grandfontaine, Chenevey, Rocourt.

»   39, de Fribourg, à Boncourt, Buin, Courtemaiche.

13e brigade. Colonel Pfyffer. Etat-major : Alle.

Bataillon n° 9, de Zurich, à Delémont.

»   10, de Thurgovie, à Alle et Develiers.

»   71, de Schaffhouse, à Courrendlin, Courtetille, Courfaivre.

1/2 bataillon n° 76, de Soleure, à Porrentruy.

Bataillon n° 67, de Berne, à Cornol et Courgenay.

»   69, de Berne, à Damphreux, Bonfol, Cuzerc.

Etat-major d'artillerie, à Courgenay.

Batterie attelée n° 4, de 10 c^m, de Zurich, à Delémont.

»   18, de 8 c^m, d'Argovie, à Alle.

Escadron de dragons n° 7, de Vaud, aux avant-postes.

La IVe division, colonel Bontems, est mise sur pied le 22 janvier, et est répartie comme suit :

Etat-major à la Chaux-de-Fonds

10e brigade, colonel de Greyerz, disloquée entre Montfaucon, Seignelégier et Noirmont.

11e brigade, colonel Veillard, disloquée entre la Chaux-de-Fonds et Renan.

12e brigade, colonel Rilliet, répartie dans le val Saint-Imier, depuis Sonvilliers à Courtelary.

Les batteries attelées n° 9, de 10 c^m et n° 23, de 8 c^m, de Vaud, à la Chaux-de-Fonds et à Renan, les sapeurs du génie à Seignelégier, et l'escadron de dragons n° 8, de Soleure, à la Chaux-de-Fonds.

Le 22 janvier, le quartier-général se transporte à Delémont et donne l'ordre à la IIIᵉ division, de s'étendre à gauche dans la vallée de l'Ursanne, pour s'appuyer à la IVᵉ division.

La Vᵉ division, colonel Meyer, rassemblée à Bâle, reçoit le 23 janvier, l'ordre de se porter dans la vallée de Delémont, et se cantonne :

L'état-major à Delémont.

La 14ᵉ brigade. Colonel Brændlin. Etat-major à Delémont.

Bataillon nº 17, d'Argovie, à Laufon, Rœschenz, Klein-Lützel.

> 34, de Zurich, à Soyères, Courroux, Viegues.

> 49, de Thurgovie, à Delémont.

La 15ᵉ brigade. Colonel Münzinger. Etat-major à Bassecourt.

Bataillon nº 11, de Zurich, à Courfaivre et Bassecourt.

> 15, d'Argovie, à Courtetelle, Develiers et Rossemaison.

> 24, de Lucerne, à Glovelier, Boccourt, Brelincourt et Undervelier.

L'artillerie, à Courroux et Glovelier.

La cavalerie, escadrons nᵒˢ 3 et 12, de Zurich, à Courrendlin.

La compagnie de sapeurs nº 5, d'Argovie, à Develiers.

La IIIᵉ division eût à retirer de la vallée de Delémont les détachements qui l'occupaient, pour les envoyer dans le Porrentruy. En conséquence, la 13ᵉ brigade fut disloquée comme suit :

Etat-major à Alle.

Bataillon nº 9, à Courgenay et Fontenoy.

> 14, à Alle, Vandelincourt.

> 71, à Occourt, Bellefontaine, Sainte-Ursanne, Selente.

Le 26 janvier, la Vᵉ division reçoit l'ordre de se porter à la frontière, avec une brigade appuyée à gauche de la IIIᵉ division ; en conséquence, l'état-major se porte à Seignelégier.

La 15ᵉ brigade est établie depuis Saulcy, St-Braix, Soubey, Montfaucon, Seignelégier à Noirmont et les Breuleux.

La 14ᵉ brigade, à Delémont, Glovelier, Bassecourt.

La IVᵉ division, qui dût se porter plus à gauche à la suite de ces mouvements, se disloqua le 27 janvier, l'état-major de la division à Seignelégier, les trois brigades réparties entre La Ferrière, par les Ponts, jusqu'aux Verrières. Le bataillon de carabiniers nº 5, qui lui fut adjoint, occupe les passages des ponts de Goumois et de Soubey. — Deux batteries de montagne, nº 26 des Grisons et nº 27 du Valais, réunies le même jour à Bienne, sont dirigées sur Tramelan et Seignelégier.

D'après les nouvelles qui parvenaient à ce moment, à notre quartier général et que les événements tendaient à confirmer, l'armée française touchait à une crise décisive. Dans les conditions climatériques particulièrement dures et fâcheuses dans lesquelles on se trouvait, sur un terrain de manœuvres montueux et très exposé, avec ses communications déjà coupées, sa position devenait de plus en plus critique. Suivie de près par l'ennemi qui la prenait en flanc, elle devait battre en retraite rapidement, ou entrer sur notre territoire. Il n'était pas à présumer qu'elle céderait devant un ennemi, pour en chercher un nouveau dans nos troupes, et qu'elle chercherait simplement un asile en Suisse.

Les seuls passages praticables pour de forts détachements, étaient ceux de Morteau au Locle, de Pontarlier aux Verrières et à Sainte-Croix, puis enfin celui de Jougne à Ballaigue. Il s'agissait donc de porter nos troupes sur les points indiqués. Pendant que ces mouvements s'exécutaient dans cette contrée couverte de neige et de glace, nos avant-postes n'étaient distraits que par le canon de Belfort, qui venait seul rompre le silence de la nature.

Reprenons maintenant le récit des faits accomplis par les armées belligérantes, de l'autre côté de notre frontière.

Tandis que le général de Werder continue à observer dans sa retraite dans le Sud, l'armée qu'il a combattue pendant trois jours sur les bords de la Lisaine, de nouvelles troupes allemandes se concentrent sur les flancs de cette armée et viennent rapidement prendre position sur tous les points de la vallée de la Saône. Le général de Manteuffel, qui a pris le commandement effectif de l'armée allemande, est entré à Gray dès le 18 janvier, c'est-à-dire le lendemain de la dernière journée des batailles d'Héricourt, à la tête du 2e corps, tout récemment arrivé de Paris. A cette date Vesoul et Lure étaient de nouveau occupés par les Allemands. Le 21 janvier, la ville de Dôle, située sur le Doubs, dans une position stratégique des plus importantes, tombait entre leurs mains, après une courte canonnade.

Chaque jour un nouveau combat se livre sur un point, ou sur un autre de la ligne ; les armées allemandes avancent en demi-cercle, dont une des extrémités s'appuie à Dôle et l'autre à Montbéliard, en passant par Gray, Vesoul, Lure, Beyerne, Héricourt, et il est à craindre que le général Bourbaki ne se trouve enlacé dans ce cercle de feu qui tend chaque jour à se resserrer. La même tactique allemande qui a réussi à Sédan, le 1er septembre ; à la reprise d'Orléans, le 4 décembre, et enfin, le 11 janvier, lors de la défaite du général Chanzy, au Mans, semble devoir, une fois de plus, avoir plein succès.

Les patrouilles françaises longent notre frontière jusqu'à Abévillers, petit village presque en face de Fahy, où elles rencontrent les avant-postes allemands, qui la parcourent jusqu'à Delle et en arrière. Des soldats français égrenés ou par petits détachements, commencent à se réfugier sur le territoire suisse, où ils sont désarmés et dirigés sur l'intérieur.

Des corps de troupes allemands passent le Doubs au sud de Besançon, dans l'intention de fermer la retraite au général Bourbaki, dont l'armée longe la frontière suisse. Le temps est affreux, le dégel est complet; des torrents de pluie mêlée de neige détrempent les routes et empêchent d'établir des campements et de cuire les aliments ; les troupes françaises, harcelées sans relâche par un ennemi ardent et toujours renouvelé, sont abîmées de fatigue et de privations ; tous les éléments qui la composent et qui ne sont pas éprouvés par l'habitude des camps, se démoralisent rapidement et font prévoir une catastrophe.

Les malades et les blessés, abandonnés dans la précipitation de la retraite, gisent dans les champs ou dans les villages déserts, où ils sont recueillis par les soins des sociétés de secours et confiés à un certain nombre de nos médecins accourus, pour les soulager. Des ambulances militaires suisses, envoyées sur les derrières de l'armée française, organisent des hôpitaux ou font transporter en deçà de la frontière tous ceux dont l'état le permet.

L'armée allemande occupe Dôle, St-Wit, Quingey, Byens, Mont-sous-Vaudrey, Mouchard, station de chemin de fer de Besançon à Lyon par Lons-le-Saulnier; Arbois et Poligny ; vers le Nord elle s'empare de l'Isle-sur-Doubs, Clerval et Beaume-les-Dames, ensorte que le 24 janvier, toute la ligne du Doubs, à l'exception de Besançon était déjà en son pouvoir.

A cette date, la forteresse n'était pas encore bloquée, bien qu'elle fût entourée d'ennemis de trois côtés. La route de Pontarlier et de Morteau reste encore ouverte.

Le plan qui consiste à envelopper l'armée de Bourbaki, en la refoulant de tous les côtés à la fois sur la frontière suisse, s'est dessiné chaque jour davantage et va réussir.

Ce général, voyant échouer ses projets et désespérant de pouvoir se dégager avec les troupes harassées, démoralisées, privées de secours, qu'il commandait, cède à un accès de désespoir; il oublie sa brillante carrière de soldat, son héroïsme passé, la manière distinguée dont il avait su tenir la campagne avec une armée composée d'éléments hétérogènes et dans des circonstances particulièrement défavorables et il cherche à attenter à ses jours. Grièvement blessé et dès lors incapable de garder le commandement de son armée, il le transmet au général Clinchant, commandant du 20ᵉ corps de l'armée de l'Est, qui, sans perdre de temps, cherche à opérer sa retraite sur Lyon par Pontarlier et Mouthe, le long de notre frontière. Un corps de douze mille hommes, assez bien organisé, est déjà près de cette dernière ville, mais le reste de l'armée est dans un état déplorable, rendu plus poignant encore, par un retour subit d'un froid très vif et une neige épaisse. Les Allemands occupent, le 28 janvier, Pont-de-Roide et avancent par la route de St-Hyppolite et Maiche contre Morteau, ils s'emparent également de Salins. Les soldats et les paysans français, qui se réfugient sur notre territoire, font un triste tableau de l'état pitoyable dans lequel se trouve l'armée et racontent que la plupart des soldats témoignent l'intention de se rendre en Suisse. En effet, le nombre de ceux qui se présentaient à nos avant-postes allait en augmentant chaque jour. Dans ces circonstances, l'autorité militaire supérieure dût prendre des mesures pour recevoir ces soldats et elle adresse dans ce but, aux Cantons les directions suivantes :

Berne, le 26 janvier 1871.

Le Département militaire fédéral, à l'Autorité militaire du Canton de....

Les événements font prévoir de plus en plus, que la Suisse aura à recevoir sur son territoire des troupes étrangères, dont le nombre peut varier; nous avons donc désigné pour les loger, les casernes indiquées ci-après, qui peuvent contenir :

1. Thoune . . . . . hommes	400		Report	5300
Vieille caserne	400	11. Frauenfeld	700
2. Fribourg	700	12. Lucerne	700
3. Soleure	500	13. Aldorf.	300
4. Bière	400	14. Hérisau	700
5. Sion.	300	15. St-Gall	300
6. Brugg	300	16. Wallenstadt	700
7. Aarau	700	17. Neu St-Johann	700
8. Zurich	700	18. Luziensteig	600
9. Winterthour	600	19. Coire	400
10. Schaffhouse	300		
A reporter . . .	5300	Hommes,	10400

Il est probable que ces locaux seront occupés l'un après l'autre, dans l'ordre où ils sont indiqués, c'est-à-dire que les casernes de la Suisse occidentale seront prises en premier lieu, afin de pouvoir disposer le plus tôt possible, du matériel des chemins de fer pour le cas d'une grande affluence de fugitifs.

La troupe de garde est comprise dans les chiffres ci-dessus; elle doit être du sixième au cinquième du nombre des hommes à surveiller.

Les prisonniers seront dirigés, avec une escorte suffisante, sur les Cantons désignés, depuis le grand quartier-général de l'armée, qui les en avisera le plus rapidement possible.

Dans le cas où les casernes de votre Canton seraient occupées au moment de l'arrivée des prisonniers, nous vous invitons à prendre les dispositions suivantes, à la réception du premier avis :

1. Etablir des locaux susceptibles de recevoir les prisonniers et la troupe qui les garde. Pour les hommes valides, on pourra établir un baraquement pourvu de paille en suffisance et de couvertures de laine. Les locaux devront, autant que possible , pouvoir être chauffés.

2. Mettre sur pied la troupe de garde dans la proportion indiquée de $^1/_6$ à $^1/_5$, de manière à ce qu'elle soit sous les armes à l'arrivée des convois. Les escortes qui ont été prises dans les troupes d'occupation des frontières, devront rejoindre leurs corps le plus tôt possible.

3. Donner les ordres nécessaires aux commissaires des guerres cantonaux, pour que la troupe de garde et les internés reçoivent leur subsistance en nature, comme le prescrit le règlement fédéral.

4. On paiera aux internés une solde journalière de 25 cent. par jour, sans distinction de grade. Des dispositions spéciales seront prises pour les officiers.

5. Les internés seront régis par le code pénal militaire fédéral, on devra en conséquence leur faire lecture des articles de guerre, dès leur arrivée.

6. Les rapports réglementaires sur la troupe de garde et les internés devront être adressés au commissariat fédéral des guerres supérieur, pour lui servir de base lors du règlement de la solde et des subsistances.

Le Chef du Département militaire fédéral,

WELTI.

En même temps le Haut Conseil fédéral faisait envoyer, par l'entremise des comités de secours, et après s'être entendu à cet effet avec les chefs de l'armée allemande, mille quintaux de farine, cinq cents quintaux de riz et des chargements de pain, pour être distribués aux habitants affamés des environs de Pontarlier, dont toutes les ressources étaient épuisées par les armées belligérantes et la misère affreuse.

Comme il était à prévoir que la marche des opérations allait s'accélérer et que, sans dégarnir la frontière bernoise et neuchâteloise, il était urgent de faire occuper les défilés de Jougne, du Brassus et de St-Cergues par nos troupes, on donna l'ordre de mettre sur pied dans le Canton de Vaud les bataillons n°s 45, 46 et 70 qui, sous les ordres du colonel P. Grand, se portèrent immédiatement sur les points menacés et occupèrent la Vallée du lac de Joux, de Ballaigues et Vallorbes jusqu'au Brassus et St-Cergues, en attendant que la Ve division, cantonnée dans les environs, pût venir les relever, en passant en arrière des troupes en ligne, par Bienne, Neuchâtel, Yverdon, Orbe et Cossonay. L'ordre d'effectuer ce mouvement fut donné dans la nuit du 28, à la Ve division, qui se mit immédiatement en marche.

Les événements en étaient là dans l'est de la France, lorsque la nouvelle arriva soudain qu'un armistice de trois semaines avait été conclu, le 28 janvier au soir, entre le gouvernement de la défense nationale et l'empereur d'Allemagne.

Une des clauses de ce traité portait que, les armées en campagne conserveraient leurs positions dans les parties du territoire qu'elles occupent respectivement, en restant séparées par des zones de neutralité.

L'espoir renaissait dans le cœur des chefs de l'armée française de l'Est, lorsque tout à coup, le bruit se répandit que cette armée n'était pas comprise dans l'armistice et que les opérations de guerre allaient continuer dans la Côte-d'Or, le Jura, le Doubs et à Belfort. Aucune confirmation officielle de cette nouvelle n'était encore parvenue au général Clinchant, lorsque la XIVe division du 7e corps, qui formait l'avant-garde de l'armée allemande, atteignit le 29 janvier, l'armée française en retraite près des villages de Sombacour et de Chaffois, à quelques kilomètres à l'ouest de Pontarlier. Ces troupes, considérables encore, mais qui se trouvaient plutôt agglomérées que concentrées sur ce point, occupèrent quelques positions sur lesquelles on avait installé de l'artillerie. Mais attaquées le 30 janvier, elles furent bientôt enlevées et les Français contraints de se retirer encore. L'ennemi, un ennemi infatigable, les harcelait de tous côtés, ne leur laissant pas un instant pour se reposer ou reformer leurs rangs désunis; ses têtes de colonne débouchaient de toutes parts, en queue, sur leurs flancs, en avant, pour couper leur ligne de retraite et intercepter les communications.

Toutes les issues étaient fermées à la fois; le jour, la nuit on avait marché sur des routes en mauvais état, encombrées par les neiges, en laissant derrière soi une longue traînée de morts, de blessés, de malades, de soldats épuisés de fatigue, privés de nourriture régulière ou suffisante depuis plusieurs jours et par une température glaciale. Une armée dans ces conditions, perdant le dernier espoir qui lui restait, l'armistice, ne pouvait que s'abandonner au découragement le plus profond, voisin du désespoir.

Le 30 janvier, le général Herzog avait envoyé, sur l'ordre du Département militaire fédéral, son premier adjudant, M. le lieutenant-colonel fédéral G. Siber, en parlementaire auprès du général commandant les troupes les plus rapprochées de la frontière, afin de s'informer, si l'armistice était connu des deux armées et respecté par elles; auquel cas la Suisse ne permettrait plus dès lors, le passage de la frontière à des détachements de troupes et traiterait comme déserteurs les hommes isolés qui chercheraient à se réfugier chez nous.

Cet officier se rendit à Pontarlier, où il rencontra le commandant en chef de l'armée française, M. le général Clinchant, qui le reçut en présence de son chef d'état-major, M. le général Borel. Il informa le lieutenant-colonel Siber, que le dimanche 29 janvier, dans la matinée, le Gouvernement français lui avait donné connaissance de la conclusion de l'armistice et qu'il en avait aussitôt avisé, par des parlementaires, tous les avant-postes allemands, mais qu'on avait lieu de supposer, que ceux-ci n'étaient pas disposés à le respecter, car ils avaient attaqué un corps de dix mille hommes environ, cantonné dans les environs de Sombacour et de Chaffois, au moment même où l'armistice venait de leur être notifié. Le général Clinchant accueillit avec empressement les communications qui lui furent faites de la part des autorités supérieures suisses, et exprima sa reconnaissance de ce que les mesures prises par l'armée fédérale lui permettraient de reprendre en mains, d'une manière énergique, la direction de ses troupes et de rétablir autant que possible la discipline, qui s'était relâchée au-delà de toute expression.

Il fut convenu entre les deux généraux que, depuis le 31 janvier au matin jusqu'à l'expiration de l'armistice, les avant-postes suisses repousseraient de la frontière tous les soldats isolés ou les détachements qui se présenteraient armés ou non armés pour se réfugier sur notre territoire, et qu'au cas où ils ne consentiraient pas à se retirer volontairement, ils seraient arrêtés et remis au poste français le plus voisin. De son côté, le général Clinchant devait faire connaître cette convention par un ordre du jour à son armée, avec l'observation que tous les militaires qui seraient remis ainsi aux avant-postes français seraient considérés comme déserteurs et fusillés.

Le lieutenant-colonel Siber avait été en outre, chargé personnellement par le général Herzog d'un message verbal, relatif au fait qu'un des trains de malades et de blessés qui étaient évacués sur la Suisse depuis Pontarlier, non-seulement n'avait pas tous les laissez-passer nécessaires, ni l'escorte indispensable, mais renfermait beaucoup de varioleux et de typhoïdes, outre un certain nombre de fuyards parmi lesquels des officiers. Le général avait pris lui-même la précaution, à Neuchâtel, d'arrêter un de ces trains renfermant 400 malades, et après les avoir fait rafraîchir, l'avait fait accompagner d'une escorte, dont la consigne fut de ne laisser descendre personne jusqu'à Genève. Malgré cela le danger pour la population qu'ils traversaient était trop grand pour permettre de laisser renouveler un fait aussi grave. Comme les transports de blessés et de malades devaient se renouveler fréquemment, il était indispensable que chacun d'eux fut accompagné d'une personne responsable et des infirmiers nécessaires, pendant tout le trajet à travers la Suisse.

Le général Clinchant, auprès duquel il fut réclamé énergiquement contre cette manière d'agir, montra le plus grand empressement à remédier à cet état de choses, mais il ne dissimula pas la difficulté qu'il y aurait à prendre des promptes mesures d'ordre à cet égard, en présence du relâchement excessif de la discipline et du l'entassement des troupes, car la présence de son chef d'état-major lui-même, à la gare de Pontarlier, n'avait pu empêcher le départ du dit convoi renfermant des soldats affectés de maladies contagieuses.

On décida la création d'une ambulance, sous la direction d'un médecin suisse accompagné d'un médecin français et disposant des moyens nécessaires pour faire respecter son autorité ; elle fut établie aux Verrières françaises, où tous les trains entrant en Suisse devaient être arrêtés pour être visités et expurgés de tout malade dangereux.

L'état de l'armée parut à notre parlementaire être dans une désorganisation incroyable ; les corps étaient mêlés entr'eux, toute subordination, depuis le général jusqu'au dernier officier subalterne, avait disparu, le maintien de la discipline était impossible et était remplacé par une méfiance générale. Les personnages des divers corps avec lesquels le lieutenant-colonel Siber s'entretint à plusieurs reprises, montrèrent un découragement complet et l'abandon de tout espoir dans le sort des armes. On pouvait exprimer la certitude, qu'à la moindre apparition des troupes allemandes, tous les corps français échelonnés le long de la frontière, de Morteau au fort des Rousses, passeraient avec armes et bagages sur le territoire suisse.

Les généraux Clinchant et Borel avouèrent sans détour, que leurs soldats ne voulaient plus se battre. Une preuve que le général en chef ne pouvait plus compter sur ses troupes, se manifesta clairement pendant le court séjour de notre parlementaire au milieu de l'armée française, car, la générale ayant été sonnée sur la nouvelle que les Allemands allaient attaquer, on ne put, avec toutes les peines du monde, rallier que trois bataillons et quelques pelotons de cuirassiers, parmi vingt ou trente mille hommes qui étaient réunis sur ce point.

Le 30 janvier au soir, tous se préparaient à passer en Suisse, et s'ils ne l'ont pas fait alors, c'est que la marche en avant des ennemis ne s'était pas confirmée, mais il était hors de doute que cette éventualité pouvait se présenter à chaque instant, si, comme tout le faisait prévoir, les Allemands ne tenaient pas compte de l'armistice.

Sans attendre que les choses en fussent arrivées à ce point, le général Herzog, informé très exactement depuis plusieurs jours de ce qui se passait au-delà de la frontière, avait pris des mesures pour parer aux éventualités qui se préparaient. Les troupes d'occupation sont concentrées et une partie d'entr'elles dirigées à marches forcées au sud-ouest, le long de la frontière des Cantons de Neuchâtel et de Vaud.

Le grand état-major se transporta à Neuchâtel, et, le 1ᵉʳ février au matin, l'armée fédérale était disloquée comme suit ;

Grand quartier-général : Neuchâtel.

Compagnie de guides n° 7 de Genève, à Neuchâtel.

Détachement de guides n° 11 de Bâle, réparti dans les états-majors.

IIIe DIVISION.	**Colonel fédéral AUBERT. Etat-major :**	**SEIGNELÉGIER.**
BRIGADE N° 7	COLONEL C. BORGEAUD. ETAT-MAJOR :	SEIGNELÉGIER.
	Bataillon n° 10, de Vaud.	St-Brais, Montfaucon, les Enfers.
	» 20, de Genève.	Boécourt, Bassecourt, Glovelier.
	» 39, de Fribourg.	Seignelégier, les Pomerats, Mariame.
BRIGADE N° 13	COLONEL L. PFYFFER. ETAT-MAJOR :	PORRENTRUY.
(de la Ve division, attachée	Bataillon n° 9, de Zurich.	Porrentruy, Courgenay.
temporairement à la IIIe	» 14, de Thurgovie.	Cheveney, Damvant, Grandfontaine, Fahy, Bure, Boncourt, Reclère.
division).		
	» 71, de Schaffhouse.	Ste-Ursanne, Dellefontaine, Ocourt, Selente.
CARABINIERS.	» 5, de Vaud.	Chaux-de-Fonds, Les Bois.
CAVALERIE.	Dragons n° 7, de Vaud.	Aux avant-postes.
ARTILLERIE. (Colonel Fornaro).	Batterie de 10 c^m n° 4, de Zurich.	Tavannes.
	» 8 c^m n° 18, d'Argovie.	Tramelan.
Soutien.	1/2 bataillon n° 79, de Soleure.	Sonceboz.
GÉNIE.	Sapeurs n° 1 de Vaud.	Fahy, Damvant.
Ambulance n° 7.		De Porrentruy, en marche sur Neuchâtel.
Ambulance n° 13.		Porrentruy.
IVe DIVISION.	**Colonel féd. C. BONTEMS. Etat-major :**	**FLEURIER.**
BRIGADE N° 10.	COLONEL DE GREYERZ. ETAT-MAJOR :	LES PONTS.
	Bataillon n° 1, de Berne.	Locle.
	» 16, de Berne.	Les Ponts.
	» 35, du Valais.	Fleurier.
BRIGADE N° 11.	COLONEL A. VEILLARD. ETAT-MAJOR :	COUVET.
	Bataillon n° 26, de Vaud.	Couvet.
	» 40, du Valais.	Locle, Chaux-de-Fonds.
	» 53, du Valais.	Môtiers.
BRIGADE N° 12.	COLONEL A. RILLIET. ETAT-MAJOR :	LES VERRIÈRES.
	Bataillon n° 18, de Berne.	Les Verrières.
	» 58, de Berne.	Les Verrières.
	» 66, de Lucerne.	Ste-Croix, Côte-aux-fées.

Cavalerie.	Dragons n° 8, de Soleure.	St-Sulpice.
Artillerie.	Batterie de 8 cᵐ n° 13, de Fribourg.	Fleurier et Verrières.
	» 8 cm n° 22, de Vaud.	Môtiers.
Génie.	Sapeurs n° 5, de Berne.	Fleurier.
Ambulance n° 10.		Chaux-de-Fonds.
Ambulance n° 11.		Fleurier.
Ambulance n° 12.		Les Verrières.

Vᵉ DIVISION. **Colonel fédéral C. MEYER. Etat-major : ORBE.**

BRIGADE n° 14.	COLONEL BRÆNDLIN. ETAT-MAJOR :	LA SARRAZ.
	Bataillon n° 17, d'Argovie.	La Sarraz, Eclépens, Pompaples.
	» 34, de Zurich.	Cossonay.
	» 49, de Thurgovie.	Orbe.
BRIGADE n° 15.	COLONEL MUNZINGER. ETAT-MAJOR :	YVERDON.
	Bataillon n° 11, de Zurich.	Yverdon.
	» 15, d'Argovie.	Neuchâtel, Colombier.
	» 24, de Lucerne.	Chavornay.
Cavalerie.	Dragons n° 3, de Zurich.	Orbe.
	» 12, de Zurich.	Bienne.
Artillerie (lieut.-col. Huef).	Batterie de mont : 8 cm n° 26, des Grisons.	Les Bois.
	» » 8 cm n° 27, du Valais.	»
(Lieutenant-colonel de Rham).	Batterie de 10 cᵐ n° 9, de Vaud.	Chavornay.
	» 8 cm n° 23, de Vaud.	En marche de la Chaux-de-Fonds sur Orbe, où elle arrive le 2 février.
Ambulance n° 14.		Orbe.
Ambulance n° 15.		Yverdon.

BRIGADE N° 8, mise sur pied le 30 janvier, et composée d'un bataillon de la 8ᵉ brigade et de deux de la 9ᵉ brigade.	COLONEL PAUL GRAND. ETAT-MAJOR :	VALLORBES.
	Bataillon n° 45, de Vaud.	Le Pont, Brassus, Sentier.
	» 46, »	St-Cergues, Trélex, Crassier.
	» 70, »	Vallorbes, Ballaigue, Lignerolle.
GARNISON DE GENÈVE.	LIEUTENANT-COLONEL BONNARD :	GENÈVE.
	Bataillon n° 84, de Genève.	»
	Batterie de 8 cm n° 25, de Genève.	»
GRAND PARC.	Comp. d'artillerie de parc n° 40, Vaud.	Neuchâtel.
	» de train de parc n° 78, de Berne.	»

L'effectif de ces divisions et brigades réduites, s'élevait à 21,339 hommes, 54 bouches à feu et 2,013 chevaux.

Les unités tactiques qui furent attachées pour ce service, à des divisions ou brigades dont elles ne font pas partie d'après l'ordre de bataille de l'armée, l'ont été pour remplacer des corps qui avaient fait déjà un service assez long à la frontière, lors de la première mise sur pied en 1870, ou pour l'observation de certains points stratégiques.

Le but principal des Autorités fédérales a été d'alléger autant que possible les charges qui pesaient sur les citoyens, en n'appelant sous les armes, que le nombre de troupes strictement nécessaire et au dernier moment. Malgré cela, quelques corps ont été, par la force des choses, mis à contribution d'une manière tout à fait exceptionnelle ; nous devons citer en premier lieu les bataillons n°s 67 et 69, qui se prélèvent dans le Jura bernois, le long de la frontière et qui, après avoir fait pendant l'année précédente un long service avec la 5e brigade de la IIe division, furent repris en janvier 1871, puis licenciés le 30 du même mois. Le bataillon n° 69, remis sur pied le 5 février, pour garder la frontière contre les incursions des francs-tireurs, pendant que les autres troupes escortaient les internés ou se portaient plus au sud-ouest, ne fut licencié définitivement que le 16 février.

Les troupes françaises, poussées par le froid et la faim, se pressaient en masse à la frontière pendant la nuit du 31 janvier au 1er février ; la générale fut battue à 4 heures du matin dans les cantonnements de l'armée suisse, qui occupa rapidement ses positions. Le lieutenant-colonel Chewals se présenta au général Herzog, alors aux Verrières, de la part du général Clinchant, demandant que son armée pût entrer en Suisse le plus tôt possible, si on voulait éviter un désordre inexprimable, ses soldats étant démoralisés au plus haut point et s'attendant à être attaqués par l'ennemi.

Le général Herzog, usant des pleins pouvoirs qu'il avait reçus de l'Assemblée fédérale, proposa aussitôt une convention au général français, que lui porta M. le lieutenant-colonel Siber, accompagné de M. le lieutenant-colonel Chewals. En voici le texte :

Entre Monsieur le Général Herzog, général en chef de l'armée de la Confédération suisse, et Monsieur le Général de division Clinchant, général en chef de la 1re armée française, il a été fait les conventions suivantes :

1. L'armée française demandant à passer sur le territoire suisse, déposera en y pénétrant, ses armes, équipements et munitions.

2. Ces armes, équipements et munitions seront restitués à la France après la paix, et après le règlement définitif des dépenses occasionnées à la Suisse par le séjour des troupes françaises.

3. Il en sera de même pour le matériel d'artillerie et ses munitions.

4. Les chevaux, armes et effets des officiers seront laissés à leur disposition.

5. Des dispositions ultérieures seront prises à l'égard des chevaux de troupe.

6. Les voitures de vivres et de bagages, après avoir déposé leur contenu, retourneront immédiatement en France avec leurs conducteurs et leurs chevaux.

7. Les voitures du trésor et des postes seront remises avec tout leur contenu à la Confédération helvétique, qui en tiendra compte lors du règlement des dépenses.

8. L'exécution de ces dispositions aura lieu en présence d'officiers français et suisses désignés à cet effet.

9. La Confédération se réserve la désignation des lieux d'internement pour les officiers et pour la troupe.

10. Il appartient au Conseil fédéral d'indiquer les prescriptions de détail destinées à compléter la présente convention.

Fait en triple expédition aux *Verrières*, le 1er février 1871.

(Signé) CLINCHANT.   (Signé) HANS HERZOG, Général.

Cette convention fut immédiatement signée en trois doubles, par ces deux officiers.

Avant de prendre cette suprême décision, le général Clinchant avait avisé le gouvernement de Bordeaux que la demande qu'il avait adressée au général de Manteuffel au sujet de l'armistice, était restée jusqu'ici sans réponse, mais que, d'après le contenu d'une lettre apportée par un parlementaire allemand, pendant la conférence qui avait eu lieu à Frasnes, il paraissait que le général de Manteuffel ne voulait pas reconnaître l'armistice en faveur de l'armée de l'Est, disant qu'il n'avait été conclu que pour les armées du Nord et celles de Paris. Il ajoutait :

« Tous les arguments dont s'est servi M. Jules Favre en votre nom, pour obtenir de
« l'état-major allemand et du comte de Bismarck que l'armistice fût général, je l'ai tenté
« inutilement auprès du général prussien, qui m'a même refusé une suspension d'armes de
« trente-six heures, afin que vous eussiez le temps de faire de nouvelles tentatives à
« Versailles. — Les ennemis ayant continué les hostilités, malgré ma protestation, et
« menaçant de couper ma retraite, même du côté de la Suisse, ce qui entraînerait
« infailliblement la perte de l'armée et de tout son matériel, j'ai dû me rendre à une
« dure nécessité et franchir la frontière. — Le général Billot couvre la retraite avec
« trois divisions du 18e corps.

« Je vous enverrai aujourd'hui le texte de la convention que j'ai conclue avec la
« Suisse. »

Le général Clinchant avait adressé , de Pontarlier, la proclamation suivante à son armée, avant de se rendre aux Verrières :

Soldats de l'armée de l'Est !

Il y a peu d'heures encore, j'avais l'espoir, j'avais même la certitude de vous conserver à la défense nationale. Notre passage jusqu'à Lyon était assuré à travers les montagnes du Jura.

Une fatale erreur nous a fait une situation dont je ne veux pas vous laisser ignorer la gravité. Tandis que notre croyance en l'armistice, qui nous avait été notifié et confirmé à plusieurs reprises par notre gouvernement, nous commandait l'immobilité, les colonnes ennemies continuaient leur marche, s'emparaient de défilés déjà entre nos mains et coupaient ainsi nos lignes de retraite.

Il est trop tard aujourd'hui pour accomplir l'œuvre interrompue, nous sommes entourés par des forces supérieures ; mais je ne veux livrer à la Prusse, ni un homme, ni un canon. Nous irons demander à la neutralité suisse l'abri de son pavillon, mais je compte dans cette retraite vers la frontière sur un effort suprême de votre part. Défendons pied à pied les derniers échelons de nos montagnes, protégeons le défilé de notre artillerie et ne nous retirons sur un sol hospitalier, qu'après avoir sauvé notre matériel, nos munitions et nos canons.

Soldats, je compte sur votre énergie et sur votre ténacité ; il faut que la patrie sache bien, que nous avons tous fait notre devoir jusqu'au bout et que nous ne déposons nos armes que devant la fatalité.

Pontarlier, le 31 janvier 1871.

CLINCHANT.

CHAPITRE II

Entrée de l'armée en Suisse. Son désarmement. Organisation des colonnes. Leur envoi dans l'intérieur du pays. Dispositions prises pour leur logement et leur entretien. Organisation des dépôts.

L'armée française n'attendit pas le jour pour effectuer son passage.

Par un froid très vif et dans une obscurité profonde, défilèrent d'abord les voitures des postes et celles du trésor, ainsi que diverses chaises de poste appartenant aux généraux et à l'intendance, puis, dès 5 heures du matin, une quantité innombrable de pièces d'artillerie, les chariots du parc et les voitures de réquisition, qui furent immédiatement dirigées sur le Val-de-Travers, afin d'évacuer les routes conduisant dans l'intérieur du pays.

On ne pouvait encore évaluer le nombre des troupes qui allaient entrer ; le lieutenant-colonel Chewals estimait qu'il dépassait 80,000 hommes, mais d'autres officiers supérieurs français prétendaient qu'il ne serait que de 40,000 environ.

Sur la demande expresse du général Herzog, l'état-major de l'armée française lui remit par écrit, un état des corps entrant en Suisse avec l'indication de leurs forces pour les diverses armes, comme suit :

15e corps d'armée	5,000 hommes.
18e » »	10,000 »
20e » »	5,000 »
24e » »	6,000 »
Corps de réserve	7,000 »
Artillerie, génie et gendarmerie	9,000 »
	42,000 hommes.

Tout dépendait des mouvements de l'armée allemande, qui manœuvrait de manière à couper vers le sud l'issue par laquelle des corps pourraient s'échapper et gagner la route de Lyon, par le col de la Faucille.

Les troupes fédérales étant indispensables à la frontière, on ne pouvait songer à en distraire les escortes nécessaires à la conduite des détachements dans l'intérieur. Quelques centaines d'officiers et de sous-officiers, dont les corps n'étaient pas en service, furent donc envoyés aussitôt à Neuchâtel par le Département militaire fédéral, à la disposition de l'état-major général, qui en employa une partie comme chefs d'étapes. En même temps, on dirigeait de ce côté 200,000 rations de pain et des subsistances en nombre considérable, afin d'apaiser les premiers besoins des soldats et des chevaux exténués de faim, de froid et de fatigue. En outre, à Sainte-Croix et à Yverdon, tous les boulangers fabriquaient du pain, par ordre de l'Autorité vaudoise.

Le spectacle que présenta l'entrée des troupes françaises de l'armée de l'Est fut saisissant, et le cœur était profondément ému à l'aspect de telles souffrances. Jamais notre heureux pays n'avait assisté à un tel désastre, jamais on n'avait vu une accumulation aussi grande de tels maux, de telles misères, d'une prostration plus complète.

Dès qu'ils ne furent plus soutenus par la crainte du danger continuel qui les suivait depuis des semaines, ni excités par les officiers qui les accompagnaient, dès qu'ils se sentirent sur un sol hospitalier où des mains secourables se tendaient vers eux de toutes parts, les soldats s'affaissèrent complétement et perdirent le peu d'énergie qui leur restait encore.

Un très grand nombre d'entre eux marchaient les pieds nus ou enveloppés de misérables chiffons ; leurs chaussures faites avec un cuir spongieux, mal tanné, et la plupart du temps trop étroites, n'avaient pu supporter les marches dans la neige et la boue et n'ayant pu être remplacées, elles n'avaient pas tardé à faire eau de toutes parts ; les semelles étaient absentes ou dans un état pitoyable, aussi beaucoup de ces malheureux avaient-ils les pieds gelés ou tout en sang. Les uniformes étaient en lambeaux et les soldats s'étant appropriés tous les vêtements qu'ils avaient trouvés pour remplacer ceux qui étaient détruits, présentaient une bigarrure inimaginable. Plusieurs d'entre eux avaient encore des pantalons de toile reçus à l'entrée de la campagne et grelottaient à faire pitié.

A mesure que les soldats mettaient le pied sur le territoire suisse, ils étaient désarmés ; on leur faisait déposer leur fusil, leur sabre et leur équipement contenant les munitions de poche. Bientôt d'immenses tas d'armes et d'effets s'élevèrent dans la neige des deux côtés de la route.

Les chevaux surtout présentaient le plus piteux aspect : affamés, privés de soins depuis longtemps, mal harnachés souvent, leur corps n'offrait parfois qu'une plaie dégoûtante ; maigres, efflanqués et pouvant à peine se tenir sur leurs jambes, ils cherchaient à ronger tout ce qui se trouvait à leur portée : des jantes de roues, de vieux paniers, la queue et la crinière de leurs voisins étaient dévorés. De temps à autre, une de ces pauvres bêtes, anéantie et que le fouet était impuissant à faire mouvoir, tombait pour mourir peu après. On se contentait de couper ses traits et de la traîner au bord de la route, qui sur tout son parcours était jonchée çà et là de leurs cadavres. Parfois un de nos soldats compatissant, mettait un terme aux souffrances de ces pauvres animaux en leur tirant un coup de fusil, lorsqu'il était impossible de leur faire faire un pas de plus.

De l'aveu même de leurs conducteurs, un grand nombre de chevaux d'artillerie n'avaient pas été déharnachés depuis plusieurs semaines.

La cavalerie avait encore assez bon aspect et marchait en ordre avec ses officiers; les chevaux, quoique harassés, avaient été l'objet des soins de leurs cavaliers et ne présentaient pas le misérable aspect de ceux des attelages de l'artillerie. Les soldats d'Afrique en particulier, montraient de la sollicitude pour leurs montures, tandis que les soldats du train d'artillerie et du train des équipages donnaient fréquemment l'exemple de brutalités révoltantes vis-à-vis des pauvres bêtes confiées à leurs soins.

En attendant le moment où on pourrait répartir ces chevaux entre les Cantons qui avaient le moins à souffrir de la disette de fourrages dont on se plaignait un peu partout en Suisse, ils furent réunis et parqués à Yverdon, Neuchâtel et Colombier.

Dans cette dernière ville, on les installa dans une allée d'arbres superbes et malgré la nourriture qu'on s'empressa de leur distribuer, ils ne tardèrent pas à en ronger l'écorce aussi haut qu'il leur fut possible d'atteindre. Il en fut de même à Yverdon, quoique dans une mesure heureusement plus restreinte.

Il fallut faire entourer ces parcs par une forte chaîne de sentinelles, afin d'empêcher les soldats du train de s'échapper et ce n'est qu'avec une peine infinie qu'on put les forcer à leur donner les soins les plus élémentaires.

Le parc de Colombier était fort de 6,629 chevaux et celui d'Yverdon de 4,020, mais ce nombre s'augmenta bientôt sensiblement de tous ceux que les patrouilles envoyées dans toutes les directions, trouvèrent errants et ramenèrent.

Le défilé, commencé le 1er février au matin, dura tout le jour sans interruption ; d'abord vinrent une foule de soldats entremêlés, sans aucun ordre et n'obéissant à personne, parmi lesquels les mobiles dominaient en très grande majorité. Plus tard quelques corps organisés firent leur apparition, tantôt une ou deux compagnies réunies, puis ici et là un bataillon accompagné de ses chefs, enfin un ou deux régiments tout à fait complets et présentant un aspect aussi satisfaisant que les circonstances le permettaient.

Par un instinct de conservation bien naturel, tous ces hommes serraient constamment sur la tête de la colonne, ensorte qu'il n'y eut pas d'intervalle ni d'à-coups dans le défilé. A leur arrivée à la frontière, les soldats déposaient leurs armes et leurs munitions, qui furent réunies et expédiées dans l'intérieur, dès que les routes furent assez libres pour le permettre.

Les versants du Jura, couverts de neige, à travers lesquels trois ou quatre routes, seules praticables dans cette saison, conduisaient en Suisse, offraient un étrange spectacle. De longues lignes noires serpentaient à travers la campagne et se mouvaient sans interruption comme un torrent dont les eaux se précipitent dans la vallée; des milliers de voitures coupaient, par ci, par là, le flot humain qui passait; point de halte, point de repos. Sans cesse poussés par derrière, traversant une contrée peu habitée et n'ayant que des ressources insignifiantes pour de si pressants besoins, les soldats descendaient dans la vallée pour rencontrer une ville ou de grands villages où ils pussent enfin trouver un moment de repos. Les premières troupes qui firent leur entrée durent marcher jusqu'au soir, afin d'évacuer les routes et permettre aux autres corps d'avancer ; aussi, arrivés dans des localités habitées où la population les attendait avec des secours, ces pauvres soldats exténués, privés de nourriture, tombaient-ils le long des maisons, où ils restaient accroupis, inertes, incapables d'agir et à peine de parler.

Une toux stridente et continuelle se faisait entendre de la tête à la queue des colonnes, car tous, à peu près sans exception, en étaient affectés et ce mal qui leur déchirait la poitrine contribuait à augmenter leur affaissement.

Les habitants des beaux villages du Val-de-Travers ont reçu ces malheureux étrangers avec une touchante bienveillance. Toute la population, échelonnée sur la route, munie de corbeilles de pain, de paquets de tabac et de cigares, forme la haie et offre, les larmes aux yeux, quelque soulagement à ces pauvres gens.

A Couvet, la municipalité a réuni une troupe d'hommes munis de *brantes*, remplies d'une soupe fortifiante préparée dans de grandes chaudières et toujours renouvelée. Ces hommes se portent à la rencontre des troupes et rendant un peu de force et de chaleur aux soldats leur permettent de se porter en avant.

Trois voies principales donnèrent passage à l'armée de l'Est, d'abord :

1º Les Verrières, douane et village du canton de Neuchâtel, par lequel passent le chemin de fer et la route de Pontarlier à Neuchâtel. Il se trouve en communication par la voie ferrée avec Olten, point central où convergent les lignes de la Suisse orientale ; avec Berne et, par Yverdon, avec Genève et la Suisse romande.

2º Ensuite les Fourgs, village français sur la frontière, au-dessus de Sainte-Croix, qui est relié à Yverdon par une belle route.

Le village de Sainte-Croix, bien connu par son industrie horlogère, se distingua par la manière dont les soldats furent accueillis : quatre ambulances particulières furent immédiatement installées par les soins des habitants et les secours abondèrent de toutes parts. 12,645 hommes et 1,236 chevaux passèrent dans cet endroit et y furent nourris et en partie logés. Tous ceux qui le désiraient y reçurent les premiers soins et plusieurs gravement malades y restèrent en traitement.

Les premières troupes qui se présentèrent de ce côté-là, furent un détachement de gendarmerie en bon ordre avec ses chefs, puis une belle ambulance qui, après un moment de repos, se dirigea sur Genève.

3º Enfin Ballaigue, village du canton de Vaud, sur la route de Pontarlier, Jougne à Orbe,

Cette dernière ville, très rapprochée du chemin de fer de Genève-Lausanne-Yverdon, est reliée avec les principales localités du canton de Vaud par des routes de première classe.

D'autres corps isolés, ou qui s'étaient dirigés vers le sud, dans l'espoir de gagner Lyon par le col de la Faucille, au-dessus de Gex, entrèrent en Suisse par des passages réputés impraticables en hiver. Ainsi 10 à 12,000 hommes pénétrèrent en trois colonnes dans la vallée du Lac de Joux, à travers le Risoux, immense étendue de forêts de sapins séparant la France de la Suisse et qui n'est traversée que par des sentiers. Les gens du pays eux-mêmes ne s'aventurent guère dans ces solitudes que dans la belle saison et lorsque les chemins ne sont pas obstrués par les neiges, qui, chassées par le vent du nord, s'y accumulent souvent en masses énormes. On était donc en droit de craindre qu'un certain nombre de soldats abîmés de fatigue et tombant d'inanition, n'eussent pu suivre leurs corps et que, restés en arrière, ils n'eussent trouvé la mort. Cela paraissait d'autant plus probable, qu'arrivés dans les localités habitées, les chefs des divers détachements constatèrent l'absence d'un certain nombre de leurs hommes et que des soldats assurèrent avoir vu ceux qui manquaient au moment du départ. Des patrouilles, sous la conduite de guides expérimentés, parcoururent sans perdre de temps tous les chemins qui avaient livré passage à des troupes et revinrent sans avoir trouvé ni un homme, ni un cheval.

Plus tard, lorsque le printemps eut rendu les communications plus faciles et que la fonte des neiges eut mis le sol à découvert, de nouvelles recherches furent ordonnées; car l'opinion publique persistait à croire que des soldats avaient péri dans la montagne. Les gardes des forêts et les gendarmes, dont les postes sont échelonnés le long de la frontière, parcoururent chaque jour la forêt dans tous les sens, sans que rien vînt confirmer les appréhensions. On peut donc affirmer qu'aucun soldat français n'a péri dans les passages du Risoux et que, si les chefs de corps ont constaté l'absence d'un certain nombre de soldats, il est à supposer qu'ils seront restés en France et auront trouvé moyen de s'échapper par Morez, les Rousses et le col de la Faucille.

Les bouches à feu et les voitures de guerre qui entrèrent par le Val-de-Travers furent réunies à Colombier, après avoir été parquées quelques jours à Travers et à Fleurier, en attendant que les routes fussent libres; à Yverdon on réunit celles qui avaient pénétré dans le canton de Vaud par Sainte-Croix, Jougne, etc. C'étaient le parc de réserve, des caissons de munitions de toute espèce, des batteries de mitrailleuses et de montagne et l'artillerie de campagne.

Thoune fut désigné pour recevoir toutes les armes à feu portatives, les armes blanches, une partie de la buffleterie et les munitions des troupes arrivées par le Val-de-Travers. A l'arsenal de Morges et au château de Grandson, on rassembla toutes les armes, munitions et équipement des soldats qui étaient entrés sur le territoire de Vaud.

Les ambulances, avec tout leur matériel et leur personnel, furent évacuées sur la France par Genève, à teneur de la Convention internationale.

Un nombre infini de chars de réquisition, la plupart à deux roues et attelés d'un seul cheval, conduits par des paysans et souvent par de jeunes garçons, traversèrent aussi rapidement le canton de Vaud, après avoir déposé leur chargement, et furent dirigés sur Genève, où les préposés militaires suisses les rendirent aux autorités françaises déléguées.

Le défilé des troupes à la frontière avait duré, le 1er février, de 5 heures du matin à 7 heures du soir.

On avait eu d'abord l'intention de le suspendre pendant la nuit, pour permettre aux troupes de prendre un peu de repos, mais l'ennemi ayant attaqué l'arrière-garde de l'armée de l'Est aux Fourgs, puis au fort de Joux et jusqu'à très peu de distance de la frontière, on les laissa pénétrer de tous les côtés aussi rapidement que possible.

Toute la nuit et une partie du lendemain, les passages du Jura furent encombrés de soldats; enfin un dernier régiment se présenta en bon ordre avec ses officiers, après avoir valeureusement soutenu la retraite; c'était le 92e de ligne.

Le 29e et le 52e étaient aussi arrivés en bon ordre, avec leurs officiers à leur tête et offrant un aspect tout à fait militaire.

Pendant ce temps, les têtes de colonnes avaient gagné la plaine et encombraient toutes les localités habitées. Orbe, petite ville de trois mille âmes, vit ainsi 10,500 hommes passer la nuit du 1er au 2 février dans ses murs et remplir les villages environnants; le 2 février, il passa encore par cette ville 7,400 hommes; le 3 février, 5,500 hommes, et en tout 2,440 chevaux.

Afin de faciliter la dislocation des divers corps français dans les Cantons, on chercha, dès leur entrée en Suisse, à leur donner une espèce d'organisation, en essayant de réunir les débris d'un même régiment; mais quoique le chef d'état-major français eût conseillé pour cela de faire sonner partout les signaux spéciaux des divers régiments, cela ne produisit aucun effet, car les soldats continuaient à passer sans s'inquiéter le moins du monde de ce qu'on demandait d'eux. Il fallut y renoncer, mais l'on espéra être plus heureux lorsque l'accumulation serait moins considérable et que quelques jours de repos auraient rendu les soldats au sentiment de leur devoir.

La confusion des corps alla en augmentant à chaque instant; cela avait pour cause première l'état de désorganisation que présentait la 1re armée pendant les derniers jours qui précédèrent son entrée en Suisse, à l'exception toutefois de quelques corps qui, il faut le dire du reste, venaient d'arriver d'Afrique ou de quelque autre partie de la France non occupée par l'ennemi.

Lorsqu'il fut décidé que l'armée chercherait un refuge chez nous, la plupart des soldats, au mépris de toute discipline, se pressèrent les uns sur les autres pour être plus vite à l'abri, et au moment où ils passaient la frontière et rendaient leurs armes, la confusion s'établissait insensiblement. Les troupes avaient convergé de leurs derniers cantonnements sur les points de passage où elles se mêlaient encore; de là, dirigées aussi rapidement que possible dans la vallée pour évacuer les routes et sous la conduite de faibles escortes, chargées bien plus de les guider que de maintenir les colonnes intactes, il arrivait fréquemment, qu'au croisement des nombreux chemins couverts partout de soldats en marche, chacun suivait un peu son inspiration en s'attachant à telle ou telle escorte.

Un grand nombre de soldats, fatigués ou malades, s'arrêtèrent en route et se joignirent plus tard à d'autres colonnes.

Les premières localités habitées où quelque repos pût être accordé, furent à la lettre envahies par le flot humain que chaque route déversait sans interruption. Là il ne pouvait être question de maintenir une colonne en ordre; chacun s'établissait où il trouvait une place pour prendre quelque nourriture. Quand il s'agissait de se remettre en marche, on faisait lever et partir quelques cents soldats choisis indistinctement et on ne se préoccupait que de leur nombre.

Les commandants des étapes organisèrent les transports plus régulièrement dès que cela fut possible, mais les unités tactiques étaient déjà très entremêlées, surtout celles qui avaient ouvert la marche et principalement les mobiles, qui rompaient leurs rangs à chaque instant. Plus tard, les troupes qui avaient pu pénétrer en Suisse plus tranquillement lorsque les plus pressés eurent été évacués, continuèrent leur route en bon ordre et restèrent jusqu'au terme de leur voyage aussi compactes que le plan de dislocation le permit.

Il est juste de mentionner, que des détachements de mille hommes conduits par un jeune officier suisse et escortés par quelques soldats, les suivaient à des distances considérables, avec beaucoup de docilité et de bonhomie. Il ne se produisit que très rarement quelque velléité de résistance ou d'indocilité.

Il arriva souvent que des détachements très forts durent attendre des heures entières dans la neige, les trains de chemin de fer qui devaient les conduire à leur destination et ils le firent sans se plaindre ni se débander, malgré un froid très vif.

Les autorités civiles et militaires avaient accumulé des subsistances en abondance. Au croisement des routes, on distribuait de la viande là où c'était possible, du pain partout et du vin dans les villes; mais toute la prévoyance, toute la sollicitude déployées à cette occasion n'auraient été que d'un bien faible secours en présence de pareilles misères, si la population toute entière, avec une charité vraiment chrétienne, ne s'était mise en avant et si l'assistance ainsi divisée en mille ramifications, n'avait pas atteint promptement chaque malade, chaque soldat.

Tout le monde était au fait de la marche des événements ; chacun savait que l'armée française allait pénétrer, entrait déjà en Suisse ; mais ce qu'on ignorait, c'était par où les troupes arriveraient.

Les Comités de secours institués dans toutes les villes depuis le commencement de la guerre, déployaient une nouvelle activité, les dons de toute espèce affluaient dans leurs magasins ; vivres en abondance, vêtements chauds, boissons réconfortantes, remèdes, objets de pansement, argent, rien ne manquait. Pendant tout l'hiver des dames, des jeunes filles s'étaient réunies régulièrement pour confectionner en commun des vêtements chauds pour les soldats en campagne, pour les prisonniers en Allemagne, pour les malades et les blessés des deux armées. D'un commun accord, toutes les fêtes avaient été suspendues, toutes les gaies réunions de l'hiver renvoyées à plus tard, chacun n'avait qu'un but, qu'une pensée, soulager les infortunes dont nous étions entourés.

A la nouvelle de l'entrée des troupes et du dénuement dans lequel elles se trouvaient ; lorsque le télégraphe eût annoncé que les villes et les villages du pied du Jura regorgeaient de soldats affamés et souffrant du froid, la population s'émut. En peu d'heures les églises et tous les locaux disponibles furent chauffés et garnis d'une épaisse couche de paille fournie par les Autorités, et souvent de bonnes couvertures prêtées par les particuliers.

Des provisions furent apportées ; dans chaque ménage on avait préparé en hâte des vêtements chauds, des soupes réconfortantes. — Toute la nuit du 1er au 2 février et celle du 2 au 3, chacun fut sur pied, et quoiqu'on ne sût pas au juste par quelles routes les Français arriveraient, partout on était prêt à les recevoir. Dans certaines villes, des chaudières de soupe attendirent sur le feu pendant 24 heures.

Dans les localités situées sur les routes, les enfants se transportaient en avant ou sur les hauteurs, afin de pouvoir les signaler les premiers. Bientôt le cri : « les voici ! » retentit de tous côtés ; le village entier se transporte au-devant d'eux, mais les femmes douloureusement émues à leur aspect oublient de les arrêter pour leur offrir des secours. « Regardez celui-ci, il a les pieds tout en sang ; et celui-là, il n'a ni bas, ni souliers, et par cette neige ! Voyez celui-ci, il a la tête embandée ; cet autre là n'a que des pantalons de toile tout déchirés ; et ces nègres, regardez ces nègres ! ont-ils l'air d'avoir froid ! » Cependant, le premier accès de douloureuse surprise passé, on entoure ces pauvres gens et c'est à qui les reconfortera. Mais il faut partir, il faut marcher pour faire place à d'autres qui suivent ; on aimerait bien les garder, ils désirent fort rester, mais l'escorte est inexorable : « En avant ! »

Bientôt arrivent de nouveaux détachements qui se restaurèrent également, puis enfin les masses se succèdent sans interruption ; les ressources sont épuisées, il n'y a plus rien à manger dans les villages du pied de la montagne. Bien des ménages épuisèrent ainsi en deux jours les provisions qui devaient leur aider à terminer l'hiver.

Plus bas, dans la vallée, les troupes n'arrivèrent que le soir et dans la nuit. On avait reçu déjà des Français ramenés par des personnes compatissantes, qui avaient été à leur rencontre avec des chars pour recueillir ceux qui tombaient le long des routes, incapables de lutter plus longtemps contre la fatigue ; un grand nombre de ménages avaient pris un ou même plusieurs de ces malades pour les soigner, et beaucoup d'entr'eux les gardèrent plusieurs jours et quelques-uns des semaines entières.

Dans d'autres localités, après avoir attendu vainement pendant toute la journée, on avait été dormir, lorsque le piétinement de nombreux passants vint troubler le repos des habitants ; on vit alors ici et là poindre des lumières, puis les portes s'ouvrirent, laissant apercevoir un intérieur vivement éclairé par un fagot jeté lestement sur le brasier, qui tenait au chaud la soupe préparée dès le matin. Bientôt de bonnes paysannes, en cornette de nuit et cotillon court, à peine vêtues, sortaient tenant d'une main une vaste marmite remplie d'une soupe épaisse et bouillante, dont les buées venaient chatouiller délicieusement l'odorat des pauvres soldats ; en peu d'instants, chaque porte était entourée d'un cercle de gens avides, dont les yeux brillaient de convoitise ; au milieu, les femmes puisaient et distribuaient la soupe qui était, hélas ! toujours plus vite à sec que les appétits n'étaient apaisés.

Les soldats, réconfortés par cette bonne nourriture, par la chaleureuse sympathie qui leur était témoignée de toutes parts, par l'aspect de ces villages, de ces intérieurs qui leur rappelaient sans doute leur foyer et leur famille, reprenaient leur route d'un pas plus allègre, après avoir affectueusement serré la main que leur tendaient leurs hôtes.

Les turcos et autres indigènes d'Afrique, pour lesquels la satisfaction des instincts matériels est la première condition du bonheur, étaient au grand étonnement de tous les campagnards les premiers ragaillardis, malgré le froid et leur costume peu fait pour le supporter. Au bout d'un ou deux jours, ceux d'entr'eux qui n'étaient pas malades étaient gais comme des pinsons, tandis que le Français resta longtemps encore sous le poids des malheurs de son pays et des désastres de l'armée.

Le nombre des malades et des impotents qui restaient en arrière était considérable ; les moindres localités en hébergeaient ; bientôt, lorsque le premier moment de surprise fut passé, ils furent dirigés sur les ambulances établies dans les villes et tous ceux dont l'état le permit, furent évacués par chemin de fer sur Lyon, au fur et à mesure de leur guérison.

La grande quantité de malades que l'armée de l'Est avait été forcée d'évacuer déjà avant son entrée en Suisse, et qui était hors de toute proportion avec le chiffre de ses troupes, provenait du fait que la grande majorité d'entr'eux était des rachitiques, des malingres, des souffreteux réformés par les premiers conseils de révision et que des nouvelles commissions d'examen avaient déclarés bons pour le service afin d'augmenter les levées qu'on ne cessait de diriger sur les armées en campagne, quoique les premières décisions fussent *légalement sans appel*.

L'armée de l'Est n'entra cependant pas en entier sur notre territoire. Quelques corps réussirent à se frayer un passage et arrivèrent dans le pays de Gex par le col de la Faucille. Ce sont : le 2e régiment de dragons au grand complet et en fort bon état, puis le 2e régiment de chasseurs d'Afrique, dont les hommes et les chevaux étaient très fatigués de la longue traite qu'ils venaient de fournir par des chemins difficiles.

Ces régiments formaient l'avant-garde du corps commandé par le général Cremer. Ce corps opérait sa retraite de Pontarlier sur Gex, en suivant la route de Mouthe à Morez. Arrivés à la hauteur des Planches, ils rencontrèrent un détachement d'infanterie ennemie qui leur barra le passage. Il en résulta un court engagement, à la suite duquel le général Cremer laissa à ses troupes la liberté d'opérer leur retraite par où elles le pourraient. En conséquence, les cavaliers rebroussèrent chemin jusqu'à Foncine-le-Bas, d'où ils s'engagèrent sur un chemin de montagne très difficile et encombré de neige, qui les conduisit par La Chapelle et Bois d'Amont jusqu'aux Rousses ; c'est de là qu'ils rejoignirent le col de la Faucille. Pendant ce temps, l'infanterie de ce corps, laissée en arrière, se jetait dans les gorges du Jura, et c'est elle que l'on vit apparaître d'une manière assez imprévue et en groupes très nombreux par tous les chemins aboutissant à la vallée du lac de Joux.

Le nombre des troupes qui entrèrent en Suisse ayant dépassé de beaucoup les prévisions, les mesures qui avaient été prises pour leur internement étaient devenues tout à fait insuffisantes ; en conséquence le Haut Conseil fédéral avait décidé le 1er février, de répartir ces troupes entre les Etats Confédérés, proportionnellement à leur population et à leurs ressources ; ils furent donc avisés par télégraphe de se préparer à recevoir un nombre de soldats environ de :

Zurich	11,000	Report,	37,800
Berne	20,000	Nidwalden	300
Lucerne	5,000	Glaris	1,000
Uri	100	Zoug	700
Schwytz	1,000	Fribourg	4,000
Obwalden	400	Soleure	3,000
A reporter	37,800	A reporter	46,800

Report . .	46,800	Report . .	60,700
Bâle-Ville	1,500	Argovie	8,800
Bâle-Campagne	1,500	Thurgovie	3,900
Schaffhouse	1,200	Vaud	8,000
Appenzell Rh.-Ext.	1,500	Valais	1,000
Appenzell Rh.-Int.	200	Neuchâtel.	1,000
St-Gall	7,000	Genève	1,500
Grisons	1,000		
A reporter . .	60,700	Ensemble,	84,900

L'autorité militaire fédérale adressa en même temps la circulaire suivante aux Départements militaires cantonaux :

Berne, le 1er février 1871.

Le Département militaire fédéral au gouvernement du Canton de...

Nous vous confirmons notre télégramme de ce jour et vous avisons que, d'après un rapport du général, l'armée française échelonnée le long de notre frontière se dispose à entrer en Suisse et qu'elle s'élève à 80,000 hommes environ.

Le Haut Conseil fédéral a décidé d'en répartir...... dans votre Canton. Leur dislocation est remise à vos soins. Leur subsistance, basée sur les règlements fédéraux, sera bonifiée par la Confédération.

Vous avez à prendre les mesures nécessaires pour la surveillance de ces troupes.

Nous vous invitons à vous procurer immédiatement des subsistances en quantité suffisante.

Vous serez avisé par le grand quartier-général, des convois d'internés qui seront dirigés sur votre Canton.

Les instructions précédentes, qui vous avaient été données concernant une répartition entre les différentes casernes, sont rapportées.

Le Chef du Département militaire fédéral,

WELTI.

Lorsque l'armée proprement dite, eût effectué son passage les 1er et 2 février, un grand nombre de traînards et de petits corps détachés, pourchassés par les patrouilles allemandes ne cessèrent pendant plusieurs jours de se présenter à la frontière pour entrer en Suisse, ensorte que bientôt le nombre total des soldats à interner fut notablement augmenté. En le récapitulant en bloc, on arrive au chiffre de 87,000 hommes et 11,800 chevaux, dont 54,000 hommes et 8,000 à 8,700 chevaux entrèrent par la frontière vaudoise, et 33,500 hommes et 4,000 chevaux par la frontière neuchâteloise.

Pendant bien des jours, les chemins de fer transportèrent dans les parties les plus reculées de la Suisse, les convois d'internés qui étaient destinés à y séjourner. Ils étaient dirigés sur le chef-lieu de chaque Canton, dont l'autorité supérieure les disloquait alors dans les diverses localités qui présentaient les conditions nécessaires à leur établissement.

Bientôt toutes les routes furent couvertes de détachements en marche. L'intention première du général Herzog avait été, ainsi que nous l'avons dit, de réunir les diverses unités tactiques et de ne pas séparer les hommes d'un même corps; mais l'état de désarroi véritablement phénoménal que présenta l'armée de l'Est, pendant son entrée en Suisse, ne permit pas de réaliser ce projet.

Lorsque les troupes furent arrivées dans le lieu de leur séjour définitif, le Département militaire fédéral voulut encore essayer de réunir les diverses parties des corps qui présentaient encore une espèce de cohésion, mais cela ne put avoir lieu que très imparfaitement.

Le 92e régiment de ligne, fort de 1,500 hommes, étant à peu près le seul qui ne se soit pas débandé, fut transporté en entier à Zurich: le 42e régiment de marche était à Bâle au nombre de 1,047 hommes. Les troupes du génie et une partie des légions du Rhône étaient aussi restées assez compactes.

Les officiers français furent séparés de la troupe; on leur laissa la faculté de choisir le lieu de leur séjour entre les six villes qui furent désignées pour les recevoir: Zurich, Lucerne, St-Gall, Baden, Interlaken et Fribourg. Les généraux seuls eurent la liberté de choisir leur résidence.

Voici quelles sont les instructions qui furent données pour l'administration des militaires français internés.

INSTRUCTIONS

SUR LE LOGEMENT, L'ENTRETIEN, LA SOLDE ET L'ADMINISTRATION

DES MILITAIRES FRANÇAIS INTERNÉS

A. Officiers.

1. Messieurs les généraux des différents corps de l'armée internée, ont déjà été invités à choisir à leur convenance le lieu de leur séjour en Suisse, à l'exception des Cantons frontières de l'ouest, et de se mettre directement en relations avec le département soussigné.

2. Les autres officiers de tous grades et de toutes armes, à l'exception des médecins qui restent avec la troupe, seront internés à :

> ZURICH ;
> LUCERNE ;
> ST-GALL ;
> BADEN ;
> INTERLAKEN et
> FRIBOURG.

Sont nommés commandants de place et chargés de la surveillance des officiers :

A Zurich, M. le colonel fédéral *Stadler*.

A Lucerne, M. le colonel fédéral *Stocker*.

A St-Gall, M. le lieutenant-colonel *Steiger*.

A Interlaken, M. le colonel fédéral *Greyerz* (jusqu'à son retour M. le commandant *Wyder*.)

A Baden, M. le colonel fédéral *Zehnder*.

A Fribourg, M. le lieutenant-colonel *Buman*.

Chacun de ces officiers choisira lui-même son adjudant.

3. Chaque officier français, s'engagera sur l'honneur et par écrit, suivant la formule ci-jointe, à ne pas s'éloigner, sans autorisation spéciale, du district dans lequel il est interné et dont les limites devront lui être exactement indiquées.

DÉCLARATION

Le soussigné

(Nom et prénoms)

(Grade)

(Lieu de naissance)

(Régiment)

(Unité tactique : bataillon, escadron, batterie)

(Compagnie)

certifie par la présente, qu'après l'entrée sur territoire suisse du corps auquel il appartient, il a été placé par les Autorités militaires suisses, sous la juridiction de la loi pénale pour les troupes fédérales et que .... lui a été assigné comme lieu de séjour.

En conséquence, il prend l'engagement, sur sa parole d'honneur, de ne pas s'éloigner de l'endroit ci-dessus désigné, sans l'autorisation des dites Autorités.

le   février 1871.

(Signature)

4. Les officiers pourvoiront eux-mêmes, à leur entretien et à leur logement. Pour suffire à leurs débours, ils recevront la solde journalière ci-après :

Les officiers supérieurs . . . . Fr. 6 —
Les officiers subalternes, y compris les capitaines. . . . » 4 —

5. Les officiers chargés de la surveillance, feront établir l'état nominatif exact de tous les officiers français, immédiatement après leur arrivée au lieu de leur destination. Ces états devront être établis, suivant les armes et les corps auxquels ils appartiennent. Les rubriques du formulaire fédéral feront règle, sauf que, au lieu du Canton, on indiquera le département français et, au lieu du domicile, le lieu de naissance.

6. Les officiers sont libres de porter la tenue militaire ou civile. Dans le premier cas, ils conservent le sabre.

7. Au lieu d'appels, les officiers sont tenus de se présenter personnellement chaque jour de prêt, (tous les 5 jours) à l'officier suisse, commandant la place.

8. Les officiers qui enfreindront leur parole d'honneur, ou qui se rendront coupables d'autres délits, devront être conduits au fort du Luziensteig, dont le commandant a reçu les instructions nécessaires.

Le commandant du Luziensteig est M. le major fédéral *Caviezel*, de Coire.

Son adjudant : M. le lieutenant fédéral *Planta*, à Furstenau.

Le service médical du fort est sous les ordres d'un médecin de St-Gall, et M. le sous-lieutenant fédéral *Boller*, Henri, à Uster, en est le commissaire des guerres.

B. Troupes.

9. Il sera institué dans chaque Canton, un Inspecteur des sous-officiers et soldats internés.

La troupe de surveillance est placée sous ses ordres, ainsi que tout ce qui a rapport à la discipline.

L'Autorité militaire cantonale est chargée de la nomination de cet inspecteur, auquel elle donnera les ordres qui lui paraîtront convenables.

Il se mettra en relations avec le commissariat des guerres, pour ce qui concerne le logement, la solde et l'entretien de la troupe.

Le nom de cet inspecteur doit être indiqué au Département militaire fédéral.

10. Pour la surveillance des internés, on mettra sur pied des détachements, dans la proportion de $^1/_8$ à $^1/_{10}$ des troupes à surveiller.

Il n'est pas nécessaire d'employer à cet effet des subdivisions tactiques organisées, mais, dans l'intérêt du service, il sera préférable d'appeler ceux des militaires de toutes les armes et de toutes les classes, (élite, réserve et landwehr) qui, comme surnuméraires, ou par suite de maladie, d'absence, etc., n'ont pas fait leur service l'année dernière, ou pendant le courant de celle-ci.

11. Les troupes de surveillance seront soldées et entretenues conformément au règlement fédéral.

12. Le service de surveillance comprendra un nombre de gardes et de postes nécessaires et un service de patrouilles régulier, qui devront être organisés réglementairement.

13. La troupe de surveillance recevra de l'arsenal du Canton, 30 cartouches à balle, par homme portant fusil. Il ne devra être fait usage des armes à feu, que dans les cas de légitime défense ou de révolte.

14. Les commissariats des guerres des Cantons, pourvoiront au logement, à l'entretien et à la solde des internés qui devront être logés, si possible, dans de vastes locaux affectés à cet usage, mais où la paille ne devra, en aucun cas, faire défaut. On ne devra pas compter sur les approvisionnements fédéraux de couvertures.

La ration se composera de $^5/_8$ livre de viande et de 1 $^1/_2$ livre de pain par jour et en outre de légumes, qui seront délivrés à raison de 10 centimes par homme et par jour.

La solde est de 25 centimes par sous-officier et soldat.

Le droit à la subsistance et à la solde sera établi au moyen des rapports réglementaires, qui devront être adressés par les commandants des différents dépôts, aux commissariats des guerres cantonaux et par ceux-ci, au commissariat des guerres central chargé d'en bonifier le montant.

15. Des états nominatifs exacts des internés, devront être dressés immédiatement après leur arrivée dans les différents Cantons, suivant les dépôts, les unités tactiques et les corps.

Les rubriques du formulaire fédéral feront règle, sauf que, au lieu du Canton, on indiquera le département français et, au lieu du domicile, le lieu de naissance.

Une copie de ces états doit être adressée immédiatement au Département militaire fédéral.

16. Le *service intérieur* doit être organisé conformément au règlement fédéral. A partir de 8 heures du soir, au plus tard, la troupe doit être consignée. Par le moyen de fréquents appels, on s'assurera du bon ordre et on contrôlera la présence des internés.

On cherchera autant que faire se pourra à les occuper à des travaux, qui toutefois ne sont pas obligatoires. Il devra leur en être tenu compte, si possible, par une petite rétribution, comme supplément de solde.

17. La correspondance des internés est franche de port. Les Autorités militaires cantonales recevront des cartes de correspondance, pour être réparties entre les différents dépôts. Chaque interné devra être mis en mesure d'indiquer par cette voie, à ses ressortissants, le lieu de son séjour actuel.

18. Le *service sanitaire* se fera par les médecins internés répartis avec les troupes et par le personnel sanitaire suisse, à commander à cet effet, dans la mesure des besoins.

A leur arrivée dans les dépôts, les internés seront soumis à une visite sanitaire minutieuse par des médecins suisses; visite qui portera principalement sur la gale, la propreté, etc. La visite médicale sera renouvelée chaque dimanche, avec les mêmes soins.

19. Quant aux malades qui devront être traités dans les hôpitaux, les Cantons désigneront les hôpitaux ou lazarets dans lesquels ils devront être transférés. Les grands hôpitaux devront être administrés militairement.

Les malades à l'hôpital recevront la solde, comme les autres internés.

20. En cas de mort, les actes de décès devront être dressés en langue française, selon les prescriptions fédérales et contenir l'identité la plus exacte possible du défunt, ainsi que l'inventaire des effets qu'il a laissés. Cet acte de décès doit être visé par le Département militaire du Canton et transmis au Département militaire fédéral.

Les effets laissés par le défunt, doivent être adressés au Commissariat des guerres cantonal et y rester déposés, jusqu'à ce qu'il en soit disposé par le Département militaire fédéral.

21. Quant à *la discipline*, les internés sont placés sous la juridiction du code pénal militaire fédéral. Il leur sera donné lecture des articles de guerre qui s'y rattachent. (Des exemplaires en français accompagnent les présentes instructions.)

Le district d'internement ainsi que ses limites, devront être indiqués d'une manière précise aux internés.

Les punitions disciplinaires seront infligées à teneur du règlement. La privation de la solde pourra être, en outre, ordonnée comme punition.

Les internés qui, après avoir déserté, seraient saisis, et ceux qui se rendraient coupables d'un délit grave, seront transportés à la garnison de punition du Luziensteig. (Voir chiffre 8).

22. Des mesures devront être prises conjointement avec la police du Canton, afin de prévenir l'évasion des internés. Elle devra être immédiatement avertie des cas de désertion qui auraient lieu, afin de pouvoir rechercher et réintégrer les déserteurs.

Les Cantons du Valais, de Genève, de Vaud, de Neuchâtel et de Bâle-Ville, placeront un piquet spécial aux stations de chemins de fer, frontières de la France, savoir à St-Gingolph, Genève, Nyon, Vallorbes, Verrières, Locle, Chaux-de-Fonds et Bâle, dès que ces points ne seront plus occupés par l'armée suisse, et adjoindront à ce piquet des employés de la police qualifiés.

Les Cantons du Valais, de Vaud et de Genève, organiseront en outre un service convenable de police et de surveillance aux débarcadères des bateaux à vapeur.

23. Les Cantons prendront les mesures nécessaires pour que les internés reçoivent des soins religieux.

24. Les Autorités militaires des Cantons feront tout ce qui dépendra d'elles, pour rendre le sort des internés le plus supportable possible. Elles pourvoiront surtout à une organisation immédiate et convenable du service. Nous rappelons à cet effet, qu'il est indispensable de transmettre immédiatement au Département militaire soussigné, les états nominatifs des internés, afin de pouvoir liquider une foule de réclamations, de demandes, etc., qui ne doivent pas rester en suspens.

Berne, le 1er février 1871.

Par ordre du Conseil fédéral suisse :

Le Chef du Département militaire fédéral,

WELTI.

En même temps, le Département militaire fédéral donnait aux officiers d'état-major chargés de la surveillance des officiers français internés, les instructions qui suivent :

INSTRUCTION

pour les officiers d'état-major chargés de la surveillance des officiers français internés.

1. Un état nominatif des officiers doit être établi en premier lieu, indiquant exactement la compagnie, l'arme et l'unité tactique dont chacun d'eux fait partie. Toutes les mutations devront y être portées.

Un double de cet état nominatif et un état hebdomadaire des mutations, devront être adressés au Département militaire fédéral.

2. Il sera établi un contrôle de solde comme suit : Sur la seconde ligne des trois premières colonnes, on portera la désignation du corps et de l'arme. On laissera quatre lignes en blanc après chaque nom, afin de pouvoir payer cinq fois la solde de cinq jours. C'est dans la rubrique « Observations » que l'officier quittancera, par sa signature.

3. En règle générale, chaque officier devra toucher lui-même sa solde auprès de vous, afin que, par la même occasion, sa présence soit constatée.

4. Les officiers doivent être traités avec les plus grands égards et toutes les fois que vous serez obligé de les réunir par mesure d'ordre, vous le ferez pour chaque grade séparément. La solde et la feuille d'émargement devront être portées au domicile des officiers supérieurs; vous agirez dans votre compétence ou, si besoin est, vous en référerez, pour satisfaire autant que possible, aux désirs de Messieurs les officiers.

5. Les officiers supérieurs recevront une solde journalière de 6 francs, les officiers subalternes, capitaines compris, une solde de 4 francs. Les brosseurs, si ce sont des soldats français ou des domestiques civils amenés de France, recevront 1 fr. 25 c. de solde et seront logés à la caserne, etc., si on le désire.

6. Vous autoriserez les officiers à faire de petites excursions, qui ne devront en tout cas pas dépasser une journée. Le Département militaire fédéral seul accordera l'autorisation de les prolonger.

7. Les officiers malades devront être remis aux soins du médecin de la garnison ou de tout autre médecin militaire. Si cela est nécessaire, ils devront être transportés à l'hôpital civil.

Il ne leur sera fait aucune déduction de solde; les frais de leur traitement seront comptés a part.

8. Les observations ou les réprimandes que vous seriez obligé d'adresser, ne devront l'être en aucun cas, en présence d'inférieurs et autant que possible, pas même en présence de camarades.

S'il se présente des faits graves, comme par exemple des tentatives de désertion, vous ferez transférer le coupable au fort du Luziensteig et en aviserez le commandant par télégraphe.

9. Vous ferez établir un état des divers logements des officiers; ceux d'entr'eux qui désireront être casernés, devront être établis le plus confortablement possible; vous faciliterez aussi les repas en commun dans des pensions et prendrez en général toutes les mesures susceptibles d'aider l'officier à vivre avec une solde si peu élevée.

10. Vous vous entendrez avec la police cantonale, afin que de promptes mesures de répression puissent être prises, dans les cas de désertion qui pourraient se présenter.

11. Pour tout ce qui concerne la comptabilité, vous êtes sous les ordres du Commissariat fédéral des guerres supérieur.

12. Vous n'avez pas à vous occuper des chevaux des officiers prisonniers; ils sont entièrement à leur charge.

13. Vous recevrez, ainsi que votre adjudant, la solde fédérale, et si vous n'êtes pas dans le lieu de votre domicile, vous avez droit à un logement gratuit; en revanche il ne vous sera bonifié ni rations, ni indemnité de cheval, votre service étant non monté.

INSTRUCTION SUPPLÉMENTAIRE

POUR LE COMMANDANT DU FORT DU LUZIENSTEIG

a) Les officiers et la troupe qui vous seront envoyés, doivent tous être traités sans aucune distinction de grade, c'est-à-dire tous comme des simples soldats, pour la solde, la subsistance et le logement;

b) Vous aurez au moins quatre appels par jour. Personne ne devra sortir du corps de la place sans encourir une punition; vous ne donnerez aucune permission. Vous ferez travailler les hommes pour leur donner du mouvement, ou vous leur ferez faire de petites promenades;

c) Outre les sentinelles sur les remparts et vers les poternes, vous établirez chaque soir une grand'garde en dehors des ouvrages, sur la route de Feldkirch; elle devra faire front contre le fort et placera quelques sentinelles doubles. Cette grand'garde sera établie sous la tente ou dans une baraque;

d) Le canton des Grisons aura à vous fournir les hommes nécessaires à la garde, sans que cependant, elle dépasse la force d'une compagnie.

Il vous fournira aussi les ustensiles de cuisine pour les prisonniers.

e) Si une garde plus forte devient nécessaire, vous nous en aviserez par télégraphe ; en outre veuillez vous entendre avec les communes environnantes, pour le cas où vous auriez besoin d'un renfort pressant.

f) Vu votre éloignement des localités habitées et du télégraphe, vous serez monté ainsi que votre adjudant.

Berne, 1er février 1871.

Le Chef du Département militaire fédéral,

WELTI.

Ce fut de Neuchâtel, que partirent le plus régulièrement, les convois pour la Suisse allemande. Les troupes qui s'étaient réfugiées sur le territoire du canton de Vaud, étaient en plus grand nombre et elles furent dirigées sur l'intérieur, soit par étapes, soit par les voies ferrées de la Suisse occidentale, au fur et à mesure qu'elles furent reposées et eurent reçu une espèce d'organisation.

Chaque jour de retard imposait une lourde charge à la population, car, quoique le nombre total des internés à répartir sur tout le Canton, ne dût être que de 8,000 hommes, il s'éleva pendant plusieurs jours, à plus de trente mille et, malgré les évacuations successives ordonnées journellement, soit par l'autorité militaire cantonale, soit par les autorités civiles (préfets et syndics) et les commandants d'étapes fédéraux, il restait encore le *16 février,* 9,500 hommes, parmi lesquels un grand nombre de malades.

Le quartier-général étant seul chargé de pourvoir aux dislocations qui devaient s'effectuer d'après un plan arrêté et communiqué à tous les commandants fédéraux des étapes, qui seuls avaient le droit de donner des ordres de départ aux troupes, il en résulta une certaine perturbation dans la marche régulière des convois ; car les dispositions prises par l'état-major général, furent continuellement traversées par les ordres donnés individuellement par les diverses autorités locales vaudoises, qui rejetaient sur leurs voisins, et principalement sur Fribourg et Berne, les détachements d'internés séjournant dans le Canton et qui se trouvaient assez valides pour pouvoir se remettre en marche.

Cet état de choses provoqua de vives réclamations, de la part des gouvernements de ces Cantons, de la part des commandants d'étapes et du commandant de la Ve division, qui se voyaient empêchés dans l'exécution de leurs ordres. Cet état de choses cessa, dès que M. le conseiller d'Etat Delarageaz, de Vaud, qui eût à ce sujet un entretien avec le général Herzog, eût fait donner aux autorités civiles vaudoises, l'ordre de ne se mêler en rien des mouvements de troupes.

Il est incontestable, que le Canton de Vaud et une partie de celui de Neuchâtel, eurent à supporter le poids le plus lourd de l'internement. Ce sont dans ces deux Etats, que toute l'armée française arriva dans des conditions déplorables, et leur population eût à supporter le moment le plus critique ; c'est à elle que fut départie la noble, mais lourde tâche de soulager les premières et pressantes infortunes ; c'est là que le plus grand nombre de malades trouva des soins empressés, car c'est là, que s'arrêtèrent les pauvres soldats, que les privations et la maladie rendaient incapables de marcher plus loin. Il était dès lors naturel, que tous les hommes valides surnuméraires fussent évacués le plus tôt possible, et si l'initiative des autorités locales a contrecarré les dispositions générales, cela ne provenait en aucune façon, d'un mauvais vouloir quelconque envers les soldats français, mais du désir de soulager au plus tôt les citoyens du poids qui pesait sur eux, tout en se conformant aux dispositions prises par le Haut Conseil fédéral imposant au Canton de Vaud, huit mille hommes seulement, à interner pour sa part.

Les convois dirigés depuis Neuchâtel sur l'intérieur de la Suisse, ont été organisés comme suit :

Date de l'expédition du convoi.	FORCE DES CONVOIS		ARME	MOYEN de transport	DESTINATION	ÉTAPES
	Hommes.	Chevaux.				
Février						
3	1000	»	Infanterie	Chemin de fer	Zurich	
3	1000	»	»	»	»	
3	1000	»	»	»	»	
3	1000	»	»	Etapes	Baden	Bienne, Soleure, Aarburg, Baden.
3	580	»	»	»	Neuveville	
4	1000	»	»	Chemin de fer	Zurich	
4	1098	»	»	»	Schaffhouse	
4	1149	»	92ᵉ rég. lig.	»	Zurich	
4	494	»	Infanterie	Etapes	Liestal	Landeron, Erlach, Büren, Arwangen, Olten, Liestal.
4	1000	»	»	»	Lenzbourg	
5	750	»	»	Chemin de fer	Wyl	Bienne, Soleure, Aarburg, Lenzbourg.
5	859	»	»	»	St-Katharinenthal	
5	1050	»	»	»	St-Gall	
5	1000	»	»	Etapes	Aarburg	Bienne, Soleure, Aarburg.
5	1200	»	Artillerie	»	Aarau	Landeron, Büren, Wangen, Herzogenbuchsée, Aarau.
5	438	438	Cavalerie	»		
6	1000	»	Infanterie		Thoune	Erlach, Anet, Kerzers, St-Blaise, Berne, Thoune.
6	1000	»	»	Chemin de fer	St-Gall	
6	1000	»	Id. dont 600 inf. de marine	»	Frauenfeld	
				»	Rapperswyl	
6	1000	»	Id. dont 366 du 92ᵉ rég.	»	Zurich et St-Gall	
	18618	438				

Date de l'expédition du convoi	FORCE DES CONVOIS		ARME	MOYEN de transport	DESTINATION	ÉTAPES
	Hommes.	Chevaux.				
Février	18618	438				
6	1000	»	Infanterie	Etapes	Soleure	Bienne, Soleure.
6	1047		Id. du 42e rég.	Etap. et ch. de f.	Bâle	Landeron, Erlach, Bienne et chemin de fer à Bâle.
6	418	582	Cavalerie	Etapes	Thoune	Aarberg, Berne, Thoune.
6	274	434	Chev. d'artil.	»	Aarwangen	Nidau, Erlach, Soleure, Aarwangen.
7	1100		Infanterie	Chemin de fer	Coire	
7	1100		»	»	Hérisau	
7	1000		Artillerie	»	Aarau	
7	1520		Infanterie	Ch. de f. et étap.	Schwytz	Chemin de fer jusqu'à Lucerne.
7	1180		»	»	Liestal et Bâle	Etape jusqu'à Bienne.
7	1200		»	Etap. et ch. de f.	Glaris	Landeron, Erlach, Bienne et chemin de fer jusqu'à Glaris.
7	385	500	Artillerie	Etapes	Berthoud	Nidau, Faubrunnen, Berthoud.
7	500	800	»	»	Aarau	Tavannes, Granges, Bipp, Aarau.
7	1320		Infanterie	»	Soleure	Aarberg, Soleure.
7	300	500	Art. et caval.	»	»	Anet, Büren, Soleure.
7	300	500	»	»	Liestal	Gampelen, Nidau, Selzach, Balstall, Liestal.
8	1000		Infanterie	Chemin de fer	St-Gall	
8	1000		»	»	Frauenfeld	
8	880		»	»	Zurich	
8	300	500	»	Etapes	Frauenfeld	Walperswyl, Granges, Bipp, Schœnenwerth, Eberstorf, Alstetten, Tœss, Frauenfeld.
8	129	190	»	»	Wangen	Nidau, Büren, Wangen.
8	200	440	»	»	Zurich	Erlach, Büren, Wiedlisbach, Hägendorf, Rupperswyl, Baden, Zurich.
9	300	500	»	»	»	Erlach, Büren, Wiedlisbach, Hägendorf, Rupperswyl, Baden, Zurich.
9	700		Inf. de marine	Ch. de f. et étap.	Aarau	
9	171		Infanterie	Chemin de fer	Soleure	
	35942	5384				

Il eût été à désirer, pour avoir un tableau complet, qu'on pût indiquer également, la force et la marche des convois depuis le canton de Vaud ; mais les renseignements nécessaires nous ont fait défaut, soit qu'il n'en eût pas été pris note, soit qu'ils n'eussent pas été communiqués à l'Autorité fédérale.

Nous avons dit, que les officiers français avaient été séparés de leurs corps et internés dans des localités désignées. Cette mesure souleva au premier moment de vives réclamations de la part de quelques-uns d'entr'eux qui désiraient ne pas abandonner la troupe qu'ils commandaient; mais leur demande, provenant du désir légitime et honorable de partager le sort de leurs soldats et de chercher à leur être utiles, il fut aisé de leur faire comprendre les motifs qui engageaient l'autorité à en agir ainsi. En effet, dès qu'on eût appris d'une manière certaine, l'état de démoralisation dans lequel l'armée de l'Est se trouvait les derniers jours de janvier, le Gouvernement fédéral décida que, dès son entrée en Suisse, on retirerait aux officiers français toute direction, toute immixtion dans l'administration de leurs troupes, et cela pour des raisons faciles à comprendre.

Une autre raison plus directe, justifiait entièrement la décision prise de séparer les officiers de leur troupe. Ainsi qu'il a déjà été dit, la méfiance était générale, le malheur avait aigri et rendait injuste. On entendait tous les soldats et une très grande partie des sous-officiers, accuser de trahison, d'incapacité, d'égoïsme, tous leurs officiers; on entendait beaucoup de ceux-ci se dénigrer réciproquement et parler de leurs soldats avec la plus complète indifférence et souvent avec mépris. Les esprits étaient montés, et dans ces conditions, il était à craindre que la présence des officiers parmi la troupe, ne fut dangereuse pour le maintien de la discipline et de l'ordre. On pouvait espérer que, lorsque la surexcitation serait passée, lorsqu'une bonne nourriture et un repos prolongé au milieu de populations bienveillantes et calmes, auraient restauré les corps et rasséréné les esprits, cette animosité tomberait et qu'on pourrait juger le passé avec plus d'impartialité.

La sourde rancune qui grondait parmi les soldats contre leurs officiers, ne parait pourtant pas résulter uniquement du triste résultat d'une campagne malheureuse, dont les revers avaient pu aigrir; il est certain que l'officier vivait en dehors de sa troupe et ne déployait pas vis-à-vis d'elle une sollicitude protectrice. Les récits des officiers eux-mêmes, leur étonnement en voyant en Suisse, combien l'officier vit avec le soldat, partage ses bons et ses mauvais moments, s'intéresse à lui en dehors des détails du service, ont laissé chez nous l'impression, que les désastres des armées françaises eussent été peut-être moins grands, s'il eût existé plus de confiance amicale, plus de solidarité entre l'officier et le soldat. Si nous conservions encore des doutes à ce sujet, il seraient levés par le contenu de la circulaire suivante, adressée par M. Léon Gambetta, ministre de l'intérieur et de la guerre, aux généraux de l'armée :

Bordeaux, le 25 janvier 1871.

Général, l'ensemble des observations que j'ai recueillies me démontre une chose, c'est que l'officier ne vit pas assez avec le soldat et ne s'occupe pas assez de lui.

Contrairement aux prescriptions de décrets et d'arrêtés récents, on voit les officiers logés en ville alors que les soldats sont au camp sous la tente. Pendant le jour, très peu de contact entr'eux ; leur existence est pour ainsi dire séparée : on dirait deux classes différentes. Il n'en doit pas être ainsi ; l'officier doit être l'ami et le tuteur de ses soldats. Pour leur faire accepter l'autorité sévère dont la loi l'a investi, il doit leur montrer sa sollicitude constante pour leur bien-être et pour leur moral ; pour les aider à supporter les privations, il doit les supporter lui-même et leur donner l'exemple. Il ne suffit pas d'être à leur tête le jour du combat ; c'est là un devoir familier à l'officier français ; mais il doit être constamment à côté d'eux, dans la vie obscure du camp, dans les labeurs de la marche ; en un mot, dans toutes les situations variées où le soldat a besoin de se sentir soutenu et réconforté par la présence de ses chefs.

Je vous prie, général, d'être d'une sévérité inexorable à l'égard des officiers qui manqueraient à ce devoir sacré ; vous voudrez bien me les signaler, pour que je puisse à mon tour leur faire sentir les effets de mon mécontentement.

Enfin, général, il est indispensable que des revues fréquentes mettent les soldats et les chefs en présence dans des conditions d'un ordre plus relevé. Ces rapprochements sont, en outre, l'occasion d'allocutions, d'ordres du jour, qui permettent au général de communiquer avec l'ensemble de ses troupes et de porter à leur connaissance les faits de nature à exciter leur patriotisme. C'est en vous adressant souvent à elles, en leur faisant entendre des paroles qui vont à leur cœur, que vous conquerrez graduellement sur vos troupes cet ascendant grâce auquel vous pourrez plus tard leur faire braver la mort et les privations.

J'attache un intérêt tout particulier à ce que vous fassiez observer les prescriptions de la présente circulaire, dont je vous prie de m'accuser réception.

Agréez, général, l'assurance de ma considération la plus distinguée.

Léon GAMBETTA.

D'autres faits qui se sont passés en Suisse, viennent encore corroborer cette opinion. Nous ne voulons pas les citer, pensant qu'il vaut mieux oublier des actes fâcheux qui ne se présenteront plus à l'avenir si, comme tout le fait espérer, les efforts tentés en France pour rétablir la discipline, élever le niveau de l'instruction dans l'armée et y développer l'esprit de camaraderie, sont couronnés de succès. Mais, si la discipline intérieure d'une armée est une question qui regarde plus particulièrement ses chefs, il n'en est pas tout à fait de même du service sanitaire qui est d'un intérêt plus général, et qui, depuis qu'il est appelé à une sphère d'action plus étendue par la Convention internationale, dite de Genève, intéresse davantage l'humanité.

Les ambulances organisées, devaient à teneur de la dite convention, être immédiatement dirigées sur la France. C'est ce qui eût lieu; mais les médecins de corps avaient à suivre leurs soldats pour être internés avec eux. Or, nous ne pouvons pas passer sous silence la manière dont le corps médical de l'armée de l'Est s'est acquitté de son devoir. Les récits de quelques officiers et de beaucoup de soldats, affirment que, pendant la campagne, il n'a pas eu pour unique mobile de soulager les maux dont il était entouré et de soigner indistinctement tous les blessés.

Les régiments entrés par le Risoud dans la Vallée du lac de Joux, avaient été évacués sur la plaine et n'avaient laissé dans ces localités que les malades, les blessés, ceux qui avaient les pieds gelés, quelques varioleux, etc. Les deux médecins du bataillon vaudois cantonné dans les environs, ne pouvaient suffire à donner des soins à leurs hommes et à tous ces malades. Les médecins français d'un régiment qui passait, tout en invoquant à tort, la convention de Genève pour être mis en liberté et rentrer en France, *refusèrent* de soigner ces malades ou de suivre leur corps. Il fallut employer des menaces, qui auraient été promptement suivies d'effet, pour les contraindre à remplir leur devoir.

De nombreux rapports, des correspondances de nos officiers, signalent fréquemment avec indignation, l'indifférence complète des médecins de l'armée en présence des souffrances de malheureux soldats tombés sur la route, oubliés sur des chars et qu'ils ne prenaient pas seulement la peine d'examiner, malgré l'invitation qui leur en était faite.

Il y eût de très honorables exceptions parmi les médecins militaires français; nous en avons eu qui étaient des gens distingués, pleins de cœur et de dévouement, remplissant leur tâche avec zèle et jusqu'à la fin, mais ce sont des exceptions.

Le 2 février au soir, un officier allemand se présenta en parlementaire à la frontière, vers les Verrières, et remit au général Herzog une lettre du commandant en chef de l'armée allemande du Sud, par laquelle le général de Manteuffel lui faisait savoir, qu'il avait l'intention de restituer au général de l'armée française de l'Est, mille fusils Chassepot provenant du désarmement d'un pareil nombre de soldats, qui, dans l'idée erronée qu'un armistice avait été conclu, n'avaient plus voulu se défendre à Chaffois et s'étaient rendus. Le général allemand commandant à Pontarlier, avait été avisé qu'il aurait à expédier ces armes sur le point le plus rapproché de la frontière qui serait désigné. A cet avis était jointe une lettre du général Manteuffel informant également le général Clinchant de cette offre, lettre qui lui fut envoyée immédiatement et en réponse à laquelle celui-ci fit savoir qu'il acceptait ces armes et remerciait de leur restitution.

Le 4 au matin, le parlementaire fut reconduit à la frontière dans la direction de Morteau, après avoir reçu du général Herzog une missive informant le général allemand, que les armes pourraient être remises sur tel point de la frontière qui lui conviendrait le mieux.

Le 6 février, le général de Schmehling, chargé de liquider cette affaire, avisa le quartier-général suisse que le 7, soit le lendemain, les mille chassepots arriveraient au col des Roches, venant de Morteau.

Le commandant de la IVe division et celui de la 10e brigade, qui se trouvaient à la Chaux-de-Fonds, furent aussitôt avisés de cet envoi et chargés d'en prendre livraison contre quittance ; mais il ne paraît pas que les ordres nécessaires aient été donnés à temps, car au moment où le convoi arriva en face du poste suisse, celui-ci ainsi que la grand'garde, étaient sans instructions et ignoraient tout à fait qu'ils avaient à recevoir des armes.

Le convoi qui les amenaient était composé de deux sous-officiers, neuf soldats, dix-sept chevaux et sept voitures, sous la conduite d'un officier, appartenant tous au 6e régiment silésien d'artillerie de campagne, deuxième batterie de gros calibre. Ils étaient partis le 6 février de Pontarlier, sans escorte d'infanterie et ils arrivèrent le lendemain à midi précis au col des Roches, où le lieutenant Klæhn déploya le drapeau blanc pour s'approcher de la sentinelle double qui gardait la route à l'extrême frontière. Lorsqu'il eut expliqué le but de sa mission, on conduisit le convoi à la grand'garde où les armes furent emmagasinées, puis les Prussiens firent demi-tour et se remirent en marche pour regagner leurs cantonnements. Leur séjour sur territoire suisse ne dura pas plus d'une demi-heure.

A peine avaient-ils repassé la frontière, qu'un jeune homme du Locle qui les rencontra, les prévint de se tenir sur leurs gardes et même de ne pas aller plus loin, parce qu'il avait vu des francs-tireurs dans le voisinage. — Sur cet avis, le lieutenant fit dételer six des voitures et les abandonna sur la route, il réunit les chevaux à ceux de ses hommes afin de les avoir sous la main et se remit en marche, après s'être mis à leur tête avec son sergent-major et avoir déployé le drapeau blanc.

Tout à coup, au détour de la route, à un ou deux kilomètres de la frontière suisse, le détachement se trouva en face d'une troupe de francs-tireurs postée à cinquante pas en avant, qui les accueillit par des coups de fusils ; d'autres individus cachés dans les buissons qui couvraient le talus à gauche, le prit à revers et lui rendit toute retraite impossible, car à droite la route longe une pente très raide. Un soldat avait été tué et deux blessés, lorsque l'officier mit pied à terre et s'avança vers les Français. Comme tous le couchaient en joue et que quelques balles sifflèrent même à ses oreilles, il répondit à la sommation de se rendre, en tendant son épée à celui qui paraissait être le chef de la bande et qui eût une certaine peine à empêcher ses gens de se livrer à des voies de fait graves. Ils commencèrent par piller tous les soldats, leur enlevèrent leurs montres, leur argent et le reçu des armes qu'ils venaient de remettre et entamèrent une violente discussion sur ce qu'il convenait de faire de leurs prisonniers qu'ils continuaient à menacer de mort. Ils étaient au nombre de trente à trente-cinq, dont un nègre, tous habillés en bourgeois et armés de fusils; leur chef seul n'avait d'autre arme qu'une canne.

Il fut décidé qu'on les conduirait en Suisse, et qu'au moyen de la quittance, on reprendrait les armes livrées une heure auparavant; en conséquence le chef accompagné de quelques francs-tireurs, se rendirent aux avant-postes où ils livrèrent leurs prisonniers, mais à leur grande surprise, l'officier qui commandait les fit arrêter eux aussi et conduire sous bonne escorte à la Chaux-de-Fonds où ils furent incarcérés.

Ces gens avaient eu soin de déposer leurs armes avant de se présenter à nos soldats et les autres francs-tireurs ayant disparu, ils avaient l'air de simples cultivateurs et comptaient vendre en Suisse les chevaux du détachement prussien, mais leurs projets furent renversés par le commandant du poste, qui ne se laissa pas prendre à leurs allégations.

Les blessés avaient pendant ce temps reçu les premiers soins de leur sergent-major, qui se trouvait être docteur en médecine; ils furent ensuite transportés au lazaret du Locle. Le soldat tué resta étendu sur la route, sans que personne vint le relever; mais au bout d'un certain temps, le chef du poste suisse envoya quelques hommes sans armes, qui l'emportèrent pour l'ensevelir.

Après que l'enquête eût été instruite, le général donna l'ordre de reconduire l'officier prussien, ses hommes et ses chevaux, sous bonne escorte, jusqu'aux avant-postes allemands, car ils ne pouvaient être considérés comme prisonniers de guerre, étant venus en Suisse sous pavillon neutre et ensuite d'une entente réciproque, pour remplir une mission, toute dans l'intérêt de la France.

Huot, chef de cette troupe et sept francs-tireurs furent déférés au tribunal militaire institué pour les troupes suisses qui gardaient les frontières.

Quoique les officiers français n'eussent pas à se préoccuper de la troupe et fussent par conséquent désœuvrés, il n'en était pas de même des généraux, qui eurent à mettre en ordre les affaires relatives à leur corps, à rédiger les rapports sur la campagne, à liquider une foule de choses qu'ils avaient dû forcément négliger pendant les derniers événements. Aussi pour les faciliter dans leur tâche, l'Autorité militaire décida de leur adjoindre quelques officiers qui eurent l'autorisation de résider hors des dépôts ordinaires. Des instructions dans ce sens furent données aux commandants de place respectifs et les généraux furent avisés de ces dispositions par la circulaire suivante :

Berne, le 11 février 1871.

Le Département militaire fédéral, à Messieurs les généraux de l'armée française de l'Est, internée en Suisse.

Monsieur le général,

Conformément à l'art. 1er des instructions relatives à l'administration des militaires français, que nous avons eu l'honneur de vous transmettre, le Département prie Messieurs les généraux de l'armée française de l'Est, internée en Suisse, de bien vouloir choisir le plus promptement possible le lieu de leur résidence et de nous informer du choix qu'ils auront fait.

Messieurs les généraux ont été autorisés à s'adjoindre personnellement un certain nombre d'officiers de leur choix, savoir : Monsieur le général en chef, six, les commandants de corps d'armée, cinq, les commandants de division, quatre, et les commandants de brigade, deux.

Messieurs les généraux sont priés de vouloir bien faire remettre une liste de ces officiers au commandant de place de leur domicile.

Quant à la perception de la solde et des indemnités de chevaux (2 fr. 50 par jour), les états-majors de Messieurs les généraux sont priés de transmettre un double de cet état au Commissariat des guerres du Canton dans lequel ils sont domiciliés et de s'y présenter les 5, 10, 15, 20, 25 et le dernier jour du mois, pour y toucher la solde que le Commissariat des guerres central leur fera remettre par l'intermédiaire des Commissariats des guerres des Cantons.

Agréez, Monsieur le général, l'assurance de notre considération distinguée.

Le Chef du Département militaire fédéral,

WELTI.

Enfin, dans la prévision que des actes d'indiscipline ou des délits pourraient se commettre et pour compléter les mesures prises à l'égard des internés, le Haut Conseil fédéral prit l'arrêté suivant, sur la création de conseils de guerre, dont le personnel fut pris dans l'état-major judiciaire fédéral.

Le Conseil fédéral suisse,

Vu l'art. 1er, § k, de la loi sur la justice pénale pour les troupes fédérales, du 27 août 1851 ;

ARRÊTE :

ARTICLE PREMIER. Il est établi trois conseils de guerre pour l'administration de la justice pénale sur les militaires étrangers internés en Suisse.

ART. 2. Les militaires internés dans la Suisse occidentale, soit dans les cantons de Genève, Vaud, Valais, Fribourg et Neuchâtel, relèveront d'un conseil de guerre qui sera présidé par M. le major fédéral *H. Bippert*, à Lausanne, comme grand-juge, ou par M. le lieutenant-colonel fédéral *J. Amiet*, à Soleure, comme suppléant.

Fonctionneront comme auditeurs près ce conseil de guerre :

Pour le canton de Vaud,	M. le capitaine d'état-major *Bory*, Em., à Lausanne.			
»	de Genève,	»	»	*Rambert*, L., à Lausanne.
»	du Valais,	»	»	*de Cocatrix*, à St-Maurice.
»	de Fribourg,	»	»	*Clerc*, à Fribourg.
»	de Neuchâtel,	»	»	*Cornaz*, à la Chaux-de-Fonds.

En cas d'empêchement, l'Auditeur en chef, colonel fédéral J. Koch, à Lausanne, désignera le remplaçant.

ART. 3. Les militaires internés dans la Suisse centrale, soit dans les cantons de Bâle, Argovie, Soleure, Berne, Lucerne, Zoug, Unterwalden, Schwytz et Glaris, relèveront d'un conseil de guerre qui sera présidé par M. le major fédéral *Moser*, à Berne, comme grand-juge, ou par M. le lieutenant-colonel fédéral *Amiet*, à Soleure, comme suppléant.

Fonctionneront comme auditeurs près ce conseil de guerre :

Pour le canton de Bâle,	M. le capitaine d'état-major *Wieland*, à Bâle.			
»	d'Argovie,	»	»	*Blattner*, à Aarau.
»	de Soleure,	»	»	*Kündig*, à Bâle.
»	de Berne,	»	»	*Kœnig*, à Berne.
»	de Lucerne,	»	»	*Bühler*, à Lucerne.
»	de Zoug et Schwytz,	»	»	*Schwerzmann*, à Zoug.
»	d'Uri et Unterwalden,	»	»	*Wirz*, à Sarnen.
»	Glaris,	»	»	*Hafter*, C., à Weinfelden.

En cas d'empêchement, l'Auditeur en chef désignera le remplaçant.

Art. 4. Les militaires internés dans la Suisse orientale, soit dans les cantons de Schaffhouse, Zurich, Thurgovie, St-Gall, Appenzell et Grisons, relèveront d'un conseil de guerre qui sera présidé par M. le major fédéral *Wassali*, à Coire, comme grand-juge, ou par M. le lieutenant-colonel fédéral *Bischoff*, à Bâle, comme suppléant.

Fonctionneront comme auditeurs près ce conseil de guerre :

Pour le canton de Schaffhouse, M. le capitaine d'état-major *Rahm*, à Schaffhouse.

»	de Zurich,	»	»	*Næf*, à Winterthour.
»	de Thurgovie,	»	»	*Anderwerth*, à Frauenfeld.
»	de St-Gall,	»	»	*Zündt*, à St-Gall.
»	d'Appenzell,	»	»	*Rusch*, à Appenzell.
»	des Grisons,	»	»	*Hilty*, à Coire.

En cas d'empêchement, l'Auditeur en chef désignera le remplaçant.

Art. 5. Les juges et les jurés seront désignés par le gouvernement du Canton dans lequel l'accusé est interné, conformément à l'art. 241 de la loi sur la justice pénale militaire.

Art. 6. Les dispositions des articles 261 et suivants, sont réservées pour le cas où l'accusé aurait le grade de général de division ou de brigade. M. le colonel fédéral *Manuel*, à Berne, est nommé grand-juge du tribunal extraordinaire prévu par les articles ci-dessus.

Art. 7. La police judiciaire sera exercée par les commandants des détachements de surveillance, lesquels pourront ordonner une enquête, conformément aux articles 212, 213, 214, 215 et 305 de la loi sur la justice pénale.

Art. 8. La police judiciaire supérieure sera exercée par le Conseil fédéral.

Berne, le 10 février 1871.

Au nom du Conseil fédéral suisse :

Le Président de la Confédération,

SCHENK.

Le Chancelier de la Confédération,

SCHIESS.

Parmi les troupes françaises se trouvaient quelques soldats allemands faits prisonniers et qu'elles avaient entraînés avec elles. On les dirigea sur Appenzell, où se trouvaient déjà quelques internés de cette nation. Leur nombre s'élevait en tout à 42 sous-officiers et 52 hommes. Le Conseil fédéral décida le 7 février, de faire procéder à l'échange de ces internés; en conséquence le 15 février, ces soldats allemands furent conduits sous escorte à Bâle et remis au poste le plus voisin de la frontière contre reçu, pendant que le même jour, on remettait de Genève à la frontière de France un nombre égal de sous-officiers et de soldats. Les légations de France et de l'Allemagne du Nord avaient été avisées auparavant de cette opération.

L'armée de l'Est ayant opéré son entrée en Suisse, plus au sud-ouest qu'on ne l'avait supposé d'abord, il n'y avait plus de raison d'occuper aussi fortement la contrée de Porrentruy, et celle de Delémont à la Chaux-de-Fonds; aussi le 2 février, la brigade n° 7, fut dirigée sur la Chaux-de-Fonds, où elle laissa un bataillon, et le 3 février, elle occupe les Verrières et Fleurier avec les bataillons n°s 10 et 39.

Le bataillon de carabiniers n° 5 occupa Boudry, les batteries attelées n°s 4 et 18 furent cantonnées à Neuchâtel et à Neuveville, et la compagnie de sapeurs du génie n° 1 à Bienne, où elle fut activement employée à l'expédition des convois et des armes. L'escadron de dragons n° 7, fut dirigé sur Neuchâtel.

La brigade n° 13, arrivée le 5 février à Neuchâtel, laissa le bataillon n° 9 dans cette ville avec une partie du 71e, dont la seconde moitié fut disloquée à Saint-Blaise; le bataillon n° 14, fut chargé de la garde du grand parc qu'on organisait à Colombier et à Auvernier.

Les brigades n°s 11 et 12, qui étaient à l'extrême frontière, là où l'armée de l'Est se présentait en partie, avaient un service très pénible à cause de la quantité de petits postes qu'elles étaient obligées de détacher le long de la frontière, à la Côte-aux-Fées, aux Cernets et ailleurs, et par les nombreuses escortes qu'elles durent fournir pour conduire les colonnes dans les Cantons; aussi s'occupa-t-on de les remplacer.

Les deux batteries de montagne n°s 26 et 27, restèrent à la Chaux-de-Fonds pour appuyer la 10e brigade qui occupait Les Ponts, le Locle et Fleurier, et qui arrêta plus de six cents francs-tireurs isolés qui passaient dans cette contrée.

Le 5 février, le grand parc suisse fut dirigé sur Berne, où il rendit son matériel et où la compagnie de train de parc n° 78 fut licenciée. En revanche, la compagnie de parc n° 40, fut laissée à Colombier pour y organiser le parc français.

A la même date, la 8e brigade fut en partie relevée par la 14e, l'état-major de la première et le 70e bataillon se dirigèrent sur Orbe, le 45e bataillon sur Cuarnens et l'Isle.

Le 70e bataillon fut remplacé par le bataillon n° 17, à Vallorbes, où s'établit aussi l'état-major ; le 49e bataillon remplaça le 45e dans la vallée du lac de Joux et le 8 février, le bataillon n° 34 occupa l'Abergement, Valeyres, Vuittebœuf, Sergey et Rances, tandis que l'escadron de dragons n° 12, se cantonna à Cossonay.

De nombreuses patrouilles furent envoyées dans toutes les directions pour ramasser et réunir les traînards français, les chevaux égarés et le matériel abandonné.

Les quatre escadrons de dragons furent employés à un service continu de patrouilles entre Bienne et Genève, pour soutenir la police civile.

Enfin, des bandes de francs-tireurs s'étant de nouveau présentées dans la contrée de Porrentruy depuis qu'on en avait retiré les troupes, on remit sur pied le 69e bataillon pour surveiller la frontière de ce côté-là.

Le 6 février, on put licencier les batteries attelées n°s 4, 9 et 18 et les deux batteries de montagne n°s 26 et 27.

Le 10 février, on licencie encore l'état-major de la IIIe division et les guides n° 7. La 7e brigade avec les bataillons n°s 10, 20, 39 et le demi-bataillon n° 70, la 8e brigade avec les bataillons n°s 45, 46 et 70, l'état-major de la IVe division et la 11e brigade avec les 26e, 40e et 53e bataillons ; en outre, le bataillon de carabiniers n° 5, les batteries attelées de 8cm n°s 13 et 22 et les deux compagnies de sapeurs du génie n°s 1 et 5.

Les troupes genevoises qui formaient la garnison de Genève furent également renvoyées dans leurs foyers et remplacées par d'autres.

Le grand quartier-général fut dissous le 16 février, et avant de se retirer, le général Herzog remit la direction de ce qui restait à liquider à l'adjudant-général, colonel Philippin. La section du service de l'internement et celle des chemins de fer restèrent encore quelques jours en activité.

Toutes les troupes qui restaient sur pied furent placées sous le commandement du chef de la Ve division, M. le colonel fédéral Meyer, et furent disloquées comme suit:

Quartier-général : Yverdon.

Bataillon n° 34 de la 14e brigade, à Genève, avec l'escadron de dragons n° 8, sous les ordres du lieutenant-colonel Bonnard.

Le 49e bataillon occupa, le 15 février, Nyon, Morges et St-Cergues, le 17e bataillon le remplaça dans ses cantonnements dans la vallée du Lac de Joux.

Le 11e bataillon (15e brigade) occupa Orbe, Montcherand, Rances et Valeyres, le bataillon n° 15 Yverdon et Grandson, le bataillon n° 24 Colombier et Auvernier.

L'escadron de dragons n° 3 fut cantonné à Orbe, le 12e escadron à Yverdon, ainsi que la batterie de 8 cm n° 23, auprès du parc français.

La 10ᵉ brigade prit les cantonnements suivants :

État-major et bataillon nᵒ 1, au Locle et à la Chaux-de-Fonds, bataillon nᵒ 16, à Porrentruy et Ocourt, où il releva le 69ᵉ bataillon licencié ; le bataillon nᵒ 35, fut placé à Ste-Croix et aux Verrières, et l'escadron de dragons nᵒ 7, à la Chaux-de-Fonds.

Enfin, les ambulances furent établies comme suit :

La 10ᵉ à la Chaux-de-Fonds, la 14ᵉ à Rolle et la 15ᵉ à Orbe.

La 12ᵉ brigade fut licenciée les 16 et 18 février, la 10ᵉ brigade le 3 mars ; le reste des troupes avait à rester sur pied jusque après l'évacuation des Français.

A mesure que les détachements arrivaient dans le lieu de leur internement définitif, on faisait généralement prendre à chaque soldat un bain chaud, puis les comités de secours délivraient du linge propre à ceux qui n'en avaient pas déjà reçu en route. Un grand nombre d'hommes furent pourvus de chemises, de bas, caleçons, mouchoirs, de souliers ou de sabots fourrés, dont ils avaient le plus pressant besoin. Mais dans plusieurs Cantons, où la population prise à l'improviste ne possédait pas les moyens de fournir promptement le linge qui manquait, les soldats restèrent quelque temps encore dans un pitoyable état.

Parmi le linge qu'ils avaient apporté, tout ce qui en valait la peine fut lavé et raccommodé par les soins des dames de toute classe qui ne cessaient d'entourer les soldats d'une sollicitude active et intelligente. On vit fréquemment de pauvres ouvrières, dont l'existence dépendait entièrement du travail journalier de leurs doigts, consacrer plusieurs jours, ou plusieurs heures chaque jour, à soigner et raccommoder le linge des soldats. D'autres femmes vouaient leurs soins aux malades et aux blessés ; d'autres passaient leur temps à donner des nouvelles de leurs fils, aux familles des soldats qui ne savaient point écrire, et certes leur nombre était grand.

Cette armée s'était trouvée privée si longtemps de tout moyen de correspondance avec l'intérieur de la France, que chaque militaire était avide de nouvelles des siens et désirait ardemment rassurer sa famille sur son sort. Dans ces circonstances et pour faciliter aux militaires internés le moyen de donner au plus tôt à leurs parents et amis leur nouvelle adresse en Suisse, le Haut Conseil fédéral, après s'être entendu à cet effet avec le Gouvernement français, décida que leur correspondance serait franche de port et fit remettre à chaque commandant de dépôt, des cartes-correspondances officielles pour être délivrées à discrétion à tout militaire français qui en aurait besoin. A chaque carte ou lettre fermée qui était au bénéfice de la franchise de port, devait adhérer un petit carré de papier rose gommé, façon timbre-poste, portant ces mots : « Militaire français interné en Suisse. Gratis »

Voici les instructions données à cet égard, par le Département fédéral des postes :

ORDRE DE SERVICE

3 février 1873.

Correspondances de et pour les militaires français internés en Suisse.

La franchise de port sur le territoire suisse est accordée aux correspondances que les militaires français internés en Suisse expédient à destination des parties du territoire français qui ne sont pas occupées par les troupes allemandes, ou qu'ils reçoivent de ces parties du territoire français, en tant que ces correspondances sont mises au bénéfice de la même faveur par l'administration des postes françaises.

De même, les correspondances expédiées à l'intérieur de la Suisse, à destination ou en provenance des militaires français internés, jouissent également de la franchise de port.

Ces correspondances seront traitées comme suit :

1° **Expédition**.

Les communications pourront être échangées soit au moyen des cartes-correspondances militaires, soit au moyen de lettres ordinaires.

Les offices des postes colleront sur les *lettres* des militaires français internés qui leur seront consignées, à destination des parties du territoire français non occupées par les troupes allemandes, ou à destination de l'intérieur de la Suisse, une étiquette gommée, en papier rose, qui assurera la franchise de port à ces correspondances. Les directions d'arrondissement se mettront en rapport avec l'autorité militaire à laquelle incombe la surveillance des soldats internés, afin que celle-ci donne les instructions nécessaires pour que ces correspondances soient toujours *consignées en mains des fonctionnaires ou employés postaux*, soit par les militaires internés eux-mêmes, soit par les hommes désignés à cet effet par le commandant du détachement de surveillance.

Jusqu'à ce que les offices de poste suisses soient approvisionnés des étiquettes voulues, ils ajouteront au crayon, sur ces correspondances, l'annotation « *gratis* » ou frapperont celles-ci du timbre « *franco.* »

Dans les localités où un grand nombre de militaires se trouvent internés, on pourra remettre un nombre suffisant de ces étiquettes au commandant de place ; qui veillera à ce qu'elles soient collées sur les lettres.

Les correspondances à destination des parties du territoire français non occupées par les troupes allemandes seront, jusqu'à nouvel ordre, acheminées exclusivement par Genève et, autant que possible, réunies en paquets distincts.

Le bureau de Genève livre ces correspondances au bureau d'échange français « *pour mémoire,* » c'est-à-dire sans mise en compte ni bonification.

2° Réception.

Les postes françaises livrent également sans taxes (pour mémoire) et en paquets, les correspondances adressées aux militaires français internés en Suisse. Les bureaux d'échange suisses frapperont ces correspondances du timbre *franco* employé pour les lettres à destination des prisonniers de guerre français en Allemagne. Ces correspondances, de même que celles qui viennent de l'intérieur de la Suisse, sont remises franches de port aux militaires français internés.

3° Dispositions générales.

a) Les correspondances que les militaires français internés expédieront à destination de localités situées dans les *parties du territoire français occupées par les troupes allemandes* (l'Alsace et la Lorraine, les départements de la Sarthe, Indre et Loire, Loir et Cher, Loiret, Yonne et les parties du pays situées au nord-est de ces départements (sauf le Pas-de-Calais et le Nord), ainsi que la Côte-d'Or, le Doubs et le Jura), et celles qui proviendraient de ces parties du territoire français, seront soumises aux conditions de taxe ordinaires. Elles seront acheminées exclusivement par Bâle. De même les correspondances des militaires internés à destination de pays étrangers autres que la France, et vice-versa, sont passibles des taxes ordinaires.

Les correspondances mentionnées sous la présente lettre *a* ne devront donc pas être munies de l'étiquette « *gratis.* »

b) Les directions d'arrondissement et les offices de poste prendront sans retard, d'accord avec les autorités ou commandements de troupes respectifs, les dispositions ultérieures nécessaires pour assurer la consignation et la distribution régulières des correspondances des militaires français internés ; ils veilleront surtout avec soin, à ce qu'il ne soit pas fait un usage abusif de la franchise de port accordée en vertu du présent ordre de service.

c) Les directions d'arrondissement s'entendront aussi avec les autorités militaires chargées de la surveillance des différents détachements internés, pour que ces derniers, dans les lettres ou cartes-correspondance qu'ils envoient en France, se conforment à l'obligation d'indiquer exactement et d'une manière complète *leur adresse, soit leurs noms et prénoms, le lieu de leur résidence et le Canton,* etc. Cette disposition a d'ailleurs, déjà été prévue par l'art. 17 des instructions du Département militaire fédéral, et les directions n'auront qu'à donner les explications de détail nécessaires, pour en assurer l'exacte observation.

Le Département fédéral des postes donna en même temps, les instructions suivantes pour faciliter le paiement des mandats, dont un certain nombre de soldats devaient être porteurs à leur entrée en Suisse.

Paiement des mandats aux militaires français internés.

Il est à présumer, que beaucoup de militaires français internés en Suisse seront en possession de mandats de poste pour l'intérieur de la France, et qu'ils en réclameront le paiement des offices de poste suisses.

Cet argent leur étant naturellement d'un pressant besoin, un refus de paiement ne peut guère avoir lieu, c'est pourquoi nous autorisons les bureaux de poste suisses à payer sans difficulté les dits mandats, et à les porter en compte comme les mandats internationaux, conformément au § 31 de notre instruction du 30 juin 1870, feuille postale n° 16.

Les bureaux de poste auront soin de veiller à ce que ces titres soient régulièrement quittancés, et que notamment les prescriptions formelles du 2me alinéa de l'article 15 du règlement de transport soient observées, lorsque le bénéficiaire d'un mandat ne saura pas écrire.

Cet ordre de service fut complété plus tard par les dispositions qui suivent :

En confirmation de notre ordre de service n° 22, du 8 courant, par lequel nous avons autorisé les bureaux de poste suisses à payer aux militaires français internés, les mandats de poste internes français dont ces derniers seraient porteurs, nous invitons en outre les bureaux de poste suisses à payer aussi sans difficulté aux dits militaires, les mandats tirés sur bureaux suisses et libellés sur formules internes françaises par des bureaux de poste français, soit que ceux-ci participent, ou non, à l'échange international.

La vérification de semblables mandats est soumise aux prescriptions de notre ordre de service n° 144 du 29 octobre 1870, et on fait instamment observer, que la somme représentée par les chiffres latéraux imprimés, doit correspondre exactement avec celle qui est écrite à la main.

Nous rappelons au reste à cette occasion, notre ordre de service n° 176 du 29 décembre 1870, d'après lequel les mandats tirés sur formules internes françaises au profit de personnes privées, doivent être transmis au Contrôle général des postes pour régularisation.

Chaque lieu d'internement était placé sous les ordres d'un officier suisse, désigné par l'Autorité militaire cantonale, qui fournissait aussi le nombre de soldats nécessaire à la garde des internés.

Les dépôts où les officiers français étaient réunis, le fort du Luziensteig où étaient envoyés les militaires coupables de fautes graves, et la place de Genève, que sa position géographique et sa situation politique obligeaient à surveiller plus particulièrement, furent seuls placés sous les ordres d'officiers de l'état-major désignés par le Département militaire fédéral.

Le service en général et la marche intérieure de chaque dépôt ne tardèrent pas à suivre un cours régulier.

Le service du commissariat, (intendance) était dirigé dans chaque Canton par le commissaire des guerres cantonal, qui recevait tous ses ordres directement du commissaire des guerres en chef de la Confédération, M. le colonel fédéral Denzler, à Berne, auquel tous les comptes, états de situations, etc., furent adressés.

Pour ce qui concerne le service sanitaire, on prit les dispositions mentionnées dans la circulaire qui suit :

Berne, le 19 février 1871.

Le Département militaire fédéral aux gouvernements des Cantons.

Afin d'organiser le service sanitaire des militaires français internés, le Département militaire fédéral a décidé de remettre la direction de tout ce qui concerne cette branche de service, à M. le major fédéral Dr *Berry,* médecin de division, et a pris en outre les dispositions suivantes :

Toutes les autorités militaires de la Confédération sont priées de pourvoir *dans le plus bref délai,* à l'exécution des prescriptions qui suivent, rendues en conformité des instructions du 1er février courant, concernant le logement, l'entretien, la solde et l'administration des militaires français internés, et de nous faire rapport à ce sujet. Elles voudront bien nous indiquer :

1. Quels sont les locaux destinés à la réception des malades, quel est leur emplacement, l'espace dont on peut disposer (combien de lits, etc.) et leur arrangement ?

2. Le personnel médical employé pour le service sanitaire, (aussi bien les médecins français que les médecins suisses), devra nous être indiqué nominativement, mais en mentionnant séparément :

a) Les médecins destinés au service de la garnison ;

b) » » » de l'hôpital ;

c) » » simultanément à ces deux services.

On devra également nous indiquer, le nombre des infirmiers français et suisses.

3. On devra nous dire, qui est chargé du contrôle cantonal sur le service sanitaire.

4. Quant aux malades restés auprès des corps, soit pour les cas de peu de gravité, il devra être adressé tous les *cinq jours* et par Canton, un *rapport sommaire* selon le formulaire H du « Règlement et de l'instruction sur le service de santé de l'armée fédérale. »

5. Quant aux malades soignés dans les *hôpitaux* proprement dits, il sera nécessaire d'envoyer également tous les *cinq jours* et par Canton, un état *nominatif* établi selon le formulaire S. « Etat des malades dans les ambulances et hôpitaux militaires. »

6. En cas de décès, on devra se conformer strictement aux dispositions de l'article 20 des instructions fédérales du 1er février courant.

7. Les malades atteints du typhus et de la variole, devront être transférés dans des *lazarets isolés* et soignés par un personnel spécial, qui ne devra pas être employé auprès des autres malades.

8. Le transport des varioleux est sévèrement interdit. Quant aux convalescents, on observera la quarantaine nécessaire, à teneur des dispositions des lois cantonales de police sanitaire.

9. Les articles 17 et 19 des instructions fédérales du 1er février courant, devront être scrupuleusement observés.

10. Quant aux cas de maladies et de décès antérieurs à la réception de la présente, les rapports qu'elle prévoit devront nous être envoyés, si cela est possible; on devra indiquer tout particulièrement, les mesures qui ont été prises à l'égard des maladies contagieuses.

11. Tous les rapports concernant le service de santé des militaires français internés, devront être adressés à M. le Dr *Berry,* médecin de division, à Berne.

12. Cet officier procédera personnellement à des inspections dans les Cantons; en conséquence, nous vous invitons à pourvoir à l'exécution des mesures qu'il prescrira et à lui prêter surtout l'appui nécessaire pour lui faciliter l'accomplissement de sa tâche.

Veuillez agréer, très honorés Messieurs, l'assurance de notre considération distinguée.

Le Chef du Département militaire fédéral,

WELTI.

Un petit nombre de médecins français avaient suivi leurs corps et avaient témoigné le désir de continuer à vouer leurs soins à leurs compatriotes malades ou blessés. On accueillit leur demande avec empressement, les médecins suisses qui étaient spécialement attachés aux internés, étant en nombre tout à fait insuffisant, car la plupart de leurs collègues étaient à la frontière avec les troupes fédérales et ceux qui étaient demeurés dans les villes et villages avaient à soigner, non-seulement leur clientèle ordinaire, mais aussi celle de leurs collègues momentanément au service militaire. Cependant plusieurs officiers de santé de l'armée française ne parurent pas disposés à remplir leurs fonctions et préférèrent se tenir à l'écart. Il fut en conséquence décidé, qu'on leur laisserait pleine et entière liberté à cet égard et que ceux d'entr'eux qui étaient employés activement au service sanitaire recevraient une solde journalière de dix francs, s'ils revêtaient le grade d'officier.

Quant aux médecins français qui refusaient leurs services, ils furent dirigés immédiatement sur un des dépôts d'officiers; (suivant les dispositions de l'art. 1er des instructions générales du 1er février).

Le nombre des malades allant chaque jour en augmentant, les médecins devinrent bientôt insuffisants; le Gouvernement français envoya alors un renfort au personnel médical qui fonctionnait sans relâche depuis le 1er février.

Ces médecins militaires français furent répartis entre les Cantons, dans la proportion du contingent de troupes qui s'y trouvait et ils reçurent, dès le jour de leur arrivée, la solde fixée pour les médecins de corps français.

Enfin, pour compléter les dispositions prises à l'égard du service sanitaire, l'Autorité militaire adressa la circulaire suivante :

Berne, le 2 mars 1871.

Le Département militaire fédéral, aux autorités militaires des Cantons.

Les médecins suisses, chargés de soigner les militaires français internés, se trouvant dans des conditions tout à fait exceptionnelles, doivent être rétribués comme les médecins français, à raison de dix francs par jour, et les commissaires d'ambulance employés dans le même but, à raison de huit francs par jour.

Les soldats sanitaires français employés doivent (à teneur de notre circulaire du 22 février 1871) être traités comme infirmiers de deuxième classe et recevoir une solde de quatre-vingt-dix centimes par jour.

La même solde doit aussi être payée aux internés français qui sont temporairement requis pour le service de l'infirmerie.

Tous les infirmiers, sans exception, employés dans les hôpitaux où sont traités les cas de typhus et de variole, recevront un franc cinquante de solde par jour.

Nous vous prions de pourvoir à l'exécution des ordres ci-dessus.

Le Chef du Département militaire fédéral,

WELTI.

Pendant les premiers jours qui suivirent l'entrée de l'armée française, et alors que certaines parties du pays étaient inondées de soldats en marche, un certain nombre de militaires, profitant de l'encombrement et du désordre inévitable qui en résultait, s'échappèrent pour rentrer en France, mettant en oubli les devoirs que leur imposait une hospitalité généreusement offerte et que les lois de l'honneur leur faisaient une obligation de respecter. Cela eût lieu principalement à Genève et le long des rives vaudoises du lac Léman, que leur proximité des frontières de France rendaient difficiles à garder et offraient une tentation plus grande aux déserteurs.

Il est à regretter, que plusieurs habitants de ces contrées aient méconnu leurs devoirs de citoyens et la solidarité qui devait les lier intimément aux intérêts de leur pays, au point de faciliter ou de fournir les moyens à des soldats internés, de se transporter sur l'autre rive du lac ou de passer la frontière. Des officiers français qui avaient signé volontairement l'engagement de rester en Suisse et donné leur parole d'honneur de le tenir, ne se firent aucun scrupule de le rompre et s'évadèrent déguisés ou nuitamment. Comme on avait eu jusqu'alors en Suisse, une confiance illimitée dans le respect d'une parole donnée par un officier, on n'avait pris aucune mesure spéciale pour réprimer toute tentative de ce genre; mais lorsque des faits positifs vinrent à la connaissance du Département militaire fédéral, il chargea le lieutenant-colonel fédéral de Sinner d'une mission auprès des gouvernements de Vaud et de Genève, dans le but d'examiner les dispositions que les autorités militaires de ces Cantons avaient dû prendre à cet égard, à teneur des instructions générales qui leur avaient été données.

Le lieutenant-colonel Bonnard, commandant fédéral de la place de Genève, avait déjà établi un service de surveillance très actif à la gare du chemin de fer de Lyon et le long des frontières du Canton, qui est entouré de trois côtés et à peu de distance, par le territoire français.

Un bateau à vapeur, sous les ordres du capitaine Ed. Plutot, de l'état-major du génie, reçut la mission de croiser sur le lac pour arrêter toute tentative d'évasion ; en outre, les débarcadères des bateaux à vapeur faisant le service de la côte, furent surveillés par des postes militaires.

Les mesures prises par le lieutenant-colonel Bonnard, secondé activement par la police genevoise, eurent un plein succès. On ne tarda pas à arrêter un nombre assez grand d'officiers qui arrivaient déguisés par le chemin de fer. Le 16 février, au soir, entr'autres, on arrêta ainsi quatre-vingt soldats et quinze officiers, et après avoir enlevé les armes à ces derniers on les dirigea sur un des dépôts de l'intérieur. On eût été en droit de les traiter avec sévérité, mais on se contenta de prendre leurs noms et d'en donner note à l'autorité supérieure, afin de pouvoir au besoin en donner connaissance au Gouvernement français. On arrêta en outre à Genève en diverses fois 1200 hommes et 900 chevaux environ, qui cherchaient à rentrer en France.

Le Département militaire vaudois de son côté, rappela par un avis affiché et publié dans tout le Canton, quelles étaient les pénalités encourues par les personnes qui facilitaient ou participaient à une évasion de militaire français.

Plusieurs officiers qui avaient suivi leur corps, contrairement aux prescriptions de l'Autorité fédérale, reçurent l'ordre de rejoindre immédiatement un des cinq dépôts qui leur étaient assignés et furent l'objet d'une surveillance rendue obligatoire, par le mauvais usage que plusieurs d'entr'eux avaient fait de la confiance qu'on avait placée dans leur loyauté.

Les cas d'évasion par la frontière du nord furent rares, car le Conseil fédéral avait reçu de la légation de la Confédération de l'Allemagne du Nord, une communication qui fut portée à la connaissance des Cantons comme suit :

Berne, le 9 février 1871.

Le Département militaire fédéral aux gouvernements des Cantons.

Le Conseil fédéral a été informé par la légation de la Confédération de l'Allemagne du Nord, qu'elle a été officiellement chargée de déclarer au nom de son gouvernement, que les soldats de l'armée française internée en Suisse, qui se rendraient en Alsace, y seraient arrêtés et traités comme prisonniers de guerre.

En exécution d'une décision prise, à ce sujet, par le Conseil fédéral le 7 courant, nous vous invitons à pourvoir à ce que cette déclaration soit portée d'une manière convenable à la connaissance de tous les militaires français internés sur territoire suisse.

Le Chef du Département militaire fédéral,

WELTI.

La situation toute exceptionnelle de Genève, dont la population cosmopolite renferme un très grand nombre d'étrangers, qui ne comprennent, ni ne cherchent à respecter les obligations imposées à notre pays par sa neutralité, offrait le danger de nous entraîner dans des complications qu'il était du devoir de l'Etat d'éviter; en conséquence, les soldats français qui y avaient été internés, à teneur de la répartition générale, furent dirigés sur l'intérieur et il ne resta à Genève que les malades dans les hôpitaux. La population de ce Canton était du reste, mise suffisamment à contribution par les convois de malades et de blessés qui passaient depuis des mois par cette ville pour être rapatriés et généralement y passaient la nuit. Beaucoup d'entr'eux durent y rester plusieurs jours pour recevoir les soins que réclamait leur état, jusqu'à ce qu'ils fussent de nouveau assez bien pour être dirigés sur Lyon.

Une section du Comité de secours aux blessés était en permanence à la gare du chemin de fer, pour recevoir les convois de malades, les faire panser à l'aide du personnel sanitaire en fonctions, leur offrir des rafraîchissements, et dans les cas plus graves, les transporter au lazaret pour y être soignés jusqu'au moment où ils pourraient se remettre en route.

Lorsque chaque Canton eût reçu le nombre d'internés qui lui était destiné, et qu'il les eût réparti entre les diverses localités susceptibles de les recevoir, l'état général des dépôts et le nombre des soldats qui les composaient se résume comme l'indique le tableau qui suit, établi le 25 février, tous les mouvements de troupes ayant cessé à cette époque.

Le chiffre des malades, par Canton et par dépôt, est également arrêté au dit jour; en revanche, le nombre assez considérable des morts n'est pas indiqué ; il le sera plus loin.

DISLOCATIONS DE L'ARMÉE FRANÇAISE DE L'EST

par Canton et par dépôt.

		Malades à l'hôpital.
Généraux et leurs états-majors	70	
Officiers.		
Baden	408	
Fribourg	167	
St-Gall	187	
Interlaken	325	
Lucerne	592	9
Zurich	433	1
Total des officiers	2182	10
Soldats.		
Zurich	11556	727
Berne	19565	982
Lucerne	5087	222
Uri	383	4
Schwytz	909	108
Unterwalden { Obwalden	349	15
{ Nidwalden	357	19
A reporter	40388	2087

		Malades à l'hôpital.
Report	40388	2087
Glaris	822	120
Zug	638	51
Fribourg	4548	351
Soleure	3051	107
Bâle { Bâle-Ville	1423	58
{ Bâle-Campagne	1411	54
Schaffhouse	1119	111
Appenzell	1581	80
St-Gall	7510	658
Grisons	1028	53
Argovie	8492	144
Thurgovie	4133	103
Vaud	7584	593
Valais	1079	32
Neuchâtel	564	327
Genève	74	46
Luziensteig	153	
Total	85598	4975

Sur ce nombre total on dût envoyer au fort du Luziensteig 153 hommes, dont 3 officiers coupables d'actes d'indiscipline ou d'autres fautes graves.

ÉTAT DES INTERNÉS PAR DÉPOT, LE 25 FÉVRIER 1871.

Zurich.		Malades à l'hôpital.
Andelfingen	300	
Benken	124	
Bülach	313	
Dübendorf	312	
Eglisau	340	
Elgg	200	
Embrach	732	
A reporter	2321	

		Malades à l'hôpital.
Report	2321	
Hœngg	318	
Horgen	301	12
Küssnacht	296	
Marthalen	150	
Neumünster	417	
Pfæffikon	300	
Rheinau (Cloître)		153
A reporter	4103	165

		Malades à l'hôpital.
Report	4103	165
Richtersweil	302	
Stæfa	308	
Stammheim	306	
Thalweil	268	
Uster	866	
Wædensweil	489	
Winterthour	991	131
Wülflingen	437	
Zurich	3486	431
Total pour le canton,	11556	727

BERNE.

		Malades à l'hôpital.
Aarberg	494	10
Aarwangen	503	19
Affoltern	257	
Belp	445	15
Berne	2466	488
Boltingen	234	40
Brienz	430	5
Berthoud (Burgdorf) ...	1000	11
Büren	477	5
Erlenbach	246	6
Herzogenbuchsee ...	512	
Hochstetten	424	
Huttwyl	263	24
Interlaken	1070	62
Kirchberg	335	
Kirchdorf	225	
Langenthal	552	20
Langnau	500	30
Lützelflüh	245	5
Meiringen	455	11
Münchenbuchsee	454	16
Münsingen	520	
Neuveville	534	
A reporter ...	12611	737

		Malades à l'hôpital.
Report	12611	737
Nidau	402	34
Gessenay (Saanen) ...	235	5
Schüpfen	313	
Signau	503	
Spiez	258	
Steffisbourg	374	7
Sumiswald	398	
Thoune	1868	170
Wangen	553	20
Wimmis	266	1
Worb	495	4
Zweisimmen	268	
Rohrbach	242	
Frutigen	389	
Schwarzenbourg	232	4
Koppigen	258	
Total pour le canton,	19565	982

LUCERNE.

Hohenrain	184	2
Lucerne	1349	76
Münster	184	2
Rathhausen	555	19
Sursee	429	7
St-Urban	1710	95
Willisau	393	14
Entlebuch	13	
Schüpfheim	14	
Echolzenmatt	9	
Heidegg	204	7
Sempach	43	
Total pour le canton,	5087	222

URI.

Altdorf	383	4

SCHWYTZ.

		Malades à l'hôpital.
Einsiedeln	139	18
Gersau	60	2
Küssnacht	69	4
Lachen	173	20
Schwytz	408	57
Mollerau	60	7
Total pour le canton,	**909**	**108**

UNTERWALDEN (Ob dem Wald).

Kerns	90	2
Sachseln	70	1
Sarnen	189	12
Total pour Obwalden,	**349**	**15**

UNTERWALDEN (Nid dem Wald).

Wyl	357	19

GLARIS.

Glaris	120	120
Ennenda	563	
Rieden	139	
Total pour le canton,	**822**	**120**

ZUG.

Zug	638	51

FRIBOURG.

Bulle	270	16
Châtel-St-Denis	100	5
Estavayer	206	19
Fribourg	2674	192
Hauterive	852	32
Morat	236	26
Romont	210	61
Total pour le canton,	**4548**	**351**

SOLEURE.

		Malades à l'hôpital.
Olten	459	47
Soleure	2592	60
Total pour le canton,	**3051**	**107**

BALE-VILLE.

Bâle	1423	58

BALE-CAMPAGNE.

Liestal	1411	54

SCHAFFHOUSE.

Neunkirch	103	6
Schaffhouse	470	78
Stein	183	10
Thayingen	198	10
Unterhallau	100	7
Schleitheim	65	
Total pour le canton,	**1119**	**111**

APPENZELL.

Hérisau	1581	80

ST-GALL.

Alstætten	326	28
Balgach	98	6
Berneck	186	8
Buchs	100	
Ebnat	137	17
Flawyl	180	13
Gossau	207	10
Grabs	93	4
Kappel	100	10
Lichtensteig	98	3
Neu St-Johann	727	43
Rappersweil	714	21
Rorschach	261	59
St-Fiden	425	37
A reporter . . .	**3652**	**259**

		Malades à l'hôpital.
Report	3652	259
St-Gall	1437	310
Steinach	203	24
Utznach	198	2
Wallenstadt	1631	57
Wattwyl	190	4
Wyl	199	2
Total pour le canton,	7387	658

GRISONS.

Coire	1028	53

ARGOVIE.

Aarau	1460	55
Aarberg	600	
Baden	685	32
Bremgarten	480	54
Brugg	327	
Kaiserstuhl	198	
Klingnau	198	
Kreuzstrasse	70	
Lenzbourg	580	3
Murgenthal	111	
Muri	961	
Rheinfelden	379	
Rothrist	207	
Rupperswyl	407	
Zofingen	564	
Zursach	202	
Seon	99	
Meisterschwanden	100	
Othmarsingen	150	
Teufenthal	100	
Mellingen	151	
Rekingen et Fisibach	222	
Seegen	240	
Total pour le canton,	8492	144

THURGOVIE.

		Malades à l'hôpital.
Arbon	410	6
Bischofszell	432	
Frauenfeld	1221	93
Diessenhofen, couvent de St-Catharinenthal	1027	3
Weinfelden	540	
Tægerweilen	503	1
Total pour le canton,	4133	103

VAUD.

Aubonne	16	8
Avenches	90	33
Bière	1440	46
Lausanne	1403	289
Lavey (Bains de)	20	20
Morges	750	30
Moudon	963	44
Nyon	18	10
Payerne	810	92
Vevey	17	6
Yverdon	849	
Pays-d'Enhaut	3	3
La Sarraz	46	
Bex	1159	12
Total pour le canton,	7584	593

VALAIS.

Brigue	99	2
Louëche	61	3
Martigny	151	5
Monthey	146	3
St-Maurice	102	4
Sierre	56	5
Sion	368	9
Vouvry	96	1
Total pour le canton,	1079	32

NEUCHATEL.		Malades à l'hôpital.
Neuchâtel (malades) . .		146
Locle » . .		76
Colombier (garde du parc)	237	
Landeron (malades) . . .		22
Chez des particuliers (malades)		22
A reporter . . .	237	266

		Malades à l'hôpital.
Report	237	266
Fleurier (malades) . . .		32
Landeyeux (lazaret) . . .		20
Total pour le canton,	237	318
GENÈVE.		
Genève	74	46
Fort du Luziensteig . . .	153	

CHAPITRE TROISIÈME

Bureau de renseignements. Ordre de bataille de l'armée française. Etat des divers corps, leur dislocation dans les dépôts d'internement. — Inventaire du matériel. Etat des chevaux, leur dislocation, leur vente. Armes, effets d'équipement et chevaux appartenant à l'armée française, volés ou vendus illicitement. Mesures prises pour les faire restituer. — Bagages des officiers.

Ainsi que nous l'avons dit plus haut, l'armée française de l'Est tenant la campagne depuis plusieurs semaines et entourée à peu près de tous côtés par l'ennemi, avait été privée de communications régulières avec le reste de la France. Le service des postes était interrompu dans toutes les parties du pays occupées par l'armée ennemie et celles qui étaient restées libres étaient tellement mises à contribution par les mesures militaires extraordinaires qui avaient enlevé la plus grande partie du personnel de tous les services administratifs, que l'envoi et la distribution des lettres subissait des retards inévitables.

La plupart des soldats qui composaient la 1ʳᵉ armée, étaient ainsi à leur entrée en Suisse privés depuis longtemps de toutes nouvelles de leur famille, et les péripéties d'une campagne, accomplie dans des circonstances aussi défavorables, ne leur avaient pas davantage permis de faire connaître leur sort à leurs parents

Une grande partie de cette armée étant composée de gardes mobiles, soldats d'occasion enlevés brusquement à leur famille, on conçoit sans peine l'inquiétude dans laquelle celles-ci se trouvaient, inquiétude augmentée encore par les récits souvent exagérés des journaux et la rapide succession d'événements malheureux. Aussi, à peine la nouvelle se fut-elle répandue que l'armée du général Bourbaki s'était réfugiée en Suisse, que de tous côtés affluèrent des demandes d'information au sujet de militaires qui en faisaient partie

Le Département militaire vit aussitôt, que ces demandes prendraient une grande extension et qu'il fallait se mettre en mesure d'y répondre de la manière la plus satisfaisante possible. Ses bureaux ordinaires étant surchargés de travail, il décida la création d'un dicastère spécial, qui reçut le titre de *Bureau fédéral de renseignements pour les internés français*, et fut placé sous la direction du major Emile Davall, de l'état major général.

L'installation de ce bureau fut portée à la connaissance des Autorités cantonales par la circulaire suivante :

Berne, le 9 février 1871.

Le Département soussigné a l'honneur de vous informer, qu'une section spéciale de sa Chancellerie a été organisée en bureau de renseignements.

Toutes les demandes d'informations concernant le personnel des internés doivent, en conséquence, être adressées directement au bureau de renseignements de la Chancellerie militaire fédérale.

Afin d'accélérer à sa destination la volumineuse correspondance arrivant de France à l'adresse des internés, il serait désirable de procéder à un triage des lettres qui leur sont adressées, au moins pour les subdivisions de chaque corps qui sont encore réunies.

En conséquence, nous vous prions de nous faire savoir par retour du courrier, pour le bureau de renseignements, à quel corps appartiennent les grandes subdivisions de troupes qui se trouvent dans votre Canton et spécialement dans quel dépôt elles résident.

Vous voudrez bien nous indiquer : le corps d'armée, la division, la brigade, le régiment et notamment pour ce dernier, s'il appartient à la ligne, ou si c'est un régiment de marche, un régiment de mobiles ou de francs-tireurs. Pour ces deux derniers, il est nécessaire d'indiquer de quelle contrée ils sont ?

Ces indications sont absolument nécessaires pour les états nominatifs dont nous attendons incessamment l'arrivée.

Le Chef du Département militaire fédéral,

WELTI.

Le personnel du bureau fut composé de cinq officiers suisses, dont un lieutenant de l'état-major d'artillerie et en outre d'un secrétaire d'état-major. Chacun de ces officiers fut placé à la tête d'une section du service, et comme employés, le chef du bureau fut autorisé à disposer au fur et à mesure des besoins, des sous-officiers français qualifiés, internés à Berne. Au bout de peu de jours, le travail allant en augmentant, leur nombre fut porté à quarante-six, qui furent répartis suivant leurs aptitudes entre les divers services.

En outre, deux officiers de l'état-major général de l'armée de l'Est furent désignés par le général Clinchant pour fournir tous les renseignements nécessaires, ce sont : MM. de Verdières, chef d'escadron d'état-major, et Massiau, lieutenant, archiviste de la 1re armée.

L'impression des listes de lettres, des demandes de renseignements et des états nominatifs dont le bureau fut chargé, nécessita l'emploi de douze imprimeries, dont dix à Berne, une à Brugg et une à Berthoud.

12

Un relieur et cinq colleurs furent constamment employés à confectionner des registres destinés à pouvoir rechercher facilement le nom de chaque interné; à cet effet, on prit les états nominatifs imprimés qui étaient adressés au bureau fédéral et chaque nom, avec les désignations qui l'accompagnaient fut découpé et collé ensuite sur un registre séparé pour chaque lettre de l'alphabet. Les noms de famille étaient classés suivant leurs deux lettres initiales.

La tâche qui incombait à ce bureau et qui avait paru au premier abord devoir se borner à fournir aux familles des soldats des nouvelles de ceux-ci et à servir d'intermédiaire entre l'armée internée et la population civile en France, prit dès le début une grande extension, et les renseignements proprement dits n'occupèrent bientôt, contrairement à toute attente, qu'une des sections du bureau.

Les divers corps de l'armée française étant, ainsi que nous l'avons dit, dans un désarroi complet et disséminés sur toute l'étendue du territoire suisse, il devenait fort difficile d'atteindre les soldats individuellement et même parfois les fractions des corps.

Le premier travail dont on eût à s'occuper, fut donc de chercher à recomposer sur le papier les diverses unités tactiques qui se trouvaient rompues et éparses dans une foule de localités, souvent fort distantes les unes des autres. Cette classification, qui paraissait à première vue devoir être simple et facile, fut compliquée par le fait, que les corps de troupes mirent une quinzaine de jours à atteindre le lieu définitif de leur internement, car le chiffre sur lequel l'autorité militaire fédérale s'était basée pour établir la répartition dans les divers Cantons, d'après les données fournies par l'état-major français s'étant trouvé plus considérable qu'on ne le supposait, il en résulta que les Cantons de Vaud et de Neuchâtel eurent à héberger un nombre bien plus grand de soldats que ne le comportait la part qui leur afférait. Les évacuations ne purent avoir lieu que successivement, et les Cantons de la Suisse orientale qui avaient reçu le nombre d'internés primitivement fixé, ne purent en admettre un plus grand nombre sans avoir pris au préalable les dispositions nécessaires pour loger cet excédant.

Le tableau de dislocation des corps dût donc être revu chaque jour, et comme un certain nombre de convois fut expédié d'un Canton dans l'autre par l'Autorité cantonale, sans attendre les ordres du grand état-major, il en résulta des complications qui eurent pour effet de retarder l'envoi aux militaires internés, des lettres et affaires de famille qui les concernaient. Cet état de choses entrava aussi la confection des états nominatifs que chaque dépôt reçut l'ordre d'envoyer au plus tôt au bureau fédéral, pour faciliter la recherche des individus.

En outre, dans tel Canton, l'inspecteur des internés crut devoir effectuer de continuelles permutations parmi les corps sous ses ordres, sans aucune utilité et sans en donner avis à l'Autorité centrale, ce qui naturellement compliqua considérablement l'expédition des affaires. Ainsi, telle lettre envoyée à un militaire dans une localité, revenait avec l'indication « n'est plus ici, » et il fallait souvent attendre plusieurs jours avant de connaître son nouveau domicile, que le chef du premier dépôt ignorait ordinairement.

Par toutes ces raisons et par suite de la non-observation de la part de quelques Autorités cantonales, des instructions précises données par le Département militaire fédéral, les soldats français internés ne purent pas recevoir des nouvelles de leurs familles aussi facilement que c'eut été le cas, si les directions de l'Autorité militaire centrale eussent été ponctuellement suivies, car toutes les mesures avaient été prises pour assurer ce service d'une manière prompte et régulière.

Une cause qui a aussi contribué à retarder la réception des lettres de France, c'est que, dès qu'il se sentit en sûreté sur le sol helvétique, la première pensée de chaque soldat fut d'écrire ou de faire donner de ses nouvelles à sa famille ; cela eut lieu généralement depuis le premier village ou la première ferme où il s'arrêta. Il mentionnait ordinairement son arrivée dans tel ou tel endroit et le timbre de la poste corroborait son dire ; mais le lendemain il fallait partir, et d'étapes en étapes ou par vapeur, il était transporté souvent à de grandes distances du lieu où la réponse à sa lettre était naturellement adressée. Il fallait alors plusieurs jours pour l'atteindre, et comme ces premières lettres renfermaient très souvent de l'argent, cela donna lieu à des réclamations sans fin.

Pour assurer la prompte arrivée à destination des lettres et valeurs adressées aux internés, le Département fédéral avait pris les dispositions suivantes :

Dès l'arrivée d'un détachement dans les lieux de dépôts définitifs de chaque Canton, le commandant de place avait à prendre note des corps auxquels appartenaient les soldats placés sous ses ordres et à en donner immédiatement avis au bureau des renseignements, à Berne.

Aussitôt après, il devait s'occuper de faire dresser l'état nominatif indiquant le nom, le prénom, le grade, l'arme, le lieu de naissance ou de séjour et le département de chaque interné. Un double de ces états restait entre les mains du chef du dépôt, un autre était remis au commissaire des guerres cantonal chargé de l'administration de la solde et des subsistances, enfin le bureau des renseignements recevait un troisième exemplaire, que quelques Cantons lui envoyèrent imprimé, afin d'accélérer le travail. Le bureau se chargeait généralement de ce soin, et il est à regretter que lui seul ne l'ait pas dirigé, car ce travail d'impression fait de divers côtés, laissait à désirer sous le rapport de l'homogénéité et il occasionna des retards regrettables. Le Département avait cru accélérer le travail en le subdivisant, tandis que ce furent précisément les impressions faites en dehors de sa surveillance qui tardèrent le plus à lui parvenir.

Zurich a fait cependant exception, ses états nominatifs se distinguèrent des autres par leur confection prompte et soignée ; il en est de même de ceux de la plupart des dépôts de

Berne, St-Gall et des Grisons; ceux de Vaud et Fribourg, quoique arrivés très tardivement, ne laissaient rien à désirer sous le rapport de la confection.

Pendant que les états nominatifs de tous les corps internés se préparaient et que la plus grande activité était mise par le personnel du bureau fédéral à classer chaque nom par ordre alphabétique, les demandes de renseignements affluaient.

Afin de pouvoir y satisfaire le plus promptement possible, il fut décidé que chaque demande serait imprimée et envoyée dans chaque lieu de dépôt, dans la supposition que, soit l'intéressé lui-même, dont le séjour était inconnu encore, soit un de ses camarades pourrait donner de ses nouvelles ou fournir un indice quelconque qui aiderait à le retrouver.

Il fut adressé à cet effet, à chaque Canton, un formulaire en français et en allemand, dont voici un spécimen textuel:

N°______   Berne, le   1871.

La Chancellerie du Département militaire fédéral aux Autorités militaires des Cantons.

Les états nominatifs des internés français mettant beaucoup de temps à nous parvenir et les demandes de renseignements allant en augmentant chaque jour, nous sommes obligés de vous prier instamment de charger les commandants de dépôt de votre Canton, de faire les recherches nécessaires, afin de pouvoir répondre le plus tôt possible aux questions qui sont indiquées ci-contre.

Les réponses devront être inscrites en regard des questions sur la présente feuille, et chaque Commandant de dépôt l'adressera *directement* à la Chancellerie militaire fédérale, *lors même* qu'il n'aurait pu répondre à aucune des questions.

Agréez, Tit., l'assurance de notre considération très distinguée.

Chancellerie militaire fédérale:

FEISS, colonel fédéral.

A. Personnes isolées.

Demande de renseignements.   **Réponse.**
Où se trouvent?

N°⁹
772. Vindry, Antoine, soldat, 1re légion du Rhône,
    3e bataillon, 4e compagnie . . . . . .

773. Charvin, Honoré, soldat, 92e de ligne, 3e
    bataillon, 3e compagnie. . . . . . .

774. Pastre, Jules, brigadier, 1er de marche de
    chasseurs à cheval, 2e escadron, 15e corps.
    etc., etc.

B Corps de troupes.

775. 1re compagnie, du 2e bataillon, du 57e régiment de marche . . . .

776. Mobiles des Hautes-Alpes . . . . . .

777. Infanterie de marine . . . .
       etc., etc.

Par ce moyen on obtint une foule de renseignements, non-seulement sur les soldats internés en Suisse, mais aussi sur un certain nombre de ceux qui étaient restés malades ou blessés en France ou qui avaient été tués ou fait prisonniers avant l'entrée de l'armée de l'Est sur notre territoire.

Le bureau reçut 4,125 lettres demandant des renseignements, soit plus de 200 par jour en moyenne, sur lesquelles le 23 0/0 a pu être répondu d'une manière positive.

S'il n'a pas été possible de satisfaire à toutes les questions, cela tient à deux causes principales. La première, c'est que beaucoup de personnes en France, ne se rendant pas un compte exact de notre position et de notre sphère d'action, nous adressaient des demandes d'information sur des militaires disparus depuis plusieurs mois ou plusieurs semaines avant le 1er février, ou qu'elles savaient être prisonnières en Allemagne, ou qui même n'avaient jamais fait partie de l'armée de l'Est. Le Bureau fédéral a constamment cherché dans ce cas, à s'entourer de tous les renseignements possibles, mais le temps a souvent manqué pour pouvoir le faire d'une manière satisfaisante.

La seconde raison qui a empêché de répondre à toutes les demandes, provient de ce que divers chefs de dépôt n'ont pas compris suffisamment le but qu'on se proposait et n'ont pas mis tout le zèle désirable à rechercher les personnes portées sur les listes, ou à donner la publicité nécessaire aux feuilles de renseignement. Ainsi, l'autorité militaire d'un des plus grands Cantons de la Suisse romande, n'a pas cru devoir fournir une seule réponse à aucune des nombreuses feuilles qui lui furent adressées et paraît même ne pas les avoir transmises aux chefs de dépôt sous ses ordres. Cela a été d'autant plus frappant, qu'il se trouvait interné dans le dit Canton un certain nombre des militaires recherchés (ainsi que les états nominatifs et des renseignements particuliers en ont fait foi plus tard) et que quelques-uns d'entr'eux furent même employés dans les bureaux de la direction cantonale de l'internement. A part ce fait regrettable, le plus louable empressement fut mis partout pour rendre service aux internés, et chacun s'est rendu compte de l'anxiété des familles séparées de leurs membres et avides de nouvelles de ces jeunes soldats exposés depuis si longtemps à tous les dangers. Il n'entre pas dans le cadre de ce rapport de raconter les nombreux traits d'une sollicitude toujours éveillée et souvent touchante de la part de la population des villes et des campagnes, qui a compris son devoir avec l'instinct du cœur et l'a accompli avec simplicité.

Deux jours après l'installation du bureau, l'administration des postes françaises lui expédia de Dijon, où elles séjournaient depuis longtemps, plus de 200,000 lettres, renfermées dans dix grands sacs. D'autres ballots arrivèrent encore plus tard de Lyon et d'autres villes de France, et lorsque Paris fut ouvert, un nouvel envoi considérable de lettres en retard lui fut adressé.

Un grand nombre de ces lettres, mal empaquetées et qui avaient suivi l'armée pendant un certain temps cahotées dans des fourgons, se trouvaient dans un état pitoyable, par suite du frottement et des transbordements répétés. Toutes celles qui renfermaient une incluse, un corps plus résistant que le papier de l'enveloppe, tel que photographies, objets de dévotion, etc., étaient usées sur la tranche et la plupart avaient laissé échapper leur contenu. Beaucoup de lettres étaient complètement sorties de l'enveloppe et il fut impossible de retrouver leur adresse. On s'occupa aussitôt de leur classement, ce qui ne fut pas chose facile. Le timbre des plus anciennes portait jusqu'au 11 juillet 1870, et une grande quantité d'entr'elles étaient adressées à des corps qui n'ont jamais fait partie de la 1re armée; il y en avait pour l'armée de Chanzy ou de Faidherbe, pour les corps sous les ordres des généraux Cathelineau, Kératry, etc.

Les lettres adressées directement aux militaires qui faisaient partie de l'armée française internée, arrivèrent bientôt en quantité considérable, et on préféra vouer tous les soins à la transmission des nouvelles récentes, plutôt qu'au triage de la correspondance déjà ancienne, qui eût lieu cependant plus tard.

Comme nous l'avons fait remarquer, il était matériellement impossible de faire parvenir immédiatement au destinataire les lettres qui nous arrivaient, mais on chercha à remédier autant que possible, à cet inconvénient.

A peu d'exceptions près, toute la correspondance pour l'armée de l'Est qui nous parvint après le 10 février, était destinée à des militaires qu'on savait positivement être en Suisse, il y avait donc lieu de supposer, qu'on finirait par atteindre les destinataires dès que le domicile de chacun serait connu au moyen des états nominatifs alphabétiques; mais afin d'accélérer la transmission des lettres, on décida de procéder comme pour les demandes de renseignements.

Toutes les lettres apportées par les courriers de chaque jour, furent numérotées et rangées par ordre de succession des numéros, après que leur adresse eut été copiée sommairement sur des listes, qui furent aussitôt imprimées comme ci-après et envoyées en nombre suffisant dans chaque dépôt pour y être affichées, afin que chacun pût en prendre connaissance.

TROUPES FRANÇAISES INTERNÉES EN SUISSE

Tableau des lettres déposées au Bureau fédéral des renseignements.

NUMÉROS D'ORDRE	ADRESSES — NOMS ET PRÉNOMS	GRADES	Régiment N°	Bataillon ou batterie N°	Compagnie N°	ARME	ORIGINE d'après le timbre postal.	DATE DU TIMBRE
1052	Inkermane.	Mar.-des-logis	2	22	—	Artillerie.	St-Gallien.	Fév. 14
1053	Morge, Pierre.	Soldat.	—	1	—	Mobile de la Savoie.	»	» 12
1054	Robinet, Auguste.	»	—	3	5	Mobile de l'Indre.	Argenton.	» 11
1055	Fontvieille, Laurent.	»	89	5	5	Mobile de la Loire.	St-Etienne.	» 9
1056	Liaud, Pierre.	»	—	—	1	»	Domène.	» 8
1057	Heuillet, Jean-Marie.	»	—	—	—	»	»	» 8
1058	Hyvernat, Emile.	»	86	2	5	Mobile.	Romanèche.	» 9
1059	Georges, Jean-Marie.	»	86	—	—	»	Mâcon.	» 9
1060	Fruaud.	Serg.-fourrier	86	—	—	»	La Clavette.	» 10
1061	Dellac, Antoine.	»	86	—	—	»	»	» 9
1062	Genoud, Baptiste.	Soldat.	—	—	5	»	»	

Les militaires auxquels sont adressées les lettres figurant sur le présent tableau, doivent l'indiquer au chef de leur dépôt. Le chef du dépôt les réclamera au bureau fédéral des renseignements, à Berne, en indiquant avec soin le *numéro d'ordre* de la lettre réclamée.

Dès qu'un soldat reconnaissait une adresse qui paraissait lui être destinée, le chef de son dépôt réclamait le numéro au bureau des renseignements qui le lui expédiait immédiatement. On classa de cette manière 11,267 lettres, dont l'adresse fut imprimée sur 92 listes.

Une très grande partie d'entr'elles fut réclamée et si toutes ne l'ont pas été, cela tient principalement à ce que les instructions de l'Autorité militaire fédérale n'ont pas été suivies dans quelques Cantons, en fort petit nombre, il est vrai. Les Départements militaires de ces Etats, n'ont pas cru devoir obtempérer au désir exprimé dans la circulaire qui leur donnait connaissance de cette mesure et en ne donnant pas la publicité nécessaire aux listes qui leur étaient adressées, ils privèrent ainsi les soldats français du seul moyen qui existait de les mettre promptement en possession de leurs lettres. Il résulte des informations prises à ce sujet, que dans ces Cantons, plusieurs, pour ne pas dire la plupart des commandants de dépôt, ont affirmé n'avoir jamais reçu du Département militaire cantonal une seule de ces listes.

Dans d'autres Cantons, où l'intérêt des soldats internés a passé avant toute autre considération, on n'a cessé de réclamer chaque jour un certain nombre de lettres, depuis les dépôts les plus éloignés. Ainsi Fribourg, Berne, Zurich, Argovie et Thurgovie se sont particulièrement intéressés à ce que ce service se fît consciencieusement.

Pendant ce temps, le classement par corps, régiment, bataillon, etc., des anciennes lettres qui nous étaient arrivées en ballot, avait été effectué par une section du bureau, et les Cantons ayant fait connaître sommairement quelles étaient les unités tactiques stationnées dans leurs dépôts, on s'empressa de leur adresser les paquets qui les intéressaient, en les priant d'en faire le dépouillement. Un grand nombre de ces lettres furent retournées, mais beaucoup purent être distribuées, et on peut évaluer à un quart ou à un cinquième celles qui ont atteint leur destinataire.

Il était aussi arrivé des paquets renfermant pour la plupart, des effets d'habillement. Un certain nombre d'entr'eux, mal emballés, avaient complétement perdu toute trace d'enveloppe et d'adresse. C'étaient principalement des bas de laine, des camisoles, des ceintures de flanelle, des chemises, mouchoirs, etc., et comme il était de toute impossibilité de retrouver soit l'expéditeur, soit le destinataire, le bureau les adressa, après en avoir reçu l'autorisation du général Clinchant, à la direction des lazarets de Berne, pour être distribués aux malades ou aux convalescents. Les paquets qui ne purent pas être délivrés furent retournés en France, après qu'on eût toutefois, entièrement renouvelé l'enveloppe ou rétabli l'adresse de ceux qui étaient délabrés.

Lorsque le rapatriement des troupes eût commencé, la distribution de la correspondance cessa naturellement et on s'occupa alors de retourner en France tout ce qui restait en souffrance.

Agissant d'après les instructions du général en chef, toutes les lettres destinées à l'armée régulière, durent être adressées au lieu de dépôt de chaque régiment, de chaque bataillon de chasseurs ou des soldats de marine ; celles qui étaient adressées à des mobiles, aux mobilisés, à la garde nationale ou aux corps francs, furent expédiées aux préfets des Départements sur lesquels ces corps de troupe avaient été prélevés. Toutes les lettres furent en conséquence classées par corps, soigneusement et solidement empaquetées et expédiées en franchise, par les soins du Contrôle général des postes suisses. Elles étaient accompagnées de la circulaire suivante :

Berne, le   mars 1871.

Au Conseil d'Administration du   régiment de

à

Messieurs,

Nous avons l'honneur de vous adresser sous ce pli, diverses lettres pour des officiers ou des soldats de votre régiment, que l'Administration des postes françaises nous a envoyées et qui suivaient l'armée depuis plusieurs mois, sans pouvoir être distribuées.

Nous n'avons pu les remettre à l'armée de l'Est pendant son séjour en Suisse, soit que le lieu d'internement des destinataires nous eût été encore inconnu, soit que le temps nous eût manqué pour faire opérer la distribution de cette masse énorme de lettres.

Nous vous prions de les faire parvenir à qui de droit.

Agréez, Messieurs, l'assurance de notre considération la plus distinguée.

Pour la Chancellerie militaire fédérale :

Le Bureau fédéral des renseignements.

Beaucoup de lettres adressées à des généraux restés en France et dont le domicile nous était inconnu, furent expédiées à l'administration des postes françaises à Chambéry, après qu'on eût toutefois réuni sous la même enveloppe, scellée du sceau militaire officiel, toutes celles qui étaient adressées à la même personne. On en fit de même pour les lettres des officiers des divers états-majors, des aumôniers et des médecins.

Les lettres destinées aux corps qui se prélevaient sur les parties de la France annexées à l'Allemagne et celles qui étaient pour les régiments dont les dépôts s'y trouvent, furent également envoyées à Chambéry. Il en fut de même des rebuts, c'est-à-dire des lettres dont les adresses étaient tout-à-fait insuffisantes ou illisibles et celles dont les enveloppes étaient absentes.

D'après les notes qui nous sont fournies par le Contrôleur général des postes suisses, M. Fuchs, on peut résumer le mouvement des lettres et des mandats de poste comme suit :

Les soldats internés ont touché à leur arrivée en Suisse des mandats de poste qu'ils ont apporté avec eux et qui étaient payables en France, au nombre de :

14,645 mandats, de la valeur de . . . . Fr. 192,217 39

Il leur a été adressé de France pendant leur séjour, tirés sur les postes fédérales,

45,656 mandats, de la valeur de . . . . » 805,781 68

60,301 mandats, représentant une valeur de . . . . Fr. 997,999 07

soit une moyenne de fr. 16,55 par mandat ou fr. 11,60 par soldat, en comptant l'armée à 86,000 hommes.

La durée de l'internement ayant été de 50 jours, soit du 1er février au 22 mars, cela fait une moyenne de fr. 49,899 95 payés par jour, dans les bureaux de poste suisses.

13

Il faut ajouter à cela des sommes assez considérables qui sont arrivées par l'entremise des maisons de banque et qui ont été payées, en grande partie, aux internés au moyen de mandats de poste internes.

La correspondance destinée aux soldats français et celle qu'ils ont adressée depuis notre pays, ayant été entièrement franche de port, on n'a pu tenir compte du nombre exact des lettres qui ont circulé, mais en ne prenant note que de celles qui ont passé par le canal du bureau fédéral des renseignements et qui ont été pesées par sacs, on peut les évaluer à 5 ou 600,000, en prenant une moyenne de 2 grammes par lettre, outre les 220,000 lettres qui, n'ayant pu être délivrées en France, furent envoyées à Berne dès l'entrée de l'armée. Ces 820,000 lettres se répartissent sur cinquante jours en une distribution de 41,000 par jour. On retourna en France environ six cents mandats dont les destinataires ne purent être atteints, et environ 200,000 lettres qui appartenaient pour la plus grande partie, à celles qui suivaient l'armée depuis longtemps et qui nous parvinrent en bloc de Dijon. Les lettres chargées non distribuées, sont au nombre de trois cent sept.

Afin de prendre les mesures nécessaires pour l'éventualité où le Département militaire fédéral, d'accord avec le général Clinchant, aurait désiré reconstituer les divers corps internés en vue de leur rapatriement, et en outre, afin de faciliter ses recherches, le bureau fédéral des renseignements chercha à rétablir *l'ordre de bataille* de la 1re armée et s'adressa dans ce but à l'état-major français, qui lui transmit un aperçu succinct de la composition des divers corps. Ces notes, qui ne pouvaient servir que de canevas, furent complétées au moyen des recherches faites parmi les nombreux papiers qui passèrent sous les yeux du bureau, mais comme elles étaient loin d'être suffisantes et que l'armée entière était, pendant ce temps, rentrée en France, il s'adressa à des officiers de l'état-major du général Clinchant, en indiquant les données qui faisaient défaut et en les priant de bien vouloir les compléter.

Dans le courant du mois d'août suivant, on reçût en réponse l'avis, qu'il n'était malheureusement pas possible de répondre à notre désir pour diverses raisons, et que les notes que nous avions transmises étant égarées, on se trouvait dans l'impossibilité de satisfaire à notre demande.

Nous sommes donc forcés de donner l'ordre de bataille de l'armée de l'Est tel que nous avons pu l'établir d'une manière tout-à-fait incomplète ; car dans les notes fournies par l'état-major français, l'artillerie est tout-à-fait oubliée, et les quelques batteries qui y figurent n'ont été portées que d'après des indications puisées dans divers rapports sur lesquels le bureau fédéral a pu, par hasard, jeter un coup d'œil. Nous ne pouvons donner la répartition que de dix-sept batteries seulement, faisant un total de cent deux bouches à feu, tandis que les pièces de canon remises à la Confédération lors de l'entrée des troupes françaises, sont au nombre de deux cent quatre-vingt cinq. Il manque donc la répartition de cent quatre-vingt trois canons, soit plus de trente batteries, sur lesquelles il nous est matériellement impossible de donner aucun renseignement, malgré tout ce que nous avons fait pour en obtenir.

PREMIÈRE ARMÉE DE L'EST

Etat-major général.

Commandant en chef. Général de division Clinchant.

1er aide-de-camp. *Chevals*, lieutenant-colonel du 5e de cuirassiers.
2e » *De Verdières*, chef d'escadron d'état-major.
3e » *De Clamorgan*, » »

Officiers d'ordonnance. *De Milly*, capitaine au 7e de chasseurs.
De Pomeroy, lieutenant d'état-major.
Davoust, lieutenant aux chasseurs d'Afrique.
Archiviste. *Massiau*, lieutenant au 47e régiment de marche.
Officier payeur. *Grasdoux*, sous-lieutenant au 6e de cuirassiers.
Grand-prévôt. *Rollin*, capitaine de gendarmerie.
Vétérinaire. *Daray*, lieutenant.

Chef d'état-major. Général de division Borel.
Sous-chef d'état-major. *Tissier*, colonel d'état-major.

1er aide-de-camp. *Durand de St-George*, capitaine d'état-major.
2e » *De Belissen*, lieutenant d'état-major.
3e » *Martin*, » »
Officier d'ordonnance. *De Villeneuve-Bargemont*, lieutenant au 7e de hussards.

Etat-major du génie.
Commandant. *Séré de Rivière*, général de brigade.
Chef d'état-major. *Coste de Billy*, lieutenant-colonel du génie.
Aide-de-camp. *Langlois*, capitaine du génie.
Officier d'ordonnance. *S. de Rivières*, sous-lieutenant d'infanterie.

Secrétaire. *Christophe*, garde du génie.

Etat-major de l'artillerie.
Commandant. N
Lieutenant-colonel *Tricoche*.
Intendant en chef. *Bonfillou*, Ed., intendant de 1re classe.
Médecin en chef. ________N____ ____
Aumônier en chef. M. l'abbé *Lanusse*.

15ᵉ Corps d'armée.

Commandant : Général de division MARTINEAU DES CHENEZ
(A quitté son commandement à Pontarlier.)
Commandant ad intérim : Général de division PEYTAVIN.

Iʳᵉ DIVISION Général d'Astugue.	1ʳᵉ *brigade.* Général Ninot, prisonnier en Prusse.	1ᵉʳ régiment de marche de zouaves. ⎫ En partie 12ᵉ » de mobiles de la Nièvre. ⎬ prisonniers en 4ᵉ bataillon » » Savoie. ⎭ Prusse.
	2ᵉ *brigade.* Général Questel	4ᵉ bataillon de marche de chasseurs à pied. Tirailleurs algériens (turcos). 18ᵉ régiment de mobiles de la Charente.
	Artillerie. N.	Une batterie du 13ᵉ régiment. La 18ᵉ » 6ᵉ » La 18ᵉ » 2ᵉ »
IIᵉ DIVISION Général Rebillard. Restée en partie à Besançon.	1ʳᵉ *brigade.* Général Le Camus.	5ᵉ bataillon de marche de chasseurs de pied. 39ᵉ régiment de ligne. Légion étrangère. 25ᵉ régiment de mobiles de la Gironde.
	2ᵉ *brigade.* Général Choppin-Mérey.	2ᵉ régiment de marche de zouaves. 30ᵉ » de marche. 29ᵉ » de mobiles de Maine-et-Loire.
	Artillerie. N.	Une batterie du 9ᵉ régiment. » » 12ᵉ » La 14ᵉ batterie du régiment de l'ex-garde impériale.
IIIᵉ DIVISION Général Peytavin, a remplacé le général Martineau et son commandement n'a pas été repourvu.	1ʳᵉ *brigade.* Général de Jacob de la Cottière.	3ᵉ bataillon de marche de chasseurs à pied. 16ᵉ régiment de ligne. 33ᵉ » de marche. 32ᵉ » de mobiles du Puy-de-Dôme.
	2ᵉ *brigade.* Général Martinez.	27ᵉ régiment de marche. 34ᵉ » » 69ᵉ » »
	Artillerie. N.	La 18ᵉ batterie du 14ᵉ régiment. La 18ᵉ » du 7ᵉ » La 18ᵉ » du 10ᵉ »
DIVISION DE CAVALERIE Général de Longue-rue. En partie restée en France.	1ʳᵉ *brigade.* Général N.	11ᵉ régiment de chasseurs. 6ᵉ » de hussards. 6ᵉ » de dragons.
	2ᵉ *brigade.* Général Boërio.	1ᵉʳ régiment de marche de chasseurs. 2ᵉ » de lanciers. 9ᵉ » de cuirassiers.
	3ᵉ *brigade.* Général Tillon.	5ᵉ régiment de lanciers. 1ᵉʳ » de marche de cuirassiers.

Non endivisionnés : Mobilisés du Gard.

18ᵉ Corps d'armée.

Commandant : Général de division BILLOT (resté en France.).

Iʳᵉ DIVISION Général FEILLET-PILATRIE.	*1ʳᵉ brigade.* Général de Robert.	9ᵉ bataillon de chasseurs à pied. 42ᵉ régiment de marche. 19ᵉ » de mobiles du Cher.
	2ᵉ brigade. Général N.	44ᵉ régiment de marche. 73ᵉ » de mobiles de l'Isère et du Loiret. Un escadron du 3ᵉ de lanciers.
IIᵉ DIVISION Amiral DE PENHOËT.	*1ʳᵉ brigade.* Général Perrin.	12ᵉ bataillon de chasseurs à pied. 52ᵉ régiment de marche. 80ᵉ » de mobiles des Deux-Sèvres, Ardèche, Isère.
	2ᵉ brigade. Général Perreaux.	Infanterie légère d'Afrique. 77ᵉ régiment de mobiles de Maine-et-Loire, Tarn, Allier. Un escadron du 5ᵉ de dragons de marche.
IIIᵉ DIVISION Général BONET.	*1ʳᵉ brigade.* Général N.	4ᵉ régiment de marche de zouaves. 81ᵉ » de mobiles de la Char.-Inf., Indre et Cher.
	2ᵉ brigade. Général N.	53ᵉ régiment de marche. 82ᵉ » de mobiles de Vaucluse, Dôme et Var. Un escadron du 3ᵉ de lanciers.
GÉNIE ODIER, lieut.-colonel.	*Etat-major.* Grolou, capit. du génie Blanc, » Chaperon, » Baudouin , garde du génie.	N.
ARTILLERIE Colonel CHARLES.	*Chef d'état-major.* d'Artiguelongue, col. *Sous-chef d'état-major.* Bléhaut, chef d'escad. *Aides-de-camp.* de Mereuil, capitaine. Gay, lieutenant.	N.
DIVISION DE CAVALERIE. Général DE BRÉMOND D'ARS.	*1ʳᵉ brigade.* Général Charlemagne.	2ᵉ régiment de hussards de marche. 3ᵉ » de lanciers.
	2ᵉ brigade. Général N.	5ᵉ régiment de dragons. 5ᵉ » de cuirassiers.

20ᵉ Corps d'armée.

Commandant : Général de division CLINCHANT, appelé au commandement en chef de l'armée de l'Est.

Chef d'état-major : DE WARAIGNE, colonel d'état-major.

Aides-de-camp.	*De la Porte,* capitaine au 6ᵉ de cuirassiers. *De Kermaingan,* capitaine d'état-major. *Juillerat,* » » *Dargnies,* » » *Gérardin,* » » *Bénier,* » » *D'Orval,* lieutenant d'état-major.	
Iʳᵉ DIVISION restée en grande partie à Besançon. Général DE POLIGNAC.	1ʳᵉ *brigade.* Général N.	4ᵉ bataillon de mobiles de la Loire. 50ᵉ régiment de marche. 55ᵉ » de mobiles du Jura.
	2ᵉ *brigade.* Général Godefroi.	67ᵉ régiment de mobiles de la Haute-Loire. 24ᵉ » de mobiles de la Haute-Garonne. 4ᵉ bataillon de mobiles de Saône-et-Loire. Francs-tireurs du Haut-Rhin.
IIᵉ DIVISION Général THORNTON.	1ʳᵉ *brigade.* Général de Bernard de Seigneurens.	34ᵉ régiment de mobiles des Deux-Sèvres. 2ᵉ bataillon de mobiles de la Savoie. 5ᵉ » de chasseurs à pied.
	2ᵉ *brigade.* Colonel Vivenot.	3ᵉ régiment de marche de zouaves. 68ᵉ » de mobiles du Haut-Rhin.
IIIᵉ DIVISION Général SÉGARD.	1ʳᵉ *brigade.* Colonel Durochat.	47ᵉ régiment de marche. 78ᵉ » de ligne. Mobiles de la Meuthe.
	2ᵉ *brigade.* Colonel Simonin.	Régiment des mobiles de la Corse. 58ᵉ régiment de mobiles des Vosges. Mobiles des Pyrénées orientales. Francs-tireurs de l'Allier. » de Nice. Mineurs de la Loire. Génie mobile de Tours.
GÉNIE	Commandant, colonel Picolet.	N.
ARTILLERIE	Commandant, N.	N.
CAVALERIE	Commandant, N.	7ᵉ régiment de chasseurs. Resté en France sauf un escad. 2ᵉ » de lanciers de marche. 6ᵉ » de cuirassiers de marche.

24ᵉ Corps d'armée.

Commandant : Général de division THIBAUDIN DE COMAGNY.

Iʳᵉ DIVISION Général d'ARIES.	1ʳᵉ *brigade.* Général N.	16ᵉ bataillon de chasseurs à pied. 63ᵉ régiment de marche.
	2ᵉ *brigade.* Général N.	3ᵉ légion du Rhône. 1ᵉʳ régiment des mobilisés du Doubs.
IIᵉ DIVISION Colonel BRAMAS.	1ʳᵉ *brigade.* Général Irlande.	21ᵉ bataillon de chasseurs à pied. 60ᵉ régiment de marche. 61ᵉ » de marche.
	2ᵉ *brigade.* Général N.	14ᵉ régiment de mobiles de l'Yonne. 37ᵉ » de mobiles de la Lozère, Tarn et Garonne. 21ᵉ » du génie.
IIIᵉ DIVISION Général DE BUSSE- ROLLES.		4ᵉ bataillon de mobiles de la Loire. 89ᵉ régiment de mobiles du Var. 1ʳᵉ légion du Rhône. 2ᵉ légion du Rhône.
GÉNIE Commandant, N.		
ARTILLERIE Colonel WARTELLE.	*Chef d'état-major.* Maillard, chef d'es- cadrons. *Aides-de-camp.* Siméon, cap. d'art. Costa, » Bardin, lieut. d'art. Blondet, » Cozalbon, sous-lieut. d'artillerie.	
CAVALERIE Général, N.		7ᵉ régiment de cavalerie mixte de marche. 1 escadron du 6ᵉ } 1 escadron du 10ᵉ } régiment de dragons.

Réserve générale.

Commandant : Amiral PALLU DE LA BARRIÈRE (resté en France).

29ᵉ régiment de marche.
38ᵉ   »   de ligne.
Infanterie de marine.

RÉSERVE D'ARTILLERIE Command., col. N.		Les 13ᵉ, 14ᵉ, 15 et 16ᵉ batteries du 3ᵉ régiment. La 19ᵉ batterie du 2ᵉ régiment. La 11ᵉ » du 6ᵉ » La 14ᵉ » du 18ᵉ » La 14ᵉ » du 19ᵉ »
CAVALERIE DE RÉSERVE Commandant, N.		3ᵉ régiment de dragons de marche. 2ᵉ » de chasseurs d'Afrique de marche. 5ᵉ » de lanciers de marche (fraction).

Division indépendante.

—

Commandant : Général CREMER (resté en France).

—

1ʳᵉ brigade. Colonel Millot.	Bataillon des mobiles de la Gironde. 32ᵉ régiment de marche. 57ᵉ » de marche.
2ᵉ brigade. Colonel Poullet.	83ᵉ régiment de mobiles de l'Aude et du Gers. 86ᵉ » provisoire. 3ᵉ compagnie des éclaireurs du Rhône. Eclaireurs de Saône-et-Loire. Compagnie de chasseurs volontaires.

Outre les états-majors des corps qu'il nous a été impossible de nous procurer, ainsi que l'état de l'artillerie et des troupes du génie, plusieurs unités tactiques internées en Suisse ne figurent pas sur les notes que nous ont remises l'état-major du général en chef. Ainsi le 92ᵉ régiment de ligne qui est un des corps les plus nombreux, interné presque en entier à Zurich, n'est point mentionné. Il en est de même d'autres unités tactiques qui sont passées sous silence. Nous ne donnons donc cet ordre de bataille que sous toute réserve.

L'indication des diverses unités tactiques qui sont entrées en Suisse et leur dislocation dans les dépôts, établie d'après le dépouillement des états nominatifs reçus à temps, pouvant présenter quelque intérêt, nous en avons dressé le tableau ci-après.

On pourra ainsi se rendre facilement compte de la difficulté qu'il y avait à atteindre les militaires de chaque corps disséminés dans autant de localités.

Les noms soulignés sont ceux des dépôts où se trouvaient réunis le plus grand nombre de soldats du même corps.

Unités tactiques.	DÉPOTS	CANTONS
12e régiment de mobiles. Nièvre.	Signau, Huttwyl, *Sumiswald*, Brienz, Wimmis, Belp, Thoune. Brugg, Muri, Zofingue. Frauenfeld. Zurich.	Berne. Argovie. Thurgovie. Zurich.
14e régiment de mobiles. Yonne.	Aarwangen, Ringgenberg, Münchenbuchsee, *Aarberg*, Münsingen, Belp, Thoune, Gessenay, Signau, Koppigen, Frutigen, Kirchdorf, Berne, Meyringen, Brienz. St-Urban. Wallenstadt. Soleure. Zurich.	Berne. Lucerne. St-Gall. Soleure. Zurich.
16e régiment de ligne.	Sumiswald, Wimmis, Langnau, Münchenbuchsee, Aarwangen, Büren, Berne, *Brienz*, Meiringen. Altorf. Aarau, Muri. Wallenstadt, Neu St-Johann, Rapperswyl, St-Gall. St-Urban, Hohenrain. Soleure. Zurich. Hérisau. Diessenhofen (couvent de Ste-Catherine). Yverdon.	Berne. Uri. Argovie. St-Gall. Lucerne. Soleure. Zurich. Appenzell Rh.-Ext. Thurgovie. Vaud.
18e régiment de mobiles. Charente.	Berne, Huttwyl, Büren, Signau, Affoltern, Münchenbuchsee. St-Gall, Wallenstadt, Steinach. Einsiedeln. Glaris. Bischofszell, Tægerweilen. Soleure. Zurich.	Berne. St-Gall. Schwytz. Glaris. Thurgovie. Soleure. Zurich.
19e régiment de mobiles. Cher.	Tægerweilen, Frauenfeld. Wallenstadt, St-Fiden, Ebnat, St-Gall. Langnau, Affoltern.	Thurgovie. St-Gall. Berne.

14

Unités tactiques.	DÉPOTS	CANTONS
19e régiment de mobiles. Cher.	Zofingue, Muri. St-Urban. Diessenhofen. Soleure. Einsiedeln. Zurich. Bâle.	Argovie. Lucerne. Thurgovie. Soleure. Schwytz. Zurich. Bâle-Ville.
25e régiment de mobiles. Gironde, Corse.	St-Gall, St-Fiden. *Lausanne*, Bex, Aigle. Bischofszell. Soleure. Brugg, Lenzbourg. Hœchstetten. Zurich.	St-Gall. Vaud. Thurgovie. Soleure. Argovie. Berne. Zurich.
29e régiment de marche.	Boltingen, Münchenbuchsee, Aarwangen. Schaffhouse, Thayingen, Unterhallau, Neunkirch. Brugg, Zofingue. Tægerweilen. St-Gall, Wallenstadt, Neu St-Johann. Soleure. Zurich.	Berne. Schaffhouse. Argovie. Thurgovie. St-Gall. Soleure. Zurich.
32e régiment de marche.	*Lausanne*, Ollon, *Morges*, Bex. St-Gall, Steinach, Wallenstadt. Berne, Büren. Soleure.	Vaud. St-Gall. Berne. Soleure.
32e régiment de mobiles. Puy-de-Dôme. Le 1er bataillon est resté en France.	Schwarzenbourg, Münchenbuchsee, Interlaken, Ringgenberg, Sumiswald, Herzogenbuchsee, Signau, Worb, Wimmis, Hœchstetten, Münsingen, Brienz, Frutigen, Huttwyl, Langnau, Thoune, Büren, Berne. Alstætten, Neu St-Johann, St-Fiden, St-Gall, Wallenstadt. Bischofszell, Tægerweilen, Weinfelden, Arbon. Kaiserstuhl, Muri. Lucerne. Bex. Zurich. Soleure. Estavayer. Sarnen.	Berne. St-Gall. Thurgovie. Argovie. Lucerne. Vaud. Zurich. Soleure. Fribourg. Unterwalden (ObdemWald).
33e régiment de marche.	St-Urban, Heldegg. Berne, Langnau, Boltingen, Münchenbuchsee, Büren, Affoltern.	Lucerne. Berne.

Unités tactiques.	DÉPOTS	CANTONS
33e régiment de marche.	Steinach, Wallenstadt, St-Fiden, Neu St-Johann, St-Gall. Soleure. Zurich. Yverdon. Sarnen. Altorf.	St-Gall. Soleure. Zurich. Vaud. Unterwalden (Ob dem Wald). Uri.
34e régiment de marche.	Wallenstadt, Wattwyl, St-Fiden, Neu St-Johann, St-Gall. Morat. Berne, Münchenbuchsee, Büren. Muri. Altorf. Zurich. Soleure. Liestal.	St-Gall. Fribourg. Berne. Argovie. Uri. Zurich. Soleure. Bâle-Campagne.
34e régiment de mobiles. Deux-Sèvres, Corrèze.	Steffisbourg, Signau, Erlenbach, Langenthal, Büren, Affoltern. Balgach, Neu St-Johann, Wallenstadt, St-Gall, Wyl. Lucerne, Heidegg. Diessenhofen, Tægerweilen. Zurich.	Berne. St-Gall. Lucerne. Thurgovie. Zurich.
38e régiment de ligne.	Soleure. Zurich. *Coire.* Berne, Thoune, Matten. *Hérisau.* Wallenstadt, St-Gall. Zofingue. Tægerweilen.	Soleure. Zurich. Grisons. Berne. Appenzell Rh.-Ext. St-Gall. Argovie. Thurgovie.
42e régiment de marche.	*Bâle.* Soleure. Wattwyl, Wallenstadt, Neu St-Johann, St-Gall. Rheinfelden, Brugg. Hérisau. } en petit nombre.	Bâle. Soleure. St-Gall. Argovie. Appenzell Rh.-Ext.
44e régiment de marche.	Neu St-Johann, Lichtensteig, Wattwyl, Wallenstadt, Ebnat, St-Gall. Diessenhofen, Frauenfeld. Zofingue, Brugg. Soleure. Hérisau.	St-Gall. Thurgovie. Argovie. Soleure. Appenzell Rh.-Ext.

Unités tactiques.	DÉPOTS	CANTONS
47e régiment de marche.	Berne, Aarwangen, Thoune. Hauterive, Estavayer. Diessenhofen, Tægerweilen. Wallenstadt, Neu St-Johann, St-Gall. Altorf. Bâle. Rheinfelden. Einsiedeln. Soleure. Münster.	Berne. Fribourg. Thurgovie. St-Gall. Uri. Bâle-Ville. Argovie. Schwytz. Soleure. Lucerne.
49e régiment de marche.	Bâle. Liestal. Wallenstadt, Wattwyl. Rheinfelden. Hérisau.	Bâle-Ville. Bâle-Campagne. St-Gall. Argovie. Appenzell Rh.-Ext.
52e régiment de marche.	Diessenhofen, Frauenfeld. Gossau, Cappel, St-Fiden, Wallenstadt, Rorschach, Ebnat, St-Gall. Seon, Klingnau, Muri, Zofingue, Brugg. Berne, Buren, Affoltern. Uster, Zurich. Hérisau. Soleure.	Thurgovie. St-Gall. Argovie. Berne. Zurich. Appenzell Rh.-Ex. Soleure.
53e régiment de marche.	St-Gall, Wyl, Flawyl, Sfiden, Wattwyl, Wallenstadt. Berne, Büren. Brugg, Zofingue. Diessenhofen, Frauenfeld. Sarnen. Zurich. Morat. Hérisau. Soleure.	St-Gall. Berne. Argovie. Thurgovie. Unterwalden (Ob dem Wald). Zurich. Fribourg. Appenzell Rh.-Ext. Soleure.
57e régiment de marche.	*Bière.* Rheinfelden, Rothrist. St-Gall, Ebnat, Wallenstadt. Vouvry, *Monthey, Martigny.* Berne, Boltigen. Zurich.	Vaud. Argovie. St-Gall. Valais. Berne. Zurich.
58e régiment. Vosges.	Zurich. Mellingen, Klingnau. Aarwangen, Neuveville.	Zurich. Argovie. Berne.

Unités tactiques.	DÉPOTS	CANTONS
60e régiment de marche.	Büren, Berne, Zweisimmen. *Fribourg*, Morat. Rheinfelden, Rothrist. Sarnen. Soleure. St-Gall. Zurich.	Berne. Fribourg. Argovie. Unterwalden (ObdemWald). Soleure. St-Gall. Zurich.
61e régiment de marche.	Schwytz, Gersau, Einsiedeln. Büren, Berne, Boltigen. St-Urban, Willisau, Hohenrain, Lucerne. Wallenstadt, Ebnat, St-Gall. Rheinfelden, Rothrist. Estavayer, Morat. Monthey. Soleure. Zurich.	Schwytz. Berne. Lucerne. St-Gall. Argovie. Fribourg. Valais. Soleure. Zurich.
63e régiment de marche.	Zurich. Langenthal, Berne, Boltigen, Büren. Rheinfelden, Rothrist. St-Gall. Soleure. Sarnen. Morat. Arbon.	Zurich. Berne. Argovie. St-Gall. Soleure. Unterwalden (ObdemWald). Fribourg. Thurgovie.
67e régiment de mobiles. Haute-Loire.	Zurich. Muri.	Zurich. Argovie.
68e régiment de mobiles. Haut-Rhin.	Berne, Erlenbach, Steffisbourg, Münsingen, Signau, Schwarzenbourg, Langnau, Thoune, Boltigen, Neuveville, Zweisimmen, Ringgenberg. Hohenrain. Neu St-Johann, Wallenstadt. Muri. Zurich. Bâle.	Berne. Lucerne. St-Gall. Argovie. Zurich. Bâle-Ville.
69e régiment de mobiles. Ariége.	Rohrbach, Herzogenbuchsee, Langnau, Zweisimmen, Huttwyl, Munchenbuchsee. Vevey, *Lavey*. Frauenfeld. Grabs, Wallenstadt, Neu St-Johann, St-Gall, Balgach. Sarnen. Altorf.	Berne. Vaud. Thurgovie. St-Gall. Unterwalden (ObdemWald). Uri.

Unités tactiques.	DÉPOTS	CANTONS
69e régiment de mobiles. Ariége.	Rheinfelden. Soleure. Hérisau. Zurich. Vouvry. Morat.	Argovie. Soleure. Appenzell Rh.-Ext. Zurich. Valais. Fribourg.
73e régiment de mobiles. Isère. Loiret.	*Zurich.* *Muri*, Bremgarten, Zofingue, Lenzbourg, Brugg. Glaris. Diessenhofen, Bischofszell. Schaffhouse. Affoltern. St-Gall, Wallenstadt. Bâle. Liestal. Soleure.	Zurich. Argovie. Glaris. Thurgovie. Schaffhouse. Berne. St-Gall. Bâle-Ville. Bâle-Campagne. Soleure.
77e régiment de mobiles. Allier, Tarn, Maine-et-Loire.	*Zug.* Glaris. Einsiedeln. Affoltern, Büren, Huttwyl. *Zurich.* Soleure. St-Gall, Wallenstadt. Zofingue.	Zug. Glaris. Schwytz. Berne. Zurich. Soleure. St-Gall. Argovie.
81e régiment de mobiles. Charente Infé- rieure, Indre et Cher.	Langnau, Affoltern, *Herzogenbuchsee*, Brienz, Kirch- dorf, Langenthal, Münchenbuchsee, Huttwyl, Büren. St-Urban. *Weinfelden*, Tægerweilen. St-Gall, Wallenstadt. Lenzbourg, Mellingen. Soleure.	Berne. Lucerne. Thurgovie. St-Gall. Argovie. Soleure.
82e régiment de mobiles. Vaucluse, Var, Drôme.	Aarberg, Signau, Langenthal, Büren, Boltigen, Affol- tern, *Langnau.* Steinach, St-Gall. Münster, Hohenrain. Bremgarten, Kaiserstuhl, Seon. Sarnen Soleure. Hérisau. Zurich. Tægerweilen.	Berne. St-Gall. Lucerne. Argovie. Unterwalden (Ob dem Wald). Soleure. Appenzell Rh.-Ext. Zurich. Thurgovie.

Unités tactiques.	DÉPOTS	CANTONS
83e régiment de mobiles. Aude, Gers.	Steinach, Balgach, Grabs, St-Gall. Kaiserstuhl, Meisterschwanden. Boltigen, Berthoud, Kirchdorf, Affoltern, Büren. Aigle, Morges. Soleure. Zurich. Estavayer.	St-Gall. Argovie. Berne. Vaud. Soleure. Zurich. Estavayer.
86e régiment provisoire. Saône-et-Loire.	*Berthoud*, Büren, Schwarzenbourg. Diessenhofen. Seon, Rheinfelden. Hérisau. Soleure. Estavayer. Zurich.	Berne. Thurgovie. Argovie. Appenzell Rh.-Ext. Soleure. Fribourg. Zurich.
87e régiment de mobiles. Lozère, Basses-Pyrénées.	*Frutigen*, Schwarzenbourg, Interlaken, Bœnigen, Mei- ringen, Signau, Thoune, Boltigen, Münchenbuchsee. Büren, Wimmis, Ringgenberg, Langnau. Rheinfelden, Mellingen. Fribourg, Estavayer, Bulle, Châtel, Romont. Münster, St-Urban. St-Gall, Wallenstadt. Hérisau. Bischofszell. Zurich. Soleure.	Berne. Argovie. Fribourg. Lucerne. St-Gall. Appenzell Rh.-Ext. Thurgovie. Zurich. Soleure.
89e régiment de mobiles. Var, Loire, Haute-Saône.	Tægerweilen, Bischofszell, Arbon. Herzogenbuchsee, Langenthal, Kirchdorf, Boltigen, Büren. Sarnen. Münster. *Moudon*, Vevey. Altorf. Soleure. Estavayer. Bâle. *Zurich*.	Thurgovie. Berne. Unterwalden. Lucerne. Vaud. Uri. Soleure. Fribourg. Bâle-Ville. Zurich.
92e régiment de ligne.	*Zurich*. St-Gall Schaffhouse } en petit nombre. Huttwyl Soleure	Zurich. St-Gall. Schaffhouse. Berne. Soleure.

Unités tactiques.	DÉPOTS	CANTONS
Mobiles de la Savoie.	Wimmis, Affoltern, Thoune, Boltigen, Huttwyl, Signau, Ringgenberg, Zweisimmen. Altorf. *Yverdon.* Neu St-Johann. Sarnen.	Berne. Uri. Vaud. St-Gall Unterwalden (Ob dem Wald).
Mobiles des Hautes-Alpes.	*Neuveville,* Zweisimmen, Thoune, Koppigen. Melligen, Bremgarten, Baden. St-Gall.	Berne. Argovie. St-Gall.
Mobiles des Pyrénées-orientales.	*Rathhausen,* Münster. Büren, Frutigen, Aarwangen. Neu St-Johann, St-Fiden, St-Gall. Altorf. Soleure.	Lucerne. Berne. St-Gall. Uri. Soleure.
1re légion du Rhône.	*Payerne,* Aigle, Bex. Thoune, Steffisbourg, Aarberg, Langenthal, Boltigen, Unterseen, Belp. Seon, Brugg, Rheinfelden. St-Gall, Wallenstadt, Grabs, Rapperswyl. St-Urban. Glaris. Zurich. Morat.	Vaud. Berne. Argovie. St-Gall. Lucerne. Glaris. Zurich. Fribourg.
2e légion du Rhône.	*Zurich.* Aarberg, Thoune, Steffisbourg, Boltigen, München-buchsee, Wimmis, Unterseen, Langenthal, Zweisimmen. Arbon. Morat, Fribourg. St-Urban. St Gall, Wallenstadt. Sarnen.	Zurich. Berne. Thurgovie. Fribourg. Lucerne. St-Gall Unterwalden (Ob dem Wald).
3e légion du Rhône.	*Unterseen, Matten,* Interlaken, Berthoud, Koppigen, Thoune, Zweisimmen, Langenthal. *Bex,* Aigle. Murgenthal, Rheinfelden, Seon. Wallenstadt, Rapperswyl, St Gall. St-Urban. Morat.	Berne. Vaud. Argovie. St-Gall Lucerne. Fribourg.

Unités tactiques.	DÉPOTS	CANTONS
4e bataillon de mobiles. Loire.	*Vevey.* Wallenstadt, St-Gall. Rheinfelden. Langenthal, Münchenbuchsee.	Vaud. St-Gall. Argovie. Berne.
Légion bretonne.	Frauenfeld.	Thurgovie.
1er régiment de zouaves.	*Zurich.* Herzogenbuchsee, Aarwangen, Berne. Brugg, Rheinfelden, Zurzach, Aarau. Wallenstadt, St-Gall, Neu St-Johann, Balgach. Hérisau. Yverdon. Soleure.	Zurich. Berne. Argovie. St-Gall. Appenzell Rh.-Ext. Vaud. Soleure.
2e régiment de zouaves.	*Zurich.* Baden, Brugg, Klingnau, Aarau, Zurzach. Aarwangen, Huttwyl. Arbon, Wallenstadt, Neu St-Johann, Balgach. Hérisau. Soleure. Yverdon.	Zurich. Argovie. Berne. St-Gall. Appenzell Rh.-Ext. Soleure. Vaud.
3e régiment de zouaves.	*Zurich.* Sursee, Heidegg. Aarwangen, Herzogenbuchsee, Signau. Zofingue, Seon, Brugg, Zurzach, Klingnau. St-Gall, Neu St-Johann. Hérisau. Fribourg. Yverdon.	Zurich. Lucerne. Berne. Argovie. St-Gall. Appenzell Rh.-Ext. Fribourg. Vaud.
4e régiment de zouaves.	Berne, Aarwangen, Boltigen. Rheinfelden, Brugg, Zurzach. Steinach, St-Gall, Wallenstadt. Hérisau. Soleure.	Berne. Argovie. St-Gall. Appenzell Rh.-Ext. Soleure.
Tirailleurs algériens de marche (turcos).	*Zurich.* Aarwangen, Herzogenbuchsee, Frutigen, Huttwyl, Thoune, Signau. St-Gall, Wallenstadt. Einsiedeln. Hérisau. Estavayer.	Zurich. Berne. St-Gall. Schwytz. Appenzell Rh.-Ext. Fribourg.

15

Unités tactiques.	DÉPOTS	CANTONS
Infanterie légère d'Afrique. (Zéphyrs.)	*Bremgarten,* Kaiserstuhl, Klingnau, Zurzach. Neu St-Johann, St-Gall. Soleure. Zurich.	Argovie. St-Gall. Soleure. Zurich.
Gendarmerie.	Zurich, Winterthour. Fribourg, Romont. Thoune, Berne.	Zurich. Fribourg. Berne.
Génie.	Berne, Berthoud, Münchenbuchsee. Neu St-Johann, Balgach, St-Gall. Rheinfelden, Rothrist. Arbon. Fribourg. Glaris. Monthey.	Berne. St-Gall. Argovie. Thurgovie. Fribourg. Glaris. Valais.
Ouvriers d'administration.	*Zurich.* Berne, Aarwangen, Signau. Neu St-Johann, St-Gall. Aarau, Lenzbourg.	Zurich. Berne. St-Gall. Argovie.
CHASSEURS A PIED. 3e bataillon.	Zurich. Olten. Fribourg, Rue. Yverdon.	Zurich. Soleure. Fribourg. Vaud.
4e bataillon.	Zurich. Thoune, Boltigen, Zweisimmen, Büren, Münchenbuchsee. Fribourg. Soleure.	Zurich. Berne. Fribourg. Soleure.
5e bataillon.	Wallenstadt. Soleure. Berne. Zurich. Fribourg. Yverdon.	St-Gall. Soleure. Berne. Zurich. Fribourg. Vaud.
6e bataillon.	Berne, Büren, Signau, *Berthoud.* Zurich. St-Gall, Wallenstadt. Rheinfelden. Fribourg.	Berne. Zurich. St-Gall. Argovie. Fribourg.

Unités tactiques.	DÉPOTS	CANTONS
CHASSEURS A PIED. 8e bataillon.	Fribourg.	Fribourg.
9e bataillon.	Soleure. Zurich. Büren. Hérisau. St-Gall. Fribourg.	Soleure. Zurich. Berne. Appenzell Rh.-Ext. St-Gall. Fribourg.
12e bataillon.	*Zofingue*, Brugg. Berne. Zurich. Soleure. Hérisau Wallenstadt, St-Gall.	Argovie. Berne. Zurich. Soleure. Appenzell Rh.-Ext. St-Gall.
14e bataillon.	Soleure. Berne, Büren. Zurich. Neu St-Johann. Fribourg.	Soleure. Berne. Zurich. St-Gall. Fribourg.
15e bataillon.	Rheinfelden. Yverdon.	Argovie. Vaud.
16e bataillon.	Zurich. St-Gall. Rheinfelden.	Zurich. St-Gall. Argovie.
19e bataillon.	Zurich. Rheinfelden.	Zurich. Argovie.
21e bataillon.	Berne. Rheinfelden. Zurich. Wallenstadt. Fribourg.	Berne. Argovie. Zurich. St-Gall. Fribourg.
25e bataillon.	Signau, Büren. St-Urban. Fribourg.	Berne. Lucerne. Fribourg.

Unités tactiques.	DÉPOTS	CANTONS
Infanterie de marine.	*Aarbourg*, Mellingen, Brugg. *Rapperswyl*, Wallenstadt, Neu St-Johann, St-Gall. Zurich. Berne. Schaffhouse. Soleure.	Argovie. St-Gall. Zurich. Berne. Schaffhouse. Soleure.
ARTILLERIE. 1er régiment.	Zurich. Mellingen, Baden. Ebnat, St-Gall, Wallenstadt. Arbon, Frauenfeld.	Zurich. Argovie. St-Gall. Thurgovie.
2e régiment.	Aarau, Rapperswyl, Zofingue, Baden. Frauenfeld. Wallenstadt, Ebnat, St-Gall. Zurich.	Argovie. Thurgovie. St-Gall. Zurich.
3e régiment.	*Berne*, Nidau, Berthoud, Interlaken. Zurich. Ebnat, St-Gall. Fribourg, Morat. Frauenfeld. Lucerne. Mellingen.	Berne. Zurich. St-Gall. Fribourg. Thurgovie. Lucerne. Argovie.
6e régiment.	Aarau, Baden, Rapperswyl, Lenzbourg. Zurich. Frauenfeld. St-Gall, Wallenstadt, Ebnat.	Argovie. Zurich. Thurgovie. St-Gall.
7e régiment.	Aarau, Baden, Lenzbourg. Zurich. Rapperswyl, St-Gall, Ebnat. Fribourg.	Argovie. Zurich. St-Gall. Fribourg.
8e régiment.	*Berne*. Zurich. Aarau, Rupperswyl, Baden. St Gall, Ebnat.	Berne. Zurich. Argovie. St-Gall
9e régiment.	Aarau, Rupperswyl. Zurich. Wallenstadt, Ebnat, St-Gall.	Argovie. Zurich. St-Gall.

Unités tactiques.	DÉPOTS	CANTONS
ARTILLERIE. 9e régiment.	Thoune, Zweisimmen. Fribourg. Frauenfeld.	Berne. Fribourg. Thurgovie.
10e régiment.	Aarau, Rupperswyl, Lenzbourg. Zurich.	Argovie. Zurich.
12e régiment.	Berne. Rupperswyl, Seon. Zurich. St-Gall. Bière. Fribourg, Morat.	Berne. Argovie. Zurich. St-Gall. Vaud. Fribourg.
13e régiment.	Berne, Langenthal. Aarau, Rupperswyl, Seon, Baden. Zurich. Ebnat.	Berne. Argovie. Zurich. St-Gall.
14e régiment.	Aarau, Rupperswyl, Mellingen. Zurich. Wallenstadt, Ebnat, St-Gall. Frauenfeld. Berthoud. Fribourg, Morat.	Argovie. Zurich. St-Gall. Thurgovie. Berne. Fribourg.
15e régiment.	Zurich. Aarau, Baden, Lenzbourg. St-Gall, Ebnat.	Zurich. Argovie. St-Gall.
18e régiment.	Berne, Langenthal. Aarau, Lenzbourg. Zurich. St-Gall.	Berne. Argovie. Zurich. St-Gall.
19e régiment.	Berne. Zurich. Mellingen, Seon, Rheinfelden, Baden. St-Gall, Ebnat. Frauenfeld.	Berne. Zurich. Argovie. St-Gall. Thurgovie.

Unités tactiques.	DÉPOTS	CANTONS
Artillerie de marine.	Zurich. St-Gall, Rapperswyl. Aarau, Aarbourg, Baden.	Zurich. St-Gall. Argovie.
Train d'artillerie et train des équipages.	Zurich. Arbon, Frauenfeld, Weinfelden. Aarau, Baden. Glaris. Nidau.	Zurich. Thurgovie. Argovie. Glaris. Berne.
Lanciers Trois régiments. Nos 1, 2, 3 de marche.	Morges, *Moudon*. Zurich. Baden, Aarau, Brugg, Weinfelden. Lucerne. Gossau, Cappel, Wallenstadt, Ebnat. Berne, Thoune, Nidau.	Vaud. Zurich. Argovie. Lucerne. St-Gall. Berne.
Cuirassiers. Trois régiments. Nos 1, 5, 6 de marche.	*Nidau*, Thoune. Zurich. Weinfelden. St-Gall, Wallenstadt. *Fribourg*. Moudon.	Berne. Zurich. Argovie. St-Gall. Fribourg. Vaud.
Dragons. Trois régiments. Nos 3, 5, 6 de marche.	Zurich. *Fribourg*. Gossau. Thoune. Moudon.	Zurich. Fribourg. St-Gall. Berne. Vaud.
Hussards. 2e régiment de marche.	Thoune, Büren. Bischofszell. Weinfelden, Brugg. Soleure. Zurich.	Berne. Thurgovie. Argovie. Soleure. Zurich.
Chasseurs des 1, 4, 7, 8, 9 et 11e régiments de marche.	Thoune. Lucerne. St-Gall. Zurich. Moudon. Bischofszell.	Berne. Lucerne. St-Gall. Zurich. Vaud. Thurgovie.

Les divers corps de francs-tireurs, dont il y avait un assez grand nombre, n'ont pas été portés sur cet état, parce qu'ils étaient trop disséminés. Les Vengeurs de la mort seuls, qui se sont réfugiés en Suisse quelque temps avant l'armée de l'Est, ont été internés en corps, mais on fut également obligé de les disloquer par mesure d'ordre. Plusieurs fractions de corps restés en France, se sont également trouvées mêlées aux troupes internées; nous les avons omises afin de ne pas compliquer le tableau qui précède. La légion étrangère était la plus fortemeut représentée parmi ces soldats détachés.

La plupart des régiments étaient répartis dans un nombre bien plus grand de localités que nous ne l'indiquons, mais nous n'avons pris note que de celles où se trouvaient une cinquantaine d'hommes au moins, du même corps.

Il est à observer, que le canton de Zurich ayant envoyé des états nominatifs imprimés, sans désignation de ses différents dépôts, qui étaient au nombre de vingt trois, les soldats français qui y étaient internés sont tous portés à *Zurich*, sans que pour cela ils aient été cantonnés tous dans cette ville.

Nous avons dit déjà, que lors de l'entrée des troupes, les soldats avaient été désarmés à tous les points de la frontière par lesquels ils étaient entrés en Suisse; ils n'avaient gardé que leur havre-sac qui renfermait leurs effets d'habillement et de petit équipement.

Par suite d'un malentendu regrettable et en l'absence de directions précises qui parvinrent trop tard au commandant des avant-postes sur la route de Jougne, les sabres furent également retirés aux officiers qui se présentaient de ce côté, malgré la protestation de la plupart d'entr'eux. Le général Bressolles refusa de rendre son épée et tourna bride avec tout son état-major; son exemple fut suivi par un certain nombre d'officiers de troupe.

Les armes de ces officiers furent envoyées à Berne et le Département militaire fédéral fit savoir dans les cinq dépôts, que ceux qui avaient à en réclamer devaient en envoyer le signalement précis, afin qu'on pût les leur envoyer, s'ils ne préféraient pas venir les reprendre eux-mêmes au Palais fédéral, où un officier attaché au bureau des renseignements fut chargé de les leur remettre, après avoir constaté leur droit de propriété.

Ici encore, la manière d'agir de plusieurs d'entr'eux ne fut pas exempte de reproche, car ils ne se firent aucun scrupule de déclarer par écrit et sur l'honneur, sur des formules préparées et dont on leur donnait lecture, qu'ils étaient les légitimes possesseurs de telle ou telle arme, tandis qu'il fut prouvé à mainte reprise et ordinairement trop tard, que cette assertion était erronée. Ceux qui étaient préposés à la remise de ces armes étaient naturellement forcés de s'en remettre tout-à-fait à la bonne foi des officiers, dès qu'une marque particulière, un nom gravé ou glissé dans le fourreau ne donnaient pas un indice certain.

On vit ainsi des officiers de mobiles déclarer être propriétaires de superbes lattes de cavalerie ou d'armes de luxe, ou de celles qui se distinguaient des armes d'ordonnance par une forme plus élégante et que, pour cette raison, ils remarquaient parmi celles qui étaient rangées sur les tables ; un seul d'entr'eux put être convaincu de fraude, car il chercha à s'approprier une arme qu'on lui prouva n'être pas la sienne en lui essayant le ceinturon, qui donnait presque deux fois le tour de sa chétive personne. Un vieil officier, dont la moustache grise et la balafre attestaient de longs et braves services, eût les larmes aux yeux en ne retrouvant pas sa vieille lame ébréchée dont il donnait le signalement minutieux et qui l'avait accompagné en Crimée et dans les plaines d'Italie; il ne voulut point d'autre sabre en compensation et se retira la colère dans les yeux et le chagrin dans le cœur. Toutes les recherches, faites plus tard pour retrouver cette arme, demeurèrent sans résultat.

Dans le moment de l'entrée des troupes, qui eût lieu en grande partie de nuit et dans des circonstances qui empêchaient de la surveiller comme on eût désiré le faire, on n'eût pas le temps de retirer les munitions de réserve qui étaient dans le havre-sac. Lorsque les troupes furent à peu près toutes arrivées à destination, on s'occupa de réunir ces munitions pour les joindre à celles des cartouchières et du parc, et la circulaire qui suit fut adressée, dans ce but, aux Autorités cantonales :

Berne, 11 février.

Le Département a l'honneur de vous informer que, lors du passage de l'armée française sur territoire suisse, les gibernes des troupes avec leur contenu leur ont été retirées, mais qu'il n'a toutefois, pas été possible de leur reprendre les munitions qui se trouvaient empaquetées dans le sac.

C'est pourquoi, le Département vous invite à donner l'ordre aux commandants des dépôts d'internement, de soumettre tous les sacs des troupes sous leurs ordres à une inspection minutieuse et de rassembler les cartouches qu'ils pourraient renfermer. Ces munitions devront ensuite être adressées, accompagnées d'un état, à M. le lieutenant-colonel fédéral Falkner, à Thoune.

Le Chef du Département militaire fédéral,

WELTI.

Plus tard, lorsqu'on s'occupa de dresser l'inventaire général du matériel qui devait rester en gage à la Confédération, on chercha également à rassembler tous les effets d'équipement qui restaient en arrière et on en avisa les divers Etats comme suit :

Berne, le 27 février 1871.

Le Département militaire fédéral aux autorités militaires des Cantons.

Le Département soussigné a l'honneur de vous prier :

1° De vouloir bien faire expédier tous les équipements de selle, harnais, brides, couvertures, etc., des chevaux qui ont été vendus aux enchères et de ceux qui ont péri, etc., ainsi que les autres équipements qui étaient égarés et qui ont pu être retrouvés, à l'un des dépôts les plus rapprochés, savoir :

à Thoune, au lieutenant-colonel Falkner ;

à Yverdon, au lieutenant-colonel de Rham ;

2° De faire envoyer de même, la munition retirée à la troupe :

à Thoune, au lieutenant-colonel Falkner ;

à Morges, au major Veillard, ou

à Grandson, au capitaine fédéral Fankhauser,

le tout accompagné d'inventaires en bonne et due forme.

Le Chef du Département militaire fédéral,

WELTI.

Bientôt les commissions suisses et françaises, réunies dans les localités désignées ci-dessus, purent procéder à la vérification de l'inventaire, dont nous donnons le tableau général.

Inventaire du matériel de guerre déposé par l'Armée française de l'Est à son entrée en Suisse.

	Colombier.	Verdon.	Grandson.	Morges.	Thoune.	Total.
ARTILLERIE.						
A. Bouches a feu						
Canons de campagne de 12 liv. rayé en bronze . . .	24	18				42
» » 8 » » . . .	28	—				28
» » 4 » » . . .	115	36				151
» montagne de 4 liv. » . . .	17	23				40
Canons à balles, dits mitrailleuses	19	—				19
Obusier de montagne de 12 liv. rayé	—	1				1
Canons Armstrong de 12 liv. en acier fondu. . . .	—	3				3
» » 6 » » . . .	—	1				1
Total des bouches à feu . . .	203	82				285
B. Voitures de guerre.						
Affûts de campagne de 12 liv. et de 8 liv. (de rechange).	62	3				65
» » pour mitrailleuses »	19	—				19
» » pour canon de 4 liv. »	127	7				134
» montagne de 4 liv. »	18	—				18
Total des affûts de rechange . .	226	10				236
Avant-trains de campagne pour 8 liv. rayé	2	—				2
» » » 4 »	1	—				1
» » pour infanterie	2	—				2
Caissons à munitions avec roues et avant-train pr 12 liv.	74	30				104
» » » 8 »	125	—				125
» » » 4 »	186	41				227
» » » pr mitrailleuses .	18	—				18
» » pr infant. mod. 1866	78	29				107
» » » » 1863	1	2				3
» » » Remington	3	1				4
» » Canons Armstrong de 12 liv.	—	2				2
» » Canons Armstrong de 6 liv. . . .	—	1				1
Chariots de batterie modèle de 1827	7	2				9
» » » 1833	20	2				22
» » » 1858	25	9				34
» de parc à basses ridelles	57	26				83
» » à moyennes ridelles	3	2				5
» » à hautes ridelles	12	10				22
» du génie	8	12				20
Forges de campagne modèle 1827	23	—				23
» » » 1858	30	10				40
» » pour canons de 12 liv.	—	5				5
» » portative de montagne	1	—				1
» » diverses du train des équipages .	1	2				3
A reporter . . .	677	186				863

	Colombier.	Yverdon.	Grandson.	Morges.	Thoune.	Total.
Report	677	186				863
Caissons du train des équipages militaires	38	27				65
Chariot de parc du train »	—	—				—
Fourragères du train des équipages	13	1				14
Charrettes à bagages des officiers	85	61				146
Omnibus. (Service des télégraphes et d'une ambulance)	5	—				5
Cantinière du 12e de dragons	1	—				1
Charrettes bourgeoises de réquisition	34	21				55
Haquets à bateau de l'équipage de pont de la division	9	—				9
Total des voitures de guerre	862	296				1158

HARNACHEMENT.

	Colombier.	Yverdon.	Grandson.	Morges.	Thoune.	Total.
Selles d'artillerie	439	295		63		797
Selles de cavalerie	88	—		156		244
Sellettes de sous-verge	93	—		97		190
Harnais à bricoles	1026	328		404		1758
» colliers	634	325		158		1117
Corps de colliers	133	29		—		162
Bâts pour mulets, de pièces et de caisses	77	98		60		235
Brides de porteur, de sous-verge, à œillères, de cavalerie et d'artillerie	576	—		357		933
Bridons d'abreuvoir	298	—		23		321
Filets de rênes	84	—		12		96
Licols d'écurie	345	—		34		379
» de parade	160	—		110		270
Plates-longes	78	—		—		78
Poitrails	226	40		149		415
Surfaix de parade	188	80		60		328
Traits en cuir	183	—		—		183
Cacolets du train des équipages, paires	42	—		—		42
Feutres	—	—		24		24
Couvertures	—	—		18		18
Bissacs	—	—		28		28
Cordes à fourrage	—	—		2		2
Total du harnachement	4660	1195		1765		7620

ARMES PORTATIVES.

	Colombier.	Yverdon.	Grandson.	Morges.	Thoune.	Total.
Fusil Chassepot, modèle 1866			23357	5925	28980	58262
» modèle 1842, transformé à tabatière			714	1006	39	1759
» » 1857, » »			—	—	141	141
» » 1822, » »			6	7	84	97
» Remington			4438	1977	158	6573
» Spencer, à répétition			—	—	16	16
» de cavalerie, modèle 1866			1	5	407	413
» divers			45	88	71	204
Total des fusils			28561	9008	29896	67465

	Colombier.	Yverdon.	Grandson.	Morges.	Thoune.	Total.
Mousquetons Remington			31	9	25	65
»　　　　　Sharp			4	—	10	14
»　　　　　Spencer			11	1	—	12
»　　　　　de cavalerie, modèle 1866			404	143	—	547
»　　　　　de gendarmerie, modèle 1823 et 1842			500	154	461	1115
»　　　　　d'artillerie　　　»　　1829			528	226	1291	2045
Total des mousquetons			1478	533	1787	3798
Carabines Spencer			117	1	—	118
»　　suisses			—	—	64	64
»　　modèle 1846 à tabatière			1	1	178	180
»　　»　　1846			3	—	48	51
»　　étrangères à chargement par la culasse			—	5	—	5
Total des carabines			121	7	290	418
Pistolets de cavalerie, modèle 1822			273	6	395	674
Revolvers	1 caisse		212	—	6	218
Total des pistolets	1 caisse		485	6	401	892

RÉCAPITULATION DES ARMES A FEU PORTATIVES.

	Colombier.	Yverdon.	Grandson.	Morges.	Thoune.	Total.
Fusils			28561	9008	29896	67465
Mousquetons			1478	533	1787	3798
Carabines			121	7	290	418
Pistolets	1 caisse		485	6	401	892
Total des armes à feu portatives	1 caisse		30645	9554	32374	72573

ARMES BLANCHES.

	Colombier.	Yverdon.	Grandson.	Morges.	Thoune.	Total.
Sabres de cavalerie légère, modèle 1822			997	563	2212	3772
»　　de ligne　»　　1822 et 1854			316	185	689	1190
»　de canonniers montés, modèle 1829			365	778	2105	3248
»　d'infanterie, modèle 1816 et 1831			55	152	52	259
»　et fourreaux de sabres divers			193	55	140	388
»　d'infanterie étrangers			545	—	—	545
Sabres-baïonnettes, modèle 1866			21007	7587	27435	56029
»　　　　Remington			4942	660	—	5602
»　　　　Spencer			—	—	17	17
»　　　　de mousquetons d'artillerie			442	461	—	903
Fourreaux de sabres-baïonnettes			417	—	193	610
Lames de sabres-baïonnettes, sans fourreau			—	—	146	146
Baïonnettes de fusil, modèle 1822 et 1842			1893	251	402	2546
Lances			173	14	43	230
Haches de divers modèles			—	—	192	192
Cuirasses			8	—	61	69
Total des armes blanches			31353	10706	33687	75746

	Colombier.	Yverdon.	Grandson.	Morges.	Thoune.	Total.
ÉQUIPEMENT.						
Gibernes d'infanterie			38273		14111	52384
» diverses			—		1067	1067
Cartouchières			6161		14940	21101
Gibernes de troupes montées			2122		3824	5946
Total des cartouchières			46556		33942	80498
Ceinturons d'infanterie			7777		8775	16552
» de cavalerie			1912		5625	7537
Total des ceinturons			9689		14400	24089
Bretelles de fusil			26245		26127	52372
Porte-sabres			21914		15930	37844
Porte-baïonnettes			12508		1350	13858
Couvre-platine			—		134	134
Banderolles de gibernes pour troupes montées			—		2801	2801
Dragonnes			1096		3545	4641
Bélières			46		250	296
Fourreaux de baïonnettes			—		67	67
Caisses de tambour			87		—	87
Genouillères de tambour			32		—	32
Havre-sac (en mauvais état)			20		—	20
Fourreaux de sabre en cuir			1603		—	1603
Total			63551		50204	113755
ACCESSOIRES.						
Jeux d'accessoires pour fusil modèle 1866					4517	
Jeux de pièces de rechange					4269	
» » » renfermant aussi les outils d'armuriers	10 caisses	1 caisse	10 caisses		—	
Nécessaires d'armes			3548		916	
Pièces diverses d'armes brisées			73		2 caisses.	
Etaux			2		—	
Huiliers isolés					330	
Lames de tourne-vis					576	
Clefs pour fusil, modèle 1866					532	
Etuis vides					534	
Tire-balles, modèle 1842					78	
Obturateurs					5283	
Aiguilles isolées					797	
Grandes curettes					119	
Têtes mobiles					1498	
Pioches					11	
Pelles					5	
Serpes					25	
Gamelles	13					
Seaux	6					

	Colombier.	Yverdon.	Grandson.	Morges.	Thoune.	Total.
Cantines d'infirmerie vétérinaire				2		
Couvercles de marmites	18					
Marmites	41					
Caisses d'outils d'ouvriers en bois	6					
Coffres » tranchants	8					
» » d'ouvriers en fer	2					
COFFRES OU CAISSES A MUNITIONS GARNIES.						
Caisses pour canon de 12 liv. rayé de campagne	278			43	2	323
» » » 8 » »	345			—	—	345
» » » 4 » »	739			62	—	801
» » » 4 » » de montagne	84			202	2	288
» » » à balles, mitrailleuses	115			44		159
Caisses d'infanterie, cartouche modèle 1866	291	100		47		438
» » » 1863	3	1		—		4
» » » 1859	4			—		4
» » Remington	8			—		8
Caisses de cartouches avariées	—			60		60
» d'approvisionnement	—			0		9
Caisses de transport	2			—		2
	1869	101		467	4	2444
MUNITIONS.						
Cartouches modèle 1866					605772	605772
» » 1863					2784	2784
» fusil à tabatière					534	534
» Remington					2911	2911
» Spencer					7759	7759
» Snyder					460	460
» revolvers					7194	7194
» pour fusils et carabines suisses					1300	1300
Charges pour canons de montagne					94	94
Sachets pour canons de 4 liv. de campagne				481		481
» » » 4 » de montagne				18		18
» » » 12 » de campagne				108		108
Etoupilles et fusées percutantes				649		649

La plus grande partie des voitures de guerre avaient leurs coffres et leurs caissons garnis de munitions dont l'inventaire n'a pas été fait.

PROJECTILES.	Colombier.	Yverdon.	Grandson.	Morges.	Thoune.	Total.
Obus ordinaires de divers calibres				505	94	
» à balles » »				31	13	
Boîtes à mitraille » »				58	11	
POUDRE.						
				373 k°	600 k°	
Poudre de mine				21 barils.		
Plomb			pas évalué		6660 k°	

Note portée verticalement dans la colonne Grandson : Les munitions d'infanterie dirigées sur Grandson étaient avariées et ont été démolies aussitôt. Celles qui étaient bonnes ont été dirigées sur Morges.

Le nombre des chevaux valides qui furent réunis, en partie à Yverdon et à Colombier, s'élevait à 10,778. M. le général de cavalerie de Bremond d'Ars, chargé de leur direction générale et de les remettre en gage à la Suisse, à teneur de la convention, avait désigné une commission composée d'un commandant, d'un capitaine et d'un vétérinaire pour procéder à cette formalité et pour règler toutes les questions qui y étaient relatives, mais elle ne se présenta point, et après l'avoir vainement attendue, on fut obligé d'agir sans elle, et on fit bien, car elle ne donna pas signe de vie.

Dès que cette opération fut terminée, on dirigea par étapes, sur les Cantons où la disette de fourrages se faisait le moins sentir, tous ceux qui étaient en état de supporter cette nouvelle fatigue ou qu'on eût la facilité d'évacuer de suite ; voici de quelle manière ils furent répartis :

Etat des chevaux de l'armée française répartis par Canton.

CANTON		ENTRÉS EN SUISSE PAR	NOMBRE
Berne . . . . {	1575	Neuchâtel.	
	579	Orbe et Yverdon.	3178
Thoune . . . . . . {	1020	Neuchâtel.	
Argovie		»	1091
Lucerne		Orbe et Yverdon.	1013
Vaud		»	1300
Soleure		Neuchâtel.	500
Bâle-Campagne		»	500
Thurgovie		»	500
Zurich		»	1139
Fribourg		Orbe et Yverdon.	628
St-Gall		»	500
Neuchâtel, restent dans ce canton		Neuchâtel.	300
Schwytz		»	129
Total au 21 février 1871 . .			10778

Le Département militaire fédéral en informa le 8 février, les divers gouvernements cantonaux par la circulaire qui suit :

« Le Département a procédé à la répartition des chevaux de troupe français entre quelques Cantons, qui auront à les tenir à sa disposition.

» En attendant les décisions qu'il croira devoir prendre, leur vente est sévèrement interdite, peu importe par qui et à qui, et ceux qui s'en rendent acquéreurs seront poursuivis conformément à la loi. Les gouvernements cantonaux sont priés d'exercer une stricte surveillance de police à cet égard et d'ordonner des recherches dans les écuries et autres locaux suspects d'en renfermer et de déférer les délinquants aux tribunaux.

» Les officiers ont le droit de se défaire des chevaux qui sont leur propriété. »

En même temps on adressait aux Cantons les instructions suivantes, relatives aux soins à donner à ces animaux, à leur entretien et à leur surveillance.

Berne, le 9 février 1871.

Le Département militaire fédéral aux Gouvernements des Cantons.

Les chevaux de l'armée française internée ont été répartis entre un certain nombre de Cantons et devront être successivement vendus aux enchères publiques. Nous prendrons des mesures spéciales au sujet de cette vente. En attendant, nous prions les Cantons intéressés de prendre les dispositions suivantes :

Les chevaux que chaque Canton a reçus, doivent être réunis en aussi grand nombre que possible, afin de faciliter leur surveillance.

Les militaires internés qui sont au fait du pansage et notamment les soldats du train doivent être, autant que possible, employés à les soigner.

Ces chevaux devront être l'objet de la plus stricte surveillance. Pour cela, il sera préférable de l'organiser par district. Elle comprendra :

1° La surveillance sanitaire ;

2° La surveillance matérielle.

Sous le rapport sanitaire, l'état dans lequel se trouvent les chevaux internés provoquera certainement des maladies épidémiques, qui n'apparaîtront que lorsque l'état de surexcitation actuel sera passé et aura fait place à une réaction inévitable.

Dans cet état de choses, il est absolument nécessaire qu'une visite du vétérinaire ait lieu chaque jour, avec le plus grand soin ; si, comme nous l'avons dit plus haut, les chevaux sont autant que possible réunis, cette visite pourra se faire avec plus de facilité.

Les vétérinaires chargés de cette surveillance devront être spécialement invités à mettre les chevaux suspects, au plus vite, à l'écart et à en faire rapport immédiatement au Vétérinaire en chef, ainsi que sur tous les cas extraordinaires qui pourraient se présenter. Dans les cas urgents, le vétérinaire du district est autorisé à les faire abattre. — Le Vétérinaire en chef réside pour le moment à Neuchâtel.

Pendant les premiers jours, les chevaux ne devront pas être réunis en trop grand nombre, dans des écuries dont la température est élevée, car un transfert subit dans une écurie à température chaude et altérée, après un séjour de plusieurs semaines en plein air, provoquerait inévitablement des maladies. Il faut en conséquence, veiller à ce qu'ils soient logés dans des granges, remises, etc., bien aérées.

Quant à la nourriture, la ration fédérale ne doit pas tout d'abord être délivrée en entier, mais être donnée en petite quantité et aller en augmentant jusqu'à la ration complète. Une transition rapide des privations au superflu serait préjudiciable et occasionnerait, non-seulement une perturbation dans les fonctions digestives, mais même le typhus.

Sous le rapport matériel, les inspecteurs devront s'assurer par un contrôle exact, si le nombre des chevaux indiqués est toujours le même, et ils devront surtout exercer ce contrôle sur l'équipement et le harnachement, en se basant sur l'inventaire qui en aura été fait.

Les officiers qui ont conduit les colonnes de chevaux dans les Cantons, doivent être tenus de remettre un état exact des chevaux vivants et du matériel qu'ils ont amenés, et les inspecteurs de district seront rendus responsables de tout ce qui leur aura été remis.

Un fonctionnaire qualifié, devra être désigné dans chaque Canton pour tout ce qui concerne les chevaux internés ; c'est à lui que devront être adressés les états et les rapports effectifs.

Le Commissariat des guerres central paiera une indemnité de fr. 2,50 par jour, pour tous les chevaux dont l'existence sera établie par les états et les rapports effectifs règlementaires, mentionnés ci-dessus.

En vous laissant le soin de pourvoir aux dispositions ultérieures de détail, nous croyons devoir encore vous faire tout particulièrement observer, que la vente pourra s'effectuer avec d'autant plus de facilité et dans des conditions d'autant plus avantageuses, si vous veillez, par l'intermédiaire de vos agents, à ce que rien ne soit négligé dans les soins à apporter au logement, à l'entretien, ainsi qu'à l'état sanitaire des chevaux.

Le Chef du Département militaire fédéral,

WELTI.

De son côté, le Commandant de la IVe division avait donné l'ordre du jour suivant aux troupes sous ses ordres, en exécution des prescriptions de la circulaire du 8 février, du Département militaire fédéral :

« Il est interdit aux militaires faisant partie de la IVe division, d'acheter aux sous-officiers et soldats français internés, des chevaux ou des effets d'armement et d'équipement.

Quant aux objets appartenant à MM. les officiers français, ils ne pourront être achetés qu'après constatation de l'identité des vendeurs, afin d'être certain que ces objets sont bien leur propriété.

Les contraventions au présent ordre seront sévèrement punies, et la responsabilité de son exécution appliquée rigoureusement aux officiers de la division qui, ayant eu connaissance de ces contraventions, ne les auront pas punies ou n'auront pas procuré l'arrestation des inculpés.

Le présent ordre sera lu à chaque compagnie, à un appel général en armes, pendant trois jours consécutifs. »

Le Commandant de la IVe division,

Ch. BONTEMS, colonel.

Ces mesures durent être prises à la suite du fait, qu'un certain nombre de soldats français, pressés de se débarrasser d'un fardeau gênant, ou mus par un coupable désir de se procurer de l'argent, n'avaient pas craint de donner ou de vendre à vil prix les effets d'équipement qui leur étaient confiés ou les chevaux de l'Etat qu'ils avaient à conduire.

Dans les cantons de Vaud et de Neuchâtel, où, grâce à la confusion résultant de l'entrée en masse de l'armée et de son matériel, il avait été facile aux soldats de se défaire de leurs montures ou des attelages, il y eut une grande quantité de chevaux entre les mains des particuliers. De nombreux rapports signalèrent ces ventes illicites et avisèrent en outre, qu'un grand nombre d'effets d'armement ou d'équipement se trouvaient dans la possession des particuliers ou des militaires suisses.

En conséquence, le général Herzog publia l'ordonnance suivante, avant de faire opérer des perquisitions et des visites domiciliaires par voie juridique, chez toutes les personnes soupçonnées d'être en possession d'objets appartenant à la France :

LE GÉNÉRAL

Commandant en chef de l'armée fédérale,

Informé que des habitants en assez grand nombre, sont détenteurs de chevaux, armes ou autres objets appartenant à l'armée française et voulant prévenir tout ce qui pourrait compromettre l'honneur national et le caractère de l'hospitalité que la Suisse offre à cette armée,

ORDONNE :

1° Dans le délai de trois jours, à partir de la publication de la présente ordonnance, tous les détenteurs de chevaux, d'armes ou d'autres objets quelconques provenant de l'armée française qui s'est réfugiée en Suisse, devront en faire la remise à l'Autorité communale ou municipale du lieu de leur domicile, qui leur en délivrera un reçu.

2° Les personnes qui prétendraient posséder ces objets à titre régulier ou avoir un droit quelconque sur ce qu'ils détiennent, devront en faire la déclaration et remettre en même temps les pièces à l'appui de leur prétention.

3° Les autorités communales ou municipales prendront les ordres du gouvernement de leur Canton pour les détails d'exécution de cette mesure.

4° Ceux qui ne se conformeront pas à la présente ordonnance, seront immédiatement l'objet de poursuites pénales.

Donné au quartier-général, Neuchâtel, le 11 février 1871.

HANS HERZOG, général.

Cette ordonnance un peu tardive, n'eut pas tout l'effet désiré ; elle mit fin aux transactions illicites, mais elle ne fit rentrer que fort peu des objets déjà en mains des particuliers. Il fallut dès lors prendre de sévères mesures de répression.

Les gouvernements des Cantons frontières furent invités à faire procéder à des perquisitions et à user de tous les moyens que leur donnaient les lois, pour faire restituer les effets vendus illicitement ou volés.

En même temps, afin de parer à la cause première de ces ventes illicites et pour prévenir de nouveaux faits du même genre, le Département militaire fédéral ordonna de payer au plus tôt, la solde aux soldats français qui étaient presque tous absolument dénués de ressources. Au fur et à mesure que les détachements eurent gagné le lieu de leur internement, la solde leur fut comptée à partir du 1er février et payée aussitôt.

L'ordonnance du général ayant été répandue partout dans le public et dans toutes les administrations, la Direction fédérale des postes informa le Département militaire, que plusieurs Directions d'arrondissement, entr'autres celle de Neuchâtel, lui signalaient le fait, qu'un nombre assez considérable de colis étaient consignés dans les bureaux de poste et paraissaient contenir des armes ou des effets militaires français, que des soldats suisses expédiaient dans l'intérieur.

Le quartier-général en fut aussitôt informé et le capitaine à l'état-major judiciaire, Eugène Borel, auditeur de la 12e brigade, fut désigné pour instruire une enquête sur les faits signalés et prononcer le séquestre de tous les colis d'une nature douteuse.

Le Département des postes invita également tous les bureaux à retenir provisoirement les envois qui leur seraient adressés et à en aviser immédiatement l'auditeur, en lui transmettant la liste des paquets séquestrés, avec la copie exacte de leur adresse.

Pendant que ces mesures s'exécutaient, le capitaine Borel procéda à des perquisitions et à des visites domiciliaires dans diverses localités du Canton de Neuchâtel, voisines de la frontière, que des rapports parvenus de divers côtés accusaient de cacher un grand nombre de malles, de bagages d'officiers et d'autres effets personnels.

Les recherches minutieuses auxquelles la justice militaire se livra, firent en effet découvrir beaucoup de valises, caisses ou malles forcées, qui paraissaient effectivement appartenir à des officiers français, et de plus une certaine quantité d'armes. L'enquête constata que, lors de l'entrée de l'armée et les jours qui suivirent, pendant lesquels les traînards ne cessèrent de se présenter sur tous les points de la frontière et en dehors de la ligne gardée par nos troupes, le bord des chemins était jonché de toute sorte de colis, d'armes et d'effets, que les voitures de réquisition principalement, avaient jetés afin de s'alléger et de pouvoir si possible rentrer immédiatement en France. Dans la préoccupation où l'on était d'accueillir d'abord les hommes, de les nourrir et de les conduire dans l'intérieur, on ne put pas immédiatement prendre des mesures pour rassembler ces objets épars et les diriger sur un arsenal.

Les renseignements fournis par les inculpés et en général par les témoins appelés pour éclairer la justice, concordent tous plus ou moins à dire, que les conducteurs des voitures auxiliaires, à peine arrivés sur le sol suisse et dès qu'ils pouvaient le faire hors de la vue de nos soldats, jetaient leur chargement à terre, brisaient les caisses et les malles et pillaient leur contenu, qui la plupart du temps, consistait en linge et en vêtements. Des francs-tireurs furent vus à plusieurs reprises frapper à coups de hache des colis ammoncelés le long des routes et choisir tranquillement parmi les objets qui y étaient renfermés; les habitants des environs voyant cela, ne voulurent pas rester en arrière et achevèrent le pillage; les uns rassemblèrent et prirent tout ce qui leur tomba sous la main, les autres se contentèrent de prendre un objet ou un autre, le plus souvent sans la moindre valeur réelle et évidemment à titre de souvenir.

Il fut constaté aussi, que des soldats français déposèrent des bagages dans des maisons foraines dont ils prirent soigneusement l'adresse, en disant qu'ils viendraient les réclamer, ce qui n'eut lieu que dans un ou deux cas, car la plupart du temps les légitimes propriétaires furent retrouvés plus tard.

Tous ces colis furent saisis et expédiés à Berne dans des wagons plombés, par les soins du capitaine Borel, et l'administration militaire se chargea de les remettre à qui de droit. Quant aux armes, aux munitions et aux caisses pleines de balles, elles furent dirigées sur le dépôt de Thoune.

On fit saisir également dans diverses maisons écartées, le long de la frontière, dix-neuf voitures à deux et à quatre roues, un certain nombre de selles, de harnais, des outils de pionniers et un fourgon complet du génie.

Des officiers suisses parcoururent cette contrée pour rechercher les chevaux français, et en trouvèrent trente-trois aux Bayards, trente-et-un à la Côte-aux-Fées, quatorze aux Buttes et trente-trois aux Verrières, soit cent onze chevaux, qui furent presque tous réintégrés au parc de Colombier. Ceux qui furent laissés à leurs détenteurs étaient, ou dans un pitoyable état ou achetés légalement, lorsqu'ils purent en fournir la preuve.

Les recherches faites par l'Administration des postes avec l'aide d'officiers désignés à cet effet, ne tardèrent pas à faire connaître la plupart des expéditeurs des colis séquestrés, qui faisaient tous partie des troupes en service. L'enquête sévère conduite par le capitaine Borel, pour arriver à constater comment ceux qui envoyaient des objets militaires en étaient devenus possesseurs, prouva que, dans la plupart des cas, l'envoi était antérieur à la publication des ordonnances du colonel Bontems et du général Herzog, soit avant le 11 février.

Il fut également prouvé que, sauf quelques exceptions, les militaires se croyaient les légitimes propriétaires des objets qu'ils avaient remis à la poste pour les envoyer à leur famille à titre de souvenir de ces événements mémorables. Beaucoup d'officiers français avaient cru pouvoir donner, ou autoriser à prendre des armes, des chassepots, remingtons, revolvers et des yatagans, qui appartenaient à l'Etat ; et quelques-uns donnèrent même cette autorisation par écrit à des officiers suisses qui ne paraissaient pas convaincus de leur droit d'en disposer. On constata également très souvent, que les soldats s'étaient procuré ces objets en les achetant à vil prix. Il est hors de doute cependant, que des soldats suisses ne se firent aucun scrupule de s'emparer d'une arme parmi celles qui avaient été déposées par les Français et qui étaient en monceaux, en attendant qu'on eut le temps de les expédier dans les arsenaux ; d'autres avaient pris celles qui gisaient dans des endroits écartés.

On voulut d'abord les punir sévèrement, mais lorsqu'on eût examiné attentivement les faits, on put s'assurer qu'il était fort difficile de distinguer les vrais coupables de ceux qui avaient agi de bonne foi. On n'avait souvent d'autre indice pour arriver à connaître l'expéditeur, que l'adresse du destinataire, qui fut interrogé chaque fois par l'autorité judiciaire cantonale, et la plupart du temps il fut prouvé qu'il ignorait ou du moins ne pouvait affirmer d'où lui provenait cet envoi, dont aucun avis ne l'avait prévenu. On dût donc suspendre toute poursuite pénale et on se contenta de saisir et d'envoyer au dépôt tous les objets appartenant à l'armée française.

L'auditeur, capitaine Borel, se rendit dans les bureaux des Directions postales d'arrondissement et y procéda à l'ouverture des colis séquestrés. La plupart étaient adressés dans les cantons de Berne, du Valais et de Vaud, car des bataillons de ces cantons étaient précisément à l'extrême frontière, lors de l'entrée des Français.

On saisit 74 colis à Berne, 56 à Lausanne, 35 à Neuchâtel, 2 à Zurich et 2 à Lucerne. Les Directions des autres arrondissements ne signalèrent aucun colis sujet à séquestre, et cela s'explique facilement par le fait que les paquets furent presque tous saisis à Neuchâtel, Berne, Lausanne ou dans les bureaux de poste des localités occupées par nos troupes.

Les perquisitions continuèrent chez les particuliers par les soins des Juges de paix, longtemps après que les troupes eurent été licenciées et on retrouva ainsi un nombre très considérable d'objets qui furent réintégrés dans les arsenaux. Jusque dans les mois de novembre et de décembre 1871, on continua les recherches, partout où on fut avisé qu'il se trouvait des objets militaires.

Le Canton de Vaud, qui avait livré passage à la majorité de l'armée et dont une partie des troupes occupait la Vallée du lac de Joux et d'autres points de la frontière, fut aussi l'objet de perquisitions spéciales, principalement dans les localités du pied du Jura, car de nombreux rapports signalaient à l'Autorité fédérale que des chevaux, des armes et d'autres effets étaient vus journellement chez beaucoup de particuliers. La Légation de France, qui, de son côté, paraît en avoir été informée, demanda la restitution de tous ces objets et qu'une enquête fut instruite pour découvrir leur provenance.

Le capitaine à l'état-major judiciaire S. Bury, à Lausanne, fut chargé de la direction de ces recherches pour le Canton de Vaud et il déploya la plus grande activité pour rechercher tout ce qui appartenait à l'armée de l'Est. Grâce à sa perspicacité et à celle de ses agents, on découvrit une quantité de chevaux et quelques-uns même dans des endroits où les receleurs les croyaient certainement à l'abri le plus sûr; on en trouva dans des caves, dans des arrière-cuisines et dans des locaux où il avait fallu à coup sûr les transporter à force de bras.

Tous les délinquants furent traduits devant les tribunaux et condamnés dans la mesure de leur culpabilité.

Dans bien des cas on ne put obtenir des preuves suffisantes contre eux, ou on acquit la certitude qu'ils n'avaient pas cru commettre un acte fautif en acquérant des effets ou des chevaux mis en vente par les soldats. Dès le 8 février, les Juges de paix commencèrent des perquisitions dans toutes les communes de leur ressort, principalement dans la partie du Canton située le long du Jura, le long de la frontière de Neuchâtel et les rives de ce lac. Un grand nombre d'effets et d'armes furent ainsi retrouvés. Beaucoup d'effets avaient été laissés dans des maisons par les soldats qu'on y avait recueilli et qui les avaient donnés comme gage de leur reconnaissance.

Des chevaux en assez grand nombre, avaient été abandonnés par leurs conducteurs, parce que les privations de toute espèce et la fatigue ne leur permettaient pas de suivre les colonnes; recueillis par les habitants, nourris et soignés par eux, ils revenaient à la vie et ils les avaient gardés, parce que sans leur secours ils auraient infailliblement péri. Il est à observer, que très fréquemment les soldats français ont surpris la bonne foi des citoyens en leur offrant en vente des chevaux, qui, disaient-ils, étaient la propriété d'officiers qui les avaient chargés de les vendre. Il est évident que ceux qui se sont laissés tromper de cette manière y ont mis de la complaisance, car il leur eût été facile de s'assurer des droits de propriété des vendeurs et si eux-mêmes avaient la faculté d'acheter; ils en ont supporté les conséquences civiles, mais en l'absence de ceux qui les avaient trompés, la justice pénale n'a pu que difficilement sévir contre eux, malgré la connaissance qu'ils devaient avoir de l'ordonnance fédérale du 16 juillet 1870, sur la neutralité de la Suisse.

La seule disposition du Code pénal vaudois qui fut juridiquement applicable aux achats de cette nature, se trouve contenue dans l'article 301 ainsi conçu : « Celui qui » achète ou reçoit à titre de gage, un objet d'un enfant ou d'une personne qui ne peut » pas raisonnablement en être présumé le propriétaire légitime sans s'être fait justifier » les droits du détenteur à la possession de cet objet, est passible d'une amende qui ne » peut excéder soixante francs, ou d'une réclusion qui ne peut excéder quinze jours. »

Le nombre des chevaux que les Juges de paix annoncèrent avoir en fourrière s'éleva d'abord à 546, mais bientôt il s'augmenta de tous ceux qu'on découvrit isolément et il ne tarda pas à atteindre le chiffre de 675, dans le canton de Vaud seulement.

On procéda alors à un examen sérieux de ces animaux et on chercha ensuite à régler, autant que possible à l'amiable, les réclamations présentées par les détenteurs qui prétendaient les posséder légitimement. Le résultat fut le suivant :

294 chevaux ont été vendus à leurs détenteurs et ont produit . . .	Fr.	8,344	—
207 » ont été restitués, après que le propriétaire se fut légitimé.			
62 » ont été conduits au parc et sont rentrés en France.			
67 » ont été saisis, vendus aux enchères et ont produit . .	»	13,576	50
40 » ont péri ou ont dû être abattus depuis le séquestre.			
5 » ont été rendus à des Français qui les avaient laissés en dépôt			

675 chevaux, soit ensemble	Fr.	21,920	50
dont à déduire les frais de recherche, de procédure, d'enquête, etc. . .	»	4,450	—
Produit net .	Fr.	17,470	50

qui ont été portés au crédit du compte de l'internement.

Des particuliers, au nombre de quatre-vingt-un, réclamèrent soit des indemnités, soit le prix de l'entretien du cheval chez eux avant qu'il fut séquestré, prétendant l'avoir légitimement acquis.

L'officier chargé du règlement de toutes ces questions litigieuses, reçut pour instruction, de prendre pour base le système d'une indemnité variable suivant les cas et moyennant laquelle le détenteur conservait l'animal séquestré.

Chaque cas fut examiné en présence d'un Juge de paix et d'experts nommés par les parties, et ces tractations ont donné lieu à peu de récriminations, car on laissait toujours le choix à l'individu ou de se soumettre à la décision prise ou de perdre l'animal, sauf à réclamer ultérieurement le prix de la pension et de l'achat supposé.

Cette manière de procéder a évité ainsi de nombreux litiges, car plusieurs des personnes en cause annonçaient vouloir intenter une action judiciaire, soit aux Juges de paix, soit au Canton ou à la Confédération, ce qui aurait causé de grands frais, hors de toute proportion avec la valeur réelle des chevaux et les frais de leur entretien. Il est hors de doute, que les recherches faites partout ont pu épargner quelques individus de mauvaise foi dont la ruse a déjoué l'action de la justice, mais pour les découvrir, on aurait été forcé d'user de vexations vis-à-vis d'un grand nombre de propriétaires légitimes et leur résultat n'eût point été en rapport avec les frais considérables que cela eût occasionné.

Tout ce qui fut séquestré en fait d'armes ou d'objets d'équipement fut saisi sans exception et sans indemnité. Malgré le soin qui fut apporté à rechercher tout ce qui appartenait à l'armée française, il peut exister encore chez des particuliers des objets qui n'ont pu être découverts, mais des perquisitions domiciliaires toujours vexatoires, ne donneraient sans doute que peu de résultat. Beaucoup de gens ont ramassé après coup, des armes ou d'autres objets jetés dans la neige, en dehors des points gardés par nos troupes, et leur ont donné des soins sans lesquels ils seraient aujourd'hui de nulle valeur.

Les Juges de paix ont reçu pour direction de reprendre leurs enquêtes chaque fois que des faits certains de vol d'armes ou d'effets français parviendront à leur connaissance. On verra plus loin, que ce ne fut pas en vain et que jusque en automne on découvrit par-ci et par-là des objets qui furent restitués à la Commission française.

Les recherches faites dans le Canton de Vaud, ont eu pour résultat de faire consigner au parc d'Yverdon, depuis la clôture de l'inventaire dressé contradictoirement par les délégués militaires des deux pays :

<table>
<tr><td align="right">480</td><td>selles,</td><td></td></tr>
<tr><td align="right">288</td><td>couvertures de cheval,</td><td></td></tr>
<tr><td align="right">249</td><td>housses de feutre et de drap,</td><td></td></tr>
<tr><td align="right">60</td><td>bâts.</td><td></td></tr>
<tr><td align="right">43</td><td>colliers,</td><td></td></tr>
<tr><td align="right">56</td><td>porteurs de devant,</td><td rowspan="4">bricoles.</td></tr>
<tr><td align="right">66</td><td>sous-verge de devant,</td></tr>
<tr><td align="right">71</td><td>porteurs de derrière,</td></tr>
<tr><td align="right">84</td><td>sous-verge de derrière,</td></tr>
</table>

70   surfaix,

94   harnais à collier,

34   harnais incomplets,

En outre, un grand nombre d'effets de cuisine, gamelles, cantines, etc., retrouvés la plupart du temps dans un tel état, que leur valeur est absolument nulle. Ils ont été cependant réintégrés au parc, en même temps qu'une quantité d'objets tout à fait insignifiants, grâce au zèle déployé par les Juges de paix.

Cependant la cherté excessive des fourrages, provenant de récoltes déjà insuffisantes et d'une augmentation considérable dans la consommation, rendait l'entretien journalier des chevaux français hors de proportion avec la valeur intrinsèque de la plupart de ces animaux affaiblis et maladifs, que des soins attentifs et une nourriture abondante pendant un temps assez long pouvaient seuls remettre en bon état. En outre, il importait de ménager la nourriture du bétail et des chevaux du pays et on désirait ne pas augmenter inutilement les frais à la charge de la France, aussi le Haut Conseil fédéral décida-t-il de faire procéder à leur vente, se réservant de la suspendre si elle ne produisait pas un résultat satisfaisant.

En conséquence, les directions suivantes furent adressées à tous les Cantons qui en hébergeaient :

Berne, le 17 février 1871.

Le Département militaire fédéral aux Gouvernements des Cantons.

En considération de la disette de fourrages qui règne dans plusieurs contrées de la Suisse et de l'impossibilité qui en résulte de nourrir, pendant longtemps, un aussi grand nombre de chevaux, que celui qui a été amené sur territoire suisse par l'armée française de l'Est, le Conseil fédéral a décidé de faire procéder à leur vente.

En exécution de cette décision et après avoir entendu le préavis d'une commission spéciale, composée de MM. Zangger, vétérinaire en chef; lieutenant-colonel Hafner, Horand, vétérinaire d'état-major; Schœnenberger, conseiller d'Etat; Wehrli, colonel fédéral; Bieler, vétérinaire d'état-major; Riem, conseiller national; Vogel, ancien conseiller national, et Bovet, capitaine fédéral, le Département a décidé ce qui suit :

1° La direction supérieure et la surveillance de la vente sont confiées à la commission centrale ci-dessus mentionnée.

2° Chaque Canton dans lequel des chevaux sont internés, nommera une commission de vente composée de trois membres au moins et de cinq au plus, commission qui, de concert avec une délégation de la Commission centrale, organisera les enchères dans des endroits convenables et pourvoira à leur publication.

18

3⁰ Une exception est faite pour le canton de Berne qui nommera une commission de trois membres pour chacune des trois localités de vente : Berne , Bienne et Herzogenbuchsee.

4⁰ Les enchères qui auront lieu à Thoune, seront organisées directement par le Comité central; dans ce but, Messieurs Zangger, Riem, Horand, Schœnenberger et Wehrli en sont spécialement chargés. Cette commission dirigera et surveillera également les enchères principales qui auront lieu à Berne, Bienne, Herzogenbuchsee et Aarau.

5⁰ Les Cantons communiqueront sans délai aux délégués du Comité central qui leur seront désignés, les noms des membres des comités cantonaux.

6⁰ Les membres du Comité central se mettront personnellement en relations avec les comités locaux afin de diriger les enchères et de pourvoir, cas échéant, à la vente de gré à gré, dans le sens des décisions de la Commission centrale.

Ils se répartissent comme suit :

Pour le canton de *Vaud* . . . . . Monsieur *Bieler.*
  » les cantons de *Fribourg* et de *Neuchâtel* »   *Wehrli.*
  » le canton de *Berne* . . . . »   *Riem.*
  » le canton de *Soleure* . . . . »   *Vogel.*
  » le canton de *Bâle-Campagne* . . . »   *Horand.*
  » les cantons de *Lucerne* et de *Schwyz* . »   *Schœnenberger.*
  » le canton d'*Argovie* . . . . . »   *Horand.*
  » le canton de *Zurich* . . . . »   *Zangger.*
  » les cantons de *Thurgovie* et de *St-Gall* »   *Hafner.*

Ces membres sont tenus d'assister aux enchères qui auront lieu dans leur arrondissement. Les autres membres de la Commission devront également y participer autant que possible.

7⁰ Les enchères principales auront lieu aux époques suivantes :

A *Thoune*, du 27 février au 4 mars.
A *Berne*, du 6 au 10 mars.
A *Aarau*, du 13 au 18 mars.
A *Bienne*, du 20 au 25 mars.
A *Herzogenbuchsee*, du 27 au 31 mars.

8⁰ Les enchères secondaires auront lieu comme suit :

A *Rapperswyl*, le 21 février.
A *Wyl*, le 22 février.
A *Liestal*, du 22 au 25 février.
A *Wattwyl*, le 23 février.
A *Fribourg*, du 23 au 28 février.
Dans le canton de *Vaud*, du 23 février au 4 mars.
A *St-Gall*, le 21 février.

A *Allstetten*, le **25** février.

Dans le canton de *Thurgovie*, du 1er au 4 mars.

  »   » *Schwyz*, du 1er au 4 mars.

  »   » *Soleure*, du 1er au 4 mars.

  »   » *Zurich*, du 6 au 11 mars.

  »   » *Neuchâtel*, du 9 au 11 mars.

9° *Organisation de la vente.*

a) La Commission centrale est chargée de la publication des enchères principales qui auront lieu à Thoune, Berne, Bienne, Herzogenbuchsee et Aarau, et les comités cantonaux, de celle des autres enchères locales.

b) Les comités cantonaux pourvoiront aux localités nécessaires pour le logement des chevaux à vendre aux enchères, pour les fourrages, les palefreniers ; ils désigneront des personnes qualifiées pour leur inspection sanitaire, ainsi que le personnel de garde nécessaire.

c) Les comités cantonaux pourvoiront à ce que les transports arrivent à temps et à ce que tous les chevaux soient, avant de les vendre, marqués au fer rouge, d'un numéro sur le sabot gauche de derrière, si toutefois cela n'a pas déjà eu lieu.

d) Ils doivent être pourvus d'un licol de sangle ; les licols en cuir seront réunis, inventoriés et expédiés à l'Administration fédérale du matériel de guerre français.

e) Un espace convenable et fermé par une clôture, devra être affecté dans chaque local d'enchères, à la visite et à la mise en vente des chevaux ; le public assistera à la visite de ceux qui sont à vendre, mais ne sera pas admis à pénétrer dans l'intérieur de l'enceinte dont l'entrée n'est permise qu'aux fonctionnaires des enchères et aux membres des Comités.

f) Les Cantons fourniront le personnel sanitaire nécessaire, pour que chaque cheval soit soumis à une visite de police minutieuse avant sa mise en vente.

g) Les dispositions nécessaires seront prises, pour que le public puisse visiter les chevaux avant les enchères.

h) Elles commenceront chaque matin à 9 heures et seront continuées sans interruption jusqu'à 5 heures du soir, au plus tard.

i) Le secrétaire tiendra un procès-verbal des opérations. Ce procès-verbal contiendra le numéro de contrôle cantonal, l'âge, le sexe, la taille et le manteau, ainsi que les offres, le résultat de l'enchère, et en cas de vente, le nom de l'acheteur. Ce procès-verbal sera signé par le personnel fonctionnant et par les délégués fédéraux. Le Commissariat des guerres du Canton en établira immédiatement un double ; il transmettra au Vétérinaire en chef les procès-verbaux et les actes de vente conclus de gré à gré et en enverra le produit au Commissariat des guerres central.

k] Dès que la vente ou les enchères seront terminées, il sera procédé au paiement immédiat des vacations des membres des comités locaux, des fonctionnaires qui ont été employés, du personnel accessoire, maréchaux-ferrants, etc., et le compte en sera porté au pied du procès-verbal.

Les membres des comités locaux recevront dix francs par jour et un franc vingt centimes d'indemnité de route, aller et retour, par lieue de distance, soit soixante centimes par lieue parcourue.

L'indemnité à payer aux fonctionnaires, le salaire des palefreniers, domestiques, maréchaux-ferrants, etc., devront être fixés avant le commencement des enchères par les comités locaux, en tenant compte des usages des différentes localités.

10° Nous vous adressons comme annexes, les conditions spéciales des enchères, conditions qui devront être rendues suffisamment publiques et que vous voudrez bien faire afficher dans les locaux où elles auront lieu.

Le Département soussigné, prie les Hauts Gouvernements des Cantons, de vouloir bien pourvoir à la stricte exécution des dispositions qui précèdent et d'agréer à cette occasion, l'assurance de sa considération distinguée.

Le Chef du Département militaire fédéral,

WELTI.

Conditions des enchères pour la vente des chevaux de l'armée française.

1° La vente sera faite au comptant et sans garantie pour vices redhibitoires quelconques.

2° Aussitôt après l'adjudication, chaque cheval vendu sera pourvu d'un licol de sangle et remis à l'acheteur, à ses risques et périls à partir de ce moment.

3° Il ne sera vendu aucun cheval qui, le jour de l'enchère, serait reconnu suspect de maladie contagieuse par les experts sanitaires.

4° On fera connaître le numéro du contrôle cantonal, l'âge, le sexe, la taille et le manteau de chaque cheval exposé en vente, après quoi on entendra les offres. Il ne sera pas admis de surenchère au-dessous de cinq francs.

5° La délégation du Comité central décidera de l'adjudication des chevaux. Elle pourra, si les offres ne lui paraissent pas suffisantes, les retirer de la vente, les faire conduire à un autre lieu d'enchères ou en effectuer la vente de gré à gré.

6° La vente de gré à gré sera faite immédiatement après la fin ou pendant l'interruption des enchères et aux mêmes conditions que celles-ci, mais seulement pour une somme dépassant l'offre la plus élevée. La vente sera dirigée par un délégué du Comité central; ce délégué pourra en charger un membre du comité local qualifié. Pour chaque vente de gré à gré, il sera dressé un procès-verbal qui devra être signé par l'acheteur et par le vendeur.

7° Les présentes conditions devront être publiées et affichées dans le local des enchères.

Berne, le 17 février 1871.

Le Chef du Département militaire fédéral,

WELTI.

———

Les opérations auxquelles ont donné lieu l'internement, la vente, etc., des chevaux, pendant leur séjour, sont consignées dans le tableau ci-joint, qui résume d'une manière générale la marche qui a été suivie à cet égard :

Tableau récapitulatif des mutations survenues parmi les chevaux internés.

CANTONS	Chevaux internés.	Vendus aux enchères.	Abattus.	Péris.	Rentrés en France.	Disposé d'une autre manière.	TOTAL	PRODUIT NET de la vente.
Zurich	1110	25	35	4	1046	—	1110	7,096 15
Berne	3319	542	—	125	2303	349	3311	194,007 25
Lucerne	903	743	18	13	124	5	903	204,880 60
Schwytz	129	70	—	16	43	—	129	13,073 06
Fribourg	685	446	6	—	218	15	685	132,551 50
Bâle-Campagne	382	369	6	7	—	—	382	92,284 73
Soleure	620	277	10	3	281	49	620	72,342 40
St-Gall	478	478	—	—	—	—	478	133,918 80
Argovie	1087	109	8	29	941	—	1087	21,260 90
Thurgovie	454	204	18	7	225	—	454	56,986 64
Vaud	1340	826	—	273	235	—	1340	213,170 10
Neuchâtel	360	20	—	4	328	6	360	8,628 65
Genève	—	—	—	8	895	8	903	— —
	10867	4109	101	481	6639	432	11770	1,150,200 78

Sur le nombre total des chevaux, dix-sept n'ont pu être retrouvés, ayant été volés et les recherches faites à leur sujet étant restées infructueuses, ce qui porte à 11,787 le nombre des chevaux nourris par les soins de l'Administration fédérale.

La différence entre le nombre des *chevaux internés* et le *nombre total* est de 903, qui figurent sous la rubrique « Genève » parce que c'est par cette ville que la plus grande partie d'entre eux est rentrée en France, après en avoir laissé huit qui y ont péri. C'étaient des chevaux de la gendarmerie, des généraux et ceux des officiers à qui ils avaient été rendus. — Dans la colonne « Disposé d'une autre manière » figurent ceux qui ont été restitués à leurs propriétaires après enquête ; ceux qui ont été laissés en arrière pour cause de maladie et dont la plupart sont péris ; ceux qui étaient atteints de graves maladies et soignés à l'Ecole vétérinaire à Berne ; puis ceux qui, retrouvés par les soins de l'Autorité judiciaire, étaient sous séquestre et ont été vendus depuis l'évacuation.

Le produit total de la vente des chevaux a été de . . . . Fr. 1,154,459 04
Celui de la vente aux enchères de . . . . » 1,150,200 78

La différence de   Fr.   4,258 26

provient de la vente des chevaux séquestrés ou guéris et du produit des peaux de ceux qui ont été abattus, lorsqu'il n'y avait pas du danger à les vendre. Le prix le plus bas qui ait été payé est fr. 10, le plus élevé fr. 1000, et la moyenne par cheval est de fr. 279,92.

Un certain nombre d'officiers français s'étaient dès leur entrée en Suisse, défaits des chevaux qui leur appartenaient, mais la plupart de ceux qui étaient montés préférèrent les conserver. On avait dû dès lors, prendre des mesures pour leur entretien, ce que le Département militaire fédéral fit connaître par la circulaire suivante :

Berne, le 8 février 1871.

Nous avons pris les dispositions suivantes, à l'égard des chevaux qui sont la propriété des officiers français :

1° Il sera bonifié aux officiers qui possèdent un cheval et qui ont le droit d'en avoir un, une indemnité de deux francs cinquante centimes par jour, pour logement, nourriture et entretien.

2° Les Commandants de dépôt des officiers internés auront à établir un état séparé de ces chevaux, avec l'indication de leurs propriétaires.

Ils feront certifier sur cet état, par trois des officiers français les plus anciens en grade du dépôt :

a) que les officiers dont il est question ont véritablement droit à un cheval, d'après la position qu'ils occupent dans l'armée;

b) que ces chevaux sont bien leur propriété personnelle;

c) qu'ils existent en réalité à leur suite.

Les chevaux qui ne sont pas la propriété des officiers, mais bien celle de l'Etat, devront être signalés au Département militaire fédéral, après que l'Autorité militaire cantonale en aura été avisée. Des dispositions seront prises à leur sujet.

Le Chef du Département militaire fédéral,

WELTI.

En effet, le 13 février, cette disposition fut étendue aux chevaux de l'Etat délivrés en prêt ou en location à des officiers, et elle fut portée à la connaissance des intéressés par la circulaire suivante :

Berne, le 13 février 1871.

Le Département militaire fédéral aux Autorités militaires des Cantons et aux Commandants des dépôts d'officiers.

Le Département vous a fait connaître, qu'il a pris une mesure à teneur de laquelle les officiers français recevraient pour les chevaux qui leur appartiennent, une indemnité de deux francs cinquante centimes par jour et par cheval. Il a décidé aujourd'hui de l'étendre à ceux qui appartiennent à l'Etat, mais qui ont été remis aux officiers avant le passage en Suisse de l'armée française, pourvu qu'ils soient encore entre leurs mains.

A cet effet, les officiers que cela concerne, devront vous remettre une déclaration par laquelle ils s'engagent à les garder, jusqu'à leur rentrée en France.

Les Commandants des dépôts d'officiers établiront un état de ces chevaux et de leurs détenteurs pour les officiers placés sous leur commandement, et les commissariats des guerres des Cantons, pour les officiers attachés à Messieurs les généraux; ils y joindront les déclarations délivrées par les officiers et transmettront ces pièces au Commissariat des guerres central avec le compte de l'indemnité mentionnée ci-dessus, qu'ils devront payer depuis le jour à partir duquel l'entretien de ces chevaux a été à leur charge.

Les chevaux appartenant à l'Etat et qui ont été déjà repris aux officiers, pourront leur être rendus, si ceux-ci en font la demande.

Le Chef du Département militaire fédéral,

WELTI.

Là plupart des officiers avaient été séparés de leurs bagages, restés sur les chars de réquisition qui accompagnaient les corps.

Toutes les voitures ayant été réunies, on examina leur contenu et on dirigea sur Thoune les effets personnels des officiers. Un inventaire général en fut dressé, avec toutes les désignations qui pouvaient aider à les faire reconnaître et on l'adressa aux cinq dépôts des officiers, afin que ceux-ci pussent réclamer leurs malles, valises, etc., qui leur furent aussitôt expédiées. Les bagages qui restèrent, furent ensuite réunis à Berne, qui, par sa position centrale, offrait plus de facilité aux intéressés de les visiter.

Tout ce qui ne fut pas réclamé ou dont la possession ne pût être constatée, fut dirigé sur Chambéry, sous la conduite d'un jeune officier suisse et remis à l'Intendance française.

CHAPITRE IV.

Distribution de vêtements venus de France. Les internés occupés et instruits. Conférences. Propagande religieuse interdite. Incendie de l'église de Kirchdorf. Inspection des dépôts en présence de délégués militaires français. Revue du Commissariat.

Nous avons raconté comment, dès leur entrée en Suisse, les soldats avaient été pourvus du linge indispensable par les soins des divers comités de secours ou des particuliers; comment on avait lavé et réparé celui qui en valait la peine. Mais cela n'avait pu avoir lieu, que dans les localités d'une certaine importance où la population était prospère; en revanche, dans un grand nombre de villages ou de contrées moins favorisées, les secours offerts par la population avaient été nécessairement plus restreints. Les uniformes, les capotes, les pantalons et les diverses pièces de l'habillement fourni par l'Etat, avaient, en outre, beaucoup souffert et la plupart étaient fort délabrés, lorsqu'ils n'étaient pas complétement détruits.

On ne pouvait en Suisse, porter remède à cet état de choses, et les réclamations des divers Cantons et des chefs de dépôt devenant de plus en plus nombreuses et pressantes, le Haut Conseil fédéral, sur la demande du Département militaire, décida de porter à la connaissance de la Légation de France, la pénurie de vêtements qui se faisait sentir parmi les troupes internées.

Cette démarche eut un plein succès et le Gouvernement de la défense nationale prit des mesures pour le prompt envoi des objets qui faisaient défaut.

Le ministre de l'Intérieur et de la Guerre, M. Gambetta, envoya aussitôt en Suisse un délégué spécial, M. Gaïffe, chargé d'examiner les besoins des soldats et de prendre les mesures nécessaires pour y porter remède.

Avant que les vêtements annoncés eussent pu arriver, le *Comité de secours aux prisonniers*, fonctionnant à Bâle, avisa l'Autorité fédérale qu'il pouvait disposer de quelques mille paires de bas, de souliers et d'autres vêtements. Comme on n'avait pas encore de données exactes sur l'état des besoins, on renvoya les offres bienveillantes du Comité de Bâle au Chef d'état-major général de l'armée, M. le colonel Paravicini, mieux placé à ce moment là, pour fournir les indications nécessaires.

19

Le 7 février, M. Gaïffe , délégué du ministre de la Guerre , donna connaissance au Département militaire fédéral, d'une dépêche que venait de lui adresser le ministre de la Guerre, ainsi conçue :

Bordeaux, 7 février 1871, 4 heures.

« Je donne l'ordre d'expédier de Lyon à votre consignation, dix mille paires de sou- » liers, dix mille vêtements de laine, capotes ou vareuses, et dix mille chemises. »

Cet ordre reçut immédiatement son exécution, car le 9 février, à 4 heures 5 minutes, l'Intendant chargé de cet envoi, adressa la dépêche suivante à M. Gaïffe, à Berne :

« Enlèvement du matériel du service de l'habillement, à destination de Berne, a com- » mencé hier soir et sera entièrement terminé aujourd'hui 8 février. »

La note détaillée des vêtements qui allaient arriver fut également communiquée à l'Autorité militaire fédérale ; elle portait :

Capotes de soldats d'infanterie de ligne	5,000
Pantalons de soldats d'infanterie de la garde mobile	500
Vareuses de soldats d'infanterie de la garde mobile	5,000
Képis en drap de soldats d'infanterie de la garde mobile	2,000
Caleçons	1,000
Chemises de coton à col	10,000
Guêtres { de cuir	500
Guêtres { de toile	1,000
Cravates de coton bleu	1,000
Souliers (paires)	10,000

Il fut répondu à cette communication comme suit :

A Monsieur Gaïffe, délégué du ministère de l'Intérieur et de la Guerre de France,
à Berne.

Berne, 13 février 1871.

Monsieur,

Nous voyons avec plaisir, par votre lettre du 11 février courant, que votre Gouvernement a mis à votre disposition un convoi d'effets d'habillement pour les soldats français internés en Suisse. En vous transmettant nos remerciements pour cette communication, nous nous déclarons prêts à recevoir cet approvisionnement et à faire procéder à sa répartition.

Nous chargeons notre Commissariat des guerres central d'en prendre livraison et de se mettre, à cet effet, en relations avec la personne que vous voudrez bien nous désigner dans ce but.

Nous vous proposons en outre, de faire procéder à la répartition de ces effets par les Autorités militaires cantonales, suivant le tableau ci-joint.

Dans le cas où vous seriez d'accord, nous inviterions les Cantons à faire leur répartition entre chaque dépôt, en tenant compte, aussi bien du nombre des internés, que des besoins de chaque détachement et des secours déjà distribués par des tiers, comme nous l'avons, du reste, déjà prévu dans le tableau général.

Il serait procédé à cette répartition par les soins de nos Commandants de place, auxquels il serait adjoint un officier français, qui signerait avec eux un procès-verbal de l'opération pour vous être ensuite remis.

Nous vous prions, Monsieur, de bien vouloir nous faire connaître si vous êtes d'accord avec cette manière de procéder, ou si vous désirez qu'elle soit modifiée sous quelque rapport.

Agréez, Monsieur, etc.

Le Chef du Département militaire fédéral,
WELTI.

Projet de répartition des vêtements envoyés par le Gouvernement français.

CANTONS	Nombre des internés.	Capotes.	Pantalons.	Vareuses.	Képis.	Caleçons.	Chemises.	Guêtres.	Cravates.	Souliers.
Zurich	11000	600	60	600	240	120	1200	180	120	1200
Berne	20000	1150	115	1150	460	230	2300	345	230	2300
Lucerne	5000	400	40	400	160	80	800	120	80	800
Uri	400	50	5	50	20	10	100	15	10	1000
Schwytz	1000	80	8	80	32	16	160	24	16	160
Obwalden	400	50	5	50	20	10	100	15	10	100
Nidwalden	300	40	4	40	16	8	80	12	8	80
Glaris	1000	60	6	60	24	12	120	18	12	120
Zoug	700	60	6	60	24	12	120	18	12	120
Fribourg	4000	240	24	240	96	48	480	72	18	480
Soleure	3000	170	17	170	68	34	340	51	34	340
Bâle-Ville	1500	60	6	60	24	12	120	18	12	120
Bâle-Campagne	1500	90	9	90	36	18	180	27	18	180
Schaffhouse	1200	80	8	80	32	16	160	24	16	160
Appenzell (Rh.-Ext.)	1500	80	8	80	32	16	160	24	16	160
Appenzell (Rh.-Int.)	200	30	3	30	12	6	60	9	6	60
St-Gall	7000	400	40	400	160	80	800	120	80	800
Grisons	1000	70	7	70	28	14	140	21	14	140
Argovie	8800	410	41	410	164	82	820	123	82	820
Thurgovie	3900	240	24	240	96	48	480	72	48	480
Vaud	8000	400	40	400	160	80	800	120	80	800
Valais	1000	100	10	100	40	20	200	30	20	200
Neuchâtel	1000	80	8	80	32	16	160	24	16	160
Genève	1500	60	6	60	24	12	120	18	12	120
	84900	5000	500	5000	2000	1000	10000	1500	1000	10000

La réponse à cette communication ne se fit pas attendre, car le même jour, M. Gaïffe, déclara adopter entièrement les mesures proposées, ainsi que le prouve la lettre qui suit :

Berne, 13 février 1871.

Monsieur le Conseiller fédéral, Chef du Département militaire fédéral.

Monsieur le ministre,

Je vous remercie très vivement de la promptitude avec laquelle l'Administration du Département de la guerre s'est mise en état de procéder à la distribution des effets d'habillement, qui ont été mis à ma disposition par le Gouvernement français.

Me conformant au désir que vous m'exprimez, je me suis mis d'accord avec M. l'Intendant Bonfillou, Edmond, pour qu'il entre immédiatement en relations avec le Commissariat des guerres.

Le mode de répartition que le Département militaire se propose d'employer, et que vous voulez bien me faire connaître dans tous ses détails, me semble complétement irréprochable. Je ne puis donc, Monsieur le ministre, que vous réitérer mes remerciements pour toutes les dispositions prises, et vous prier d'agréer les expressions de la haute considération de votre très humble et très dévoué serviteur.

Ad. GAIFFE.

Délégué du ministre de l'Intérieur et de la Guerre de France.

Désirant se rendre compte par lui-même de l'état dans lequel se trouvaient les internés, M. Gaïffe entreprit une tournée d'inspection dans les Cantons, et en l'accréditant auprès des Autorités militaires cantonales et des Commandants de dépôt, le Département militaire fédéral le recommanda de la manière la plus pressante, en donnant les ordres nécessaires pour que sa tâche lui fût facilitée de toutes manières.

Les Cantons qui donnaient l'hospitalité à des internés et les Commandants des divers dépôts, furent avisés de cette distribution de vêtements par les circulaires suivantes :

Berne, le 12 février 1871.

Le Département militaire fédéral à l'Autorité militaire du Canton de

Le Gouvernement français a mis à la disposition du Département militaire fédéral un convoi d'habillements pour les internés, effets que nous avons répartis dans la proportion des troupes internées dans chaque Canton et en tenant compte des besoins auxquels il a déjà été satisfait, soit par les sociétés de secours, soit d'une autre manière.

La part de ces effets destinée à votre Canton se compose :

1° de .... capotes d'infanterie.
2° » .... pantalons.
3° » .... vareuses.
4° » .... képis.
5° » .... caleçons.
6° » .... chemises.
7° » .... guêtres.
8° » .... cravates.
9° » .... souliers.

Nous vous prions de répartir entre vos dépôts, ces effets que nous allons vous expédier, en tenant compte, non-seulement du nombre des internés de chaque dépôt, mais en ayant aussi égard aux différents besoins de chacune des subdivisions de troupes, ainsi qu'aux secours déjà distribués. La répartition doit être faite dans chaque dépôt par le Commandant de place, auquel sera adjoint un officier français.

Vous voudrez bien vous adresser dans ce but au Commandant du dépôt d'officiers le plus rapproché et le prier d'envoyer des officiers français en nombre nécessaire, aux lieux de dépôts qui leur seront désignés, en leur indiquant le jour où ils devront s'y présenter.

Le Commandant de place et l'officier français délégué attesteront la répartition qui aura eu lieu au moyen du formulaire ci-inclus, qui devra être établi en deux exemplaires et signé par ces deux officiers qui vous les remettront ensuite; l'un de ces exemplaires restera entre vos mains, l'autre devra être adressé au Département militaire fédéral, pour être transmis au Gouvernement français.

Nous vous prions de bien vouloir pourvoir à l'exécution de cet ordre, avec toute la célérité que comporte la nature de cette affaire.

Le Chef du Département militaire fédéral,
WELTI.

Dépôt de . . . . .

Répartition des effets d'habillement.

Il a été fait aujourd'hui à la troupe de ce dépôt, la répartition suivante des effets d'habillement envoyés par le Gouvernement français pour les militaires internés en Suisse :

(Nombre.)

Capotes . . . .

Pantalons . . . .

Vareuses . . . .

Képis . . . .

Caleçons . . . .

Chemises . . . .

Guêtres . . . .

Cravates . . . .

Souliers . . . .

. . . .

. . . . . le . . février 1871.

Le Commandant de place,   L'officier français délégué,

Berne, le 12 février 1871.

Le Département militaire fédéral à Messieurs les Commandants de dépôt
des officiers français.

Le Gouvernement français a mis à notre disposition pour les internés, une provision d'objets d'habillement. Nous avons décidé que cette répartition devait avoir lieu par l'entremise de nos Commandants de dépôt, auxquels il sera adjoint un officier français. Nous avons de plus, invité les Autorités militaires cantonales à vous demander le nombre d'officiers nécessaire, en vous indiquant l'époque où chacun d'eux devra se rendre dans le dépôt qui lui est assigné. Nous vous invitons à vous conformer aux demandes qui vous parviendront à ce sujet et à vous faire remettre par l'officier de votre dépôt le plus élevé en grade, une liste des officiers à désigner à cet effet. Vous leur donnerez ensuite les instructions nécessaires, quant à leur mission et à leur voyage.

Le Chef du Département militaire fédéral,

WELTI.

Pendant qu'on s'occupait de cette question, le Département militaire du Canton de Genève, demanda l'autorisation de disposer en faveur des soldats internés sur son territoire, de cent-cinquante-cinq paires de souliers; cinq ballots de pantalons et cinq paquets de guêtres, qui avaient été saisis dans une voiture de transport, ce qui fut aussitôt accordé.

Peu de jours après, le ministre de la marine de France, fit adresser et accompagner par un employé, une certaine quantité de vêtements destinés aux soldats de l'infanterie de marine, internés à Zurich, Aarbourg, Berne, Rapperswyl et St-Gall. La répartition de ces effets eut lieu sur la même base que la précédente, par les soins du Commissariat des guerres et de l'Intendant Bonfillou, et chaque homme de ce corps pût recevoir un vêtement de chaque catégorie; tous furent ainsi amplement pourvus.

Le 29 février, un officier du 81e régiment des mobiles de la Charente-Inférieure, remit à l'Administration fédérale :

> 1000 capotes,
> 200 vareuses,
> 200 pantalons,
> 400 caleçons,
> 400 chemises,

qui lui étaient adressés par le département où se prélève ce corps et destinés spécialement aux soldats de ce régiment. On les expédia à Langnau et dans les localités où ces soldats étaient internés en plus grand nombre. Les effets qui restèrent en surplus, furent distribués parmi les soldats les plus mal équipés, dans les Cantons dont la position ne permettait pas d'espérer de plus amples secours que ceux qui avaient déjà été fournis.

A plusieurs reprises, arrivèrent des délégués spéciaux de différentes villes ou départements de France, chargés de remettre aux soldats de leur pays des vêtements et de l'argent, envoyés par leurs concitoyens. Ils s'adressèrent au Bureau des renseignements pour connaître les localités où ces militaires étaient internés, et ils procédèrent eux-mêmes à la distribution de ces secours.

Les soldats détenus au fort du Luziensteig pour cause d'indiscipline, étaient pour la plus grande partie, pourvus de vêtements très délabrés et plusieurs d'entr'eux étaient revêtus d'habits civils, ce qui rendait leur surveillance plus difficile. A la demande du Commandant de la forteresse, on leur destina

> 50 capotes,
> 50 pantalons,
> 50 képis,
> 50 paires de souliers, et
> 50 guêtres.

Enfin, un certain nombre d'effets étant restés disponibles après le rapatriement des troupes françaises, on décida de les répartir entre les divers hôpitaux, pour les convalescents qui en auraient le plus besoin. Le 5 mai cette distribution était terminée.

Lorsque tous les soldats eurent atteint leurs dépôts et y furent convenablement installés, lorsqu'après avoir joui pendant un certain temps d'un repos complet et d'une nourriture fortifiante, ils furent à peu près remis de leurs fatigues, on songea à leur donner de l'occupation, afin de ne pas les laisser exposés à la nostalgie qu'aurait entraîné inévitablement un désœuvrement prolongé sur la terre étrangère, hors de leurs habitudes ; au milieu d'une nation sans doute sympathique et pleine de sollicitude pour leur situation, mais de mœurs, d'instincts et en partie de langage différents.

L'Autorité fédérale laissa cette question entièrement à l'initiative des Cantons, moyennant quelques prescriptions générales relatives à la discipline, à la liberté individuelle et à la liberté de conscience. Ainsi il fut formellement interdit de laisser pratiquer toute propagande religieuse, sous quelque forme ou quelque prétexte que ce fût. Les ministres des divers cultes reçurent toute facilité de voir et de parler à leurs coreligionnaires, qui purent se rendre dans les diverses églises. Les malades et les mourants reçurent la visite des ministres de leur religion, et des ordres sévères furent donnés dans les hôpitaux, pour qu'aucune pression ne fût exercée vis-à-vis de malheureux affaiblis par la souffrance.

Les aumôniers militaires, en trop petit nombre pour pouvoir suffire au soulagement moral des malades, furent aidés dans leur tâche, avec beaucoup de zèle, par les curés et les pasteurs suisses ; les Israélites reçurent aussi la visite de leurs frères.

Cependant, malgré les avis de l'Autorité, nous regrettons de devoir dire, qu'un certain nombre de personnes, animées d'un zèle d'autant plus intempestif, qu'il s'adressait à des hôtes, que la reconnaissance obligeait, en quelque sorte, à prêter l'oreille, distribuèrent de tous côtés des traités religieux. Beaucoup de soldats se plaignirent ouvertement de la persistance qui était mise à leur faire accepter ces écrits. Un certain nombre d'agents de la propagande les remirent directement aux Commandants des dépôts ; le Bureau fédéral des renseignements en reçut également de gros paquets ; quant aux soldats, la plupart les déchirèrent et on en trouvait les débris dans la boue ou épars sur le sol.

Il fut agi dans le même sens à l'égard de la propagande politique. Des comités des divers partis en France, envoyèrent des brochures destinées à être distribuées aux soldats ; tous les ballots furent séquestrés et si les soldats en reçurent, ce fut de la main même de leurs compatriotes et l'autorité suisse n'eut pas à s'en préoccuper.

Le Comité central de secours aux prisonniers, sous la présidence de M. le Dr Dubs, conseiller fédéral, prit des arrangements avec la gérance de divers journaux suisses, publiés en langue française, afin de pouvoir en remettre chaque jour quelques exemplaires dans les divers dépôts ; en outre, quelques journaux envoyèrent de leur chef des paquets de numéros antérieurs de quelques jours ; ainsi le *Journal de Genève* adressa à plusieurs reprises au Bureau fédéral des renseignements, des ballots dont le contenu fut réexpédié dans les Cantons orientaux.

L'initiative individuelle fut encore ici d'un précieux secours. Un grand nombre de personnes s'intéressèrent à la situation morale des internés et leur procurèrent des livres capables de les instruire en les distrayant. Mais combien n'y en eût-il pas, à qui le défaut complet de toute instruction rendit cette distraction impossible ! Il fallut songer aux moyens d'occuper d'une manière utile leurs nombreux loisirs.

Le Département de l'Instruction publique dans plusieurs Cantons, organisa des classes, sous la direction de personnes de bonne volonté, pour enseigner à lire, à écrire et quelques notions d'arithmétique aux soldats qui désiraient acquérir ces connaissances.

Ces classes, pour arriver à quelque résultat, durent nécessairement être peu nombreuses, et il y eût une certaine difficulté à en établir plusieurs simultanément. Cependant dans quelques localités, cela réussit assez bien, tandis que dans d'autres on se heurta contre des difficultés matérielles.

En somme, on peut dire que, si le résultat général n'a pas été brillant, au moins un certain nombre de jeunes soldats en ont-ils appris suffisamment, pour n'avoir que peu de difficultés à vaincre à l'avenir, pour parvenir à une instruction élémentaire, et d'autres ont pu s'assurer, qu'avec quelque persévérance ils ne tarderaient pas à obtenir un résultat satisfaisant.

Il est à regretter, que le court séjour des internés et le surcroît d'occupation de tout genre, que leur grand nombre occasionna à la population, n'ait pas permis de pousser jusqu'au bout l'expérience pleine d'intérêt qu'on tenta pour élever leur niveau moral et leur faire comprendre l'immense bénéfice de l'instruction populaire.

La plupart de ces écoliers d'un nouveau genre étaient pleins de zèle et de bon vouloir, et avec leur intelligence ouverte et leur nature éveillée, il est hors de doute qu'on eût obtenu bientôt d'excellents résultats.

Pour ne pas fatiguer leur bonne volonté et en intéresser un plus grand nombre à la fois, on organisa souvent des conférences sur des sujets usuels et instructifs.

On leur développa les premiers principes de l'instruction civique, on exposa la Constitution qui régit la Suisse, sa situation politique, industrielle, commerciale ; son organisation intérieure, civile et militaire ; on leur donna des aperçus sur l'histoire et la géographie qui, à ce qu'on pût en juger pendant un séjour de sept semaines parmi nous, sont presque totalement inconnues à tout militaire français, à fort peu d'exceptions près.

Dans quelques localités on alla même jusqu'à donner des séances sur l'histoire naturelle, la géologie, etc. Mais en général, soit que les personnes chargées de ces conférences n'eussent pas eu le talent de les rendre intéressantes ou de les mettre à la portée de leurs auditeurs, soit que ceux-ci fussent décidément hors d'état de les comprendre, elles eurent peu de succès et durent cesser bientôt, faute d'auditeurs, qui, comme nous l'avons dit, étaient entièrement volontaires.

20

La faculté ayant été laissée aux internés, de chercher du travail chez les particuliers, dans leurs dépôts, ceux d'entr'eux qui connaissaient un état, trouvèrent facilement à être employés. Les uns, ouvriers tailleurs, cordonniers, filateurs, tisseurs, employés de commerce, etc., etc., restèrent dans les villes, les autres furent employés aux travaux de la campagne, moyennant une autorisation spéciale et la garantie de la personne qui les employait qu'ils se présenteraient à la première réquisition. L'autorité leur laissa toute latitude pour la fixation de leur salaire, qui resta en entier entre leurs mains.

On n'eût aucune occasion de regretter la confiance qui fut placée en eux.

Les officiers qui témoignèrent le désir de changer de lieu d'internement, pour se rapprocher de parents ou d'amis, ou par motif de santé, eurent toutes les facilités pour cela ; ceux qui demandèrent à habiter Genève durent fournir une caution de cette ville, suffisamment connue. Ils étaient tous autorisés à s'éloigner pendant un jour de leur dépôt et le commandant de place pouvait porter cette permission à 48 heures ; de cette manière les officiers eurent la faculté de se visiter entr'eux et de voir un peu le pays.

Cependant, malgré toute la peine qu'on se donnait de tous côtés, pour rendre le séjour des internés aussi peu désagréable que possible, malgré toutes les concessions qu'on fit à leurs habitudes et à leur genre de vie, un assez grand nombre de cas de désertion ou plutôt d'évasion se présentèrent. Cela eût lieu principalement, dans les Cantons frontières, à Bâle-Ville, Bâle-Campagne, dans le Jura bernois et dans le Canton de Vaud. Quelques centaines de soldats et de sous-officiers et quelques officiers rentrèrent ainsi clandestinement dans leur pays. Dans le Canton de Vaud, on arrêta un certain nombre de militaires internés dans d'autres Cantons, qui cherchaient à gagner la frontière.

Il est hors de doute qu'il pouvait y avoir des cas où des questions personnelles, des intérêts pressants à surveiller, des affaires de famille, devaient rendre l'éloignement difficile à supporter, mais on savait déjà que le séjour de l'armée de l'Est serait de courte durée et que le rapatriement ne tarderait pas à s'effectuer ; il eût été donc préférable de patienter une ou deux semaines encore, plutôt que de forfaire aux lois de l'honneur et de la loyauté ; du reste, chaque fois que le départ d'un interné était rendu indispensable par des circonstances graves et authentiques, l'Autorité fédérale ne s'opposa jamais à sa rentrée en France.

Les convalescents étaient évacués au fur et à mesure que leur état permettait leur transport. Ils partaient accompagnés d'infirmiers jusqu'à Genève, où ils recevaient encore les soins indispensables ; ils y passaient la nuit et souvent même plusieurs jours et n'étaient embarqués pour la France, que lorsque leur voyage ne présentait plus aucun danger.

La santé des soldats était entretenue dans les dépôts, par des promenades journalières, qui, en leur procurant l'exercice nécessaire, leur faisaient voir le pays, ses cultures, ses mœurs, ses habitants. Des haltes dans les villages les mettaient en rapport avec la population, qui les accueillait toujours avec plaisir, et dans maint endroit leur offrait des rafraichissements.

A part ces quelques distractions, la vie dans les cantonnements était assez monotone; on ne pouvait les faire exercer, ni leur enseigner à connaître, à se servir de leurs armes qui étaient séquestrées. Cela eût été cependant fort utile, car un très grand nombre d'entr'eux ignoraient complétement leur maniement; beaucoup déclaraient n'avoir jamais tiré un coup de fusil et l'inspection des armes dans nos arsenaux vint corroborer exactement cette assertion.

Dans quelques grands dépôts on leur faisait passer de fréquentes inspections; des appels réitérés les appelaient sur les rangs; on les employait à améliorer les abords des camps, là où la troupe logeait dans des baraques, hors des villes; dans quelques localités on leur confiait des travaux d'utilité publique moyennant une rétribution fixée d'avance, mais tout cela ne suffisait pas à occuper tout leur temps. Beaucoup de soldats préféraient, il est vrai, rester étendus au soleil ou sur leur couche pendant tout le temps que le service laissait libre, mais aussi un grand nombre demandaient de l'occupation et des distractions qu'il devenait chaque jour plus difficile de leur procurer.

Le corps de la gendarmerie, qui était attaché à l'armée ne faillit point à la bonne réputation qu'il s'était acquise. Dès les premiers jours il contribua puissamment au maintien du bon ordre et de la discipline, aussi, voulant reconnaître ses services le Département militaire fédéral prit à son égard les dispositions suivantes :

Berne, le 12 février 1871.

Le Département militaire fédéral aux autorités militaires des Cantons.

En considération de la position particulière dans laquelle se trouve placé le corps de la gendarmerie, ainsi qu'en raison des bons services qu'il a déjà rendus et qu'il peut rendre encore, pour le maintien de la discipline, nous avons pris les décisions suivantes, au sujet des gendarmes à cheval qui ont pénétré en Suisse avec l'armée française de l'Est :

1. Les gendarmes français conserveront leur armement personnel; ceux qui ont déjà été désarmés rentreront en possession de leurs armes;

2. Les sous-officiers et soldats recevront une paie de 3 francs par jour et par cheval, plus une ration de fourrage. Les Commissariats des guerres des Cantons sont chargés

du paiement de cette solde, ils auront à fournir la ration de fourrage en nature et transmettront les comptes y relatifs, au Commissariat des guerres central;

3. En revanche, les gendarmes à cheval pourvoiront eux-mêmes à leur entretien.

Le Chef du Département militaire fédéral,

WELTI.

Malgré l'invitation plusieurs fois réitérée qui leur avait été faite, les soldats internés, ou du moins un grand nombre d'entr'eux, ne paraissaient pas très désireux d'entretenir des relations avec leur pays, ou leurs familles. Le bureau fédéral des renseignements recevait fréquemment des demandes d'information au sujet de militaires qui étaient en parfaite santé et depuis quinze jours tranquilles dans leurs cantonnements. Il arrivait aussi une correspondance assez considérable pour des soldats qui avaient négligé de donner leur adresse, et on perdait beaucoup de temps à chercher leurs noms sur les états nominatifs alphabétiques; cependant dans chaque dépôt un bureau de correspondance était organisé par des personnes civiles de bonne volonté, afin que ceux qui ne savaient pas écrire pussent donner de leurs nouvelles; les lettres étaient franches de toute taxe, ainsi on ne peut attribuer qu'à un laisser-aller, à une apathie regrettable, le fait que nous signalons.

Comme cela compliquait la marche des affaires on attira de nouveau l'attention des Autorités cantonales sur ce point, par la circulaire ci-après :

Berne, le 15 février 1871.

Le Département militaire fédéral aux Autorités militaires des Cantons.

Le Département soussigné, se voit obligé de vous faire observer de nouveau, combien il est nécessaire que tous les internés indiquent le lieu de leur séjour actuel, par cartes de correspondance, à leurs familles, ainsi qu'à toutes les personnes dont ils attendent des lettres.

Nous vous prions d'inviter les commandants de dépôt, à engager les internés à s'occuper de cette correspondance, et d'en faire l'objet d'une obligation de service, afin que de cette manière les uns pourvoient à la correspondance des autres.

Cela est surtout nécessaire pour les hôpitaux; vous voudrez bien donner aussi les ordres en conséquence aux médecins qui les dirigent.

Les cartes-correspondance dont vous aurez besoin devront être demandées à temps, à la chancellerie militaire fédérale.

Le Chef du Département militaire fédéral,

WELTI.

En même temps, afin de mettre un terme aux réclamations, souvent futiles, que des officiers ne cessaient d'adresser directement au Département militaire fédéral, celui-ci donna les ordres suivants aux commandants de leurs dépôts :

Berne, le 15 février 1871.

Le Département militaire fédéral à MM. les commandants des dépôts d'officiers.

Vous êtes prié de faire savoir à MM. les officiers de votre dépôt, que le Département soussigné n'admettra aucune réclamation de leur part, qui ne serait pas faite par la voie du service, c'est-à-dire, qui ne vous serait pas remise d'abord pour être adressée au Département militaire, accompagnée de votre préavis.

Les réclamations, demandes de congé, etc., qui pourraient être liquidées par vous, ne devront naturellement pas nous être adressées.

Le Chef du Département militaire fédéral,

WELTI.

———

Le nombre des malades était allé en augmentant chaque jour, pendant les deux premières semaines qui suivirent l'entrée des troupes, et la mort vint éclaircir les rangs des malheureux soldats qui remplissaient les hôpitaux.

N'étant plus soutenus par la surexcitation des marches et des combats, affaiblis par des privations de toute espèce et des fatigues sans cesse renouvelées, tous ceux dont l'organisation n'était pas vigoureuse, ne tardèrent pas à être atteints de maladies qui en conduisirent une partie au tombeau. Les formalités légales avaient été prises pour que les décès fussent constatés et notifiés aux Autorités françaises, mais il devint nécessaire de prendre des dispositions pour assurer aux familles des soldats décédés, la possession des menus objets personnels qu'ils pouvaient laisser et qui avaient ordinairement un prix plus grand comme souvenir, qu'une valeur réelle.

En conséquence, ces dispositions furent rendues publiques par les circulaires ci-après, dont la seconde complète la première :

Berne, le 17 février 1871.

Le Département militaire fédéral aux autorités militaires des Cantons.

Comme complément de l'art. 20 des instructions du 1er février courant, nous prions les autorités militaires des Cantons, de transmettre au Département soussigné, outre les actes de décès de tous les militaires français internés et décédés sur le territoire des Cantons, les objets formant la succession laissée par eux.

Ces objets devront être bien empaquetés et cachetés avec le sceau officiel; l'adresse, qui pourra être écrite sur une carte-correspondance et être cousue ou collée sur le paquet, devra contenir l'indication exacte du nom, etc., du défunt.

La succession des militaires dont les actes de décès nous ont déjà été adressés, devra nous être transmise sans retard et de la manière indiquée ci-dessus.

Enfin nous rappelons spécialement à votre attention, la prescription de nos instructions du 1er février courant, à teneur de laquelle, ce qui compose la succession laissée par un défunt, doit être indiqué avec soin au dos de l'acte de décès, qui doit être revêtu du visa des autorités militaires cantonales.

Le Chef du Département militaire fédéral,

WELTI.

Berne, le 21 février 1871.

Le Département militaire fédéral aux autorités militaires des Cantons.

Dans quelques Cantons, on a compris notre invitation d'envoyer ici la succession des soldats décédés, en ce sens que l'on devait y joindre aussi leurs habits.

Comme généralement, les habits militaires sont la propriété de l'Etat, il ne serait pas régulier de les envoyer aux héritiers, mais ils doivent, au contraire, rester dans les dépôts après avoir été désinfectés, afin de pouvoir plus tard être rendus à qui de droit.

D'autre part, des considérations sanitaires ne conseillent pas, dans la plupart des cas, de conserver les habillements, mais au contraire exigent qu'ils soient détruits.

En conséquence, nous vous prions de ne pas faire envoyer ici, à l'avenir, les habits des soldats décédés.

Le Chef du Département militaire fédéral,

WELTI.

———

Le 27 février, les 223 soldats internés qui constituaient le dépôt de Kirchdorf, Canton de Berne, coururent un grave danger; l'église dans laquelle ils étaient cantonnés depuis le 11 du même mois, prit feu vers les quatre heures du matin et l'incendie propagé rapidement par la paille de couchage et alimenté par les bancs empilés dans les bas côtés de l'édifice, prit en peu de moments une telle intensité, que les soldats ne purent s'échapper qu'à grand'peine et la plupart d'entr'eux à demi vêtus.

Malgré les secours arrivés promptement sur les lieux et seize pompes accourues des villages voisins, on ne put absolument rien sauver et quelques heures après il ne restait de cet édifice que les quatre murs noircis et les débris du clocher.

Le préfet du district de Seftigen instruisit lui-même le lendemain, une enquête sur ce sinistre et les causes qui avaient pu le déterminer. Il résulta de l'audition des soldats couchés dans ce local, que le fourneau de fer placé dans le chœur était entouré, mais à une distance convenable, de planches derrière lesquelles était entassée la paille qui servait de lit. Quelques soldats plus frileux s'étaient établis tout auprès du poële, couchés à terre ou sur des bancs; sur le matin le froid se faisant sentir plus vivement, on ralluma du feu dans le fourneau, comme on le faisait du reste chaque nuit. Tout à coup un soldat étendu près du poële se réveilla se sentant surchauffé et vit qu'une planche sur laquelle il était étendu, brûlait. Son premier mouvement fut de jeter une couverture sur le feu pour l'étouffer, puis il sortit pour chercher de l'eau dans une gamelle, mais à son retour la flamme avait gagné la paille qui brûlait déjà sur une grande étendue; il cria à ses camarades de se lever et ceux-ci réveillés en sursaut et voyant de grandes flammes s'élever autour d'eux, n'eurent que le temps de se précipiter dehors, sans prendre leurs effets qui furent en grande partie détruits.

Le président de la commune et celui de la paroisse adressèrent un rapport au Département de l'intérieur du Canton de Berne, demandant que leur église fut reconstruite aux frais du gouvernement français, puisque les soldats de ce pays étaient la cause de ce sinistre.

Une expertise juridique des lieux fut ordonnée par le gouvernement de Berne et le résultat transmis au Département militaire fédéral, avec recommandation.

La valeur de cet immeuble se montait à

Fr. 86,000 pour l'église et le clocher, sans les orgues ; dont il y a à déduire la valeur
des matériaux qu'on peut utiliser, soit :
» 24,000

Fr. 62,000 auxquels il faut ajouter
» 8,000 pour coût de nouvelles orgues, soit

Fr. 70,000 ensemble.

La commune réclamait en outre, les frais de location ou d'établissement d'un local
affecté au culte, pendant la durée de la reconstruction et l'évaluait à fr. 700, ce qui ne
parut point exagéré. En conséquence, le Département militaire présenta son rapport au
Conseil fédéral, en concluant que, vu le fait que la commune de Kirchdorf avait été
obligée de recevoir un certain nombre de soldats français à interner et que, n'ayant pas
d'autre local à affecter à leur logement, elle les avait établis dans l'église, ce qui à bien
des égards avait présenté des inconvénients pour la population ; qu'il était hors de doute,
que l'imprévoyance des soldats français étant la seule cause du sinistre, il n'était pas
juste que la commune supportât les conséquences d'un état de choses dont elle ne
saurait être rendue responsable, et qu'ainsi il y avait lieu de l'indemniser et de lui
allouer la somme fixée par les experts légaux.

Le Haut Conseil fédéral partagea cette manière de voir et dans sa séance du
2 septembre 1871, il décida que le Commissariat des guerres supérieur bonifierait à la
commune de Kirchdorf la somme de fr. 70,700, qui seraient portés au compte de la
France ; ce qui eût lieu d'accord avec les délégués de ce pays.

Dans la prévision des opinions qui pourrait se faire jour, plus tard, sur la manière
dont l'armée française de l'Est fut traitée pendant son séjour en Suisse, et dans le but
d'écarter les irrégularités qui auraient pu se produire dans l'exécution des mesures
prises au sujet des internés, et afin d'éviter des réclamations, le Département militaire
fédéral conçut le projet de soumettre ces troupes à une inspection, à laquelle des
officiers français seraient invités à assister.

La proposition qu'il en fit au Haut Conseil fédéral fut adoptée par lui le 20 février,
et on s'occupa immédiatement de mettre à exécution les dispositions générales qui
furent arrêtées.

Les dépôts des différents Cantons furent divisés en quatre arrondissements d'inspection.

Le premier, comprenant les Cantons des Grisons, St-Gall, Appenzell Rhodes-Extérieures et Appenzell Rhodes-Intérieures, Thurgovie, Zurich et Schaffhouse, fut confié au colonel fédéral G. Trümpy, de Glaris, commandant de la 22e brigade de l'armée fédérale.

Le second arrondissement, comprenant les Cantons de Glaris, Zug, Schwytz, Uri, le Haut et le Bas Unterwalden, Lucerne et Argovie, fut donné au colonel fédéral Jaques de Salis, des Grisons, commandant la IIe division.

Le troisième fut inspecté par le colonel fédéral L. Tronchin, de Vaud, commandant la 9e brigade et comprit les Cantons de Bâle-Ville et Bâle-Campagne, Soleure et Berne.

Enfin le quatrième arrondissement fut inspecté par le colonel fédéral H. Wieland, de Bâle, et s'étendit sur les Cantons de la Suisse romande, soit Fribourg, Vaud, Valais, Neuchâtel et Genève.

Le général Clinchant, commandant en chef de la 1re armée, fut avisé de ces dispositions et invité à désigner les officiers français qu'il jugerait convenable de choisir pour accompagner les officiers-généraux suisses et assister à l'accomplissement de leur mission.

Le général en chef répondit immédiatement, qu'il acceptait avec grand plaisir la proposition qui lui était faite et qu'il désignait dans ce but :

MM. le général de division Thibaudin de Comagny, commandant le 24e corps d'armée.
le général de division Ségard, commandant la IIIe division du 20e corps.
le colonel d'état-major Tissier, chef d'état-major du 24e corps, et enfin
le colonel Sachy. Ces officiers devaient être accompagnés chacun d'un adjudant, ainsi que les officiers suisses.

M. le général Comagny fut attaché à la mission de M. le colonel J. de Salis ; le colonel fédéral H. Wieland fut accompagné par M. le général Ségard ; le colonel fédéral Trümpy eût auprès de lui M. le colonel Sachy, et le colonel Tissier fut adjoint au colonel fédéral Tronchin ; puis chacun d'eux se rendit à son poste.

Les instructions de nos officiers portaient, qu'ils devaient s'assurer exactement de la manière dont les internés étaient traités dans les dépôts, de la qualité de leur nourriture, de leur logement, de leurs besoins ; s'ils étaient convenablement surveillés et s'ils n'étaient pas, parfois, l'objet d'une trop grande sévérité.

Il devait être immédiatement remédié aux défectuosités qui viendraient à être signalées, en s'entendant pour cela avec l'Autorité militaire cantonale et au besoin, on aurait à les signaler au Département militaire fédéral.

Les inspecteurs devaient en outre, examiner la troupe de garde et s'assurer qu'entre les heures de service elle avait été exercée au tir à la cible et aux autres branches d'instruction militaire.

Tous les dépôts ne pouvaient nécessairement pas être inspectés ; on devait se borner à examiner les plus importants, ou ceux qu'une raison exceptionnelle obligerait à visiter. Le gouvernement des Cantons intéressés fut avisé comme suit, de cette inspection :

Berne, le 21 février 1871.

Le Département militaire fédéral aux autorités militaires des Cantons.

Le Conseil fédéral a décidé hier, de faire procéder par des officiers fédéraux à une inspection des soldats et sous-officiers français internés. Les inspecteurs auront à s'assurer s'ils sont convenablement nourris, logés et surveillés, mais en même temps si on n'use pas envers eux de rigueur inutile et de punitions trop fréquentes.

Ils sont invités à veiller en général, à l'exécution de toutes les prescriptions fédérales et, en cas d'irrégularités, à les faire cesser immédiatement, de concert avec les Autorités cantonales ou, s'il y a lieu, à nous en aviser.

Ils auront de plus, à faire rapport sur l'état et le service des troupes de surveillance et à s'assurer que le temps laissé libre, est mis partout à profit.

Le Conseil fédéral a chargé M. le colonel fédéral   de l'inspection de votre Canton et nous vous informons que, sous peu de jours, il se présentera à vous. Nous vous prions de faire tout ce qui sera nécessaire pour lui faciliter l'accomplissement de sa tâche.

Afin de procurer aussi aux Autorités françaises l'occasion de se rendre un compte exact du traitement dont leur troupe est l'objet, nous avons invité le Commandant en chef de l'armée internée à adjoindre un officier français à chacun de nos inspecteurs, qui vous le présentera personnellement.

Le Chef du Département militaire fédéral,
WELTI.

Les troupes mises sur pied pour la garde des internés, appartenant aux arrondissements militaires dont les inspecteurs fédéraux ordinaires avaient la surveillance, ces officiers-généraux furent avisés que, par exception, les inspecteurs spéciaux des internés français procéderaient à la revue des troupes suisses. On leur adressa dans ce but la circulaire suivante :

Berne, le 23 février 1871.

Le Département militaire fédéral aux Inspecteurs des XII arrondissements militaires fédéraux.

Le Conseil fédéral a ordonné qu'une inspection spéciale des troupes françaises internées serait faite par des officiers de l'état-major fédéral.

Nous avons cru devoir ordonner, qu'à cette occasion, il serait aussi procédé à l'inspection des troupes de surveillance et que ces officiers en seraient chargés.

En vous en informant, nous vous avisons que les rapports qui ont trait à cette inspection et qui concernent votre arrondissement, nous seront communiqués en temps et lieu.

Le Chef du Département militaire fédéral,
WELTI.

Nous extrayons des divers rapports des colonels fédéraux inspecteurs, un court aperçu sur le résultat de leur mission.

M. le colonel Trümpy commença sa tournée d'inspection par le canton de Zurich, dont les internés sont placés sous les ordres du colonel fédéral Scherer, à ce moment, commandant de la 20e brigade. En général, les soldats français étaient très confortablement logés dans des fabriques, des églises, des maisons d'école, etc. Si partout il n'y avait pas de lits, en revanche on trouvait une abondante couche de paille, rafraîchie tous les cinq jours par l'addition d'une certaine quantité et renouvelée entièrement tous les dix à quinze jours. Les locaux étaient partout très bien chauffés. Dès leur arrivée, les internés avaient été baignés; on leur coupa les cheveux au fur et à mesure que la température le permit et les médecins les examinèrent tous l'un après l'autre.

Ils furent conduits par détachement au service divin de leur religion et les aumôniers eurent accès auprès d'eux dans les heures fixées, tant qu'ils le désirèrent. La cuisine est faite par les internés, sous la direction d'un chef d'ordinaire, pris dans la troupe de garde.

La discipline était sévère et on dût infliger une punition à trois ou quatre cents soldats environ. Dans la plupart des cas, c'était pour arrivée tardive à l'appel, ce qui était puni par 48 heures d'arrêt. Les cas d'ivresse ou d'indiscipline légère, furent punis de trois à six jours d'arrêt. Quelques soldats s'évadèrent de Zurich et de Winterthur.

Les maladies ont été, en général, peu graves et se bornaient à des pieds blessés, des rhumes violents et quelques cas de typhus et de légère variole.

L'ordre du jour général portait :

A 6 $^1/_2$ heures. Diane et premier appel.
A 7   »   Déjeuner, travaux de propreté.
A 8   »   Appel et exercice en plein air.
A 10 $^1/_2$ »   Appel et dîner.
A 12 $^1/_2$ »   Exercice en plein air jusqu'à 2 heures.
A 2   »   Appel principal.

A 3 $^1/_2$ heures. Promenade jusqu'à 5 heures.
A 5 » Appel et soupe.
A 7 » Retraite.
A 8 » Extinction des feux.

Dans le Canton de *Schaffhouse*, où les internés sont placés sous les ordres de M. le commandant Vogler, inspecteur cantonal, il en était généralement de même que dans celui de Zurich. Les locaux étaient spacieux, bien éclairés et bien chauffés. Dans quelques dépôts, on donnait encore aux soldats une troisième fois de la soupe. A plusieurs reprises, on fit avec la troupe des excursions dans les villages environnants et chaque fois les autorités communales offrirent du pain, du fromage et du vin.

Un médecin français était attaché à la principale ambulance, dirigée par des médecins suisses, et un abbé français remplissait les devoirs de son ministère dans les divers locaux. Dans la ville de Schaffhouse, on a établi une vaste salle de lecture, pourvue de journaux et de livres choisis, où les soldats peuvent aller se distraire. Cinquante hommes environ ont trouvé du travail en ville.

Le Canton de *Thurgovie* fut inspecté ensuite. Le plus grand nombre des hommes était établi dans l'ancien couvent de St-Katherinenthal, près de Diessenhofen, qui renferme des salles très vastes, mais un peu sombres.

L'hôpital est parfaitement installé et sous les ordres de deux médecins militaires suisses et d'un médecin civil.

Celui de Frauenfeld est dirigé par trois médecins militaires suisses et un médecin français.

La discipline n'a pas été maintenue aussi sévèrement que cela eût été désirable, cependant on n'a pas eu de fautes graves à réprimer.

Le service religieux est effectué par un aumônier français. Mais dans d'autres localités, quoiqu'on eût pris les mesures nécessaires pour le culte, il fut peu fréquenté, parce qu'on laissait les soldats libres d'y assister ou non.

L'Etat fait travailler quarante à cinquante hommes environ et un nombre égal a trouvé de l'occupation chez les particuliers.

Le Canton de *St-Gall* fut visité ensuite par l'inspecteur fédéral, dont le rapport signale les dispositions prises pour l'entretien et le logement des soldats qui, sauf dans quelques locaux trop bas et peu aérés, étaient bien établis.

Les hôpitaux étaient parfaitement installés sous la direction de plusieurs médecins suisses, civils et militaires et de quelques médecins français. Il était pourvu au service religieux par des aumôniers français, qui visitaient tour à tour les divers dépôts.

La discipline laissa parfois à désirer et outre un grand nombre de punitions infligées, on dût envoyer plusieurs soldats incorrigibles au fort du Luziensteig.

Les comités de secours de ce Canton ont déployé une grande activité et le colonel inspecteur mentionne tout particulièrement la quantité de dons de vêtements, de chaussure, etc., qui furent répartis par leur entremise, entre les soldats.

Quatre cents soldats travaillent chez les particuliers, dans tout le Canton. Dans quelques dépôts, une salle de lecture a été établie; elle est visitée assidûment par les internés auxquels on donne en même temps quelques leçons et des conférences sur des sujets d'instruction.

Un conflit regrettable s'est élevé à Wallenstadt entre un médecin-major et l'aumônier, français tous deux; le premier ne voulant pas permettre au prêtre d'administrer les derniers sacrements aux mourants. L'intervention énergique du commandant fit cesser cet état de choses, en donnant à chacun de ces messieurs une compétence déterminée, qu'on eût soin de ne pas laisser dépasser.

Dans le demi-Canton d'*Appenzell Rhodes-Extérieures*, l'état des internés était à peu de chose près, comme dans les dépôts des autres Cantons; la discipline était assez bonne, cependant quelques soldats durent être mis au fort du Luziensteig, pour faute grave.

Le service religieux était confié aux soins d'un aumônier français.

Les hôpitaux bien établis, étaient surveillés par deux médecins suisses et un français; plusieurs infirmiers français faisaient le service des malades.

Les particuliers occupèrent soixante-quatre soldats à Hérisau.

Le second demi-Canton d'*Appenzell Rhodes-Intérieures*, ne possédait que deux cents internés français, depuis que les prisonniers appartenant à l'armée allemande avaient été évacués. Ils sont bien installés et n'ont donné lieu à aucune observation.

Ils fréquentent volontairement et avec assiduité le service religieux.

L'hôpital, convenablement établi, n'avait qu'un seul médecin militaire suisse; il a été pris aussitôt des dispositions pour lui adjoindre un médecin civil.

Trois soldats furent conduits au fort pour faute grave; sauf cela, la discipline était assez bonne.

La ville de Coire, dans le Canton des *Grisons*, renfermait tous les internés de ce Canton, au nombre de mille environ. La caserne de Rossboden et le manége, où ils étaient établis, sont grands et aérés; tous avaient un matelas de paille, une couverture de laine, et les locaux étaient chauffés convenablement.

Ils étaient placés sous les ordres du lieutenant-colonel fédéral Hold.

La discipline a été assez bonne et aucune faute grave n'a été signalée.

Par précaution, tous les soldats français ont été vaccinés, la variole ayant fait son apparition à leur arrivée.

Quatre médecins suisses et les infirmiers nécessaires font le service des hôpitaux ; ils sont aidés dans cette tâche par des sœurs de la Miséricorde.

La bienfaisance des habitants de la ville de Coire et du Canton doit être signalée, car non-seulement chaque soldat reçut deux chemises, des bas et des caleçons, mais des souliers furent aussi distribués en grande quantité.

Soixante-et-dix internés ont trouvé du travail en ville.

En général, dans tous les dépôts du premier arrondissement d'inspection, les soldats arrivèrent avec des chaussures en mauvais état et du linge fort délabré. On a constaté chaque fois, que les soldats de la ligne se distinguaient à première vue des mobiles et surtout des francs-tireurs, par une chaussure mieux entretenue, quoique usée et souvent presque hors de service, par une tenue plus propre et des effets, en général mieux soignés.

Le colonel Trümpy termine son rapport en disant, qu'il est de son devoir de signaler la manière généreuse et simple avec laquelle la population des Cantons qu'il a visités, a fait son possible pour alléger la position malheureuse de ses hôtes forcés et que les sentiments d'humanité du peuple se sont manifestés, sans trève ni repos, pendant tout le temps que dura l'internement.

Outre les autorités communales, des comités de secours en grand nombre, des particuliers et surtout des femmes dévouées, n'ont cessé d'apporter leurs secours et leurs soins aux soldats malades ou dénués.

Par de fréquentes questions aux soldats français, le colonel-inspecteur put s'assurer qu'ils étaient satisfaits et reconnaissants de la manière dont ils étaient traités. Quelques timides observations auxquelles on fit droit lorsqu'elles étaient fondées, se firent seules entendre par ci par là.

Les internés envoyés au fort du Luzienstoig, que le colonel Trümpy visita également, s'étaient tous rendus coupables de fautes graves ; plusieurs durent être mis au cachot, au pain et à l'eau.

Les prisonniers couchaient sur des paillasses avec une couverture de laine.

L'infirmerie était pourvue de lits et une dizaine de malades y furent soignés.

Leur nombre total pendant l'internement s'éleva à cent cinquante-trois, dont trois officiers.

Le commandant du fort, M. le major fédéral Caviezel, s'acquitta fort bien de sa tâche difficile et peu agréable ; il eût quelque peine à donner de l'occupation aux prisonniers, par suite de l'isolement du fort et de la nature même du personnel qu'il avait à garder étroitement.

–––––––– .

Le second arrondissement d'inspection, dont M. le colonel fédéral J. de Salis visita les dépôts, comprend les Cantons d'Argovie, Lucerne, Uri, Schwyz, les Haut- et Bas-Unterwalden, Glaris et Zoug.

Les internés de la ville d'Aarau étaient logés dans la grande caserne, le manége et l'Ecole de gymnastique; bâtiments spacieux, aérés, bien aménagés et de construction récente.

A Zofingue, ils logeaient à la caserne, au manége et à la maison de tir; à Aarbourg, on les avait établis dans le fort, où ils étaient bien installés.

Les grandes salles d'une fabrique abritaient ceux de Rupperswyl La discipline était relâchée, mais après l'envoi de quatre mauvaises têtes au fort du Luziensteig et quelques autres punitions exemplaires, on parvint à l'établir solidement.

Lenzbourg a logé ses internés dans vingt-cinq salles du château, où ils sont confortablement; la propreté laisse cependant à désirer, malgré des ordres réitérés. Quarante-cinq hommes travaillent en ville chez les bourgeois.

A Othmarsingen, ils sont logés dans la salle de danse de deux auberges, et sont pour la plupart vêtus d'habits civils, qu'ils avaient su se procurer à Genève, où ils étaient en premier lieu, dans l'espoir de pouvoir s'échapper.

La caserne des pontonniers à Brugg, et une autre maison dans le faubourg, servent d'asile aux cent vingt internés de cette ville. Un certain nombre d'entr'eux travaillent chez des particuliers.

A Baden, on les a installés dans la halle aux blés; au premier étage de l'ancien abattoir; dans un ancien cloître et dans la Trinkhalle des bains. Cent d'entr'eux environ, travaillent chez les bourgeois. Les peines disciplinaires ont été de peu d'importance.

A Mellingen, deux vieux bâtiments, pourvus d'escaliers en mauvais état et dont les salles sont assez obscures, servent d'asile à des internés du même corps que ceux d'Othmarsingen; ils sont, comme eux, pour la plupart en civil et viennent également de Genève.

Les internés de Bremgarten appartiennent à presque tous les corps, et une partie d'entr'eux à une compagnie de discipline. Ils sont logés pour la plupart dans les grandes salles d'un bâtiment neuf, de l'autre côté de la Reuss et dans une vieille maison en ville. Ce dernier local laissait beaucoup à désirer sous le rapport de la ventilation et le colonel-inspecteur invita la commune à remédier au plus vite à cet état de choses. Les soldats étant trop à l'étroit dans ce bâtiment, on en évacua de suite une partie dans un autre local. L'état sanitaire n'était cependant pas mauvais, car quatorze malades seulement avaient été à l'infirmerie.

Muri a établi les soldats français dans le cloître sécularisé, en logeant vingt à vingt-cinq homme par chambre; puis dans la salle de l'ancienne bibliothèque et dans les galeries qui y conduisent. Mais cette salle renfermant environ trois cents hommes, on craignit que cela ne fut nuisible à leur santé et le chef de la troupe de surveillance déclarant en outre, que le service était rendu plus difficile par le trop grand nombre d'hommes réunis, M. le colonel de Salis écrivit immédiatement à la Direction militaire d'Argovie, pour l'inviter à évacuer deux cents hommes, au moins, de Muri, ou à les placer dans d'autres locaux convenables Par la même occasion, on demanda l'envoi du matériel complet d'une ambulance, réclamée par le médecin-directeur de l'hôpital, car pour cinquante malades, gravement atteints, il n'y avait que treize lits et douze paillasses, le reste était couché sur la paille.

Le colonel signale l'empressement des habitants à apporter des secours et à soulager la position des internés, tandis qu'en revanche, les autorités de la ville ont montré peu de bonne volonté.

Quelques autres localités de peu d'importance, qui renfermaient un petit nombre d'internés, ne furent pas inspectées, faute de temps.

Les soldats de tous les dépôts du Canton d'Argovie auquel on demanda s'ils avaient des observations à présenter, exprimèrent sans exception, leur complète satisfaction et leur reconnaissance pour les soins dont ils étaient l'objet.

Lucerne a réuni les soldats français dans deux locaux; à la caserne et au manége.

Quatre à cinq cents officiers sont internés dans la ville, et la plupart d'entr'eux ayant pris un soldat comme brosseur, cela compliqua beaucoup la surveillance et le maintien de la discipline, car la plupart de ces hommes couchaient dans le logement des officiers et ne pouvaient pas être présents à tous les appels. Plusieurs de ces messieurs s'étaient adjugés deux et même trois brosseurs, et il devint évident que ce luxe de domestiques n'était qu'un moyen de les soustraire aux exigences de la discipline; aussi le colonel-inspecteur donna-t-il l'ordre, de n'autoriser qu'un seul domestique par officier.

A Rathhausen, les internés appartiennent à plusieurs corps et sont logés dans les chambres de diverse dimension d'un ancien cloître.

Ils sont couchés sur de la paille, avec des couvertures de laine.

Quelques hommes ont trouvé du travail en ville.

Les internés de Sursee sont logés à l'Hôtel-de-Ville et dans une des maisons d'école.

Un soldat s'est enfui et deux autres ont été envoyés au fort pour insubordination; à part cela, la discipline ne marche pas mal.

L'hôpital est installé dans une vaste habitation et l'état sanitaire général est satisfaisant.

Dix hommes travaillent chez les bourgeois.

Le cloître de St-Urban renferme mille sept cents internés, outre la troupe de garde ; ils sont couchés sur de la paille ou sur des paillasses. Leurs habits et leur chaussure laissaient à ce moment, beaucoup à désirer, car cette localité étant isolée, à une certaine distance des villes, la bienfaisance des habitants n'avait pas encore pu s'étendre jusque-là. Les vêtements qu'on a reçus venaient de la part des comités de la Société suisse de secours, mais ils sont loin de suffire aux besoins.

L'état sanitaire n'était point satisfaisant, mais il a fini par s'améliorer ; au moment de l'inspection, il ne restait plus que cent quatre-vingt-quinze malades, dont quatre-vingt-quinze gravement atteints ; dix-sept avaient déjà succombé.

L'hôpital était sous les ordres de quatre médecins suisses et de quatre médecins français.

M. le colonel fédéral Am Rhyn qui dirigeait cet important dépôt, a déployé une activité et un zèle qui ne se sont pas ralentis un seul instant. Il a su vaincre des difficultés de toute espèce, car le cloître était à peu près vide et ne possédait pas d'ameublement ; il est éloigné de toute localité, et il fallut pourvoir du jour au lendemain, au logement de 2200 internés et de deux compagnies d'infanterie, pour la garde.

On fut obligé, au bout de deux jours, d'évacuer cinq cents hommes sur Soleure, car il fut impossible de leur fournir une installation convenable.

Malgré toutes ces difficultés, le chef du cantonnement a tout organisé d'une manière très suffisante ; chaque soldat est content et l'ambulance est fort bien administrée.

Le colonel de Salis ne crut pas devoir inspecter un plus grand nombre de dépôts, car il put s'assurer que, grâce à l'excellente direction du Commandant cantonal des internés, colonel fédéral Bell, et au concours empressé des citoyens, les Français étaient pourvus de tout ce qui était nécessaire.

Il paraît toutefois, qu'on n'eût pas à se louer de la manière dont les médecins français, appelés pour soigner les malades, remplirent leur devoir, à l'exception cependant de M. le Dr Guymard, dont la conduite mérite des éloges.

Les internés du Canton de *Zoug*, le plus petit des Cantons confédérés, étaient placés sous le commandement du colonel Letter, un des vétérans de notre armée, et ils ont été réunis dans la ville de Zoug.

Ils étaient logés à la caserne et dans le nouvel Hôtel-de-Ville, qui n'est pas encore tout à fait terminé ; ces deux locaux étaient parfaitement organisés.

22

Les malades, au nombre de cinquante-cinq, sont soignés à l'hôpital cantonal et sous la direction du personnel ordinaire de cet établissement et des sœurs de charité.

La discipline est satisfaisante à tous égards.

La troupe venait d'être pourvue, presque en entier, de nouveaux vêtements, ce qui ne contribua pas peu à lui donner un aspect tout à fait favorable.

Le général Comagny, visiblement touché de voir ce que ses soldats étaient devenus et de leur bien-être, saisit la main du colonel Letter, en lui disant : « Je vous exprime ma reconnaissance, car on voit bien que tout a été dirigé par une main expérimentée. »

Dans le canton d'*Unterwalden*, Ob dem Wald, les internés, sous les ordres du capitaine Küchler, sont répartis dans trois localités, Sarnen, Kerns et Sachseln. Dans la première, ils sont logés dans la maison des orphelins ; leur propreté laisse à désirer, cependant l'impression générale est bonne.

A Kerns, ils sont établis dans la maison d'école, et une salle de lecture, pourvue de journaux et de livres français, est à leur disposition.

Sachseln ne possède que soixante-et-dix internés, et vu son éloignement des autres dépôts, il ne put être visité.

L'hôpital qui réunit les malades de ces trois dépôts, est à Sarnen et est installé dans l'hôpital cantonal, dont l'organisation est parfaite.

La population de ce demi-canton se montra aussi très bienveillante vis-à-vis des soldats et fit son possible pour soulager leur sort.

Le second demi-canton, Nid-dem-Wald, a réuni à la caserne de Wyl, à Stanz, tous les soldats français internés, sous les ordres du Landeshauptmann R. Durrer ; ils y sont fort bien. L'Etat leur a remis en prêt des capotes, pour suppléer au manque de vêtements, en attendant qu'on pût leur en procurer.

L'hôpital cantonal a reçu quinze malades, qui sont bien soignés par le personnel ordinaire.

Les habitants de Nidwalden ne sont pas restés en arrière de leurs confédérés pour le soulagement des infortunes de leurs hôtes et, quoique le souvenir de l'occupation française de 1798 et des horreurs qui se commirent alors, fut encore douloureusement présent à la mémoire de la population, elle a tenu à honneur de prouver, que devant le malheur, elle oubliait momentanément sa rancune.

Altorf, chef-lieu du Canton d'*Uri*, a établi les internés, sous les ordres de M. le colonel Jauch, dans la caserne, où ils sont couchés dans des lits. Cette troupe, composée surtout de gardes-mobiles, a bonne tournure et a reçu des habitants beaucoup de vêtements ; la discipline est bonne et l'état sanitaire satisfaisant. La population vit dans de bons rapports avec les Français.

Le Canton de *Schwyz*, dont les internés sont commandés par l'Inspecteur cantonal, le commandant de Reding-Biberegg, a six dépôts ; le colonel de Salis ne put visiter que les trois principaux.

A Schwyz, ils sont casernés à l'arsenal, dont les salles sont toutes chauffées. Leur habillement qui laissait beaucoup à désirer, s'est sensiblement amélioré, grâce aux habitants de la ville. Le nombre des malades était proportionnellement assez grand ; ils sont installés dans trois salles de l'hôpital cantonal, dans le cloître de Sugenbühl et dans un lazaret particulier. Ils reçoivent les soins des médecins civils de la ville.

A Einsiedeln, on les a établis dans la maison d'école ; ils ont un aspect assez satisfaisant depuis qu'on a suppléé au manque de vêtements. Les malades sont soignés par des médecins civils, dans une maison particulière.

A Lachen, les zouaves et les turcos, qui forment le dépôt des internés, sont logés dans plusieurs chambres de l'Hôtel-de-Ville. Leurs uniformes sont en bon état ; la discipline satisfaisante. Les rapports de la population avec eux sont en général assez bons. Les malades, au nombre de trente-deux, sont bien soignés dans trois lazarets.

Les soldats français se sont bien conduits dans ce Canton, aussi la population se montre de jour en jour mieux disposée pour eux, quoique l'invasion française de 1798 ait, là aussi, laissé de tristes et amers souvenirs.

Dans le canton de *Glaris*, les internés sont placés sous le commandement du major Schuler. Ils sont établis à Glaris, dans deux grandes fabriques, dont les salles spacieuses sont tout à fait bien aménagées.

La propreté des soldats laisse quelque peu à désirer. La discipline a été bonne et un seul homme a dû être envoyé au fort.

Les malades, au nombre de cent trente-quatre, sont répartis dans quatre ambulances, qui sont parfaitement bien organisées et dirigées avec beaucoup d'intelligence et de sollicitude par M. le Dr Œrtle, qui mérite, à tous égards, une mention particulière. Les autorités et la population de Glaris ont, de leur côté, compris les devoirs de leur mission et l'ont heureusement accompli.

L'impression générale de la tournée d'inspection du second arrondissement, a été satisfaisante ; partout les internés étaient logés dans des locaux convenables, ou tout au moins très suffisants ; un grand nombre d'entr'eux couchait naturellement sur la paille, les lits étant de préférence réservés aux malades. Dans quelques localités où les chambrées étaient trop nombreuses, le colonel-inspecteur prit les mesures nécessaires pour leur évacuation partielle.

La discipline était bonne et quelques cas isolés de résistance ou de désordre, furent sévèrement réprimés. A Rupperswyl (Argovie) une patrouille dût faire usage de ses armes, pour faire rentrer des mutins dans le devoir.

Les internés, interrogés partout, ne firent aucune réclamation au sujet de leur traitement ou de leur nourriture; ils témoignèrent au contraire une vive reconnaissance pour la manière dont ils étaient traités, grâce à la sollicitude de la population à leur égard. Les figures ont repris bientôt leur expression de gaîté et la tenue militaire s'est aussi considérablement améliorée.

Les ambulances étaient sous la direction de médecins suisses et l'état sanitaire est meilleur qu'on n'osait l'espérer, après les dures privations et les souffrances que l'armée avait endurées.

Le colonel de Salis termine son rapport en se félicitant d'avoir eu le général Comagny pour l'accompagner dans sa tournée d'inspection; il constate l'intérêt avec lequel cet officier a suivi les visites faites dans les dépôts, il s'est rendu dans chaque lazaret et a fréquemment adressé à ses soldats des paroles d'encouragement, s'informant en outre de leurs besoins et les engageant à se bien conduire.

Le quatrième arrondissement, comprenant les Cantons de la Suisse romande, fut inspecté par le colonel fédéral H. Wieland. Le rapport de l'honorable colonel, d'une concision toute militaire, résume brièvement l'impression qu'il a remportée de sa visite; nous la reproduisons ici.

Les soldats français internés dans le Canton du *Valais* sont répartis dans huit dépôts.

L'état sanitaire de cette troupe est très satisfaisant, car le 25 février, le nombre des malades à l'hôpital ne s'élevait qu'à vingt-trois sur la totalité des internés. Cette proportion très faible, si on a égard aux fatigues et aux souffrances endurées par la troupe, fait l'éloge des soins et du dévouement que la population leur témoigna. Il y eût très peu de cas de typhus et de variole, et un seul décès.

L'inspecteur cantonal des internés, M. le commandant de Werra, a pris les mesures les plus intelligentes pour assurer l'ordre, la propreté, l'alimentation et tout ce qui pût contribuer au bien-être des hommes placés sous sa surveillance.

Les internés sont logés dans les casernes et les édifices publics, et là où ces bâtiments font défaut, des maisons particulières ont été aménagées pour les recevoir. Partout, ils ont un lit complet pour deux hommes avec paillasses et draps, ou un sac de campement avec couvertures.

Chaque homme a pris un ou deux bains chauds; le linge a été lessivé et il a été pourvu par les communes ou les particuliers à tout ce qui manquait en fait de linge, ainsi la commune de St-Maurice a donné à chacun des internés de la ville deux chemises, deux paires de bas, deux mouchoirs de poche. La chaussure laisse seule partout beaucoup à désirer.

Chaque jour, les hommes sont conduits à la promenade et on fait fréquemment de petites courses dans les environs des dépôts.

Les locaux sont très propres, les effets bien nettoyés et entretenus.

Plusieurs soldats ont trouvé de l'occupation chez les particuliers.

Les internés sont unanimement satisfaits et leur air de santé témoigne de la bonne qualité et de l'abondance des vivres.

La discipline a été satisfaisante, et aucun cas d'insubordination n'a été signalé.

Les dépôts du Canton de *Vaud* sont au nombre de quatorze et sous les ordres de l'inspecteur cantonal, M. le colonel fédéral de Gingins-Lasarra, commandant de la 5e brigade. L'état sanitaire des internés, à part une ou deux localités, est généralement bon, quoique bien moins satisfaisant qu'en Valais.

Le 25 février, sur 7584 soldats, il y avait 593 malades à l'hôpital, plus les malades en chambre, ce qui provient en grande partie de ce que les internés sont entrés directement dans le Canton, en venant de France et y ont laissé une forte proportion de malades.

Dans quelques localités, à Payerne, par exemple, l'état sanitaire a été fort mauvais pendant quelque temps. Cette fâcheuse situation est dùe principalement à la négligence et aux mauvais soins d'un médecin français de la Légion du Rhône, qui était resté avec la troupe. Il dut être révoqué de ses fonctions, sa présence étant trop dangereuse pour la santé des malades confiés à ses soins Il fut remplacé par un médecin suisse et depuis lors l'état sanitaire s'est amélioré de jour en jour; on est en droit d'espérer que de nouveaux cas de mort ne viendront pas s'ajouter aux quarante-trois qui avaient déjà eu lieu dans cette ville.

A Lausanne, sur 1095 internés, il y avait 296 malades à l'hôpital; à Bex, sur 1170 hommes, il n'y avait que vingt-trois malades, soignés à Lavey par un médecin suisse et deux français. Le médecin français qui a dirigé le service médical au camp de Bière, mérite d'être signalé, comme ayant parfaitement organisé et dirigé son ambulance. Au fur et à mesure que les convalescents pouvaient supporter le voyage, ils étaient évacués sur la France, comme cela avait lieu du reste partout.

Dans toutes les localités du Canton, les autorités ont pris toutes les dispositions nécessaires pour améliorer l'état sanitaire du soldat. Les mesures d'hygiène ont été l'objet d'une attention particulière; les chambres étaient aérées, les hommes ont été baignés, ils sont menés à la promenade et on leur donne en outre des conférences pour les occuper en les instruisant.

Les internés sont cependant moins bien logés et établis qu'en Valais, et cela en raison de leur plus grand nombre. Presque tous reposent sur de la paille et quelquefois même sans couverture de campement. A la caserne de Lausanne, quelques hommes ont une paillasse pour deux; dans les deux manéges de la ville, la troupe est un peu serrée et la ventilation défectueuse. La paille est renouvelée tous les cinq jours, sauf à Payerne, où elle ne l'avait pas été depuis quinze jours.

La charité publique a fait beaucoup pour remédier à la pénurie extrême de linge; la plupart des soldats ont reçu ce qui leur manquait en fait de chemises, bas, flanelles, caleçons, et le linge sâle a été lessivé et réparé. Comme partout ailleurs, c'est surtout la chaussure qui est dans l'état le plus pitoyable.

L'ordinaire dans tous les dépôts est excellent et conforme aux prescriptions fédérales; on a soin de varier autant que possible l'alimentation.

La discipline est en général assez bonne. On remarque une amélioration sensible dans l'aspect extérieur des soldats, ils ont repris un air de vie et de gaîté, dû à la bonne alimentation dont ils jouissent et à la sollicitude dont ils sont l'objet de la part de la population et des autorités.

Du 1er au 10 février, il a été logé et nourri 41,148 hommes dans 283 villes et villages du Canton.

Les internés du Canton de *Fribourg* étaient sous les ordres du lieutenant-colonel fédéral Buman, et étaient répartis dans sept dépôts.

Leur situation ne laisse rien à désirer, on a utilisé pour les loger, les casernes et les bâtiments publics et les soldats sont couchés, suivant la nécessité, ou bien dans un lit, ou sur une paillasse, ou même sur de la paille, mais partout ils sont pourvus des couvertures nécessaires; toutes les chambrées sont d'ailleurs chauffées, et si parfois il y a un excès, c'est de chaleur et non de froid.

L'état sanitaire est très favorable, les hôpitaux et les ambulances, organisés dès le début avec une activité et une intelligence remarquables par le Préfet de la ville de Fribourg, M. Féguely, ont pu recevoir les nombreux malades qui étaient expédiés de la frontière, lors de l'entrée des troupes.

La nourriture est fort bonne, la paille renouvelée partout, tous les cinq jours; enfin, ici comme ailleurs, la charité publique a fait le nécessaire pour remplacer le linge et les vêtements en lambeaux de la plupart des soldats. On voit cependant encore beaucoup de pantalons d'uniforme déchirés et un grand nombre de pantalons de toile. Beaucoup de souliers, envoyés de France, sont trop petits et devraient être d'un fort numéro plus larges.

Le troisième arrondissement d'inspection, comprenant les Cantons du nord et du centre de la Suisse, fut visité par le colonel fédéral L. Tronchin, accompagné du colonel d'état-major français Tissier. Son rapport très étendu, est fort intéressant par les détails et les observations particulières qu'il contient; nous en extrayons le résumé qui suit:

On peut dire d'une manière générale que, sauf quelques rares exceptions, les internés des deux demi-cantons de Bâle-Ville et Bâle-Campagne, ceux de Soleure et de Berne, se conduisent d'une manière satisfaisante. Les craintes que l'on avait pu concevoir des mauvais effets que pourrait avoir sur eux le désœuvrement forcé auquel ils sont condamnés, ne se sont pas réalisées.

Il est hors de doute que la bienveillance, la sollicitude, les secours de toute espèce dont ils ont été entourés par la population, ont eu une salutaire influence sur eux et ont réveillé les bons instincts, un moment étouffés par leurs revers et leurs souffrances et qui avaient aigri leurs caractères.

Les armes spéciales, l'infanterie de ligne et une bonne partie des mobiles se sont fait remarquer par leur désir de se bien conduire. Les turcos indigènes et surtout les francs-tireurs, ont donné des signes d'insubordination, aussitôt réprimés; les trainards entrés en Suisse après le gros de l'armée, ont donné fréquemment lieu à des plaintes graves.

Un autre danger qui pouvait résulter de l'agglomération d'un si grand nombre d'hommes épuisés par les marches et les misères de la guerre, était que des épidémies de typhus, de variole ou d'autres maladies contagieuses, ne vinssent à éclater et à exercer des ravages parmi ces soldats dont l'état de faiblesse offrait une proie facile à la maladie.

Les sages mesures de précaution qui furent prises dès le début, et le soin qu'on eût de séparer les malades atteints de maladies contagieuses, préservèrent le reste de l'armée et la population de l'épidémie qui était à craindre.

Il y eut en moyenne, par dépôt, du quatre au cinq pour cent de malades, sauf à Brienz, où ils ont été dans la proportion de un pour cent. C'étaient ordinairement des pieds gelés, des fluxions de poitrine, le typhus et la variole, mais les cas nouveaux allèrent de jour en jour en diminuant.

Un fait qui n'a pu échapper à l'observateur le plus superficiel et qu'on se borne à mentionner, c'est l'irritation de la troupe, sous-officiers et soldats, contre les officiers.

Les prescriptions de l'Autorité fédérale ont été suivies partout, elles ont été bien comprises et bien appliquées. Partout il a été fait ce qu'on a pu pour adoucir le sort des internés, sans nuire à l'ordre et à la discipline.

Suivant les localités, les soldats sont plus ou moins bien logés et n'ont pas partout le même confort, mais dans tous les dépôts la nourriture est bonne, abondante et tous les hommes sont installés de manière à pouvoir se reposer de leurs fatigues et reprendre des forces.

Canton de *Bâle-Ville*, inspecteur cantonal, colonel fédéral Bachofen, commandant de la 1re brigade de l'armée.

Les internés sont au nombre de quinze cents environ, dont quatre-vingt-quatorze malades, seize typhoïdes à l'hôpital et quatre varioleux au lazaret.

Ils sont logés dans la superbe caserne de Klingenthal, dont l'aménagement ne laisse rien à désirer. Chaque soldat a son lit.

Les comités de secours de la ville font donner tous les jours une chopine de vin à chaque homme. Les soldats obtiennent facilement la permission de circuler en ville, et on leur fait faire fréquemment de longues promenades; ils ont en outre la vaste cour de la caserne pour prendre de l'exercice. Cent cinquante soldats ont trouvé de l'ouvrage en ville. Le service religieux a lieu tous les dimanches dans le manége et une visite sanitaire est faite chaque semaine.

La discipline est bonne, les soldats obéissent volontiers et respectueusement à leurs sous-officiers.

Les hommes sont propres, l'habillement assez bon; un grand nombre ont des capotes neuves, reçues peu de temps auparavant de Besançon. L'Autorité bâloise a fait confectionner des capotes à ceux qui en manquaient, et les comités de secours ont distribué du linge et des chaussures.

Les malades à l'hôpital de Bâle sont admirablement soignés; cet établissement est un vrai modèle sous tous les rapports.

On a organisé dans l'intérieur de la caserne une garde française sans armes, chargée de maintenir l'ordre, la propreté et la tranquillité; la troupe suisse ne doit se montrer à l'intérieur du bâtiment que dans les cas graves.

Aucune réclamation ni aucune observation n'ont été adressées au colonel-inspecteur.

Canton de *Bâle-Campagne,* inspecteur cantonal le major fédéral Frei.

Les internés appartenant à huit ou dix corps différents, au nombre de quatorze cents environ, sont tous logés à la caserne; sept cents ont des lits et les autres sont couchés sur de la paille dans le manége et les écuries, avec deux couvertures de laine.

Ils prennent de l'exercice dans la cour de la caserne, qui est très vaste; ils sont, en outre, conduits à la promenade aussi souvent que le temps le permet. Soixante-quatre soldats travaillent en ville et rentrent à l'appel du soir.

Le service sanitaire est surveillé par quatre médecins suisses; les ambulances sont bien tenues et les malades vont en diminuant chaque jour. Une visite sanitaire générale a lieu une fois par semaine.

La discipline est fort bonne et les sous-officiers disent que les hommes leur obéissent sans difficulté, aussi bien que s'ils étaient en garnison en France. En raison des bons services que rendent ces sous-officiers, leur solde a été augmentée proportionnellement à leurs grades.

L'habillement laisse un peu à désirer; ce sont surtout les chaussures qui sont en fort mauvais état et la plupart de celles qui sont arrivées de France, sont trop petites.

Le Canton de *Soleure,* dont l'inspecteur cantonal est le lieutenant-colonel Jecker, a deux dépôts, Soleure et Olten.

Dans la première de ces villes, les internés, au nombre de 2592, sont logés dans six locaux différents, casernes, manéges et magasins, où les hommes sont un peu serrés. Il y a trois cent trente-huit lits, le reste des soldats couche sur la paille avec des couvertures.

La nourriture est bonne et n'a donné lieu à aucune observation.

Les malades, au nombre de soixante, sont soignés par quatre médecins suisses et un français, sous la direction d'un médecin de l'état-major fédéral.

Les cas de maladie grave sont soignés à l'hôpital, et cent cinquante-deux lits, préparés dans divers locaux, attendent ceux qui ne sont que légèrement atteints.

La conduite des internés est à l'abri de tout reproche; si quelques cas d'inconduite ou d'indiscipline se sont manifestés, ils n'ont eu aucune gravité.

Une assez grande liberté leur est laissée, ils peuvent circuler librement dans la ville et dans le cantonnement, limité à une demi-lieue autour de la ville; il leur est sévèrement interdit de le dépasser sans permission et il ne s'est présenté aucun abus.

Il n'est fait aucune distinction de grade dans la manière dont les internés sont traités.

La chaussure est, comme partout ailleurs, très défectueuse; c'est la seule partie de l'habillement qui n'ait pu être améliorée par les comités de secours; ils ont distribué en revanche, beaucoup de linge et de vêtements chauds.

A Olten, il y a quatre cent cinquante-sept soldats, dont quarante-sept malades à l'hôpital; un malheureux interné a été atteint d'aliénation mentale et a été conduit à l'hospice des aliénés de Rosegg.

Un homme a dû être conduit au fort; à part cela, la discipline est bonne.

Dès son arrivée, chaque homme a reçu une chemise et une paire de bas, et le comité local a déployé une grande activité pour soulager les plus pressants besoins. Tous les soldats sont couchés sur de la paille renouvelée régulièrement.

Le Canton de *Berne* est celui qui renferme le plus grand nombre d'internés, plus de vingt mille, qui sont sous les ordres de M. le lieutenant-colonel fédéral Mezener, inspecteur cantonal, et sont répartis dans trente-neuf cantonnements.

A Langenthal, les internés appartiennent à presque tous les corps de l'armée; ils sont logés dans sept locaux différents assez convenablement appropriés à leur destination.

La nourriture est bonne et abondante, on distribue du café le matin, à 7 1/2 heures.

L'ambulance, renfermant trente malades, est bien tenue et dirigée par un médecin civil de la localité. Les varioleux sont, comme dans tous les autres dépôts, soignés dans un bâtiment écarté.

Trente-cinq soldats ont trouvé du travail chez les particuliers et sont soumis à une stricte surveillance.

A leur arrivée, on a fait prendre un bain à chaque homme, puis on leur a distribué du linge et aux plus nécessiteux des vêtements et des chaussures. Tous les lundis, le linge personnel est envoyé au blanchissage.

Des promenades journalières entretiennent la santé des hommes et fréquemment on leur fait faire une course plus longue dans les environs.

Le village d'Aarwangen renferme cinq cents internés, dont la plus grande partie sont des zouaves et des turcos. Ils sont logés dans la maison d'école, à la halle aux blés et dans la ferme du château, où ils sont couchés sur de la paille et bien installés. Il y a cinquante-deux malades, dont seize typhoïdes, soignés par les deux médecins civils de la localité.

La discipline laisse un peu à désirer; les zouaves et surtout les turcos, étant en général tapageurs et mauvaises têtes; en outre, le commandant du dépôt ne déployant peut-être pas toute l'énergie nécessaire. Le colonel-inspecteur envoya au fort deux des plus turbulents et prit des mesures pour la répression immédiate de tout acte d'indiscipline.

Wangen a cinq cent cinquante soldats, dont vingt-trois sont à l'ambulance qui est sous les ordres de deux médecins civils et d'un médecin de l'armée française; l'état sanitaire est en général assez satisfaisant.

L'ambulance a dû être transportée dans un bâtiment hors du village, parce que le local où elle était en premier lieu, avait eu un commencement d'incendie qui pouvait se renouveler; c'était le séchoir d'une fabrique.

Les hommes sont logés dans la halle aux blés, vaste bâtiment bien aéré, où ils sont couchés sur de la paille, renouvelée tous les cinq jours. Une cinquantaine d'entr'eux travaillent chez des particuliers et la Commune en emploie un certain nombre à des travaux de terrassement.

La conduite est en général assez bonne, cependant trois mauvais drôles durent être sévèrement punis; l'un d'entre eux est entre les mains de la justice militaire.

Le comité local de secours distribua, dès l'arrivée des internés, 293 chemises, 373 paires de bas, 403 mouchoirs de poche et de plus, 200 paires de souliers, outre celles que les particuliers avaient déjà données.

Le major de carabiniers Roth, dirige supérieurement ce dépôt.

Herzogenbuchsee compte, parmi les cinq cent vingt internés qui sont logés dans le village, des hommes de la plupart des corps; ils couchent sur de la paille dans la maison d'école, à la halle aux blés et au séchoir de la buanderie.

Chaque compagnie a pour chef un sous-officier français auquel est adjoint un sous-officier suisse. Comme à Langenthal, les internés reçoivent du café le matin.

L'état sanitaire est satisfaisant ; les malades sont soignés par deux médecins civils. Jusqu'au 25 février, la nourriture des internés a été fournie par les particuliers.

A leur arrivée, les internés ont été baignés et ont reçu du linge propre. Il leur a été distribué 370 chemises, 41 molletons, 413 paires de bas, 70 mouchoirs de poche, 38 caleçons, 6 pantalons, 38 habits et manteaux, plus un nombre considérable d'objets divers ; le tout fourni par les habitants.

Tout le mobilier des ambulances a été également fourni gratuitement par des personnes charitables.

La conduite en général ne laisse rien à désirer.

Dans le village de Koppigen, les internés sont logés comme dans les autres dépôts ; leur conduite est bonne et l'état sanitaire satisfaisant.

A Kirchberg, les internés sont au nombre de trois cent cinquante, logés dans l'église, où ils sont fort bien.

Leur conduite est excellente et cela s'explique par le fait, que la troupe appartient en entier à l'artillerie ; cette arme se distinguant partout par sa bonne discipline, sa propreté et ses habillements bien entretenus.

Les internés de la ville de Berthoud (Burgdorf) sont environ un millier, logés dans divers locaux bien aérés et le plus souvent spacieux ; l'ordre est bien établi et la discipline satisfaisante.

Au point de vue de l'habillement et de la chaussure, on a fait quelque chose pour les améliorer, mais il reste encore une grande quantité de soldats dénués de linge et de vêtements chauds.

L'état sanitaire est satisfaisant, les malades ont été en petit nombre et la majorité d'entr'eux sont guéris.

Le village de Münsingen contient plus de cinq cents internés, parmi lesquels il se trouve des Vengeurs de la Mort, généralement peu disciplinés.

La troupe a bonne apparence ; elle est répartie dans cinq locaux différents, qui ont été aménagés d'une manière très pratique et dont chacun est pourvu d'une cuisine adjacente.

L'ambulance est établie dans une petite chapelle, dans une excellente situation. A quelque distance se trouve une seconde ambulance pour les maladies contagieuses.

Il y a eu cent cinquante cas de maladie de toute nature ; plusieurs cas de typhus ont éclaté à la suite d'une nourriture trop forte et trop abondante pour des hommes exténués et privés depuis longtemps d'une alimentation régulière.

Tous les internés ont été vaccinés.

Thoune a un effectif de mille sept cents soldats français répartis entre la vieille et la nouvelle caserne, le château et Hofstetten. Ils sont couchés sur de la paille et des paillasses.

Chacun de ces bâtiments a son ambulance particulière ; il y a de plus deux ambulances pour les varioleux et deux pour les typhoïdes ; les convalescents sont soignés au château de la Chartreuse.

Quatre médecins suisses dirigent le service sanitaire ; deux étudiants en médecine suisses et deux médecins militaires français sont employés comme aides.

Au commencement, le nombre des malades était relativement très grand, car les différents corps de passage avaient laissé tous les leurs à Thoune. Il s'est depuis lors sensiblement amélioré, mais les décès ont été nombreux parmi les typhoïdes ; les varioleux par contre se sont tous remis.

Les travaux de nivellement de l'ancienne butte de l'artillerie et les ateliers de l'arsenal emploient six à huit cents internés, qui sont rétribués, comme cela a lieu chaque fois qu'ils sont occupés à un travail.

La conduite des hommes est bonne ; c'est en outre, à Thoune que sont certainement les plus beaux hommes et les mieux tenus de l'armée internée ; on le remarque surtout dans la cavalerie.

Steffisbourg, village voisin de Thoune, a trois cent quatre-vingt internés, qui ont bonne apparence maintenant, car, au dire du médecin chargé du service sanitaire, un cinquième de la troupe était malade à son arrivée ; un certain nombre sont guéris, mais il en reste encore plusieurs gravement atteints.

La conduite n'a donné lieu à aucune observation particulière.

Wimmis et Spiez, à l'entrée de la vallée du Simmenthal, logent plus de cinq cents internés, au sujet desquels il n'y a aucune observation à faire. Leur état sanitaire est bon.

A Brienz, les quatre cent cinquante internés cantonnés dans cette localité, sont tous confortablement établis, quoique disséminés dans un grand nombre de locaux ; le village ne possédant pas de bâtiments de quelque dimension, qui pût servir au logement des soldats.

L'état sanitaire est particulièrement satisfaisant et la conduite des hommes a été jusqu'ici sans reproches ; les autorités leur donnent un excellent témoignage.

Interlaken loge onze cents internés, outre les officiers, qui ont ici un de leurs cinq dépôts. Ils sont établis dans trois endroits ; à Unterseen, deux casernements avec trois cent cinquante hommes et à Aarmühle sept cents, où ils sont couchés sur de la paille et convenablement installés. Les sous-officiers français ont la direction des sections, sous les ordres d'officiers suisses. Leur conduite est bonne en général et n'a donné lieu à aucune plainte grave.

L'état sanitaire était au commencement rien moins que satisfaisant; chaque matin trente à quarante hommes se portaient malades, tandis que ce chiffre est maintenant réduit à quatre au plus par jour. La diarrhée a été, comme partout ailleurs, la maladie régnante, puis le typhus et quelques cas de variole, outre les pieds blessés et les fluxions de poitrine ordinaires.

Des bains chauds ont été donnés à discrétion et cela a contribué, avec un repos complet, à rétablir la santé de la plupart des hommes.

Avant de quitter cette contrée, le colonel-inspecteur fit savoir aux officiers internés à Interlaken, qu'il était prêt à recevoir les réclamations ou observations qu'ils auraient à lui soumettre. Deux seuls officiers se sont présentés, et cela pour demander des renseignements au sujet du prochain rapatriement.

La tournée d'inspection du colonel fédéral Tronchin se termina par la visite du dépôt de Berne, qui est établi en partie en ville et en partie dans un baraquement considérable sur le Wylerfeld, place de manœuvre de l'école militaire.

Deux mille cinq cents internés résident dans la ville fédérale, divisés en huit compagnies administratives, dont cinq sont au Wylerfeld et se composent en grande partie d'artillerie de campagne et de marine, de chasseurs à pied et de soldats égrenés d'une foule de régiments. Le camp est fort bien organisé, vaste et bien aéré, les hommes sont couchés sur de la paille avec des couvertures et les locaux sont chauffés.

Des cuisines de campagne sont établies à part et fonctionnent bien avec le concours des internés, dirigés par des sous-officiers suisses.

L'état sanitaire est bon; l'ambulance qui est installée dans une maison voisine, peut contenir au besoin de vingt à vingt-cinq malades; ce sont des médecins français qui en ont la surveillance.

En ville, une compagnie est logée à l'église française, une autre dans le grand grenier de la ville et la dernière dans le manége; toutes trois se couchent sur de la paille.

Ces compagnies sont sous les ordres d'officiers suisses, qui disposent des sous-officiers français pour le commandement des pelotons et des sections, pour la police intérieure et la comptabilité.

La discipline a été très bonne et il y a eu peu de punitions. Un grand nombre d'hommes sont employés en ville et les sous-officiers les plus intelligents et qui se présentent le mieux, sont occupés au Bureau fédéral des renseignements.

Le service sanitaire est dirigé d'une manière tout à fait digne d'éloges et se divise en quatre ambulances :

Celle du Wylerfeld, sous les ordres du Dr Binet, de Genève, médecin d'état-major, et d'un aide français.

Le grand lazaret de la caserne de cavalerie, sous la surveillance du Dr Vogt, de Berne, et du Dr Doyon (Français).

L'hôpital des typhoïdes, au Weyermannshaus, sous les ordres de M. le Dr Klebs, professeur à la faculté de médecine, et l'hôpital des varioleux, aussi hors de ville, sous les ordres du Dr Dutoit, médecin civil.

Beaucoup de dames de la ville aident du matin au soir au service médical et fonctionnent comme garde-malades, avec un zèle et une patience à toute épreuve.

Les services religieux pour les deux confessions ont eu lieu régulièrement.

Un bataillon d'infanterie de réserve bernois fait le service de garde.

Le Commandant de place, M. le lieutenant-colonel fédéral Rodolphe de Sinner, a organisé le service d'une manière exemplaire. Malgré le grand nombre d'internés qui sont en ville et dans son voisinage immédiat, le plus grand ordre règne dans les rues; point de bruit, point de groupes de soldats se traînant nonchalamment dans les rues; chaque jour on leur fait faire une promenade, et on les voit passer en silence et en bon ordre dans la ville; arrivés dans la campagne, ils peuvent prendre plus de liberté, chanter, s'écarter un peu; chaque colonne de cent hommes et plus est sous la conduite d'un sergent et de six à huit soldats et tout se passe avec le plus grand calme. Le soir, après la retraite, on ne rencontre plus que les hommes qui ont une carte de circulation spéciale.

Les rapports de la population avec les internés sont très bienveillants, et on entend chaque jour les soldats français se louer de la manière dont ils sont reçus, malgré la différence de langue.

Le comité de secours cantonal et celui de la ville ont contribué pour une large part au bien-être des internés, qui ont été baignés, leur linge lavé et renouvelé à peu près complètement.

Le comité de la ville a donné :

Chemises de coton	2000
Chemises de flanelle	325
Chaussures	2000
Souliers (paires)	1096
Caleçons	1215
Pantalons de drap	520
Paletots	42
Gilets	87

Cache-nez	126
Camisoles et gilets de flanelle	360
Mouchoirs de poche	1740
Robes de chambre	8
Couvertures	17
Draps de lits	12
Ceintures de flanelle	200
Serviettes	67
Capotes militaires	175
Vareuses (pour les mobiles)	156
Pains de savon	1500
Cigares	8000
Caisses de tabac	6
Caisses de pipes	1

Le comité cantonal a, de son côté, remis du linge et des chaussures à une partie des internés de la ville et a consacré une grosse somme d'argent à l'amélioration de leur état dans les divers dépôts.

M. le lieutenant-colonel fédéral Mezener, inspecteur cantonal, a déployé un zèle extraordinaire et beaucoup d'intelligence dans les dispositions qu'il a prises pour l'organisation des dépôts du Canton de Berne; il a accompli sa tâche sans bruit, avec beaucoup de modestie et de tact; il est de toute justice de le signaler.

Avant de terminer la série des rapports des officiers-inspecteurs, il nous semble opportun de citer contradictoirement l'opinion des officiers supérieurs français qui ont été appelés à voir de près et par eux-mêmes l'état dans lequel se trouvaient les soldats et les dispositions prises pour leur internement. Il nous a été donné de prendre connaissance du rapport que M. le colonel d'état-major Tissier a adressé au Commandant en chef de la 1re armée, sur l'inspection à laquelle il a pris part et nous le reproduisons ici textuellement :

Monsieur le Général de division Clinchant, Commandant en chef de la 1re Armée.

Mon Général,

Ainsi que vous m'en aviez donné l'ordre, j'ai visité à la suite de M. le colonel Tronchin de l'Armée fédérale, dix-sept villes, bourgs ou villages des Cantons de Bâle, Soleure et Berne dans lesquels sont internés nos soldats au nombre de dix-huit mille.(1)

(1) Il y a ici une légère erreur, Berne seul a plus de 20,000 soldats, Bâle-Ville et Bâle-Campagne chacun 1500, et Soleure plus de 3000, soit en tout 26 à 27,000 hommes.

Notre tournée d'inspection, commencée le 23 février, s'est terminée le 4 mars au soir. Pour qu'elle fut complète, il aurait fallu voir encore dix mille internés environ, mais la proximité du rapatriement rend la chose impossible, ainsi que vous me l'aviez déclaré vous-même, d'autant plus, qu'un certain nombre des localités qui resteraient à visiter sont assez éloignées dans la montagne et en dehors des lignes ferrées.

Il faut convenir d'ailleurs, mon Général, que, dès les premiers jours, j'ai pu constater le bien d'une manière si évidente que je vous aurais déclaré l'inutilité de ma mission, si elle n'avait dû montrer à nos soldats et aux habitants de la Suisse, que, pour être éloignée, votre sollicitude n'était pas moins réelle et s'il n'y avait pas eu un simple acte de politesse de notre part, dans le fait de nous prêter à la coquetterie du Gouvernement fédéral, laissant voir dans les plus petits détails, le bien qui a été fait par ses ordres et avec le concours empressé et généreux des habitants.

Dès leur arrivée dans les lieux d'internement, nos soldats ont été partout baignés et ont reçu du linge de toute sorte, si bien, que chaque homme a actuellement deux chemises, des chaussettes, un caleçon, etc., etc. Ceux dont les habits étaient trop mauvais ont reçu des vêtements civils; enfin, on a donné des sabots fourrés ou des pantouffles à ceux qui n'avaient plus de chaussures ou dont les pieds malades ne pouvaient plus entrer dans les souliers ordinaires. Les comités locaux ont d'ailleurs, distribué des souliers dans la limite du possible, eu égard aux ressources des localités; mais, malgré tout, il faudrait encore environ dix paires de souliers par cent hommes, si on devait faire des marches sérieuses.

Comme nous l'avons vu trop souvent, les souliers envoyés de France étaient du n° 28, lorsqu'il aurait fallu du n° 30 ou du 31.

Il résulte de tout cela que, si dans le rang, les soldats ne présentent pas un spectacle satisfaisant au point de vue de l'harmonie, ils ne sont plus du tout du moins, ces malheureux de la dernière espèce, que nous avons vu se traîner si péniblement pendant nos marches et dans nos bivouacs couverts de neige. S'il y a souvent encore des déchirures aux pantalons et aux habits, cela tient la plupart du temps à ce qu'ils sont portés par des jeunes gens qui ne savent pas, comme nos anciens soldats, rapiécer quand cela est nécessaire, sans se préoccuper des couleurs.

Les internés sont logés dans les casernes, les églises, les grandes chambres, dont on a pu disposer un peu partout et dans lesquelles on a mis des poëles nombreux, même dans les églises. On a donné des lits autant que possible et là où on n'en avait pas, on a fourni une couche de paille, épaisse de vingt à trente centimètres, retenue par des planches et sur laquelle il est facile de se préserver du froid; enfin, dans toutes les chambres, on a mis des tables pour manger et le plus souvent des planches à bagages. Un seul inconvénient existe quelquefois dans les logements, c'est que les hommes y sont trop entassés pour y avoir le volume d'air désirable ; mais il fallait au point de vue de la discipline éviter une dissémination trop grande et on a fait ce qu'on a pu.

Dans chaque grande chambre, il y a un factionnaire fédéral pour empêcher de fumer et pour veiller à la sûreté du bâtiment au point de vue du feu ; on a mis également de grands baquets d'eau dans les chambres, toujours pour le feu, et malgré toutes ces précautions, une église de village, dans laquelle nous avions des soldats, a été brûlée dernièrement (l'église de Kirchdorf).

Le pain de distribution qu'on donne aux hommes est au moins aussi bon que celui de France ; la viande est de bien meilleure qualité que nous ne l'avons jamais en garnison, et la ration de 5/8 de livre permet de faire des portions qui m'ont étonné. Ajoutez à cela, mon Général, les légumes que donnent volontairement les habitants, le lait qu'apportent les paysans tous les matins, presqu'à discrétion, et vous serez sans doute bien rassuré sur l'alimentation de nos soldats. Les cuisiniers, d'ailleurs, n'ont jamais manqué de me vanter la·bonté de leurs ordinaires, sans la moindre restriction.

Le nombre des malades dans les hôpitaux ou ambulances est de cinq ou six pour cent invariablement, dans tous les lieux de cantonnement.

Les maladies dominantes sont : le typhus non contagieux, les affections de poitrine et la petite vérole ; cette dernière en très petite quantité.

La mortalité dans les divers cantonnements, depuis l'arrivée des troupes, a été d'environ 0,06 pour cent de l'effectif général. C'est évidemment très peu pour des troupes aussi fatiguées que l'étaient les nôtres ; il faut en savoir gré à MM. les médecins suisses, qui ont seuls soignés nos malades et à ces dames charitables que j'ai trouvées partout au chevet des plus dangereusement atteints. J'ai remercié partout en votre nom le plus que j'ai pu, mais ce n'est pas assez, il faudra incontestablement un témoignage public de notre reconnaissance, partant d'une Autorité plus élevée que la mienne.

Après la question des malades, mon Général, ce qui m'a le plus préoccupé dans mon inspection, c'est de savoir qu'elle a été jusqu'ici la conduite de nos soldats dans les cantonnements, et je puis vous affirmer, presque avec certitude, qu'elle a été bonne. Ma conviction résulte non-seulement de ce que m'ont dit les Commandants fédéraux et les habitants, mais aussi de ce que j'ai appris en causant avec des officiers ou avec des sous-officiers dignes de confiance.

On a été particulièrement content des sous-officiers, à quelques exceptions près ; on leur avait conservé leur autorité sur leurs hommes, à la condition toutefois que les punitions seraient infligées par les officiers suisses, sur leur demande et non directement. On m'a signalé très souvent des sous-officiers qui ont tout particulièrement cherché à se rendre utiles ; j'ai pris leurs noms et j'écrirai à leurs chefs de corps pour les recommander,

La discipline , mon Général , a été maintenue par MM. les officiers suisses, avec une bienveillance contre laquelle je me suis quelquefois récrié , quand il s'agissait de ces mauvais sujets dont il est impossible d'extirper la race , mais avec assez de fermeté cependant, pour que j'aie trouvé tout le monde poli et obéissant.

J'ai trouvé partout Messieurs les officiers fédéraux, Commandants de place, aussi bien disposés que possible pour nos soldats, et il faut convenir que notre présence leur impose un service long et pénible. J'avais d'abord pris les noms de quelques-uns d'entr'eux pour vous les signaler, et puis j'ai vu , en continuant mon inspection , que tous méritaient également nos sincères remerciements, si bien que j'ai l'honneur de vous prier de bien vouloir leur écrire à tous quelques mots destinés à leur montrer que leurs peines et leur dévouement ont été appréciés comme ils devaient l'être.

. . . .

En somme, mon Général, je n'ai pas la moindre critique à faire , et si j'ai bien rendu ma pensée , je n'aurai fait , sans doute , que confirmer dans votre esprit les sentiments de gratitude dont je suis moi-même animé et que je voudrais propager en tous lieux.

Daignez agréer, mon Général, etc.

TISSIER.

L'inspection des internés français dans les principaux cantonnements, par des officiers-généraux suisses, avait eu pour but, aussi bien de constater que les prescriptions de l'Autorité fédérale avaient été suivies à l'égard des soldats de l'armée de l'Est, que de contrôler le service de surveillance des troupes suisses, qui, pour la plus grande partie, étaient prises dans la réserve ou dans la landwehr.

Les troupes d'élite avaient eu un long service de campagne lors de l'occupation des frontières en 1871, et on avait confié la garde des Français aux troupes qui , ayant déjà accompli leur temps de service dans l'élite, n'avaient eu que plus rarement l'occasion d'être appelées sous les armes. Il importait donc d'examiner la manière dont elles avaient accompli leur tâche, et on a pu constater avec joie et avec un juste orgueil que ces troupes n'avaient point démérité de la confiance que le pays met en elles.

Les rapports spéciaux des Inspecteurs constatent, qu'à fort peu d'exceptions près , le service s'est fait avec zèle , ponctualité , et que l'instruction générale était tout à fait satisfaisante malgré les fréquents changements que les exigences actuelles avaient apporté depuis quelques années, aux règlements et ordonnances militaires.

Dans chaque dépôt , tous les moments laissés libres par le service de garde, ont été employés à exercer la troupe et à compléter son instruction. Le tir à la cible n'a point été négligé et chaque soldat a pu, à part quelques exceptions imposées par la nature des localités, tirer le nombre de coups réglementaires.

Le Département militaire fédéral, ayant eu l'occasion de s'assurer, que la Légation de France à Berne, aussi bien que les généraux de l'armée internée, mettaient en doute le nombre des soldats français qui avaient pénétré en Suisse et dont on leur avait cependant remis le détail, ainsi que l'état des chevaux et du matériel, proposa au Conseil fédéral d'adjoindre des officiers supérieurs français d'administration aux inspecteurs fédéraux, afin qu'ils pussent constater l'état des choses et en référer à leur Gouvernement. Le temps relativement court dont on pouvait disposer ne paraissant pas devoir permettre de visiter chaque dépôt, le Haut Conseil fédéral décida qu'il y aurait, en outre, une inspection officielle du personnel dans chaque dépôt, inspection à laquelle un officier français délégué serait *tenu* d'assister.

A cet effet, le Département militaire fédéral informa de cette décision le Délégué du ministre de la guerre du Gouvernement français, par la dépêche suivante :

Berne, le 21 février 1871.

A Monsieur Gaïffe, délégué du Ministre de la guerre et de l'intérieur
du Gouvernement français.

Monsieur,

Conformément au désir que vous m'en avez exprimé, j'ai soumis au Conseil fédéral la proposition d'inviter des officiers français à assister à l'inspection des militaires internés, qui va avoir lieu par des officiers fédéraux, afin que ces officiers français puissent se rendre compte de l'état des troupes internées.

Je m'empresse de vous informer que, dans sa séance d'hier, le Conseil fédéral a adopté ma proposition, et que j'ai prié aujourd'hui M. le Général Clinchant de me désigner les officiers dont il s'agit.

Comme, par le fait même des circonstances, le rôle de ces derniers se bornera aux observations personnelles qu'ils pourront faire pendant l'inspection fédérale, et comme d'ailleurs cette inspection ne s'étendra pas à tous les dépôts, je me permets d'attirer votre attention sur une autre mesure qui nécessiterait un concours officiel de votre part.

Quoique le nombre des internés dans tous les dépôts ait été officiellement constaté et établi, je crois qu'il est devenu indispensable, du moins fort désirable, dans un intérêt réciproque, que l'effectif des troupes internées soit également constaté avec le concours de délégués français.

Comme nos précédents entretiens me permettent de compter sur votre assentiment, je vous prie de vouloir bien désigner à cet effet, comme nous en sommes convenus, le nombre nécessaire de délégués appartenant à l'Intendance, auxquels je fournirai l'occasion d'assister au contrôle journalier de l'effectif présent dans chaque dépôt et d'établir à ce sujet un procès-verbal, de concert avec nos Commandants de place.

Agréez, etc.

Le Chef du Département militaire fédéral,

WELTI.

Les Cantons et les Commandants des dépôts furent avisés de cette mesure par la circulaire ci-après :

Berne, le 24 février 1871.

Le Département militaire fédéral aux autorités militaires des Cantons.

Quoique les états établis et les rapports envoyés par les Cantons aient suffi pour obtenir, d'une manière officielle, le chiffre exact des internés français dans chaque dépôt, il nous a paru toutefois, qu'il était convenable de faire constater encore cet effectif en présence de délégués français.

C'est pourquoi nous avons pris les décisions suivantes :

1° Il y aura dans chaque dépôt une revue du Commissariat, en présence du Commandant du dépôt et de l'officier français délégué.

Les états nominatifs établis serviront de base à cette revue du Commissariat.

2° Un procès-verbal (suivant formulaire) signé des deux parties, sera établi et contiendra le nombre des internés constaté par la revue du Commissariat ; le Commandant du dépôt transmettra un double de ce procès-verbal au Département soussigné, par l'intermédiaire de l'Autorité militaire cantonale ; en revanche, l'autre double devra être remis au délégué français.

3° Les officiers français délégués annonceront, à temps, leur arrivée aux Commandants des dépôts et les informeront quand ils désirent que la revue du Commissariat ait lieu. Les Commandants de dépôt pourvoiront, à ce qu'au moment indiqué, les hommes soient présentés et appelés dans l'ordre où ils sont inscrits dans l'état nominatif.

On devra éviter autant que possible que, le jour fixé pour la revue, des hommes soient empêchés par des travaux, congés, etc., d'assister à l'appel ; les Commandants de dépôt seront en mesure de donner des renseignements précis sur chacun des absents et de faire ensorte que les internés présents puissent, au besoin, confirmer ces renseignements.

4° Les officiers français désignés pour procéder à cette opération, se rendront directement dans les dépôts, munis d'une carte justificative de leur mission, délivrée par le Département.

5° Chaque Commandant de dépôt recevra un exemplaire de la présente circulaire, à titre d'instruction ; il est invité en même temps à transmettre à l'Autorité militaire cantonale le procès-verbal de l'opération, immédiatement après sa signature.

Le Chef du Département militaire fédéral,

WELTI.

Formulaire du procès-verbal.

Canton de.....................

Dépôt de......................

Il a été procédé aujourd'hui, par le Commandant du dépôt et l'officier français délégué, soussignés, à une vérification, au moyen de l'état nominatif, du nombre des militaires internés se trouvant au dépôt, vérification qui a donné le résultat suivant :

1° Nombre des hommes qui ont répondu à l'appel . . . .

2° Nombre des hommes momentanément absents, mais dont l'existence réelle a été constatée . . . .

3° Malades à l'hôpital . . . .

Total du dépôt ....

Le présent procès-verbal, signé par le Commandant du dépôt et par l'officier français délégué a été établi à double, dont un exemplaire est transmis à l'Autorité militaire cantonale pour le Département militaire fédéral, et l'autre remis à l'officier français délégué.

.... le ....1871.

L'officier français délégué :   *Le Commandant du dépôt :*

Les officiers de l'Intendance française, chargés de la direction générale de la vérification de l'effectif ont été :

MM. Bonfillou, Intendant militaire de 1re classe ;
  » Gauthier,   »   » de 2e classe ;
  » Bilco,   »   » de 2e classe ;
  » Caillé   »   » de 3e classe,

qui, suivant leurs instructions, procédèrent à la visite des dépôts, après s'être adjoint un certain nombre d'officiers, qui se répartirent entr'eux les cantonnements à contrôler.

Bientôt tous les procès-verbaux de la revue de l'effectif qui étaient destinés à l'Administration fédérale, arrivèrent à Berne et cette affaire pût être considérée comme terminée, quoique les officiers de l'Intendance française n'eussent pas jugé à propos de visiter chaque depôt; ainsi le Canton de Schaffhouse en entier, fut laissé de côté par eux.

CHAPITRE V

Explosion de l'arsenal de Morges. — Dispositions prises en vue du rapatriement de l'armée internée. — Une mission auprès du quartier-général de l'armée allemande du Sud, par le colonel fédéral Rod. de Sinner. Plan d'évacuation. Affaire de la Tonhalle à Zurich. Rapatriement des hommes, des chevaux et du matériel. Accident de Colombier. — Convois de convalescents.

Les événements extérieurs faisaient entrevoir le rapatriement prochain des troupes françaises, et les internés vivaient dans la joyeuse attente du moment où ils pourraient revoir leur patrie, leurs amis, leurs familles, dont ils étaient séparés depuis de longs mois. Toutes les affaires avaient pris une marche tranquille, les fatigues passées étaient oubliées, les maux étaient en partie soulagés, et la population, de son côté, reprenait haleine après avoir déployé une activité fébrile pour subvenir à tout ce qu'on demandait d'elle, lorsque tout à coup, un affreux malheur vint jeter la consternation dans les esprits et faire sentir vivement aux malheureux soldats, que la fatalité qui s'acharnait sur eux depuis si longtemps, planait toujours au-dessus de leurs têtes.

Les magasins de munitions de l'arsenal de Morges venaient de sauter et de faire de nombreuses victimes.

A l'extrémité occidentale de la ville est situé un vaste château du moyen-âge, entouré de cours ceintes de hautes murailles.

Cet édifice appartient à l'Etat et sert d'arsenal principal au Canton de Vaud. Il renferme la majeure partie du grand matériel de guerre : bouches à feu, affûts, caissons, voitures de guerre, effets de campagne et de campement, qui sont emmagasinés dans un hangar, adossé au mur d'enceinte et dans les salles qui forment la partie supérieure de cet abri.

Les projectiles de l'artillerie, les fusils de réserve, le petit matériel et les ateliers de confection des munitions, etc., sont dans l'intérieur du château, protégé par les épaisses murailles et les grosses tours qui flanquent ses angles.

Une partie des troupes fédérales appartenant au Canton de Vaud, venait de rentrer dans ses foyers, à son retour de l'occupation des frontières, et les batteries d'artillerie avaient été réintégrées à l'Arsenal, encore équipées en guerre et les caissons chargés de munitions

Lors du désarmement à la frontière, des soldats de l'armée française de l'Est, on avait rassemblé les fusils, les cartouchières et les caissons de munitions pour les expédier sur divers points de l'intérieur, où on aurait les facilités nécessaires de nettoyer et d'entretenir les armes portatives, pour la plupart fort endommagées par l'humidité et le défaut de soins.

Les Commandants en chef des deux armées, MM. les généraux Clinchant et Herzog, s'étaient entendus pour que la reconnaissance de tout le matériel de guerre qui, à teneur de la convention, devait être remis à la Suisse à titre de gage, fut effectué par une commission mixte composée d'officiers français et suisses.

M. le lieutenant-colonel d'artillerie Tricoche, nommé par le général Clinchant, président de cette commission, fut chargé de la direction de cette affaire; il lui fut adjoint un certain nombre d'officiers français de l'artillerie. Les membres suisses de cette commission étaient les chefs des dépôts du matériel de Colombier, Grandson, Morges et Thoune, avec les officiers qui leur étaient adjoints.

Le Directeur de l'arsenal de Morges, M. le major Veillard, est un fonctionnaire de l'Etat de Vaud et n'appartient pas à l'armée fédérale, mais comme une partie du matériel renfermé dans cet arsenal est la propriété de la Confédération et est placé sous la surveillance du Directeur, celui-ci a également à recevoir des ordres de l'Administration fédérale, d'autant plus, que la loi sur l'organisation militaire fédérale donne à la Confédération le droit de disposer des établissements militaires cantonaux, dans les cas sérieux ou de mise sur pied générale de l'armée. En conséquence, le général Herzog donna les ordres nécessaires au major cantonal Veillard comme suit :

Quartier-général, Neuchâtel, le 6 février 1871.

Le Commandant en chef de l'armée fédérale à M. le major Veillard,
Directeur de l'arsenal de Morges.

Il sera envoyé à Morges, ces jours-ci, pour y rester séquestrés, une quantité d'armes portatives, d'équipements, de munitions etc., provenant de la partie de l'armée française qui a passé en Suisse par la frontière du Canton de Vaud.

Je vous charge de recevoir ces divers objets, de les classifier, d'en dresser un état exact, de les faire nettoyer et emmagasiner. Je mets à votre disposition M. Gard, capitaine à l'état-major fédéral d'artillerie, qui a reçu l'ordre de se rendre immédiatement auprès de vous.

Vous êtes en outre autorisé à prendre le nombre d'ouvriers qui sera nécessaire pour effectuer le travail qui vient de vous être confié.

Une commission d'officiers d'artillerie français se rendra à Morges pour constater le nombre des fusils, etc., remis à l'arsenal; dès que je saurai leurs noms, je vous en préviendrai.

J'écris au Département militaire de votre Canton pour lui demander, soit la permission de vous prendre en service, soit la permission de disposer des locaux nécessaires dans votre arsenal.

HANS HERZOG, général.

En effet, en même temps que la lettre ci-dessus partait pour Morges, il en était adressé une tout à fait identique au Département militaire de Vaud, l'avisant de l'envoi à Morges des armes, équipements et munitions de l'armée de l'Est; elle se termine ainsi :

« J'ai pris la liberté de prévenir M. Veillard de mes intentions, et je vous prie donc, pour le cas où vous seriez disposé à accéder à ma demande, de lui en faire part, afin qu'il puisse commencer cet important travail, sans retard. »

M. le colonel Meyer, commandant de la Ve division, qui était encore en partie sur pied, l'Administration du matériel de guerre fédéral à Berne et le Département militaire fédéral furent également informés de ces dispositions.

M. le colonel Delarageaz, conseiller d'Etat du Canton de Vaud, avisa le général par télégramme, que le nécessaire serait fait, d'accord avec ses instructions, aussitôt que le matériel des deux batteries d'artillerie qui rentraient en ce moment du service, aurait été reconnu et remisé.

Les armes de petit calibre déposées sur territoire vaudois, s'élevaient à plus de trente-six mille, et comme l'arsenal de Morges renfermait déjà plus d'armes qu'à l'ordinaire, par le fait, qu'on y avait déposé des fusils séquestrés comme contrebande de guerre, au moment où on cherchait à leur faire passer la frontière, on ne pouvait songer à trouver la place nécessaire pour l'installation d'un aussi grand nombre d'armes, en conséquence, le colonel Meyer en fit déposer une grande partie au château de Grandson, au bord du lac de Neuchâtel.

Le 3 février, il était déjà arrivé à Morges, sans avis préalable, sept voitures françaises chargées de munitions d'artillerie et d'infanterie, sous l'escorte d'un détachement de la batterie n° 23, de Vaud. Ces munitions étaient expédiées par ordre du général.

Le même jour, arrivèrent encore les voitures d'équipage du 2e régiment de zouaves, contenant des coffres de munitions.

Le 8 février, l'arsenal recevait par le chemin de fer seize wagons chargés d'armes; le 10 février, dix wagons de munitions de toute espèce, et le 15 février, sept wagons de diverses munitions, plus vingt-et-un tonneaux de poudre de mine. Les tonneaux de

25

poudre furent seuls mis à la poudrière tandis que les armes furent déposées sous le grand hangar, au fond de la seconde cour.

Le travail du nettoyage et du graissage des armes à feu commença immédiatement, ainsi que le classement et l'inspection des effets d'équipement.

La commission française qui assistait à ces travaux, reçut, le 17 février, l'ordre de son président, M. le lieutenant-colonel Tricoche, de procéder à la démolition des cartouches, en grande partie avariées.

Cette opération commença le 18 février, dans trois ateliers séparés; le premier fut installé à gauche du dépôt des autres munitions françaises; le second, de l'autre côté de ce dépôt, dont il est séparé par des caissons et trois pièces d'artillerie; le troisième atelier fut organisé à l'angle nord de la cour. Ils employèrent dès l'abord, une trentaine d'ouvriers. On prit en premier lieu les cartouches Chassepot, dont la démolition est facile à cause de la mince enveloppe d'étamine qui les entoure, tandis que la cartouche Remington enfermée dans une douille de cuivre qui enserre fortement la balle et dont l'extrémité intérieure est garnie de fulminate, présente un certain danger, en raison de l'effort que l'ouvrier doit faire pour extraire la balle au moyen d'un instrument, ce qui peut provoquer l'explosion de la matière inflammable.

C'est le 25 février, que commença la démolition des cartouches Remington et afin de hâter ce travail, on porta le nombre des ouvriers à soixante-et-douze.

Le 2 mars, entre 4 et 5 heures du soir, l'opération allait être entièrement terminée; il ne restait plus que quelques cartouches qu'une heure à peine de travail aurait suffi à vider, lorsque tout à coup, une première explosion se fit entendre, causée sans doute par l'inflammation de la poudre qui venait d'être retirée des dernières munitions et qui gagna bientôt les caisses de débris placées à proximité, puis les munitions entières.

Cette explosion eut lieu dans l'atelier occupé par les soldats français, situé sous le hangar ouvert, à peu près vis-à-vis de l'entrée de la cour; elle occasionna immédiatement l'incendie du hangar construit en bois et il se propagea avec une grande rapidité, accéléré encore par les explosions successives des caisses de munitions, des projectiles d'artillerie, des caissons des batteries; il atteignit bientôt le petit magasin des munitions, situé dans une salle au-dessus du hangar et des voitures de la batterie n° 9, chargées en guerre. C'est alors que se produisit l'effroyable explosion qui effondra la toiture du château, enfonça les fenêtres de l'arsenal, saccagea l'intérieur des salles, renversa les cloisons intérieures et fit voler au loin des débris de toute espèce et les éclats des projectiles, en endommageant plus ou moins gravement les maisons de la ville située dans le voisinage.

La commotion fut telle, qu'elle se fit sentir jusqu'à Lausanne, et les détonations incessantes furent entendues à des distances considérables et jusque sur la rive de Savoie.

La population des villes riveraines, réunie au bord de l'eau, écoutait avec terreur le feu roulant des explosions; les habitants de Lausanne , réunis sur les promenades qui ont vue sur le lac , assistaient à ce terrible , mais grandiose spectacle. Les gerbes de feu s'élançant vers le ciel étaient sillonnées par les obus qui traversaient l'espace en éclatant et couvrant les toits de la ville d'une pluie de fer.

Les habitants de Morges gagnaient en toute hâte la campagne, car le bruit , heureusement erroné, s'était répandu que les caves du château étaient pleines de munitions et que la ville allait sauter.

Dans aucun temps, ces caves n'ont servi à remiser des matières explosibles, mais le dicton populaire y plaçait des monceaux de poudre.

Le fait est, que la circulation dans les rues n'était rien moins que sûre, car, outre les éclats de shrapnels, les débris des toitures et des bâtiments tombaient de tous côtés et à de grandes distances.

Toute la soirée et la nuit du 2 au 3 mars, les explosions continuèrent.

On ne put songer à combattre le foyer même de l'incendie, il fallut se borner à protéger le château et ses dépendances , et ce n'est pas sans courir un véritable danger, que des citoyens courageux réussirent à sauver l'atelier des charrons , le magasin à bois et le hangar des voitures, qui étaient fortement menacés.

Quelques pompiers et surtout ceux qui dirigèrent le jet des pistons, restèrent exposés pendant plusieurs heures; ils parvinrent à modérer le feu du côté nord-ouest et réussirent à sauver plusieurs pièces d'artillerie.

D'autres citoyens, avec une audace et un dévouement dignes d'admiration, se précipitèrent dans la cour entourée des hangars en feu, et, au milieu des munitions françaises qui éclataient en tous sens , ils entraînèrent tous les canons et caissons de la batterie n° 23, de 8 C^m rayé, qui se trouvait aussi chargée en guerre. Un des caissons de cette batterie était déjà en flammes lorsqu'on le sortit de la cour, et ce fut un moment d'angoisse terrible de le voir traîner par quelques citoyens, aussi rapidement que son poids le permettait, jusqu'auprès de l'église, à quelques cents pas de distance, et au moment où on le poussait dans le lac, il fit explosion, mais heureusement sans faire de nouvelles victimes.

Une quarantaine de caissons d'infanterie , aussi chargés , furent retirés à temps du foyer de l'incendie, ainsi que plusieurs autres voitures de guerre et des fusils.

De nombreux citoyens de la localité et des internés français, se sont distingués en se dévouant avec un courageux sangfroid à établir l'ordre , à organiser le sauvetage et à prendre des mesures énergiques pour arrêter les progrès de l'incendie et préserver l'arsenal d'une destruction complète. Malgré la panique qui s'empara de la population, lui fit abandonner ses demeures et fuir dans la campagne, ces intrépides citoyens restèrent à leur poste jusqu'au dernier moment. L'un d'eux, J.-L Thury, lieutenant-aide-major du 5ᵉ bataillon de carabiniers, dirigea le jeu d'une pompe à feu dans la cour, mais après avoir inutilement tenté de s'y maintenir, il vint la placer dans la cour intermédiaire, pour préserver le château et le magasin des bois de charronnage ; au moment où il arrivait à l'angle de la tour nord-ouest, la grande explosion eut lieu et une poutre lancée dans les airs, lui brisa le crâne dans sa chute. Victime de son dévouement, ce courageux officier laisse une femme et cinq jeunes enfants.

Un autre citoyen trouva la mort à une grande distance du château, atteint par la chute d'un morceau de toiture. Il se nomme Léon Chambaz, domestique à Echichens.

Outre ces deux Vaudois, un certain nombre de soldats français avait trouvé la mort dès les premières explosions ; le chiffre des victimes, qui s'éleva au total, à vingt-deux, ne put être constaté que plus tard ; en outre, vingt-cinq personnes, tant suisses que soldats français, ont été blessées plus ou moins grièvement.

Une enquête fut immédiatement instruite par le Procureur-général de l'Etat de Vaud, sur l'invitation du Département militaire cantonal, et l'Autorité fédérale, de son côté, délégua des officiers chargés de constater la perte du matériel tant suisse que français.

Le résultat de l'enquête juridique démontra que, s'il n'y avait pas eu de malveillance, on ne pouvait cependant pas voir, dans la catastrophe du 2 mars, un pur et simple accident. Il y eut une série d'imprudences diverses, dont quelques-unes ont contribué à produire l'événement et à lui donner des proportions désastreuses. Les soldats dont la maladresse ou l'imprudence ont occasionné l'explosion, en ont été les premières victimes, ce qui a empêché de constater la cause directe du malheur. L'enquête, très volumineuse, s'est attachée à établir d'une manière positive la part de responsabilité qui incombe à chacun ; le rapport au Haut Conseil fédéral, qui sera transcrit plus loin, l'a fait ressortir clairement.

A teneur de la loi vaudoise sur les assurances mobilières et immobilières, des commissions d'expertise instituées par la Justice de paix de Morges, évaluèrent le dommage causé aux bâtiments de l'Etat et à ceux des particuliers, ainsi que la perte du matériel.

Les officiers chargés d'inspecter le matériel de guerre détruit ou endommagé, en dressèrent l'inventaire et rendirent compte de leur visite sur le théâtre de la catastrophe. Nous donnons ici un résumé de leur rapport.

« La quantité assez considérable de munitions qui se trouvait à l'arsenal de Morges s'explique par le fait, que la poudrière, située à dix minutes de la ville, était remplie de poudre suisse et des premiers envois des munitions et de la poudre françaises.

Chateau & Arsenal de Morges

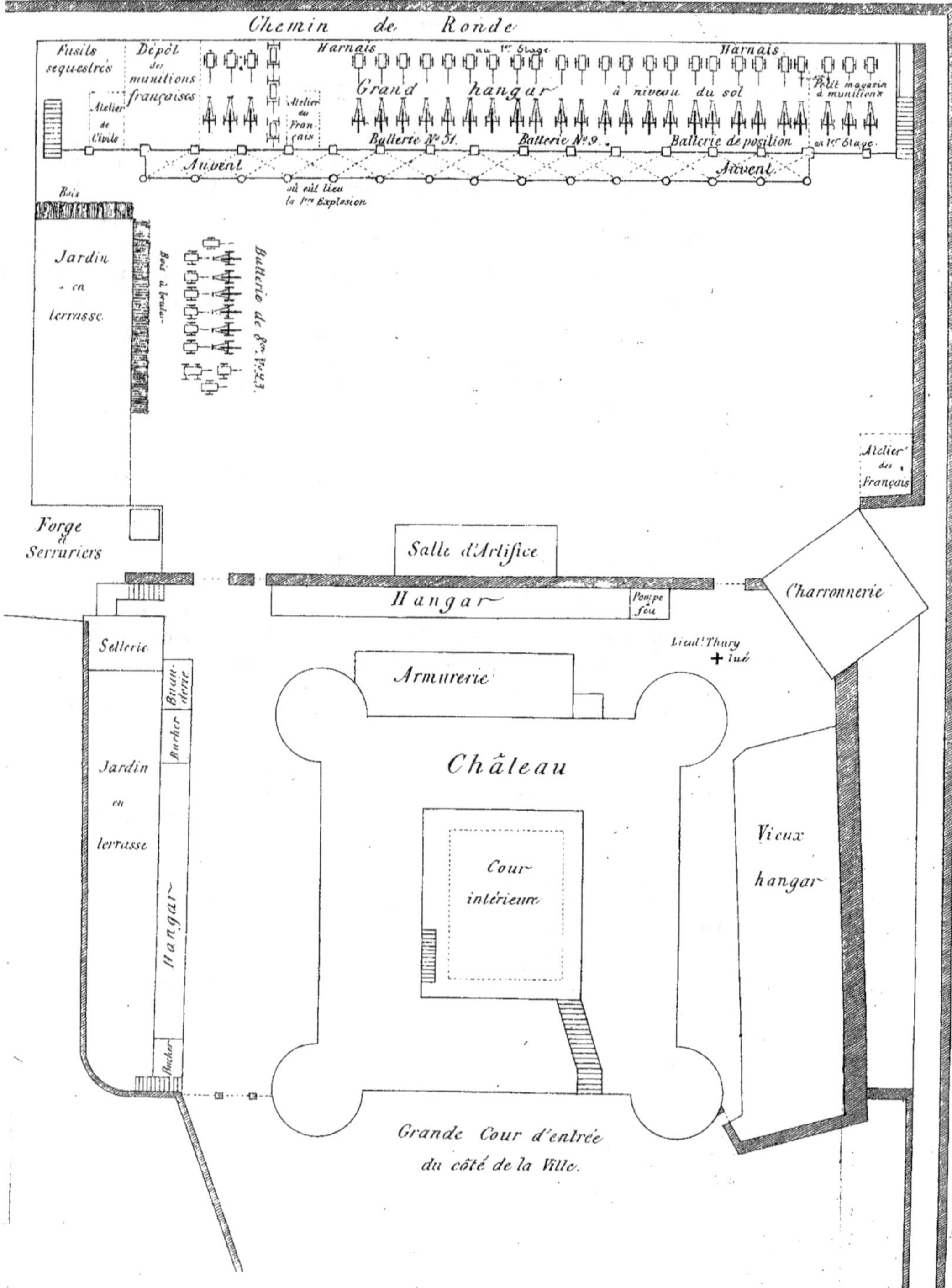

La munition d'infanterie pour les fusils Chassepot, les Remington et ceux à tabatière, ainsi que les cartouches à mitrailleuses, étaient emballées dans des caisses, pour la plupart si mal confectionnées, qu'on a le droit d'être surpris que leur transport n'eût pas déjà occasionné des accidents.

Une partie de ces munitions était hors de service par suite d'un emballage défectueux et de l'humidité à laquelle elles avaient été exposées pendant la campagne, et lorsque la commission française vint faire la reconnaissance de son matériel, elle jugea à propos de faire opérer un triage et ordonna que les cartouches avariées devaient être démolies, la poudre mise en tonneaux et tenue, ainsi que le plomb, à sa disposition.

Pour cette opération on installa des ateliers dans l'arrière-cour de l'arsenal et cela dans des conditions particulièrement défavorables à ce genre de travail.

Tout le long du côté intérieur du mur d'enceinte, au sud-ouest, est adossé le grand hangar dans lequel on a emmagasiné :

1º Dans les combles : les accessoires des tentes, les cordages, les caisses ; du bois de charronnage, le magasin de papier, le cuivre de démolition, les sabres et les équipements français.

2º Dans la salle du premier étage : les effets de campagne et de campement; (tentes, marmites et autres ustensiles), les haches, pelles et pioches; les couvertures des chevaux du train, la sellerie et divers approvisionnements; puis, à l'angle du côté droit, le petit magasin des munitions suisses pour les besoins ordinaires du service.

3º Sous le hangar, soit au niveau de la cour, dans l'angle de gauche : 4,800 fusils séquestrés en 1870, dans un enclos fermé; puis ensuite venaient les caisses de munitions françaises, des pièces de canon de 8 c^m et de 10 c^m cantonales en bronze; puis, à côté, les chariots des sapeurs du génie; à côté, l'atelier de démolition, occupé par des internés; ensuite se trouvaient des trains de caissons en construction; puis la batterie nº 51, de 8 c^m rayé; à côté, la batterie nº 9, de 10 c^m, en acier fondu et à chargement par la culasse; puis quatre pièces de 12 liv. de position, avec leurs affûts de rechange. Derrière les bouches à feu et contre le mur d'enceinte, étaient rangés les caissons, dont une partie étaient chargés en guerre, et enfin les harnais de l'artillerie. La batterie de 8 c^m, nº 23, en acier fondu et à chargement par la culasse, était parquée dans la cour, presque en face de l'atelier de démolition.

Cette arrière-cour est séparée du château, pour plus de sécurité, par un mur, contre le côté intérieur duquel est adossé le laboratoire des artificiers, qui fait face au hangar. Il s'y trouvait, au moment de l'accident, 448 shrapnels chargés et vingt fusils Chassepots. La distance entre cet atelier et le grand hangar est d'environ quarante mètres.

L'atelier de démolition était installé auprès d'une grande table en forme de fer à cheval; dix à douze grandes caisses pleines de munitions étaient posées à terre tout autour, la table était couverte de débris de cartouches , et la poudre de démolition était dans des sacs ou des récipients ouverts , lorsque la première détonation eut lieu. Il y avait là environ cinquante kilos de poudre ouverte, qui, selon toutes les probabilités, s'alluma en premier lieu.

Le feu qui prit au hangar, resta pendant quelque temps circonscrit dans l'angle gauche ; les pompes de Morges qui arrivèrent avec promptitude, cherchèrent en vain à l'arrêter ; une d'entr'elles se plaça entre les caisses de munitions et le laboratoire de l'artifice et son équipage, ainsi que les internés accourus sur les lieux, firent preuve d'un remarquable sang-froid ; mais le feu ayant gagné les caisses , les détonations devinrent si pressées, que la place ne fut plus tenable et la pompe se retira de la cour pour porter secours ailleurs.

Les commotions étaient parfois si violentes que des gens furent jetés à terre et blessés ; on réussit à en arracher d'autres des débris sous lesquels ils allaient disparaître et trouver une mort affreuse.

Des débris enflammés , projetés sur l'atelier de l'artifice, y mirent le feu et les 448 shrapnels commencèrent à éclater et à lancer une pluie de fer à une grande distance. Le mur d'enceinte extérieur, qui a un mètre d'épaisseur et est solidement construit, fut renversé sur une longueur de vingt mètres de chaque côté. La commotion et le refoulement de l'air furent si violents, qu'à Thonon, ville située en Savoie, de l'autre côté du lac et à trois lieues de Morges , les vitres des maisons du bord de l'eau furent brisées. Les habitants de cette ville arrivèrent en toute hâte avec un bateau à vapeur pour offrir leurs secours, mais ils furent un certain temps avant de pouvoir aborder au débarcadère, situé dans le voisinage du château , à cause des débris de toute espèce qui ne cessaient de voler dans les airs.

Le capitaine d'état-major Gard , de Genève , qui dirigeait les internés , fut dès le commencement blessé à la tête, à l'épaule et à la jambe, heureusement peu grièvement.

Des soixante-douze internés employés au triage des munitions , vingt-deux avaient disparu , seize d'entr'eux furent retrouvés morts jusqu'au 6 mars au soir, et il est à supposer que ceux qui manquaient encore étaient restés ensevelis sous les décombres, à gauche de la cour, mais il n'était pas possible de s'en assurer, car les débris renfermaient des projectiles chargés qui éclataient à mesure que la chaleur pénétrait l'enveloppe du métal.

La constation des morts fut impossible, car les cadavres étaient dans un tel état qu'on ne pouvait pas même espérer en recomposer un seul en entier. Des débris de membres arrachés gisaient çà et là et tellement hâchés et noircis qu'on avait peine à les distinguer. Les corps qu'on découvrit parmi les décombres fumants étaient carbonisés à un tel point, que malgré les précautions infinies prises par leurs camarades pour les dégager, on ne put réussir à enlever un cadavre entier ; chaque membre restait à la main de celui qui cherchait à le soulever. Les boutons d'uniforme furent les seuls indices qui permirent de réunir dans un même cercueil les débris de ce qui pouvait avoir été un corps.

L'inhumation de ces malheureux soldats eût lieu au milieu d'un immense concours de citoyens, accourus de tous les environs, pour accompagner au champ du repos ces jeunes gens enlevés par une mort aussi horrible, en vue des frontières de leur patrie dans laquelle ils allaient rentrer et leur donner une marque de sympathie. »

Le matériel détruit ou endommagé appartient pour la plus grande partie à l'Etat de Vaud ; celui de la Confédération n'a que peu ou point souffert.

Les dégâts eussent été bien plus considérables encore dans la ville de Morges, si le château ne l'avait préservée d'une épouvantable commotion par la masse imposante et solide de sa construction, qui s'est trouvée heureusement placée entre elle et la cour où l'explosion eût lieu.

Là où la colonne d'air n'a pas été interceptée, le dommage est plus grand, ainsi le quartier situé à droite de l'arsenal a été notablement ébranlé ; outre les toits, les fenêtres et les volets qui sont en grande partie brisés, des murailles et les cloisons intérieures sont ou lézardées, ou déplacées. Une maison isolée située au bout de ce quartier renfermait l'ambulance des soldats internés et par un hasard providentiel, on venait de transférer les malades dans un autre bâtiment, deux heures avant l'accident.

La gare du chemin de fer, située à dix minutes de distance du château, a reçu une forte commotion, car le matériel entier du restaurant a été brisé, ainsi que toutes les vitres, dès la première explosion qui a jeté à terre les verres, les bouteilles et la vaisselle.

Une quantité de vitres et de volets ont été brisés dans toute la ville, et à de certaines places, les murs ont été refoulés de telle sorte, qu'on voit au travers par les lézardes qui se sont produites.

Les éclats d'obus ont arraché ou déchiré les poutrelles de la toiture de l'arsenal et des maisons voisines et les tuiles en sont, ou complètement enlevées, ou éparpillées sur les toits.

En contemplant les dégâts, on ne peut que frémir à l'idée des proportions qu'auraient pris le désastre, si on n'avait eu la précaution d'enlever la veille du sinistre, 325 kilos de poudre de démolition pour la transporter à la poudrerie. Il n'y avait à l'atelier de démolition, que la poudre retirée des cartouches dans la journée.

La chaleur a été si intense dans l'intérieur de l'arrière-cour, que des bouches à feu sont fondues, d'autres sont brisées, les affûts en tôle boulonnée se sont affaissés sur eux-mêmes et des sabres et des fusils sont fondus et soudés ensemble en grosses masses, avec du plomb et des douilles de cuivre.

Les diverses commissions d'expertise ayant terminé leur mission, remirent à l'Autorité vaudoise le détail des dégâts causés par l'explosion des munitions françaises qui s'élève à fr. 385,030 21, dont l'Etat de Vaud réclame le paiement à la Confédération.

Le Conseil d'Etat écrivit à ce sujet la lettre suivante au Haut Conseil fédéral.

Le Conseil d'Etat du Canton de Vaud au Conseil fédéral suisse.

Monsieur le Président et Messieurs, fidèles et chers Confédérés. •

Par lettre du 6 février 1871, le Département militaire fédéral nous prévenait, qu'il avait invité le Commandant en chef de l'armée à donner l'ordre à M. le colonel Meyer, de diriger sur l'arsenal de Morges toutes les armes à feu portatives françaises qui se trouvaient dans notre Canton, que M. le major Veillard, directeur de notre arsenal, recevrait des ordres en conséquence et qu'il lui adjoignait M. le capitaine d'état-major Gard, pour assister à cette opération.

Par lettre du même jour, datée de Neuchâtel, M. le Commandant en chef de l'armée fédérale, annonçait de son côté, à notre Département militaire, qu'il se voyait dans la nécessité de faire déposer dans l'arsenal de Morges les armes portatives, les munitions et les pièces d'équipement provenant de l'armée française, entrée en Suisse par les frontières de notre Canton, demandant de pouvoir disposer de M. le major Veillard, directeur de notre arsenal, pour classer ce matériel, en dresser les états, les nettoyer et les magasiner.

Ces mesures donnèrent lieu à des réclamations de la part de notre Département militaire et à l'observation, que M. Veillard ne pouvait, au milieu des circonstances actuelles, être distrait des fonctions de sa charge pour les opérations d'emmagasinement d'armes.

Néanmoins, une partie du matériel annoncé fut amené à l'arsenal de Morges avec des munitions, et un officier fut désigné par l'Autorité militaire fédérale pour procéder à son arrangement.

C'est pendant que s'effectuait ce travail de la démolition de ces munitions de l'armée française, que s'est produite l'explosion qui a amené la destruction d'une partie de notre arsenal et de notre matériel de guerre et causé d'assez grands dégâts dans la ville de Morges.

Les dommages causés par les mesures militaires ordonnées par les Autorités fédérales, devant, à teneur de la loi sur l'organisation militaire fédérale, être réparés par la Confédération, nous avons adressé à ce sujet une réclamation au Commandant des troupes d'occupation, M. le colonel Meyer, et nous venons vous prier, Monsieur le Président et Messieurs, fidèles et chers Confédérés, de vouloir bien vous entendre avec nous pour la détermination des indemnités auxquelles ces faits ont donné lieu

Nous devons d'ailleurs, Monsieur le Président et Messieurs, fidèles et chers Confédérés, vous prévenir, qu'indépendamment de l'enquête judiciaire qui s'instruit à ce sujet, une commission d'experts a été chargée, conformément à nos lois, d'estimer les dommages mobiliers et immobiliers qui sont résultés de cette explosion. Le résultat de cette enquête et les procès-verbaux de la commission d'estimation pourront, si vous le désirez, être mis à votre disposition.

Nous saisissons cette occasion, Monsieur le Président et Messieurs, fidèles et chers Confédérés, de vous recommander avec nous à la protection divine.

(Signatures.)

Lorsque toutes les questions relatives à cette affaire eurent été soigneusement examinées, il devint évident, que le Canton de Vaud ne pouvait être rendu responsable des causes de la fatale catastrophe qui lui avait fait subir des pertes considérables, et qu'il ne pouvait en supporter les conséquences. La Confédération devait donc prendre à sa charge le montant de l'indemnité à allouer, suivant l'expertise légale, aux personnes qui avaient eu à souffrir de cet événement.

Il n'y eut plus dès lors qu'un seul point à régler, c'était de savoir qui devait, de la France ou de la Suisse, supporter en dernier lieu l'allocation réclamée par les personnes lésées.

En conséquence, le Chef du Département militaire fédéral, Monsieur le colonel Welti, présenta, sur ce sujet, le rapport suivant au Conseil fédéral.

« Le Département militaire a à vous soumettre ses propositions sur la question de savoir, si l'obligation de rembourser au Canton de Vaud les pertes qu'il a subies à la suite de l'explosion du 2 mars dernier, incombe à la Confédération.

Nous devons faire précéder de l'exposé des faits, les conclusions auxquelles nous sommes arrivés à cet égard.

Le 4 février dernier, M. le général Herzog fit savoir au Département militaire fédéral, que les fusils déposés par l'armée française ne pouvaient pas être tous envoyés à Thoune, faute de place, et il proposait de donner l'ordre au colonel Meyer de diriger sur l'arsenal de Morges les armes portatives déposées dans le Canton de Vaud. Il proposait en outre d'adjoindre à M. le major Veillard, M. le capitaine d'état-major d'artillerie Gard, de Genève (1) pour classer ces armes et en faire le triage. Il demandait en conséquence que les ordres nécessaires fussent envoyés à ces officiers.

Le 6 février, le Département militaire de Vaud en est avisé par nous et les ordres nécessaires furent envoyés le même jour, aux deux officiers désignés. Nous faisons

____

(1) Un autre officier avait été désigné en premier lieu, qui fut chargé d'une autre mission.

remarquer, que jusqu'ici, il ne s'agissait que d'armes portatives et qu'il n'était point question de munitions.

De son côté, le général écrivit, à la même date, au major Veillard une dépêche datée du quartier-général de Neuchâtel, dont la teneur est que « ces jours-ci il sera envoyé à Morges une quantité d'armes portatives, d'équipements, de *munitions*, etc. »

« Je vous charge, dit-il, de recevoir ces divers objets, de les classifier, d'en dresser un état exact, de les faire nettoyer et emmagasiner. Je mets à votre disposition M. le capitaine d'état-major Gard, etc.

« Une commission d'officiers français se rendra à Morges pour constater le nombre des fusils, etc. , remis à l'arsenal; dès que j'aurai leurs noms, je vous en préviendrai; j'écris au Département militaire de votre Canton pour lui demander, soit la permission de disposer des localités nécessaires de votre arsenal, etc. »

Le même jour, en effet, le Département militaire de Vaud reçut une lettre du général dans laquelle il insistait sur la nécessité « de faire déposer à l'arsenal de Morges, pour y être séquestrées, les armes portatives, leurs *munitions* et les effets d'équipement provenant de l'armée française, etc. »

« Pour classifier tout ce matériel, ajoute-t-il, en dresser les états, le nettoyer et l'emmagasiner, je serai bien aise de pouvoir disposer du major Veillard, directeur de l'arsenal de Morges. De plus, je vous prie de mettre à ma disposition les localités nécessaires de votre arsenal J'ai pris la liberté de prévenir M. Veillard de mes intentions, et je vous prie donc, pour le cas où vous seriez disposé à accéder à ma demande, de lui en faire part, afin qu'il puisse commencer son travail sans retard. »

En réponse à cette lettre, M. Delarageaz, conseiller d'Etat, télégraphia, le 7 février, au général :

« Ferons le nécessaire pour les fusils à Morges, mais M. Veillard étant occupé à
» recevoir deux batteries, ne pourra agir efficacement avant deux jours, on y pour-
» voira. »
et le même jour, M. Delarageaz en avisa M. Veillard par ce télégramme :

« Vous recevrez des armes portatives françaises pour les loger au château où elles
» seront réparées, prenez inventaire. »

Depuis ce moment-là, M. le major Veillard ne reçut plus aucune communication de l'autorité de son Canton au sujet de la mission que lui avait confié le général. (Enquête, page 142.)

En revanche, le jour suivant, 8 février, le Département militaire de Vaud avisa le général qu'il y avait peu de place disponible dans l'arsenal, que pour le moment, il ne fallait envoyer qu'un millier de fusils; quant au major Veillard, il était impossible de le distraire de ses occupations nombreuses, mais qu'on désignerait un officier pour le remplacer dans ce service, si toutefois le général le jugait convenable.

Ce remplacement n'eut jamais lieu et le major Veillard conserva la position que lui avait confiée le général.

Les ordres qu'il reçut dès lors, n'ont plus trait aux munitions.

On voit donc par ce qui précède, que :

1° Le Département militaire de Vaud avait été avisé par la lettre du général du 6 février, que des munitions d'infanterie seraient déposées à l'arsenal de Morges.

2° Le même Département fut invité à permettre qu'on disposât de M. le Directeur de l'arsenal pour classifier tout ce matériel, (parmi lequel les *munitions* sont aussi nommées), en dresser les états, le nettoyer et l'emmagasiner.

3° Dans sa réponse des 7 et 8 février, le Département militaire de Vaud dit : qu'on pouvait prendre un millier de fusils ; il ne parle pas des munitions.

4° Le major Veillard a accepté la mission qui lui est confiée par le général et n'a reçu à ce sujet, aucun ordre de l'Autorité supérieure de son Canton.

5° Le major Veillard n'a reçu aucun ordre écrit de s'occuper des munitions plus spécialement, que les instructions du 6 février du général, ne lui prescrivent à l'égard du matériel en général (les actes ne constatent, du reste, la présence d'aucun ordre de ce genre). Il n'a surtout, reçu aucun ordre de les faire démolir.

Nous avons déjà fait remarquer plus haut, que le général avisa le major Veillard de l'arrivée à Morges d'une commission d'officiers français chargée de faire l'inventaire du matériel de leur armée, avant de le remettre à la Suisse, à titre de gage.

Les officiers suisses n'avaient pas d'autre mission que de le recevoir au nom de la Confédération et de faciliter leur tâche aux officiers français, en mettant le personnel nécessaire à leur disposition.

Dans le rapport que le général adressa le 9 juin, au Conseil fédéral, il dit : qu'étant allé à Grandson depuis le 7 février (la date n'est pas indiquée), il eut une conférence avec le lieutenant-colonel Tricoche, chef des commissions françaises, « au sujet de la classification, du nettoyage des armes et des effets d'équipement et de la manière dont il convenait de traiter les munitions. » Les travaux qui furent ordonnés alors, dit le général, parurent être d'une impérieuse nécessité, pour éviter une explosion. Il est de notoriété publique qu'une grande partie de ce que les Français appellent « munitions de poche » se trouvait dans un état inquiétant.

Les cartouchières renfermaient des paquets ouverts, des cartouches isolées ; d'autres étaient brisées et la poudre en grains ou en poussière répandue sur le tout, puis en outre, des objets étrangers qui ne devaient pas se trouver dans la cartouchière.

Il était dès lors évident, que ces munitions ne pouvaient rester dans cet état, mais qu'on devait les trier, les arranger et empaqueter convenablement celles qui étaient encore en bon état, puis les emballer dans des caisses ; la poudre éparse devait être réunie et mise à part, puis enfin celle qui était avariée et le pulvérin devaient être détruits en les jetant à l'eau.

Le même jour où le général eut cet entretien avec le lieutenant-colonel Tricoche, il se rencontra à Grandson avec M. Delarageaz et lui fit part des scrupules que le Département militaire de Vaud avait exprimés au sujet du matériel de guerre déposé à Morges ; là-dessus M. Delarageaz s'efforça de lever ces scrupules en disant, qu'il n'y avait aucune nécessité de déposer ces armes dans les salles du château. Il fut aussi de l'avis que l'arsenal de Morges se prêtait beaucoup mieux que tout autre local à la garde des armes, ainsi qu'à l'opération du nettoyage. Le général communiqua également à M. Delarageaz le résultat de la conférence qu'il venait d'avoir avec le lieutenant-colonel Tricoche, « chef des commissions françaises, » et ce dont ils étaient convenus au sujet de la classification, du nettoyage des armes, des équipements et de la manière dont on devait opérer avec les munitions.

Le lieutenant-colonel Tricoche prit en conséquence les dispositions suivantes :

Le 9 février, il écrivit au major Veillard, ainsi qu'au général : « Je suis chargé par M. le Commandant en chef de l'armée française, de remettre aux Autorités suisses tout le matériel de guerre de cette armée. La commission qui doit opérer à Morges la remise des armes portatives sera composée de MM. :

> La Haye, chef d'escadron d'artillerie ;
> Herment, capitaine ;
> Martinache, lieutenant ;
> Demey, contrôleur d'armes.

A la place de M. La Haye, qui ne paraît pas être entré en fonctions, se présenta le commandant Alips, auquel le lieutenant-colonel Tricoche adressa, le 21 février, la lettre suivante :

Yverdon, le 21 février 1871.

Mon cher Commandant,

Vous devez organiser votre atelier de dérouillage, en prenant pour ouvriers autant de soldats internés, que pourra fournir le local mis à votre disposition ; de même qu'à Thoune, le contrôleur d'armes et le chef armurier que je vous envoie, devront suffire à la surveillance de cet atelier qui continuera de fonctionner après les opérations de la commission, la commission n'ayant d'autre mission que de constater le nombre et l'espèce du matériel qui lui est livré. Je vous fais observer qu'à Thoune, le chef armurier a une solde de fr. 2 70, payée par les soins du Gouvernement suisse.

Faites-moi connaitre immédiatement, le nombre de caisses des divers modèles dont vous avez besoin pour encaisser les fusils et les sabres au fur et à mesure qu'ils seront nettoyés.

Vous enfermerez dans des barils, avec soin et de manière à éviter tout accident, les boites de cartouches en bon état et que vous aurez préalablement fait sécher. Quant aux cartouches isolées que vous jugerez hors de service, vous les DÉMOLIREZ en mettant à part les balles, comme vieux plomb, et les capsules, comme vieux cuivre.

Vous conserverez les caisses blanches de double approvisionnement, dans l'état où elles se trouvent, en les faisant inscrire à la suite de l'inventaire, à moins qu'il ne soit possible de les faire apporter à Yverdon, où sont réunies les munitions de cette espèce, ce qui serait préférable, dans l'intérêt de l'ordre des opérations.

Vous enverrez à Colombier l'ouvrier sellier qui vous est destiné, dès qu'il sera arrivé.

Recevez, mon cher Commandant, l'assurance de mes sentiments affectueux.

Le lieutenant-colonel, commandant l'artillerie française,

H. TRICOCHE.

Cette lettre fut suivie, le 23 février d'une nouvelle, ainsi conçue :

Yverdon, 23 février.

Mon cher Alips,

. . . .

La Commission de Thoune se propose de mettre les cartouches dans des caisses en sapin confectionnées par les soins des Autorités suisses ou plutôt du lieutenant-colonel Falkner, président de la commission suisse de Thoune.

Ces caisses reviennent à fr. 2.50 la pièce.

Ce n'est pas cher, et je vous prie de vous concerter avec le major Veillard pour prendre une mesure analogue, car il ne faut pas perdre de vue que, sous peu de temps, nous aurons à transporter tout notre matériel en France.

Ne démolissez que les cartouches réellement en très mauvais état.

La poudre devra être embarillée avec toutes les précautions nécessaires et vous indiquerez sur l'étiquette, que cette poudre provient de démolition.

. . . .

Bien à vous

H. TRICOCHE.

Le 2 mars, eût lieu l'explosion qui fut causée indubitablement par la démolition des munitions françaises et qui partit d'abord de l'endroit où cette opération avait lieu. Il ne reste aucun doute, que ce travail se soit effectué avec une absence de précautions impardonnable. Le rapport du général , à qui toutes les pièces de l'enquête ont été soumises, partage cette manière de voir, il conclut en disant que :

« *a)* La salle d'artifice qui, dans l'arsenal de Morges, doit être le local spécialement
» affecté à des opérations aussi délicates n'a pas été utilisée, on ne sait pour quel
» motif;

» *b)* On a préféré établir un atelier provisoire de démolition dans un hangar ouvert .

» *c)* Cet atelier, dans lequel vingt-cinq à trente personnes maniaient les munitions
» françaises, était sous le même toit que des quantités de caisses de munitions
» pleines de cartouches triées et de munitions d'artillerie ; il n'en était séparé
» que par deux ou trois caissons, de l'autre côté desquels, se trouvaient les avant-
» trains et caissons chargés de deux batteries ;

» *d)* Plus loin, il y avait encore un magasin contenant, soi-disant, l'approvision-
» nement pour les besoins ordinaires de la consommation, mais qui renfermait
» en réalité, une grande quantité de munitions et même des sacs de poudre qui
» ont causé par leur inflammation les plus grands dégâts. S'il y avait eu seulement
» les explosions successives des caissons et des avant-trains, ils eussent été bien
» moins considérables.

» *e)* On n'a tenu aucun compte des précautions les plus élémentaires à prendre lors-
» qu'on manipule de la poudre, à savoir : Que le sol pavé du hangar n'a pas été
» recouvert de nattes ou de couvertures ; on s'est contenté de le balayer et de
» l'arroser de temps en temps ; en outre, on a gardé tout auprès de l'atelier,
» en assez grande quantité, la poudre qui venait d'être retirée des cartouches,
» au lieu de l'éloigner aussitôt ; la preuve la plus palpable de cette négligence, c'est
» que tous les Français employés à ce travail ont été immédiatement anéantis et
» aucun d'eux n'a pu se sauver, quoique le local fut largement ouvert. On n'a pas
» davantage eu soin de faire mettre de côté tous les objets qui pouvaient présenter
» quelque danger et que les hommes employés apportaient avec eux ; on a trouvé
» dans les habits d'un cadavre une pipe ainsi qu'une boîte en papier pleine

» d'allumettes ; dans ceux d'un autre ouvrier tué, on a trouvé des objets en fer,
» tels que couteaux, briquets, clefs, etc.

» Il est, en outre, inexplicable qu'on ait appelé pour ce genre de travail des
» soldats d'infanterie français, tandis que parmi les internés du Canton de Vaud,
» il y avait certainement des artilleurs en nombre suffisant qui ont l'habitude de
» manier de la poudre et des matières délicates.

» La catastrophe de Morges ne provient pas uniquement et directement du fait
» de la présence des munitions françaises, mais de l'incroyable impéritie avec
» laquelle l'opération a été exécutée, opération qui avait été entreprise précisément
» pour écarter le danger d'une explosion. »

A qui doit-on maintenant imputer la responsabilité de toutes ces fautes ? Nous devons
résoudre en premier lieu, la question de savoir qui a donné l'ordre de démolir les munitions françaises ?

Il a déjà été remarqué plus haut, que M. Veillard n'a reçu cet ordre ni du général
Herzog, ni d'une Autorité fédérale ou cantonale quelconque. Il explique dans l'enquête,
en réponse à la question qui lui est adressée : « Veuillez-nous dire pourquoi on démo-
» lissait des cartouches à Morges, tandis qu'ailleurs (Yverdon, Grandson, Thoune), on
» ne le faisait pas, et qui vous a donné l'ordre de faire ce travail ? » que c'est le
Commandant Alips qui a demandé qu'on fit cette démolition comme elle s'est faite, et cet
ordre a été approuvé par le lieutenant-colonel Tricoche, président de la commission
française. M. Veillard ne sait pas comment on a procédé ailleurs, n'ayant vu personne
qui ait donné des directions ou qui soit venu visiter l'arsenal. L'ordre a été donné
verbalement pour cette démolition par le commandant Alips, à la suite d'une lettre du
lieutenant-colonel Tricoche.

Pour ce qui concerne le choix malheureux de l'emplacement de l'atelier, choix qui a
indubitablement fort étendu le théâtre de l'accident, M. Veillard l'explique en disant, que
ces ateliers ont été établis, au fur et à mesure des besoins, par les membres de la
commission, dans les endroits disponibles qui ont paru les plus convenables.

Tous les membres de la commission qui étaient présents, ont été d'accord pour établir
les ateliers de démolition où ils étaient.

M. le capitaine Herment, membre de la commission française, répond à la question
qui lui est adressée, « d'où partait l'ordre de démolition des cartouches ? »

« Il n'y a pas eu proprement d'ordre, mais une décision prise par la commission mixte.
» Cette décision était motivée par le fait qu'il n'y avait pas d'autre local disponible et
» que les opérations de cette nature se faisaient toujours à l'arsenal. »

M. le lieutenant Martinache, également membre de la commission française, trouva
qu'il eût mieux valu faire cette opération hors de l'arsenal, et il ajoute :

« Il m'a paru dès le principe, qu'il eût été bien préférable de ne pas démolir et de
» jeter dans le lac les cartouches telles qu'elles étaient, j'entends les cartouches
» avariées. »

M. le capitaine fédéral d'artillerie Gard, partage cette opinion dans la déposition
importante qu'il a faite lors de l'enquête juridique ; il dit :

« J'ai eu des inquiétudes dès le premier jour ; j'en ai fait part à mes collègues de la
» commission mixte, savoir au major Veillard, au capitaine Herment et au lieutenant
» Martinache ; ces messieurs m'ont dit qu'ils partageaient ma manière de voir. »

Il s'exprime encore plus explicitement lorsqu'on lui adresse la question :

« La démolition des cartouches a-t-elle fait, de la part de la commission mixte, l'objet
d'une décision spéciale ? »

Il répond : « M. Veillard, le capitaine Herment, le lieutenant Martinache et moi, nous
étions d'avis qu'il valait mieux jeter à l'eau les munitions ; M. le commandant Alips nous
a fait observer *qu'il avait des ordres*, et dès lors la question a été tranchée. »

Ces explications nous permettent maintenant de préciser à qui la responsabilité incombe,
c'est à la « commission mixte », dont chaque membre parle à son tour dans sa déposition.

Une commission de cette nature n'existait pas en réalité. Les deux officiers suisses
n'avaient, en vertu des instructions positives du général Herzog, du 6 février, pas d'autre
tâche, que de recevoir le matériel de guerre de l'armée française de la main des délégués
français et d'en agir ensuite suivant les instructions reçues et les deux lettres du général
Herzog et du lieutenant-colonel Tricoche, toutes deux du 9 février, adressées au major
Veillard, qui disent également, que les membres français de la commission sont chargés
« de la remise des armes portatives ». Il n'existe nulle part l'injonction au major Veillard
de faire partie avec des officiers français d'une commission mixte qui eût à s'occuper
d'autres attributions.

M. Veillard se crut-il autorisé, lorsqu'il donna la main au projet de démolition des
cartouches, à agir dans le sens du général Herzog qui, à la suite d'un entretien avec le
lieutenant-colonel Tricoche, avait déclaré être d'accord sur la nécessité de cette opération ; dans ce cas, il agit alors en dehors de sa compétence et outrepassa la mission
dont il était chargé. Il aurait dû aussitôt en référer, car au lieu d'exercer le commandement en sa double qualité de Directeur cantonal de l'arsenal et d'officier sous les
ordres de la Confédération, il se laissa aller à discuter dans une commission, avec des
officiers étrangers qui n'avaient reçu pour cela aucune compétence et il se laissa
diriger par les ordres que M. le commandant Alips avaient reçus de son supérieur et
qu'il n'avait aucune vocation de transmettre.

Il n'y a aucun doute que M. Veillard agissait sous l'influence de ces idées fausses, car lorsqu'on lui adressa la question :

« Dans votre opinion, estimez-vous que le commandant Alips avait le droit de demander
» que ces cartouches fussent démolies. »

Il répondit :

« Oui ! Comme c'était un matériel appartenant à la nation française , et qu'il était
» chargé de sauvegarder autant que possible les intérêts français, il devait demander ce
» qu'il estimait le plus avantageux pour sauver les débris qui avaient encore quelque
» valeur. »

La simple autorisation de laisser entreprendre la démolition est donc le fait d'un abus de pouvoir du major Veillard et l'exécution de cette opération a été effectuée, aussi bien de sa part que de celle des autres officiers , avec une grande négligence et en mettant de côté les règles de prévoyance les plus simples. Ce n'est pas seulement par le choix défectueux des localités , mais aussi par la manière dont la démolition était exécutée et surveillée.

L'enquête démontre, que les soldats français qui y étaient employés , ne cessaient de babiller et qu'ils n'apportaient aucun sérieux à leur travail, malgré les observations qui leur furent faites par des personnes présentes. Ils se servaient, à l'insu des officiers, de pointes de fer, clous, poinçons, pour désagréger la poudre coagulée dans les douilles. Sur l'observation qui leur en fut faite par un lieutenant d'infanterie vaudois, M. Frédéric Monod, dont la troupe était de garde en ville et qui une fois, les regarda travailler, ils répondirent « qu'ils connaissaient leur métier ». A d'autres reprises, des observations semblables leur furent faites par des personnes étrangères au personnel de direction, mais ils n'en tinrent aucun compte.

On leur avait remis des triquoises pour arracher la balle de la douille, et sur les tables se trouvaient des marteaux, dont quelques soldats se servaient pour frapper sur la balle, en plaçant la cartouche sur le bord de la table, de manière à faire dépasser le projectile afin de le faire sortir plus facilement.

L'enquête constate, que M. le capitaine Gard était continuellement à aller d'un atelier à l'autre, mais comme ils étaient assez distants entr'eux, c'est pendant son éloignement que les soldats pratiquaient des manutentions défendues.

L'enquête constate aussi, que les officiers français brillaient par leur absence, et leurs soldats interrogés , répondaient qu'ils n'en avaient point vu dans les cours de l'arsenal. Il est établi par plusieurs dépositions, qu'à une ou plusieurs reprises, on entendit l'éclat d'une capsule auprès de l'atelier qui prit feu plus tard. Des jeunes garçons, manœuvres ordinaires de l'arsenal, occupés dans le voisinage, se levèrent tous pour s'enfuir lorsqu'eût lieu le premier éclat de capsule. On en fit rapport au capitaine Gard , qui renouvela sévèrement ses injonctions aux soldats français.

Un autre éclat de capsule dût avoir lieu encore deux jours avant l'explosion. Le capitaine Gard fit part de ces circonstances à ses collègues et on décida d'arroser abondamment les cartouches avariées avant de les démolir.

Des compagnies d'infanterie vaudoises qui faisaient la garde des internés furent réunies le jour de l'explosion dans l'arrière-cour de l'arsenal, où s'effectuaient ces travaux. Elles y restèrent quatre heures environ et étaient rangées en ligne à quelques pas en avant de l'atelier d'où partit le désastre; une des ailes de la troupe était tout près du second atelier, situé à l'angle de la cour, vis-à-vis du petit magasin à munitions. Les soldats s'accordent à dire qu'ils furent frappés de l'insouciance avec laquelle ce travail se faisait, et ils expriment le soulagement qu'ils éprouvèrent lorsqu'on donna l'ordre du départ. Une heure plus tard , étant en marche sur la route, ils entendirent la première détonation, suivie bientôt des autres, et aussitôt l'opinion générale, parmi eux, fut que c'était l'arsenal qui sautait.

Les actes de l'enquête établirent également, que le Directeur de l'arsenal ne fit jamais part à son supérieur légitime et direct, savoir au Département militaire du Canton de Vaud, qu'on démolissait des cartouches à l'arsenal, quoique ce fonctionnaire eût eu plusieurs entretiens avec le Chef de ce Département, pour affaires de service.

Il ressort de tous ces faits, et il ne peut rester aucun doute , que le Canton de Vaud ne doit pas supporter les pertes qui lui ont été causées par l'explosion. Les faits qui peuvent avoir occasionné le désastre, ne doivent dans aucun cas, être imputés au Gouvernement vaudois , lors même , ce qui n'a pu être établi d'une manière positive par l'enquête , que les Autorités vaudoises auraient donné leur assentiment à ce que les munitions françaises fussent déposées à l'arsenal, et cela serait le cas, qu'on ne pourrait pas davantage leur faire supporter le dommage qui a été la conséquence du dépôt de ces munitions, mais c'est à l'Autorité qui l'a ordonné à supporter la perte qui en résulte.

On ne doit pas perdre de vue que, dans le cas présent, le rapport de droit privé qui subsiste entre un déposant et un dépositaire ne saurait exister, mais qu'il y a eu un ordre de la part du Commandant en chef de l'armée , auquel l'Autorité cantonale ne pouvait que se conformer, mais qui lui donne le droit de réclamer un dédommagement.

C'est du reste avec raison, que le Général insista dans son rapport, déjà cité, sur le fait que l'accident de Morges n'est pas arrivé à cause de la présence des munitions françaises , mais bien ensuite de l'incroyable imprévoyance avec laquelle on a exécuté une opération qui devait précisément écarter les chances d'une explosion. Quelque positive qu'ait été cette imprévoyance, on n'a pas autrement à s'en préoccuper pour admettre le bien-fondé de la réclamation de Vaud, car il n'existe aucun motif sérieux de supposer, que l'explosion aurait pu avoir lieu, lors même qu'il n'y aurait pas eu de démolition de cartouches. Cette opération n'a jamais été entreprise avec l'assentiment du Gouvernement de Vaud, car il n'en a même jamais été informé, du moins officiellement; elle a été entreprise ou tolérée par un officier qui est, il est vrai, fonctionnaire cantonal vaudois, mais qui avait été appelé au service de la Confédération par un ordre formel du Général, pour remplir une mission dont l'accomplissement a amené la catastrophe.

Le Département militaire fédéral est donc de l'avis, qu'il est du devoir de la Confédération d'indemniser le Canton de Vaud, et il fait remarquer, en outre, que cette obligation est non-seulement imposée par la légalité, mais aussi par un devoir moral, et qu'elle est toute dans l'intérêt de la politique fédérale.

La catastrophe de Morges est intimement liée avec un événement qui peut être compté à juste titre, parmi les plus importants de l'histoire suisse. Les charges qu'il a imposées à la Confédération et à tous les membres de la famille suisse, ont été supportées avec un légitime orgueil par chacun de nous, et il serait doublement pénible et blessant pour un Canton qui, dans les circonstances par lesquelles nous venons de passer, s'est placé en toute première ligne, si la Confédération l'abandonnait dans une occurence malheureuse. Les souvenirs qui se rattachent à cette période de notre histoire pourront alors être évoqués, sans laisser nulle part une impression pénible.

Quant à ce qui concerne l'évaluation du dommage, elle a eu lieu de la manière suivante :

La constation des dommages, ainsi que leur évaluation, ont eu lieu uniquement par l'entremise du Gouvernement vaudois, sans aucune immixtion de la part de la Confédération.

Les experts ont été nommés par le Juge de paix de Morges, et ils se sont appuyés pour leur travail sur la Loi vaudoise du 7 juin 1849.

Il n'y a pas de doute, que la Confédération conserve le droit de provoquer une contre-expertise, mais le Département militaire fédéral ne croit pas que cela soit utile ou nécessaire, car il n'existe aucun motif de croire, que les Autorités aient négligé quoi que ce soit pour arriver à une juste évaluation des dégâts causés à des immeubles ou à divers particuliers.

Le total des sommes à payer, suivant l'expertise, se résume dans les rubriques ci-après :

1° Harnachement, équipement, effets de campagne et de campement Fr. 133,275 45
2° Mobilier de casernement . . . . »   8,816 —
3° Bouches à feu et voitures de guerre . . . . » 120,859 81
4° Munitions . . . . »   31,757 90

A reporter . Fr. 294,709 16

Report . Fr. 294,709 16

5° Bâtiments de l'Etat	»	52,111 —
6° Bâtiments à des particuliers	»	34,645 15
7° Mobilier des particuliers	»	2,308 —
8° Frais d'expertise et indemnités diverses	»	1,256 90
Total	Fr.	385,030 21

Tout en proposant, que la Confédération se charge du paiement de ces indemnités, le Département croit qu'il y aurait lieu d'user du recours contre la France, c'est-à-dire de porter simplement le montant total du dommage payé à l'Etat de Vaud sur le compte général des frais d'internement de l'armée de l'Est.

Nous pouvons nous fonder pour cela sur toutes les raisons du droit et de l'équité.— La démolition des cartouches françaises n'a point été ordonnée par des Autorités suisses, mais la demande en a été faite par M. le lieutenant-colonel Tricoche, qui était spécialement chargé par le Commandant en chef de l'armée française de la remise du matériel de guerre français et de son entretien. M. le commandant Alips est formellement chargé, par lettres du 21 et 23 février, d'installer un atelier de dérouillage et d'y employer le plus grand nombre possible d'ouvriers pris parmi les soldats français internés, et, en second lieu, d'entreprendre la démolition des cartouches. Malgré les représentations des officiers sous ses ordres et des officiers suisses, le commandant Alips persiste dans ses injonctions, en invoquant les ordres qu'il a reçus, et le travail commença dès que le major Veillard eût mis à sa disposition les locaux nécessaires; que celui-ci les ait désignés sans se préoccuper des intérêts de son propre Canton, n'a rien à changer à la question de droit qui est devenue pendante entre la Suisse et la France, à la suite de l'explosion causée par les imprévoyances qui ont eu lieu, soit dans le choix du local, soit dans la surveillance du travail; c'est d'autant plus évident, que l'opération qui était entreprise était exclusivement dans l'intérêt des Français et avait lieu par des ouvriers français.

Il ne saurait être admis, que le Gouvernement français élève la moindre objection contre notre réclamation, car elle serait déjà plus que fondée en partant du principe de l'équité, lors même que toutes les mesures qui ont été prises, l'eussent été par les Autorités suisses; cela est d'autant moins à craindre dans le cas présent, où la part qu'a prise l'Autorité suisse s'est bornée uniquement au rôle que ses fonctionnaires ont joué, en se bornant simplement à faciliter les mesures ordonnées par les officiers français qui eux-mêmes agissaient en vertu d'ordres supérieurs.

Cette manière de voir est, au reste, partagée entièrement par les Français, ainsi que cela ressort clairement d'un procès-verbal qui accompagne les actes relatifs à cette affaire.

Une commission française fut chargée spécialement de procéder au recensement et à la remise aux Autorités fédérales des effets de grand équipement déposés à la frontière par l'armée française, lors de son entrée en Suisse.

Ces effets, du moins ceux qui furent amenés à Morges, ont été détruits le 2 mars. Le procès-verbal qui en a été dressé le 7 mars, renferme cette conclusion :

« En conséquence et après vérification des lieux, les membres français donnent décharge aux membres suisses des effets ci-après, détruits par le feu, la perte provenant d'un cas de force majeure *devant demeurer à la charge du Gouvernement français.*

Ont signé :

> MM. Croiset, Intendant en chef du 20ᵉ corps, président ;
> Lecomte, Intendant militaire de la 2ᵉ division du 18ᵉ corps ;
> Ostrowski, sous-intendant auxiliaire à la même division ;
> Roux, officier d'administration des bureaux de l'Intendance militaire.

Ensuite des motifs énoncés plus haut, le Département militaire propose :

Qu'il plaise au Haut Conseil fédéral de décider que :

« Le Département militaire est autorisé à faire l'avance aux intéressés du montant » des dommages qui ont été causés à l'arsenal de Morges, par l'explosion du 2 mars, et à » porter cette somme au compte des frais d'internement de l'armée française, qui seront » à réclamer au Gouvernement de France. »

Le Conseil fédéral, partageant cette manière de voir, décida dans sa séance du 22 septembre, d'avancer les sommes nécessaires au paiement des indemnités réclamées, en spécifiant toutefois, que toute réclamation ultérieure de la part de l'Etat de Vaud serait écartée.

Le matériel français détruit, comparé à la valeur du matériel suisse qui a subi le même sort, est de bien moindre importance, car outre que la quantité en est moins grande, il était plus ou moins avarié et ne pouvait être employé sans être réparé. Nous en donnons ici l'inventaire, tel qu'il a été établi par la Commission française en présence des délégués suisses.

Inventaire du matériel de guerre détruit lors de l'explosion et de l'incendie de l'arsenal de Morges, le 2 mars 1871.

Armes à feu portatives.

Mousquetons de cavalerie, modèle de 1866   20

Armes blanches.

Sabres de cavalerie de ligne, modèles 1822 et 1854 185
Sabres de cavalerie légère, modèle 1822 503
Sabres de canonniers montés, modèle 1829 778
Fourreaux d'acier 11
Sabres de cavalerie, divers 2
Lame de sabre étrangère 1

Total   1480

Matériel et munitions.

Caisses de montagne { complètes		101
incomplètes		21
vides		10

Caisses de montagne { complètes 101
                   { incomplètes 21
                   { vides 10
Coffres à approvisionnement 9

Caisses blanches de double approvisionnement
  Canon de 12 liv. { de droite 21
                 { de gauche 22
  Canon de 4 liv. { de droite 54
  de campagne { de gauche 8
  Canon de 4 liv. de montagne 70
  Canon à balles (mitrailleuse) 44
  Infanterie, modèle 1866 47
Cartouches avariées (tonneaux et caisses) 60

Total des caisses de munitions   467

Cantines d'infirmerie vétérinaire 2
Bâts { de pièce 12
     { d'affût 12
     { de caisse 36

Total   529

Harnachement de cavalerie.

Brides 50
Selles { ancien modèle 65
      { nouveau modèle 83
Selles de gendarmerie 6

A reporter . . . 204

		Report . . .	204
Poitrails			80
Surfaix de parade			50
Licols de parade			9
		Total	**343**

Harnachement d'artillerie.

Brides	en cuir fauve				115
	en cuir noir				31
Selles	de troupe	en cuir fauve			47
		en cuir noir			13
	d'attelage	en cuir fauve			66
		en cuir noir			77
Harnais	à collier	devant	porteur		34
			sous-verge		37
		derrière	porteur		4
			sous-verge		3
	à bricoles fauves	devant	porteur		43
			sous-verge		33
		derrière	porteur		41
			sous-verge		44
Bâts	de pièce				26
	de caisse				31
Brides de mulets					47
					692

Les personnes qui n'ont pas assisté à cette effroyable catastrophe, peuvent se rendre compte maintenant de la violence de l'explosion, en voyant que quatre cent cinquante-sept caisses ou tonneaux pleins de poudre ou de munitions françaises ont pris feu et que les munitions suisses qui ont éclaté en même temps, représentent une valeur de fr. 31,757 90, soit fr. 15,185 40 en cartouches d'infanterie et fr. 16,572 50 en munitions d'artillerie.

Dès que l'armée de l'Est eut pénétré sur notre territoire et aussitôt que son désarmement complet eût été effectué, le Conseil fédéral se préoccupa des mesures à prendre en vue de son rapatriement, afin de ne pas laisser peser sur les populations la lourde charge d'un internement prolongé, surtout à une époque de l'année où elle devait être particulièrement onéreuse.

Déjà le 1er février, le Président de la Confédération, M. le Dr Schenk, fait part au Conseil fédéral, qu'il a chargé le ministre suisse à Paris, M. le Dr Kern, de se rendre auprès du chef du Gouvernement de la défense nationale et du Chancelier fédéral allemand, M. le comte de Bismarck, à Versailles, afin de leur demander d'entrer en négociations pour le renvoi dans ses foyers de l'armée française internée et qu'il lui a donné les instructions générales suivantes :

« Il est un devoir imposé par la neutralité, de ne pas favoriser de quelque manière que ce soit la position des belligérants, ce qui serait le cas en rendant une armée à la France, quoiqu'en conservant en gage les armes qu'elle a apportée avec elle, car elle pourrait prendre de nouveau part à la guerre; il y a donc lieu d'exiger l'assurance positive du Gouvernement français, qu'aucun des soldats de l'armée de l'Est ne sera plus employé dans l'armée active pendant la durée de la guerre. Cette assurance paraît devoir être facilement obtenue, puisque les préliminaires de paix sont déjà signés et que la paix définitive paraît devoir résulter des négociations, en voie de délibération, entre les deux puissances ennemies.

» Le nombre des internés en Suisse est, proportion gardée et eu égard à la population du pays, plus considérable que celui des prisonniers en Allemagne. Ils ont amené avec eux des maladies contagieuses, une discipline relâchée et difficile à maintenir vis-à-vis de troupes qui se croient déliées de toute subordination. Comme nous n'avons pas de places fortes, il serait difficile de garder, contre leur volonté, des troupes qui voudraient s'échapper.

» Il faut aviser à ce que, par un moyen ou par un autre, les deux puissances s'arrangent entr'elles pour laisser rentrer l'armée de l'Est en France.

» En 1859, lors de la guerre d'Italie, l'engagement fut pris de la manière la plus formelle par les puissances belligérantes, et cela à l'instigation de la France, que les troupes qui auraient été forcées de se réfugier sur le territoire suisse, seraient renvoyées dans leur pays et ne prendraient plus aucune part à la guerre, ce qui eut lieu, car en présence de cette garantie, les corps entrés en Suisse furent renvoyés chez eux par un autre point de la frontière de leur pays.

» Le ministre suisse doit se réserver formellement notre liberté d'action, car, dans le cas où les deux puissances ne voudraient pas entrer en matière sur notre réclamation ou si les négociations duraient trop longtemps, nous nous réservons de prendre telles mesures que nous jugerons convenables pour sauvegarder les intérêts de notre pays, qui n'a pas hésité dans les temps critiques et difficiles où nous nous trouvons, à faire tous ses efforts pour répondre aux exigences du droit des gens et de l'humanité. »

M. Jules Favre se déclara prêt à entrer en négociations avec l'Allemagne pour conclure un traité relatif à ce rapatriement.

Le 7 février, M. le lieutenant-général de Rœder fit part au Président de la Confédération d'un télégramme qu'il venait de recevoir du comte de Bismarck au sujet de la mission de M. le Dr Kern :

« M. le Dr Kern, au nom du Gouvernement fédéral, dit le Chancelier de l'Allemagne, » m'a exprimé le désir d'une entente commune avec le Gouvernement français pour » effectuer le renvoi des quatre-vingt mille hommes de l'armée de l'Est.

» J'ai dû absolument m'y opposer.

» Nous reconnaissons et regrettons la charge que cela impose à la Suisse, mais le » Gouvernement français est, d'après des expériences déjà faites, tout à fait hors d'état » de donner des garanties que ces troupes ne rentreront pas immédiatement en campa- » gne, pas plutôt auront-elles remis le pied sur le sol de la France.

» La Suisse a affirmé et maintenu jusqu'ici avec loyauté sa neutralité, nous la prions » de continuer à le faire pendant les quelques semaines qui sont encore nécessaires » pour arriver à la conclusion de la paix, qu'elle contribuera ainsi à accélérer. Plus » tard, lorsque les négociations seront plus avancées, on pourra revenir sur ce sujet.

» Le retour de ces troupes en France diminuerait sensiblement les chances de la » conclusion de la paix et serait sans doute employé à tort pour la retarder. »

Cette communication fut suivie de près par le rapport officiel du ministre de Suisse à Paris, sur la mission dont il avait été chargé auprès du Chancelier de l'Allemagne du Nord, qui s'était exprimé comme suit :

« Je comprends les embarras que cet événement doit causer en Suisse et si des » considérations majeures ne m'en empêchaient, je n'aurais pas de motif de contrarier » le vœu que vous venez de m'exprimer au nom de votre Gouvernement.

» Je n'hésite pas à déclarer, que la Suisse a rempli très loyalement ses obligations » comme pays neutre pendant cette guerre, mais, malgré ce fait, il nous est impossible » de donner les mains à la conclusion d'une convention avec la France, dont le but serait » de faire rentrer sur le territoire français le corps d'armée réfugié en Suisse et dont le » chiffre s'élèverait, d'après mes derniers renseignements, à 84,000 hommes environ. » Nos motifs sont les suivants :

» Le Gouvernement français n'est nullement en état de nous donner des garanties » suffisantes que des militaires de l'armée de Bourbaki, tant-officiers que soldats, ne se » laisseront pas entraîner à participer aux hostilités, s'ils sont rendus à la France. Nous » avons la preuve, que des officiers français par centaines ne se gênent pas de prendre » de nouveau les armes contre nous, malgré leur parole donnée.

» Nous pourrions d'autant moins compter sur l'efficacité de pareilles assurances, que le » Gouvernement français a cru pouvoir confier un nouveau commandement à des officiers

» qui avaient manqué à leur parole, ayant réussi à s'évader du lieu où ils étaient internés
» en Allemagne, et quoiqu'il connut parfaitement le fait.

» Plus le nombre de soldats à la charge du fisc français sera considérable à l'étranger,
» plus aussi il pourra se voir forcé d'accélérer la conclusion de la paix. Il est donc tout
» naturel, que nous ne voulions pas renoncer à ce moyen efficace, lorsqu'il s'agit d'une
» armée aussi nombreuse que l'est celle de Bourbaki, réfugiée en Suisse. La paix est
» aussi vivement désirée en Allemagne et l'opinion publique nous ferait des reproches
» bien fondés si nous adhérions à une mesure qui retarderait la conclusion de la paix,
» plutôt qu'elle ne l'accélèrerait. Votre Gouvernement lui-même ne pourra pas mécon-
» naître la justesse des motifs qui dirigent notre ligne de conduite.

» Toutes choses ont leurs bons côtés, ajoute le Chancelier. Les Suisses auront l'occa-
» sion de faire connaissance plus intime avec les Français ; nous, nous avons pu le faire
» depuis longtemps. »

Le 24 février, le Dr Kern ayant dû se rendre de nouveau auprès du Chancelier allemand, lui rappelle avant de le quitter que, dans un entretien récent, il avait déclaré
vouloir faciliter le rapatriement de l'armée de Bourbaki aussitôt que les circonstances le
permettraient, et lui demande si le moment ne serait pas venu de conclure avec la France
une convention et d'arriver à une entente sur ce point. Le Chancelier lui répondit qu'il
ne savait point encore si la paix serait conclue ou non, M. Thiers ne s'étant pas encore
prononcé de manière à le rassurer complètement.

Le 26 février, fut enfin signé le traité préliminaire de paix entre l'Allemagne et la
France.

La question du rapatriement devant se résoudre tôt ou tard, le Département militaire
fédéral n'avait pas attendu que les démarches tentées dans ce but eussent abouti, pour
arrêter les dispositions générales du départ des internés, afin qu'à un moment donné ils
pussent être dirigé sur la frontière avec la plus grande célérité possible.

On avait prié le Gouvernement français d'indiquer les points de la frontière par lesquels
il désirait que les troupes fussent rapatriées, et on s'était adressé, le 21 février, au
ministre de la Confédération de l'Allemagne du Nord pour savoir si, après la conclusion
de la paix et lorsque le rapatriement de l'armée française ne souffrirait plus de difficultés,
on pourrait utiliser la ligne ferrée des Verrières à Pontarlier et la route des Brenets à
Morteau pour y acheminer les corps de troupes désarmés.

Par note du 6 mars suivant, le lieutenant-général de Rœder avise le Président de la
Confédération, que le Chancelier allemand vient de l'aviser, en réponse à la communication qu'il lui a transmise le 22 février, que le comte de Bismarck a déclaré tout
d'abord, avoir voulu prendre l'avis du Commandement supérieur de l'armée et que le
résultat de cette conférence avait été, qu'il n'y a pas de motif de s'opposer à ce qu'on

emploie le chemin de fer de Pontarlier pour le transport des troupes, mais que, tant que durera l'occupation par les troupes allemandes des districts qu'on a à traverser, on ne pourra pas utiliser les routes qui, au point de vue tactique, doivent être laissées libres. Cependant, pour venir à l'encontre du désir exprimé par le Conseil fédéral suisse, le Commandant en chef de l'armée du Sud a reçu l'avis, qu'il est autorisé à prendre les mesures nécessaires et à accorder toutes les facilités possibles aux autorités militaires suisses, qui voudront bien, dans ce but, se mettre en rapports directs avec lui.

Pendant ce temps, une commission composée de plusieurs directeurs de chemins de fer suisses, fut convoquée pour s'entendre au sujet de la marche des convois extraordinaires et les organiser de manière à ce qu'ils pussent être acheminés ponctuellement et sans interruption, dès le moment où le mouvement général des troupes pourrait commencer.

Elle reçut pour instructions générales, avec la désignation de tous les dépôts et de leur effectif, indiqués sur la carte de la Suisse : d'évacuer en premier lieu les dépôts les plus rapprochés de Genève et des Verrières, afin d'assurer éventuellement le logement des convois subséquents ; d'organiser les trains de manière à ce qu'ils puissent, dès leur point de départ, atteindre en un jour la station frontière.

Les dépôts éloignés de la ligne ferrée, devaient la rejoindre au moyen d'étapes intermédiaires, qui ne pourront être désignées que dans les localités qui ont servi de lieu d'internement.

Le plan général devra en outre, indiquer la station de halte où la troupe pourra recevoir des rafraîchissements ; il devra y avoir de plus, un court arrêt après trois heures de trajet.

Pendant toute la durée de l'évacuation, les trains de marchandises devaient, dans la règle, être suspendus. Cependant cette mesure étant de nature à amener une grande perturbation dans le commerce et à soulever de nombreuses réclamations et récriminations, la Compagnie des chemins de fer de la Suisse-Occidentale décida de maintenir sur son réseau un train par jour dans chaque direction et de supprimer en revanche un train de voyageurs.

Les internés des cantons du Valais, Vaud et Fribourg, ne doivent pas être compris dans le plan d'évacuation, parce qu'ils seront dirigés sur la Savoie, par étapes et par les bateaux à vapeur du lac Léman.

A cet effet, quatre vapeurs furent retenus, pouvant transporter ensemble trois mille soldats par course : le *Winkelried* portant douze cents hommes ; le *Bonivard*, mille ; l'*Aigle*, six cents, et le *Guillaume-Tell*, deux cents hommes.

Le Sous-Préfet de Thonon fut avisé directement, que des convois allaient être dirigés sur cette ville, afin qu'il put prendre les dispositions nécessaires pour leur logement et leur entretien. En même temps le Conseil fédéral adressa à M. Gaïffe, délégué du ministre de la guerre et de l'intérieur, à Berne, la dépêche suivante :

« Nous avons l'honneur de vous informer que, dans la prévision de la conclusion pro-
» chaine de la paix, nous avons fait les préparatifs nécessaires pour le retour de l'Armée
» française.

» Nous partons du principe, qu'on disposera à cet effet, de deux lignes de chemins de
» fer aboutissant au territoire français par Pontarlier et Genève et qu'on pourra égale-
» ment utiliser les bateaux à vapeur du lac Léman.

» D'après le plan qui a été élaboré sur ces bases, il sera possible de transporter jour-
» nellement 4,000 hommes à Genève, 3,000 aux Verrières et environ 4,000 en Savoie,
» soit en totalité 36,000 hommes devront être évacués par Genève, 27,000 par les Ver-
» rières-Pontarlier et 12,000 par le lac, sur la côte de Savoie.

» En portant ce qui précède à votre connaissance, nous vous prions de bien vouloir
» faire les démarches nécessaires auprès de votre Haut Gouvernement, afin qu'à l'époque
» où l'évacuation commencera, tous les préparatifs soient faits aux stations frontières pour
» le transfert intérieur et non interrompu de ces troupes, ainsi que pour leur logement
» et leur entretien. Quant à nous, nous avons pris toutes nos mesures pour que le
» transport puisse s'effectuer sans interruption et avec la plus grande régularité.

» Agréez, etc. »

Le village des Verrières ne présentant pas des ressources suffisantes pour le logement d'un nombre de soldats aussi considérable et ayant du reste été très éprouvé lors de l'entrée de l'armée de l'Est, on y dirigea mille tentes-abri pour parer à toute éventualité. De la paille et des subsistances suffisantes furent également tenues prêtes dans cette localité.

Le Département militaire fédéral donna en même temps les instructions suivantes pour la formation, la conduite des colonnes et leur remise aux Autorités françaises :

Berne, le 2 mars 1871.

Le Département militaire fédéral aux Autorités militaires des Cantons

Dans la prévision de la rentrée en France de l'armée française de l'Est, nous avons élaboré les instructions suivantes, afin que les Cantons fassent à temps, les préparatifs nécessaires pour que le mouvement des troupes puisse s'opérer dès que les rapports internationaux permettront de la diriger sur la France.

I. Dispositions générales.

1° Les troupes dont la désignation suit, seront mises sur pied aux stations frontières pendant la durée de l'évacuation :

à *St-Gingolph :* deux compagnies du Valais (supprimé plus tard) ;

à *Genève,*
aux *Verrières,* } Un bataillon détaché de la Ve division dans chacune de ces gares.

Ces troupes devront être rendues à destination la veille du jour où le mouvement doit commencer.

Elles sont chargées du maintien du bon ordre, pendant la durée du passage de la frontière par l'armée internée et de fournir les détachements qui accompagneront chaque colonne, jusqu'au point où aura lieu leur remise aux autorités françaises.

2° Les gares principales des chemins de fer, ainsi que les stations de halte où les transports prendront des rafraîchissements, seront occupées militairement, savoir :

Zurich,	Berthoud (Burgdorf),
Winterthour,	Neuchâtel,
Olten,	Fribourg,
Herzogenbuchsee,	Romont,
Bienne,	Morges.

Chacun de ces points sera occupé par deux compagnies d'infanterie ou de carabiniers, sous les ordres d'un officier supérieur.

Ces troupes seront mises sur pied par les Cantons sur le territoire desquels les stations de chemin de fer, indiquées ci-dessus, sont situées et elles devront s'y rendre la veille du jour où le mouvement commencera.

Ces détachements sont chargés de maintenir l'ordre dans les gares et dans ce but, ils devront être secondés aussi bien par les fonctionnaires des chemins de fer, que par les chefs militaires de chaque transport (commandants de colonne).

Les chefs de détachement se mettront avant tout, en rapport avec l'inspecteur de la gare où ils stationnent.

II. Formation de chaque colonne de marche.

3° Les troupes internées dans les cantons de Fribourg, Vaud et Valais seront évacuées par la Savoie, suivant un plan général qui sera transmis avec la présente aux Cantons intéressés. Ces troupes ne pourront pas être transportées par chemin de fer, à l'exception de la Ligne d'Italie.

L'exécution de ce mouvement est confiée au colonel fédéral de Gingins-La Sarraz, à Lausanne, qui a reçu des instructions spéciales à cet effet et dont les Cantons intéressés sont invités à exécuter les ordres, aussi bien en ce qui concerne la formation de chaque colonne de marche, qu'en ce qui concerne les troupes nécessaires pour l'escorte et les locaux qui doivent être préparés pour les loger.

4° Le reste des internés sera transporté à la frontière par voie ferrée, et cela par trains express de mille hommes chacun, suivant un plan élaboré de concert avec les compagnies de chemins de fer.

Ces trains seront désignés d'après le jour où le mouvement s'opérera, et chaque train militaire se numérotera chaque jour, suivant son expédition, par exemple : 1er jour, IIIe train militaire.

5° Les Cantons seront avisés plus tard par télégraphe, quel jour le mouvement commencera.

6° Le commandement de chaque colonne de transport par chemin de fer sera confié à un officier qui devra être fourni par les Cantons désignés dans l'annexe ci-jointe et qui sont, dans la règle, ceux d'où part le train. Ces officiers devront se rendre à la station désignée dans le tableau spécial ci-joint.

Il devra être mis, à temps, aux stations indiquées et à la disposition de chaque commandant de colonne, un sous-officier et dix hommes d'escorte.

Le commandant de la colonne et les onze hommes d'escorte se rendront avec leur transport jusqu'à la frontière.

Lorsque le transport aura lieu à pied, toute la garde du dépôt servira d'escorte.

Pour les transports par bateau, l'escorte sera de même force que pour les transports par chemins de fer, un officier, un sous-officier et dix hommes.

7° On donnera les instructions suivantes au commandant de la colonne :

Il reconnaîtra à la station la troupe qui lui est expédiée des dépôts, suivant un état sommaire qui lui en sera remis en double expédition, d'après le formulaire ci-joint.

Il se présentera immédiatement à la direction de la station et arrêtera avec elle les dispositions nécessaires. Il veillera à ce que le détachement monte dans les voitures avec calme et à ce que l'ordre soit maintenu pendant la marche du train.

Il s'entendra avec le chef du train, sur les petites et les grandes haltes à faire et ne permettra pas que l'on descende de voiture à un autre moment.

Il divisera la moitié de l'escorte sur les plate-formes entre chaque wagon, et gardera l'autre moitié pour la relever.

Arrivé à la station frontière, il mettra immédiatement les internés à la disposition de l'officier d'état-major chargé de les recevoir et lui donnera les états sommaires dont il est porteur, et dont un double (annexe imprimée) devra lui être rendu après vérification de l'effectif.

8° Pour la formation des colonnes de transport par chemin de fer, vous voudrez bien faire partir des dépôts, aux jours indiqués dans l'annexe ci-jointe, le nombre prescrit d'internés, qui seront dirigés sur la station de départ où ils devront arriver au moins une heure avant le départ du train.

Le chef de l'escorte qui aura accompagné les internés à la dite station, les remettra au commandant de la colonne et rentrera au dépôt avec l'escorte, ou la licenciera.

9° Nous laissons aux Cantons le soin de désigner les étapes et la manière dont les détachements éloignés devront arriver à l'heure fixée à la station de départ ; il est cependant à désirer, que pour les trains du matin, ces détachements arrivent la veille au soir à la station.

10. Comme il importe de se tenir expressément à l'horaire établi, on donne l'ordre formel aux subdivisions de troupes qui arriveraient trop tard aux stations de départ, de n'être évacuées que plus tard et suivant l'opportunité. Leur solde et leur entretien seront à la charge du Canton pendant la durée de ce retard.

Là où, suivant le tableau de marche ci-joint, le dépôt tout entier ne pourrait pas être expédié en une seule fois, on veillera à ce que les hommes appartenant à un même corps soient si possible expédiés par le même train.

11. Le Département prendra des dispositions particulières au sujet des internés qui, après le départ du nombre indiqué dans l'annexe, resteraient encore dans les dépôts, ainsi qu'au sujet des malades à l'hôpital. Il est par conséquent, expressément recommandé d'attendre les ordres du Département, car *il est absolument interdit de faire transporter, en même temps que la troupe, les malades ou les convalescents incapables de marcher.*

Les hommes préposés au service des chevaux doivent être retenus jusqu'à ce que l'ordre soit donné de les expédier.

III. Entretien et solde pendant la marche.

12. Les internés et la troupe chargée de l'escorte devront être munis, pour le jour de marche, d'une portion de vivres (viande cuite). Au lieu de viande cuite on peut, si on le désire, délivrer de la saucisse ou du fromage.

13. La troupe d'escorte qui accompagne la colonne, recevra un supplément de solde de un franc par homme et de trois francs par officier et par jour de route.

Tous les internés, officiers compris, reçoivent la solde actuelle jusqu'à leur rentrée en France ; cette solde leur sera payée avant leur départ des dépôts et suivant le nombre d'étapes prescrites.

Chaque sous-officier et soldat interné recevra, en outre, pour chaque transport par chemin de fer ou par jour de marche, un supplément de vingt-cinq centimes qui lui sera également payé au dépôt, avant le départ.

IV. Service sanitaire.

14. Des sections d'ambulance seront installées aux gares désignées au paragraphe 2, ainsi qu'aux stations frontières, afin de pouvoir donner au besoin, les soins médicaux nécessaires.

V. Remise des internés à la frontière.

15. Des officiers d'état-major pourvoiront, aux lieux de réception, à la remise des internés aux officiers français délégués à cet effet ; ces officiers fédéraux sont :

> Pour St-Gingolph, le lieutenant-colonel fédéral de Cocatrix ;
> » Evian,   »   »   Murisier ;
> » Thonon, le colonel fédéral Grand ;
> » Genève,   »   »   Rilliet ;
> » Les Verrières, »   »   C. Borgeaud.

Ces officiers disposeront, à St-Gingolph, Genève et les Verrières, des troupes mentionnées sous chiffre 1.

16. Les commandants de colonne se présenteront à ces officiers d'état-major et leur remettront la troupe avec un des états sommaires rempli et signé, qu'ils auront reçu des dépôts. L'autre exemplaire leur sera rendu signé par l'officier suisse chargé de la remise des internés et ils auront à le remettre, à leur retour, à l'autorité militaire du Canton que cela concerne.

17. Les commandants de colonne prendront les ordres des officiers d'état-major chargés de la remise des internés, au sujet du logement et du retour de la troupe d'escorte.

18. Les internés qui seront rapatriés par la Savoie, ont été autorisés à emprunter le territoire du Canton de Genève, mais seulement par les routes de St-Julien et de St-Genix et les sous-officiers et soldats sans armes.

Si ce passage au travers du territoire suisse a lieu, la direction en est confiée au commandant de la Ve division de l'armée. Il lui sera adjoint un officier qui sera envoyé à

Corsier, village frontière de la Savoie et du canton de Genève, auquel les chefs des colonnes devront se présenter avant de rentrer sur le territoire suisse.

VI. Matériel de chemin de fer.

19. Les chemins de fer ne pourront pas être utilisés, pour les mouvements de troupes dans les Cantons, en dehors du plan de transport fédéral. La Ligne d'Italie en est exceptée pour l'évacuation du Canton du Valais.

VII. Direction.

20. Le mouvement général sera dirigé par le Département militaire fédéral depuis *Olten*, où toutes les communications et demandes relatives à l'évacuation devront lui être adressées, à partir du moment où le mouvement aura commencé.

Le Chef du Département militaire fédéral,

WELTI.

Le Département militaire désigna l'adjoint de ce Département, M. le colonel fédéral Hoffstetter, instructeur en chef de l'infanterie, pour organiser et diriger la marche des convois de troupes depuis leurs dépôts dans les Cantons, jusqu'aux lignes ferrées, où des trains spéciaux devaient se trouver prêts à les expédier directement à la frontière.

Pour assurer le service de rafraîchissement des colonnes transportées par vapeur, la circulaire suivante donna les instructions nécessaires :

Berne, le 4 mars 1872.

Le Département militaire fédéral aux Gouvernements des Cantons.

Vous aurez vu par nos instructions générales sur l'évacuation des internés, quels sont les points qui doivent être occupés par les détachements de troupes, forts de deux compagnies, afin d'assurer le maintien de l'ordre dans les gares de chemin de fer, en raison de la faiblesse de l'escorte qui accompagne chaque transport.

Des mesures devront aussi être prises à ces gares, ainsi qu'à celles de St-Gall, Zurich et Lucerne pour faire délivrer des rafraîchissements aux troupes.

Nous prions les Cantons sur le territoire desquels ces stations sont situées, d'envoyer sur tous ces points, *lundi 6 mars courant*, des commissaires des guerres ou des quartiers-maîtres, qui seront chargés de prendre les mesures nécessaires pour que les troupes puissent recevoir dans ces gares les rafraîchissements dont elles auront besoin.

Aucune distribution gratuite ne sera faite, attendu que les troupes auront reçu un supplément de route en argent, mais il devra y être établi des cantines où les soldats pourront se procurer quelque nourriture et quelque boisson.

Les officiers chargés d'organiser le service de ces subsistances devront s'entendre, pour plus de facilité, avec les administrateurs des gares de chemin de fer.

Afin que les prix ne soient pas surfaits, il est nécessaire que les officiers chargés de la subsistance trouvent des fournisseurs chargés d'y pourvoir, s'ils ne se sont pas déjà entendus pour cela avec les buffets des gares.

Les prix doivent être fixés d'avance et être affichés partout, afin que chacun puisse en prendre connaissance.

L'officier chargé de ce service s'entendra avec le chef de gare pour faire occuper par des détachements de troupes les emplacements où les rafraîchissements seront distribués.

Le Chef du Département militaire fédéral,

WELTI.

Pour compléter ces dispositions, le lieutenant-colonel fédéral Rodolphe de Sinner reçut du Département militaire la mission de se rendre auprès du général de Manteuffel, commandant de l'armée allemande du Sud, afin de s'entendre avec lui au sujet du passage des internés rapatriés, au travers du territoire occupé par ses troupes, conformément à l'invitation adressée au Conseil fédéral par le chancelier, comte de Bismarck.

Le lieutenant-colonel Sinner a publié un récit de sa mission et des péripéties de son voyage. Il a bien voulu nous autoriser à le traduire et nous en donnons ici quelques extraits, afin de compléter la narration des événements de cette époque, par quelques épisodes intéressants qui en forment la suite toute naturelle.

« Le vendredi 3 mars, écrit le colonel Sinner, je reçus l'ordre de me rendre auprès de M. le conseiller fédéral Welti. Le Chef du Département militaire fédéral me fit part que, d'après une communication verbale du ministre de la Confédération du Nord, le comte Bismarck avait autorisé le passage à travers le territoire occupé par l'armée allemande, aux troupes françaises internées qui allaient être rapatriées depuis les Verrières, toutefois en ne permettant que l'emploi des voies ferrées ; toutes les routes et chemins devant rester libres pour permettre aux troupes allemandes de se mouvoir facilement.

Comme il s'agissait de s'entendre promptement à ce sujet avec le Commandant de l'armée du Sud, ce qui ne pouvait avoir lieu par correspondance, et qu'en outre on n'avait aucun indice certain de l'état dans lequel se trouvaient les lignes de chemin de fer, au-delà de la frontière, je reçus pour mission de me rendre au quartier-général du général de cavalerie, baron de Manteuffel, afin d'examiner les lieux et de nous entendre plus aisément au sujet des conditions posées pour le passage de ces troupes.

Le conseiller fédéral Welti me donna les directions nécessaires et me remit une lettre m'accréditant auprès du général en chef des troupes allemandes; le colonel Hofstetter me mit au fait des dispositions prises pour l'échelonnement des convois d'internés, enfin le lieutenant-général de Rœder (ministre de la Confédération de l'Allemagne du Nord) m'informa, que le quartier-général de l'armée du Sud était à Dijon et me remit également une lettre d'introduction auprès du général Manteuffel.

Je partis aussitôt dans la direction de Bienne et Neuchâtel, pour le Val de Travers.

J'avais commandé par télégramme, une voiture aux Verrières suisses, afin de pouvoir encore gagner Pontarlier le soir même, mais je fus très désagréablement surpris d'apprendre par M. le lieutenant-colonel Lambelet, qui s'y trouvait en qualité de commissaire pour le cordon sanitaire, qu'il était impossible de se procurer un cheval ce jour-là et qu'il me fallait prendre patience jusqu'au lendemain. Mon désappointement s'accrût encore, lorsque j'appris qu'au-delà de Pontarlier, le service de la voie ferrée était interrompu, ce qui, non-seulement augmentait les difficultés de mon voyage, mais mettait aussi en question la possibilité du transport des internés et faisait prévoir un accroc à la bonne réussite de ma mission.

Comme la peste bovine qui sévissait alors, obligeait d'interdire à tout cheval suisse un séjour de quelque durée sur le sol français, il devenait nécessaire de se procurer à chaque étape, un nouveau moyen de transport et à cet effet, mon camarade le lieutenant-colonel Lambelet me fit donner plusieurs billets de recommandation qui me rendirent le plus grand service.

Dès que j'eus réussi à me procurer un char, je partis des Verrières, après avoir transmis toutefois à Berne par télégraphe, le résultat des expériences que je venais de faire et le résumé des renseignements qu'on m'avait fournis.

La frontière de France fut bientôt dépassée. La contrée paraissait inhabitée. Des débris de chars et de caissons de l'armée de Bourbaki gisaient çà et là sur la route et des ondulations de terrain assez nombreuses désignaient les endroits où étaient enterrés les chevaux morts et le bétail abattu récemment, à la suite de la peste bovine. La voie entre les Verrières et Pontarlier était complètement rétablie et avait été utilisée peu de jours auparavant pour le transport d'un train de malades; le trafic ordinaire tardait encore, malgré toute la peine que se donnait M. le conseiller d'Etat Lambelet pour le rétablir.

La route principale se dirige au nord par une pente assez raide, passe entre les deux forts de Joux et se dirige vers Pontarlier et le Doubs.

Lorsque Manteuffel s'était porté en avant, la garnison française de ces forts avait résisté et tenait sous son feu le défilé de la Cluse ; une maison ruinée et percée à jour par les projectiles, quelques croix placées sur la tombe des soldats tués, attestaient la lutte qui avait eu lieu à cet endroit. Des soldats français se promenaient au pied du fort, et on apercevait un corps de garde, qu'un œil rendu expert par le service auprès des internés, reconnaissait être armé de chassepots.

A l'entrée de Pontarlier (13 kilomètres des Verrières suisses), nous passâmes sans être arrêtés, devant la garde de cantonnement prussienne et nous nous dirigeâmes à travers la longue rue de cette jolie petite ville jusque chez le Commandant de place. Je lui fis voir ma lettre d'introduction cachetée et lui remis, de la part du ministre de la Confédération du Nord, une missive qui lui était adressée au sujet de l'affaire du franc-tireur Huot ; je lui demandai en outre, un permis de circulation ouvert qui me permit de gagner Dijon sans être inquiété.

Le capitaine, que je dérangeais au moment de son premier déjeuner, répondit que le permis de circulation était inutile ; à la demande que je lui fis de me procurer un cheval pour me permettre de continuer ma route, il me répondit que, même par voie de réquisition, on obtenait difficilement soit un char, soit un cheval.

Les lettres de recommandation, que je devais à l'obligeance de M. Lambelet, eurent heureusement un prompt résultat ; en peu de moments, un char à bancs avec un bon cheval nous fut amené et nous passâmes devant le poste de garde principal, fortement occupé, pour nous diriger du côté de la plaine qui s'étend entre le Doubs et Drugeon, à gauche des collines de Larmont et du Laveron, hautes de 820 à 830 mètres, et qui ont tout à fait l'aspect de bruyères. Les poteaux télégraphiques manquaient pour la plupart et le fil gisait le long de la route ; le plus grand nombre d'entr'eux sont coupés à deux ou trois pieds du sol.

Nous atteignîmes bientôt Chaffois, situé au haut d'une petite colline, qui marque la dernière position prise par l'armée allemande du Sud.

A Levier, nous fîmes halte pour laisser reposer le cheval et nous rafraîchir, et d'après les informations que je pris, on m'assura que le chemin de fer était mis en circulation depuis Dôle par les troupes allemandes.

La veille, notre cocher avait été au-delà de Levier, jusqu'au Pouillet, et avait été arrêté par un Français qui l'avertit que des soldats prussiens étaient dans le voisinage et qu'on lui prendrait sans doute son cheval ; il avait cependant continué sa route et n'avait point été inquiété ; c'est pourquoi, lorsque plus loin un passant l'arrêta pour lui faire la même recommandation, il ne parût pas s'en préoccuper.

En traversant les belles forêts du Jura, nous rencontrâmes près de Dournon une sentinelle prussienne qui ne parut pas faire attention à nous ; une seconde sentinelle était placée au-delà de Cernant sur une colline, d'où elle surveillait la route de Salins.

Il était 3 ¹/₂ heures, lorsque nous entrâmes dans cette ville. Descendu à l'hôtel du *Sauvage*, j'attendis avec impatience de savoir s'il me serait possible de continuer ma route sur Dôle. L'hôtelier était au lit indisposé et sa femme ne croyait pas qu'on pourrait trouver un moyen de transport ; mais la pressante recommandation de M. Lambelet fit merveille ; l'hôtelier déclara qu'il allait lui-même me conduire à Dôle.

Un fort percheron fut amené, on répara les traits endommagés et peu d'instants après je me trouvais à ma grande satisfaction, trottant sur la chaussée.

Salins, célèbre dès l'antiquité par ses sources salines, est situé sur la rive droite de la Furieuse, dans un long défilé dominé par les forts Belin et Saint-André. Le deuxième corps prussien avait occupé un moment la ville, mais n'avait pas tardé à l'évacuer, car les forts ne pouvaient être pris que par un siége régulier. La garnison française, composée de zouaves et de troupes de ligne, était rentrée en ville et les habitants étaient heureux de pouvoir impunément donner essor à l'expression de leur antipathie pour les Allemands. Je n'aperçus là, ni sentinelle, ni poste de garde français

Mon guide m'assura que, lors de la défense de la ville, la garde nationale s'était bravement battue et avait fait subir des pertes sensibles à l'ennemi. Quant à l'état dans lequel se trouvait le chemin de fer, il ne put rien me dire de positif, mais il confirma mon information, que depuis Dôle les Prussiens l'exploitaient eux-mêmes et que par conséquent je pouvais espérer m'en servir.

Nous ne tardâmes pas à sortir de l'étroit défilé de la Furieuse et laissâmes à gauche le massif château de St-Michel pour atteindre bientôt Mouchard, point important de croisement de plusieurs lignes de chemin de fer.

La garnison de Mouchard avait coupé la communication de Besançon et Pontarlier avec le Sud de la France qui n'était pas occupé par l'ennemi, et rendu ainsi impossible l'envoi d'approvisionnements ; il ne restait par conséquent à l'armée française de l'Est que quelques routes pour se mouvoir. C'était donc avec pleine raison, que la nouvelle télégraphique annonçant l'entrée des Prussiens à Mouchard, avait fait prévoir une catastrophe pour l'armée de Bourbaki.

La gare avait gravement souffert de son importance stratégique. Toutes les vitres étaient brisées et le bois des fenêtres carbonisé, les murailles étaient noires de fumée et un long entassement de matériel offrait un triste spectacle. Plusieurs tombes marquées par une croix et échelonnées le long de la route, à travers le bois de Largillat, attestaient suffisamment la chaleur du combat.

Au moment d'atteindre Villers-Farlay, nous rencontrâmes un officier supérieur prussien qui paraissait visiter les avant-postes. Les sentinelles postées à l'entrée de Chamblay nous laissèrent passer sans nous arrêter.

Le village était fortement occupé et lorsque nous nous arrêtâmes devant l'auberge pour fourrager notre cheval, je fus bientôt entouré d'une foule de soldats et je liai conversation avec eux. C'étaient des Poméraniens du régiment des grenadiers du Roi n° 2.

Mon uniforme leur était naturellement inconnu; le brassard fédéral surtout attirait leur attention. Lorsque je leur eus appris que j'étais Suisse, ils s'informèrent de la manière dont les internés se comportaient chez nous et exprimèrent leur vif désir de retourner aussi bientôt chez eux; à peu d'exceptions près, ils s'exprimèrent sans passion et d'une manière simple et naturelle. (1)

J'allais remonter sur mon char, lorsqu'un sous-officier, en tenue de service et avec un air important, s'avança vers moi et me demanda en mauvais français le but de mon voyage. Je lui répondis en allemand en lui disant mon nom, je lui fis voir les lettres que j'avais à remettre à Dijon et quelle était ma mission, là-dessus il parût un peu embarrassé, s'excusa et s'éloigna. Ses camarades paraissaient disposés à blâmer ce sous-officier, lorsque l'un d'entre eux fit observer en l'excusant, que je ne devais pas prendre en mauvaise part les questions qu'il m'avait adressées, car il était de service et m'avait sans doute pris pour un officier français à cause de la couleur de mon manteau.

Pendant ce temps la nuit était tombée. La route qui longe la rive gauche de la Loue, au pied des collines du Jura couvertes de forêts, montrait par de nombreux indices, que nous étions entrés dans le cercle des cantonnements du 2e corps d'armée.

Il pouvait être environ 11 heures lorsque nous atteignîmes Dôle, après avoir franchi le Doubs et le canal du Rhône au Rhin. Nous descendîmes à l'Hôtel-de-Genève, dont l'hôte est un Grison. Cet hôtel était le quartier-général du général de Werder, aussi eûmes-nous assez de peine à y trouver place.

Le lendemain dimanche, 5 mars, je me rendis chez le commandant de place, espérant obtenir de lui l'autorisation de me servir du chemin de fer pour atteindre Dijon, mais j'appris que l'occupation d'Auxonne par les troupes françaises, interceptait le parcours sur cette ligne.

---

(1) C'est ce régiment qui perdit un certain nombre de ses braves soldats, lors d'un accident de chemin de fer en retournant en Allemagne.

A la demande que j'adressai de m'aider à me procurer un véhicule, le sous-officier chargé de me transmettre la réponse, me dit qu'on n'en possédait pas un seul dont on put disposer, et il me conseilla d'utiliser le char qui m'avait amené de Salins. Comme il est facile de le comprendre, mon cocher resta inébranlable dans son refus d'aller plus loin et se borna à me promettre de faire son possible pour me procurer un véhicule. On vint en effet m'annoncer qu'il serait prêt à dix heures et demie, mais l'heure fixée s'écoula pendant laquelle je me promenai avec impatience ; à mes questions réitérées, on répondait évasivement. Pendant ce temps, on entendait retentir les chants des Allemands qui, à la grande mortification des habitants, célébraient leur victoire dans l'église paroissiale située à peu de distance de l'hôtel. Les orgues jouaient l'air : « Honneur à toi, couronné de lauriers » ce qui pour mes oreilles suisses, aurait pu se traduire par le : « Rufst du mein Vaterland ».

Ce fut enfin, avec une vive satisfaction, que je pus partir avec un antique véhicule, qui me conduisit en peu de moments sur la route de Dijon.

Sampans, petite localité à 6 kilomètres de Dôle, était occupé par des troupes ; la première sentinelle que je dépassai, fit un signe à la seconde qui m'arrêta et me conduisit au poste.

Le chef de la garde, un sous-officier badois, ne se crut pas autorisé à me laisser passer, mais se rendit auprès du capitaine pour prendre des ordres, celui-ci le renvoya à l'officier du jour et je me vis obligé de retourner en arrière jusqu'à l'autre bout du village. Conduit par le sous-officier, je trouvai l'officier du jour dînant avec ses camarades. Après une courte conférence entre ces messieurs, pour la plupart tout à fait jeunes, je fus autorisé à continuer ma route ; impatienté par cet arrêt forcé que je considérais comme superflu, je réclamai un laisser-passer afin de ne pas rencontrer les mêmes inconvénients à chaque village et afin que mon arrivée à Dijon ne fut pas retardée outre mesure. Ces officiers jugèrent cette formalité inutile, car dirent-ils, ils occupaient le premier poste avancé du côté d'Auxonne. A la hauteur de Villey, je me heurtai contre des abattis et des petits parapets établis à cheval sur la route, puis je me rapprochai d'Auxonne, petite ville bâtie régulièrement, entourée d'une enceinte bastionnée et couverte au nord-est par la Saône.

Les constructions élevées en briques au sud du glacis et nommées les Granges, étaient abattues afin de ne pas gêner la portée du tir des remparts, cela offrait à l'œil un vaste spectacle de ruine et de désolation, mais l'aspect en paraissait moins triste, à l'idée que ce n'était point là le résultat d'un sanglant combat.

Les pièces de canon qu'on apercevait sur les remparts étaient en petit nombre ; aucun poste n'en gardait les approches et ce n'est qu'à la porte même, que nous trouvâmes une sentinelle française.

Le beau soleil qui animait cette après-midi de dimanche, avait attiré hors de la ville une foule de gardes mobiles, dont un certain nombre se promenaient avec des dames. La courte rue principale, qui relie la porte de Dôle à celle de Dijon, était obstruée çà et là par des magasins provisoires de munitions, qui formaient en même temps des petits parapets destinés à empêcher l'enfilement des rues.

Nous ne nous arrêtâmes qu'à Longeant pour fourrager notre cheval. La petite auberge était occupée par quelques soldats du régiment westphalien n° 55, tous grands, minces et élancés, dégustant un verre de cognac, et par quelques bourgeois français occupés à jouer à leurs éternelles cartes. Deux jolies et accortes sommelières servaient leurs hôtes avec empressement; je fis observer à l'une d'elles, qu'elle me paraissait être au mieux avec les Prussiens, elle me répondit en riant : « Que voulez-vous, il faut pourtant que je les serve, autant vaut-il le faire de bonne grâce. »

A part quelques jeunes sous-officiers qui paraissaient avoir une trop haute idée de leur importance, tous avaient l'air le plus convenable et le plus modeste.

La route suit la rive gauche de l'Ouche, affluent de la Saône, et qui coule à Dijon ; à Fauvernay nous vîmes une batterie parquée, nous rencontrâmes aussi beaucoup de soldats à l'air florissant et gai et un certain nombre d'officiers en phaëton, nous vîmes aussi un certain nombre de bourgeois en voiture, ce que nous n'avions pas vu depuis Dole et Salins. Il était près de six heures lorsque j'atteignis enfin Dijon, et après quelques investigations, je parvins à l'hôtel du Jura où je descendis. Pour ne pas perdre de temps, je me mis immédiatement en grande tenue et me fis conduire à la Préfecture où était le quartier du général Manteuffel. Pendant que je m'y rendais, j'entendais les réflexions des passants qui s'arrêtaient à ma vue, en se demandant qui je pouvais bien être. Un monsieur m'aborda, en se faisant connaître comme employé du chemin de fer de Paris-Lyon à la Méditerrannée et en m'offrant ses services. Il avait été témoin de l'entrée de l'armée de Bourbaki en Suisse, et il avait assisté à tout ce que notre population avait fait pour soulager la misère et les souffrances de ses compatriotes ; il désirait donc témoigner pour sa part, sa reconnaissance, en étant de quelque utilité à un officier suisse.

J'acceptai ses offres avec d'autant plus de plaisir, que j'avais aussi à prendre des informations auprès de la Compagnie qui l'employait.

La Préfecture, espèce de château au fond d'une vaste cour dans laquelle se trouvait une forte garde, était ornée d'un bel escalier donnant sur une grande salle dont les portes étaient ouvertes ; depuis là on entendait des voix dans une salle à côté, ce qui me fit supposer qu'une joyeuse société était à table. J'attendis là un certain temps, avant qu'un domestique parut, portant des mets ; je le chargeai de demander au général Manteuffel à quelle heure je pourrais lui parler et lui remettre les lettres dont j'étais porteur.

Je fus immédiatement introduit dans la salle à manger ; le général prit les lettres qui lui étaient adressées et m'invita à prendre place à sa table, où étaient assis vingt à vingt-cinq officiers. Je fus placé à peu près vis à vis du maître de la maison, entre un aumônier supérieur de l'armée, homme jeune encore, de taille mince et élevée, à l'organe sonore, et le commandant du quartier-général, major de Strantz, qui me firent les honneurs de la table de la manière la plus aimable.

Aux côtés du général en chef étaient assis le général de Decker, qui dirigeait l'artillerie au siége de Strasbourg, et le chef de l'état-major général, le colonel comte de Wartensleben.

Les officiers composant le quartier-général, parmi lesquels se trouvait un des fils du prince de Bismark, quelques officiers d'infanterie, un officier russe, fils du gouverneur de la Pologne, le comte Berg, formaient le reste de la société.

La conversation qui avait lieu, le plus souvent, entre de petits groupes de voisins, devenait parfois générale et je ne fus pas peu surpris, en voyant qu'on saisissait cette occasion de réunion, pour rectifier des ordres, ou pour adresser des réclamations relatives au service.

Les explications que j'entendis me prouvèrent, que même dans cette armée si admirablement conduite et dans cette administration qui paraissait réglée jusque dans ses moindres détails, il se présentait aussi de petites irrégularités. Cela prouve une fois de plus que, si on ne doit jamais laisser passer une occasion d'introduire des améliorations, de tendre à une régularité plus complète, à un ordre plus parfait, on n'ose pas espérer arriver à un état de choses complétement irréprochable.

Tandis qu'à Dôle, les habitants avaient été blessés dans leurs sentiments, en voyant leur église servir à la célébration des victoires allemandes, mon voisin l'aumônier me raconta, que par contre, pour se rendre au désir exprimé par l'évêque, on avait renoncé à se servir d'une église et que le général en chef avait autorisé la célébration en plein air, des actions de grâce pour la victoire.

Lorsqu'on vint à parler de la précipitation avec laquelle l'armée française de l'Est s'était jetée sur le territoire suisse, on le fit avec quelques sourires, mais sans avoir l'air de narguer ou de se réjouir du malheur de ses ennemis et sans vouloir s'en vanter.

L'Intendant de l'armée fit part de la satisfaction avec laquelle il avait appris qu'il n'aurait pas à pourvoir à la subsistance de cette masse de troupes.

Je fus heureux de pouvoir ajouter, que quelque difficile qu'eût été pour nous l'organisation des secours en présence des masses qui s'étaient réfugiées si subitement chez nous, il n'en était pas résulté de graves inconvénients, à part toutefois l'accident de Morges ; lorsmême que les Autorités de la Confédération désiraient mettre un terme aussi prompt que possible, à cet état de choses anormal.

Je répondis à mon voisin, qui fit allusion à la sympathie que la cause de la France avait rencontrée en Suisse et qu'on avait témoignée de plusieurs manières, que les sympathies des habitants de la Suisse étaient partagées et que plusieurs des journaux les plus répandus, avaient préconisé les faits et gestes de l'Allemagne. Je dis que, la déclaration de guerre de la part de la France, avait été en général, jugée par nous tous de la même manière; j'ajoutai encore que la Suisse, comme république fédérative, ne pouvait pas voir sans s'en préoccuper, la force croissante des grandes puissances déjà fortement constituées et qui possèdent en elles-mêmes de puissants moyens d'attaque; que par cela même, le maintien de sa neutralité lui était rendue plus difficile et que les circonstances qui pouvaient la mettre en conflit avec un des Etats voisins, prenaient dès lors un caractère plus sérieux.

On me répondit, que sous ce point de vue, la Suisse n'avait absolument rien à craindre, que l'Allemagne devait exiger l'annexion de l'Alsace et de la Lorraine afin d'affermir sa propre sûreté et comme garantie d'une paix durable désirée par chacun, mais qu'en Allemagne on ne cherchait pas à s'agrandir. Que si quelques jeunes officiers peut-être, avaient parlé de reprendre Neuchâtel, l'opinion générale avait immédiatement déclaré que Neuchâtel appartenait naturellement à la Suisse et que la Prusse avait abandonné ses prétentions pour toujours. En outre, chacun reconnaissait et rendait justice à la manière dont les Autorités suisses ont proclamé et fait observer la neutralité de ce pays, et que cela avait fait un contraste frappant avec la manière dont l'Angleterre a agi dans les mêmes circonstances, en permettant des livraisons d'armes dont elle ne se reconnaissait pas responsable, en favorisant ainsi de nouvelles levées et, par la suite des événements, occasionnant la ruine de la France, comme on pouvait le voir maintenant.

Après le dîner, les convives se réunirent dans la chambre à côté. Le général me présenta au chef de l'état-major général et me dit que c'était avec lui que j'aurais à traiter la question qui m'amenait ici.

Nous prîmes rendez-vous pour le lendemain matin, dans les bureaux du quartier-maître en chef et je pris congé, puis me dirigeai rapidement vers mon hôtel, dans l'espoir de m'entretenir encore avec l'employé des chemins de fer français qui y demeurait et de prendre des informations positives sur l'état des voies ferrées. Mais l'ayant trouvé au milieu d'une société d'amis, je dus renvoyer mon projet au lendemain.

Lundi, 6 mars, je me mis à la recherche de l'Inspecteur de la voie. Il était en conférence avec le quartier-général de l'armée, pour traiter de la question de l'exploitation par sa Compagnie, de toutes les lignes ferrées.

Il n'avait aucune donnée certaine sur l'état dans lequel se trouvait la voie, il ne put pas me renseigner, si les tronçons Pontarlier-Mouchard et Mouchard-Bourg étaient interrompus sur certains points. Je le pressai de tout préparer pour faciliter la rapide évacuation des internés et il m'assura que, quant à lui, il ne négligerait rien dans ce but, mais il ne put pas me fixer le moment où le service pourrait être repris sur cette ligne.

A 10 heures, je me rendis à la Préfecture. Le major de Lewinski, quartier-maître de l'armée du Sud, excusa l'absence du chef de l'état-major général, qui venait de recevoir l'ordre d'une dislocation générale et était fort occupé. Je proposai donc d'examiner la route qu'il s'agissait de fixer, pour le passage d'une partie de l'armée internée, suivant les instructions qui m'avaient été données par M. le conseiller fédéral Welti. Comme le major Lewinski ignorait comme moi, dans quel état étaient les voies ferrées et qu'il savait seulement que l'armée prussienne n'avait fait sauter dans cette direction, aucun des travaux d'art de la voie, il ne nous fut pas possible de restreindre les transports au chemin de fer seul, lors même que cela présentait des avantages à tous les points de vue, et surtout à l'égard des approvisionnements. Le major de Lewinski se prêta de la meilleure grâce à laisser la circulation libre, non-seulement sur le chemin de fer, mais aussi sur quelques routes ; il ne refusa le passage et le séjour des troupes françaises qu'à Pontarlier, à cause des hôpitaux prussiens qui s'y trouvaient.

Le général Manteuffel avait autorisé son fondé de pouvoirs à ne pas exiger la condition, que les troupes françaises circuleraient désarmées, ce qui ne changeait au fond, rien à l'affaire, tandis que, si on avait posé une telle condition, cela aurait été considéré comme blessant. Ce qui nous donna le plus de difficulté, ce fut de fixer le moment où l'évacuation pourrait commencer.

Le major Lewinski voulait qu'on décidât dans une nouvelle conférence quelle route serait prise, tandis que j'insistais pour que cela fût arrêté de suite et que plus tard il suffirait que l'autorité française compétente avisât l'état-major de l'armée du moment choisi. Le major Lewinski ayant été prendre de nouvelles instructions, nous tombâmes d'accord sur les dispositions à prendre.

Lorsque les points principaux eurent été arrêtés, le major dicta le texte de la convention à l'officier qui tenait le protocole, et je saisis encore cette occasion de demander quelques changements de rédaction, ou des expressions plus adoucies.

Le texte de la convention fut alors expédié en deux doubles par la Chancellerie de l'état-major général et signée aussitôt.

Je passai l'après-midi avec quelques officiers prussiens, que je connaissais par des parents communs. Je dois reconnaître encore, que leur manière d'être était simple, gaie et ne portait pas trace de forfanterie ; le succès immense qui avait été obtenu était considéré par eux, comme une conséquence toute naturelle de l'habileté, de l'organisation et de l'instruction de l'armée en général, plutôt que dû aux capacités particulières de tel ou tel général.

A six heures, je me rendis chez le général dont j'avais accepté une nouvelle invitation à dîner, afin de pouvoir aussitôt après prendre congé de lui.

La discussion qui eût lieu pendant le repas, me fit voir que, même en Prusse, les caractères particuliers à chaque province n'avaient point encore disparu et qu'il existait encore une certaine autonomie des communes et des provinces, quoique dans une mesure très restreinte.

Ce cachet provincial s'était aussi signalé par la manière dont les comités de secours territoriaux avaient comblé les troupes, alors en campagne, de dons et d'envois de toute espèce, parfois très caractéristiques.

La présence du chef d'escadron de uhlans, comte Gessler, dont la famille descend du bailli des Waldstætten, fournit l'occasion de parler de l'histoire de Guillaume Tell et du résultat des dernières recherches critiques faites à son sujet. Partant de l'origine de la Suisse, on arriva aux temps actuels. Le général de Manteuffel exprima ses regrets de ne pas connaître personnellement le général Herzog, mais de n'avoir eu de rapports avec lui, que par un échange de lettres parfois humoristiques ; il me questionna sur la tenue de l'armée internée et termina en choquant son verre contre le mien et en buvant à la prospérité de la Suisse.

J'avais pu voir déjà par l'accueil que j'avais reçu et les prévenances dont j'avais été l'objet lors de la conclusion de notre convention, que le chef de l'armée allemande était animé des meilleurs sentiments pour notre pays et j'acquis la conviction, par la manière dont il porta son toast, que pour le moment, il n'existait aucune arrière-pensée à l'égard de la Suisse, ni contre son développement intérieur, mais que, si elle était l'objet d'une certaine préoccupation, elle ne s'expliquait que par l'influence que cela pourrait avoir sur l'avenir.

Je me séparai du Commandant de l'armée, qui prit congé de moi de la façon la plus amicale en me chargeant de ses compliments pour le général Herzog et pour le conseiller fédéral Welti et en me priant de dire au général Clinchant, qu'afin de reconnaître la bonne tenue de l'armée française de l'Est pendant les derniers combats, il s'était efforcé de faciliter son retour dans ses foyers, puis je me mis en route le lendemain. Le quartier-maître général avait donné l'ordre à l'administration de la voie ferrée, de pousser le train qui me conduisait jusqu'à Beaune, tandis qu'à l'ordinaire, il s'arrêtait à Nuits. Un vieux monsieur français fut mon seul compagnon de voyage. A Beaune, nous prîmes un char pour aller à Chagny, où nous trouvâmes toutes les routes coupées en maint endroit, par des travaux de terrassement.

De Chagny, le chemin de fer me conduisit à Genève par Mâcon. Mercredi, je présentai mon rapport au conseiller fédéral Welti et ma mission fut ainsi terminée. »

Voici le texte de la convention conclue entre la Confédération et le Commandant en chef de l'armée allemande du Sud pour le passage des colonnes des internés français rapatriés, à travers le territoire occupé par les troupes allemandes.

ARMÉE DU SUD
Commandant en chef.
—

Quartier-général, Dijon, le 6 mars 1871.

Sur la proposition du Département militaire de la Confédération suisse, il a été arrêté la convention suivante entre son fondé de pouvoir, M. le lieutenant-colonel à l'état-major général Rod. de Sinner, et le Commandant en chef de l'armée allemande du Sud, représenté par son quartier-maître en chef, M. le major de Lewinski, de l'état-major général, relativement à l'évacuation de l'armée française internée en Suisse.

Le Commandant en chef de l'armée allemande du Sud donne son autorisation :

1º Au transport journalier par chemin de fer, au moyen de trains militaires de mille hommes chacun, sur la ligne de Pontarlier à Mouchard et à Bourg, et dans ce but au rétablissement du service sur cette voie.

2º Pour le cas où la voie serait interrompue sur de courts tronçons et ne pourrait pas être rétablie à temps, les colonnes pourront les parcourir à pied.

Dans tous les cas, ces colonnes ne pourront pas passer la nuit sur le territoire occupé par les troupes allemandes.

3º Les colonnes, au nombre de trois par jour et de mille hommes chacune, pourront parcourir à pied la route de Pontarlier, Champagnole à St-Laurent, et celle de Pontarlier, Mouthe, les Planches à St-Laurent. On n'autorise pas un arrêt des colonnes à Pontarlier qui restera occupé par les troupes allemandes. Le rayon qui doit être parcouru par les colonnes françaises, sera évacué par les troupes allemandes, tant que durera leur passage.

Afin de laisser toute la liberté nécessaire aux autorités françaises d'établir et d'organiser les étapes pour ces marches, la limite extrême du pays à parcourir sera reculée à trois kilomètres à l'ouest de la route de Pontarlier, Frasne, Champagnole à St-Laurent.

Le Département militaire fédéral préviendra le Commandant en chef de l'armée allemande de la manière dont on procèdera sur ces bases, à l'évacuation de l'armée française et pendant combien de temps elle durera.

ROD. DE SINNER,
lieutenant-colonel à l'état-major
général suisse.

(Sig.) DE LEWINSKI,
major à l'état-major général et quartier-
maître en chef de l'armée du Sud.

Sur ces entrefaites , M. Gaïffe , délégué du ministre de la guerre de France, informa les autorités fédérales, qu'il avait fait part à son gouvernement de nos préparatifs, en voie d'organisation, pour le départ des internés, en l'invitant d'une manière pressante, à prendre les mesures nécessaires, pour que rien ne vienne, du côté de la France, entraver les dispositions prises à cet égard.

Il y avait lieu de craindre que, depuis la frontière, les convois ne pussent être acheminés plus loin, surtout depuis les Verrières, car les derniers combats qui avaient eu lieu le long du Jura, avaient causé une grande perturbation dans cette contrée. La voie ferrée, disait-on, était brisée en plusieurs endroits et des viaducs rompus, par suite des exigences tactiques; en outre, les troupes allemandes occupant encore une partie de ce pays, l'administration des chemins de fer n'avait pu rétablir la circulation.

En effet, le jour même de son départ, le colonel de Sinner avait télégraphié depuis les Verrières, que la voie jusqu'à Pontarlier était en très bon état, mais que jusqu'ici, on n'avait pu obtenir de la Compagnie, que le service fut repris.

Les Autorités françaises furent aussitôt avisées de cet état de choses, avec la prière d'y mettre ordre dans le plus bref délai. Les compagnies du chemin de fer Paris-Lyon à la Méditerranée et de la Suisse occidentale qui desservent ce réseau, furent également invitées à s'entendre pour que le service sur la ligne des Verrières fut repris aussitôt.

Le 4 mars, le Département militaire informa le Conseil fédéral, que toutes les mesures d'organisation intérieure étaient prises et que l'évacuation pouvait commencer, mais qu'il croyait prudent d'attendre encore , attendu qu'on n'avait point acquis la certitude qu'arrivés à la frontière, les troupes pourraient être dirigées plus loin, sans arrêt.

Le gouvernement français n'avait point encore répondu à notre communication et on ignorait également, à ce moment-là, le résultat de la mission du colonel de Sinner auprès du général de Manteuffel. Cependant, comme il était important pour plusieurs motifs, que l'évacuation ne tardât pas davantage, le Conseil fédéral décida d'aviser télégraphiquement le Gouvernement français par le consul suisse à Bordeaux , qu'il désirait que le mouvement des troupes pût commencer le mercredi 8 mars suivant. La Légation suisse à Paris reçut la même communication, ainsi que le délégué du Ministre de la guerre à Berne, M. Gaïffe, qui fut avisé en outre, que l'internement des officiers français était levé, à partir du 5 mars au soir, et qu'il pouvait dès lors, en disposer. On le pria en même temps, d'indiquer les noms des officiers qui devaient être dirigés sur tel ou tel point de la frontière, pour la remise officielle des corps à la France ; ceux qui ne seraient pas désignés spécialement devant partir peu après , pour Genève ou les Verrières.

Les officiers généraux furent avisés de cette décision par la circulaire ci-après :

Berne, 5 mars 1871

Le Département militaire fédéral à MM. les Généraux de l'armée française.

L'internement des officiers étant supprimé dès aujourd'hui, vous êtes autorisés à rentrer en France avec ceux qui sont attachés à votre personne.

La désignation de l'endroit où vous avez à vous rendre est naturellement laissée au Commandant en chef de votre armée.

Les officiers qui se trouvent dans les dépôts partiront lundi et mardi.

Le départ des troupes commencera mercredi.

Le Commissariat des guerres central paiera à vos officiers leur solde, jusqu'au jour de leur départ, celui-ci compris. Il leur sera remis en outre, un bon de transport par chemin de fer, pour la station qui leur aura été désignée.

Le Chef du Département militaire fédéral,
WELTI.

Sur le désir exprimé par M. Gaïffe, il fut décidé en outre, que les gendarmes à cheval seraient renvoyés aussitôt, par étapes et par Genève, à la disposition des Autorités françaises.

Tous les Gouvernements des Cantons, les chefs de dépôt, les officiers-inspecteurs et ceux qui avaient une mission à remplir, furent avisés par télégraphe du jour fixé pour le commencement de l'évacuation.

M. Simon, directeur des chemins de fer de l'Union Suisse, à St-Gall, fut nommé commissaire fédéral pour tout ce qui concernait le service des chemins de fer et il reçut pour instructions, de veiller strictement à ce que toutes les dispositions prises par les Autorités fédérales, relativement au transport des troupes, fussent exécutées ponctuellement et de prendre à cet égard, toutes les mesures qu'il jugerait convenables pour en assurer l'accomplissement. Il s'établit, dans ce but, dans la gare de Genève, comme le point central le plus important du mouvement des troupes et parce qu'il devenait de plus en plus probable que, vu l'état des lignes aboutissant aux Verrières, on se verrait obligé de diriger depuis Neuchâtel sur Genève, les trains qui devaient primitivement être acheminés de ce côté-là.

Un tableau général de la marche des trains et de la composition de chacun d'eux fut établi et expédié à tous les intéressés. Nous le donnons à la page ci-contre.

L'évacuation des Cantons du Valais, Fribourg et Vaud n'est pas comprise dans le tableau général, elle forme à elle seule un plan à part, élaboré par M. le colonel fédéral Lecomte, chargé de diriger ce mouvement.

Les internés de ces Cantons, avaient à gagner la France par étapes, jusqu'à la rive du lac Léman, puis de là, être dirigés sur divers points de la côte de Savoie, d'où ils seraient acheminés sur l'intérieur. Le colonel Lecomte, tombé malade au moment d'exécuter ce projet, fut remplacé par le colonel A. de Gingins-Lassara, inspecteur des internés du Canton de Vaud.

Grâce à l'activité de M. Simon, on réussit à rétablir la voie interrompue par suite d'un accident, près de Collonges, station sur la ligne de Lyon, à peu de distance de Genève, et rien ne s'opposait plus à l'exécution du plan d'évacuation de la part de la Suisse, lorsque la Légation de France fit savoir, le 7 mars, au Conseil fédéral, que le Gouvernement français demandait, que le départ de l'armée de l'Est fut différé de quelque temps encore et que le projet d'évacuation par la Savoie fut abandonné.

Voici le contenu de cette dépêche :

LÉGATION DE FRANCE
en Suisse.

Berne, le 6 mars 1871.

—

Monsieur le Président,

Le Gouvernement fédéral a fait connaître au ministre de la guerre de France, la décision par laquelle il a ordonné, que le rapatriement de l'armée française internée en Suisse commencerait le 8 mars prochain, ainsi que les mesures qui ont été prises à ce sujet, notamment celles relatives à la direction des troupes et suivant lesquelles 36,000 hommes seraient évacués par Genève, 27,000 par Verrières et 12,000 par le lac Léman, à raison de 11,000 hommes par jour.

Le Ministre de la guerre vient de me charger par le télégraphe, de demander au Gouvernement fédéral, qu'il veuille bien reculer, s'il est possible, le commencement de l'opération dont il s'agit. Il expose à l'appui de cette demande, que le licenciement des corps francs et des mobilisés a justement lieu en France en ce moment, et occasionne, spécialement du côté de Lyon, des agglomérations d'individus déjà fort nombreuses; que les chemins de fer français ont de ce chef, des transports considérables à faire et qu'il serait impossible d'exiger dès aujourd'hui, des compagnies qu'elles augmentassent sans danger le nombre de leurs trains. En outre, les approvisionnements nécessaires paraissent n'être pas encore arrivés sur les points où l'administration militaire compte concentrer les divers corps de l'armée de l'Est.

TABLEAU GÉNÉRAL DES ÉTAPES POUR LE RAPATRIEMENT DE L'ARMÉE FRANÇAISE DE L'EST

NUMÉROS DES TRAINS	Ier TRAIN — arrivant aux Verrières à 5 h. 25 m. du soir.	IIe TRAIN — arrivant à Genève à 2 heures du matin.	IIIe TRAIN — arrivant aux Verrières à 11 h. 30 m. du soir.	IVe TRAIN — arrivant à Genève à 6 heures du matin.	Ve TRAIN — arrivant aux Verrières à 8 heures du matin.	VIe TRAIN — arrivant à Genève à 12 h. 15 min. du jour.	VIIe TRAIN — arrivant à Genève, à 1 h. 45 minutes du soir.
1er JOUR — 13 mars.	1000 hommes de Zurich, partant à 5 h. 20 m. du matin. (Sont partis le 8 mars pour Chaux par Genève.)	1080 h. de St-Catharinenthal, partant de Schaffhouse à 7 h. 50 du matin.	1000 h. de St-Gall, partant à 7 h. 50 m. du matin.	920 hommes de Muri, partant d'Affoltern à 2 h. 30 du soir.	380 h. d'Eglisau, 508 h. de Kaiserstuhl, 295 Klüsenacht, 163 Zurich, de Bülach à 5 h. 10 soir, de Zurich à 7 h. 25 m. soir.	1000 h. de Berne, partant à 4 h. 10 mat.	1000 h. de Thoune, partant à 4 h. 30 mat.
2e JOUR — 14 mars.	1000 h. de Zurich, partant à 5 h. 20 du matin.	45 h. de Schleitheim, 100 Unterhalben, 198 Thayngen, 103 Neunkirch, 107 Schaffhouse, 183 Stein, (Plateau à Schaffhouse), de Schaffhouse à 7 h. 50 min. du matin.	1080 h. de Frauenfeld, à 9 h. 08 min. du matin.	103 h. de Gupfen, 97 Weissbad, 237 St-Gall, 207 Gossau, à 11 h. du matin, 180 Flawyl, à 14 h. 30 m., 184 Wyl, à 12 h. 08 m., de St-Gall à 10 h. 30 m. mat.	1000 h. de Wallenstadt, à 1 h. 20 m. soir.	1050 h. de Berne, à 4 h. 10 m. matin.	838 h. de Thoune, 200 St-Stéphanbourg (Steffisbourg), de Thoune à 4 h. 30 mat.
3e JOUR — 15 mars.	800 h. d'Uster, à 5 h. du matin. 169 Dübendorf, à 4 h. 25 m. matin.	1000 h. de Winterthour, à 9 h. 10 m. mat.	722 h. d'Embrach, 253 de Bülach, de Bülach à 9 h. 30 min. mat.	925 h. de Altstetten, à 7 h. 30 m. matin. 98 Balgach, 186 Berneck, 254 Rorschach, 203 Steinach, de Heerbrugg à 8 h. du matin, de Rorschach à 9 h. du matin.	563 h. de Ennenda, 430 Rickborn, 120 Glaris, 173 Lachen de Rapperswyl à 4 h. 15 du soir, 153 Dübendorf, à 5 h. 40 m. du soir, de Glaris à 2 h. du soir.	308 h. de Berne, 418 Balp, 425 Kirchdorf, de Berne à 4 h. 10 min. matin.	1050 h. d'Interlaken, par bateau à vapeur à Thoune. D. Thoune à 1 h. 30 m. mat.
4e JOUR — 16 mars.	1000 h. de Zurich, à 5 h. 20 m. matin.	753 h. de Rapperswyl, à 7 h. 30 m. mat. 800 Pfäffikon, d'Uster à 8 h. 35 m. du matin.	124 h. de Benkom, 150 Marthalen, 300 Andelfingen, 300 Stammheim, 129 de Wülflingen, de Marthalen à 9 h. du matin, d'Andelfingen à 9 h. 20 m. mat., de Winterthour à 10 h.	727 h. de Neu St-Johann, 437 Elmat, 100 Kappel, de Elmat à 10 h. 40 m. matin.	101 h. de Grabs, 500 Buchen, à 12 h. 40 m. soir, 611 Wallenstadt, à 2 h. 20 m. soir, 186 Elsnach, à 9 h. 30 m. soir, de Buchs.	105 h. de Strasbourg, 256 Münsingen, 496 Hortsteheln, de Münsingen à 3 h. matin.	74 h. de Strasbourg, 256 Schönbuch, 271 Bottigen, 998 Zuzelshausen, 285 Gwerony, de Thoune à 4 h. 30 m. du matin.
5e JOUR — 17 mars.	117 h. de Neumünster, 318 Herzog, 326 Zurich, de Zurich à 5 h. 20 m. du matin.	1000 h. de Hérizau, partant de Winkeln à 6 h. 30 m. du matin.	540 h. de Weinfelden à 8 h. 25 min. mat. 583 Tægerweilen, de Marstetten à 8 h. 40 min. du matin.	130 h. de Einsiedeln, 401 Wollerau, 302 Richterzwyl, 401 Wædenswyl, bateau à Zurich à 10 h. 30 mat.	125 h. de St-Fiden de St-Gall à 2 h. 15 s. 504 Hérizau de Winkeln à 9 h. 40 s.	405 h. de Worb, 404 Münchenbuchsee, 758 Schüpfen, de Berne à 4 h. 10 m. matin.	453 h. de Meyringen, 436 Brienz, 130 Spicz, de Thoune à 4 h. 30 m. matin.
6e JOUR — 18 mars.	685 h. de Baden, à 6 h. 10 m. mat. 198 Klingnau, 202 Zurzach, du Turgi à 6 h. m. mat.	189 h. de Wattwyl, 98 Lichtensteig, à 6 h. 24 m. mat. 280 Elg, à 7 h. 45 m. du matin. 317 Wülflingen, de Winterthour, à 9 h. du matin. 150 Mellingen, de Baden à 11 h. 45 m. du matin.	189 h. de Braungarten, de Dietikon, à 12 h. 25 min. soir. 222 Recklingen, de Turgi à 1 h. 10 s. 327 Brugg, à 1 h. 20 min. du soir.	308 h. de Nffils, 301 Horgen, 208 Thalwyl à pied à Zurich, 173 Rheinau, par bateau de Zurich à 3 h. 30 soir.	1028 h. de Coire, à 4 h. du matin.	255 h. de Schüpfen, 357 Gross Affoltern, 494 Aarberg, de Berne à 4 h. 10 m. matin.	426 h. de Spicz, 905 Wimmis, 303 Frutigen, 328 Schwarzenbourg, de Thoune à 4 h. 30 m. matin; de Berne à 6 h. m. mat.
7e JOUR — 19 mars.	1000 h. d'Aarau, à 7 h. 45 min. matin.	167 h. de Aarau, 156 Offnungingen, 181 Neen, 400 Teufenthal, 149 Mühleschwanden, 298 Seengen, 70 Kreuzstrasse, 60 Aarburg, d'Aarau à 1 h. 20 m. du soir; de Niederwyl à 3 h. 30 m. soir.	167 h. de Rapperswyl, 580 Lenzbourg, d'Aarau à 2 h. 10 m. soir.	440 h. d'Arbon, à 9 h. 14 min. matin. 432 de Bischofzell, de Solgen à 11 h. 10 du matin. 221 Frauenfeld, à 12 h. 25 m. matin.		1000 h. de Berthoud, à 3 h. du matin.	500 h. de Langnau, à 4 h. 10 min. matin. 703 Signau, à 4 h. 30 min. matin.
8e JOUR — 20 mars.	1000 h. de Bâle, à 6 h. du matin.	43 h. de Sempach, 420 Sursee, à midi, 184 Münster, 303 Williram, de Neldikon à 12 h. 45 du soir.	423 h. de Bâle à 11 h. 30 m. matin. 370 Rheinfelden, 211 Liestal, de Liestal à 12 h. 30 soir.	399 h. de Lucerne, à 3 h. 45 m. soir. 555 Rathhausen de Lucerne à 3 h. 45 du soir. 234 Meidegg, de Sempach, à 4 h. 45 du soir.	1000 h. de Lucerne, de Lucerne à 7 h. 45 m. mat.	425 h. de Lotmühel, 398 Sonnwald, 335 Kirchberg, de Berthoud, à 3 h. du matin.	853 h. de Wangen, 512 Herzogenbuchsee, de Herzogenbuchsee à 4 h. mat.
9e JOUR — 21 mars.	1000 h. de Liestal, à 6 h. 30 m. mat.	638 h. de Zug, à 8 h. 15 du matin. 485 Hohenrain, de Lucerne à 11 h. matin. 200 Liestal, de Liestal à 11 h. 20 matin.	111 h. de Murgenthal, 178 Zofingue, 710 St-Urban, de Murgenthal à 3 h. 35 m. soir.	508 h. de Schweiz, 40 Gersau, 69 Küssnacht, 283 Albert, 400 Wyl (Stanz) à pied à Lucerne, par bateau à Lucerne à 3 h. 45 soir.	257 h. de Wyl à pied, 183 Kriens, 193 Sarnen, 51 Sachseln, 398 Zofingue, par bateau à Lucerne à 7 h. 45 matin, à 9 h. 50 m. du soir.	(Ligne Neuchâtel-Yverdon-Morges.) 231 h. de Colombier, de Neuchâtel à 5 h. 45 matin.	(Ligne Neuchâtel-Yverdon-Morges.) 402 h. de Nidau, de Bienne 5 h. matin. 731 Neuveville, à 5 h. 25 du matin.
10e JOUR — 22 mars.	542 h. de Soleure, à 14 h. du matin. 447 Büren, de Bienne à 1 h. après-midi.	562 h. de Langenthal, 142 Goderlach, 261 Dulliwyl, de Langenthal à 3 h. du soir.	1095 h. de Soleure, à 5 h. du soir.	1000 h. de St-Urban, de Langenthal à 7 h. 25 m. matin.	1095 h. de Soleure, à 1 h. D. m. de la nuit.	(Ligne Neuchâtel-Yverdon-Morges.) 563 h. d'Assarwangen, de Langenthal à 6 h. 05 m. du soir. 258 h. de Koppigen, de Soleure à 7 h. 40 s. 597 Hellstat, de Langenthal à 6 h. 10.	
ARRÊTS pour rafraîchissements.	À Bienne, de 12 à 1 heure après-midi.	À Zurich, de 10 à 11 h. du matin. À Fribourg, de 7 à 8 h. du soir.	À Zurich, de 11 à 12 h. du matin.	À Zurich, de 9 h. à 3 h. 303 min. soir. À Berthoud, de 8 h. 35 à 9 h. 25 m. soir.	À Zurich, de 6 h. 15 à 7 h. 45 m. soir. À Berne, de 2 h. 30 à 3 h. 25 de la nuit.	À Zurich, de 2 h. 30 à 3 h. 303 min. soir. À Neuchâtel, de 8 h. 05 à 8 h. 50 m. soir. Le 9e jour à Neuchâtel, de 10 h. 30 à 11 h. s.	Du 1er au 8e jour à Morges, de 11 h. à 11 h. 40 min. du matin. Le 9e jour à Morges, de 10 h. 45 à 11 h. 35 min. matin.

OBSERVATION. — Ce tableau général est l'horaire type pour les lignes Zurich, Aarau, Berne, Lausanne, Genève, Zurich, Aarau, Herzogenbuchsee, Soleure, Bienne, Verrières.

Pendant les dix jours que durera l'évacuation, ces lignes forment donc pour les sept trains journaliers un service régulier. — Il n'y a d'exception que pour les trains n° VI et VII le 9e jour, et le train n° VI le 10e jour, qui atteignent Genève par la ligne de Neuchâtel-Yverdon-Morges.

Le Ministre de la guerre n'indique pas jusqu'à quelle date il lui paraîtrait désirable que le rapatriement fut différé, par le motif que les obstacles ci-dessus signalés peuvent disparaître d'un jour à l'autre et que l'administration qu'il dirige a, ainsi que lui, le plus vif désir de voir l'armée rentrer en France, au plus tôt.

A l'égard des mesures arrêtées par le Gouvernement fédéral, je suis également chargé, Monsieur le Président, de vous informer, que la marche de nos troupes par la Savoie présente, en ce qui nous concerne, des difficultés insurmontables. Aucune des lignes ferrées n'aboutissent au lac Léman, la partie de l'armée que la Suisse enverrait par cette voie devrait être dirigée à pied, par étapes, d'Evian et Thonon sur Annecy, ce qui nous paraît impraticable, à cause de la pauvreté du pays à traverser et de l'absence totale de logements sur la route ; il y a un défaut complet de ressources dans cette partie du territoire français, et il faudrait un délai assez long, pour y expédier les vivres nécessaires à la subsistance des troupes de passage.

Par suite enfin, des embarras de la situation générale du pays et de l'urgence que présente le rapatriement des prisonniers de guerre qui commencent à revenir d'Allemagne, où l'administration française a accepté l'obligation d'aller les chercher en partie, M. le ministre de la guerre désirerait de plus, que le Conseil fédéral voulut bien diminuer le nombre d'hommes qui seront envoyés par jour, de Suisse en France et le restreindre, par exemple, au chiffre de huit mille, arrivant par les deux voies de Genève et des Verrières.

J'ai l'honneur de vous prier, Monsieur le Président, de vouloir bien porter ces demandes à la connaissance du Conseil fédéral et de lui exprimer le désir du Gouvernement français qu'elles soient prises en considération.

La France et son Gouvernement ont une grande hâte de mettre un terme à la lourde charge que l'internement de l'armée de l'Est a imposé à la Suisse : l'Administration française fera tout ce qu'il sera possible, pour n'en pas retarder un jour de plus l'allégement, et le Conseil fédéral peut être convaincu que, sans une absolue nécessité, elle n'aurait pas demandé un délai qu'une force majeure rend indispensable.

Veuillez agréer, Monsieur le Président, les assurances de ma très haute considération.

Chateaurenard.

Le Conseil fédéral crut devoir se rendre à ces raisons, et cela d'autant plus volontiers, que divers rapports lui donnaient lieu de croire, qu'au-delà des stations frontières sur lesquelles les convois d'internés seraient dirigés, il n'avait pas encore été pris des dispositions convenables pour nourrir et loger ces troupes, ni pour les transporter plus loin.

31

Il en informa la Légation de France, en attirant son attention sur les préparatifs qu'il était urgent de faire sans le moindre délai, si on voulait éviter de nouveaux désordres, et que du côté de Genève, tout était prévu et préparé par nous ; que, quant aux transports qui seraient effectués par la Savoie, on avait averti directement les autorités de ce pays, pour gagner du temps, et elles avaient annoncé qu'elles prenaient les mesures nécessaires, mais que, depuis lors, nous étions dans l'ignorance, si on serait obligé de les faire passer aussi par Genève, ou si les étapes du côté d'Annecy étaient organisées.

Quant à ce qui concerne la ligne de Pontarlier, on remettrait les troupes à la France à la station des Verrières, en lui laissant entièrement le soin de les expédier dans l'intérieur, mais le Conseil fédéral se réservait la faculté de communiquer à la Légation de France les modifications qui pourraient survenir de ce côté, à la suite de la conférence qui devait avoir lieu avec le Commandant de l'armée allemande du Sud.

Le Département militaire eût, à la suite de cette décision, à donner contre-ordre dans toutes les directions, afin que le mouvement qui allait commencer le lendemain sur tout le territoire suisse fut suspendu.

Le général Clinchant demanda sur ces entrefaites, de pouvoir disposer d'un certain nombre de ses soldats, pour les envoyer à Culoz afin d'occuper cette station, qui se trouve au point de bifurcation de diverses lignes. Les corps de troupes arrivant de Suisse, devaient être dirigés de là, sur divers points pour y être réorganisés. Bourg devait également servir de point de ralliement aux troupes rentrées par les Verrières.

Le 92e régiment de ligne qui, ainsi que nous l'avons dit plus haut, était à peu près le seul corps de l'armée de l'Est un peu compacte et dont la grande majorité était internée à Zurich, fut indiqué dans ce but, au général en chef et l'ordre fut aussitôt envoyé de faire partir mille hommes de ce régiment, avec ses officiers, le lendemain 8 mars, à 5 heures du matin. Des armes pour ces soldats furent prises dans le dépôt de Thoune et expédiées à leur suite, avec toute la hâte possible.

Sur ces entrefaites, le Sous-Préfet de Thonon, également avisé du contre-ordre et qui avait mis la plus louable activité à préparer des vivres et des logements pour les colonnes qu'on lui avait annoncé devoir expédier sur la Savoie, informa le colonel de Gingins, que tout était prêt dans les diverses étapes et qu'il y aurait une perte considérable à supporter, si le mouvement était retardé de plus de deux jours. Malheureusement le Département militaire ne put pas obtempérer au désir manifesté par ce fonctionnaire, dont l'intelligence et le zèle avaient tout prévu pour accélérer le passage des colonnes, l'époque à laquelle l'évacuation pourrait être reprise ne dépendant pas de lui, mais de l'exécution des dispositions à prendre par l'administration française sur d'autres points, au-delà de la frontière.

Le 8 mars après-midi, un télégramme du lieutenant-colonel de Sinner, avisa le Département, que le résultat de sa mission était atteint et il indique les dispositions qui ont été prises, de concert avec l'état-major de l'armée allemande. On en avise immédiatement la Légation de France par la lettre qui suit :

« Le Département militaire fédéral à l'honneur d'informer S. E. M. le Marquis de » Châteaurenard, qu'aucun empêchement ne sera mis par le Commandant de l'armée » allemande du Sud à l'évacuation par Pontarlier. L'officier que nous avons délégué » auprès du quartier-général nous transmet par télégraphe, que le transport par chemin » de fer de Pontarlier à Bourg, aussi bien que le transport à pied de Pontarlier à » Saint-Laurent par Champagnole, et de Pontarlier à Saint-Laurent par Mouthe, est » autorisé.

» Si on utilise le chemin de fer, le Commandant de l'armée allemande, autorise de » parcourir à pied les courtes distances où la voie est interrompue, mais il ne permet » pas qu'on passe la nuit dans la contrée occupée par les troupes allemandes.

» Un arrêt à Pontarlier n'est pas permis aux transports qui iront à pied par les routes » laissées libres, en revanche, il ne se trouvera aucune troupe allemande jusqu'à la dis- » tance de trois kilomètres à l'ouest des deux lignes.

» En ayant l'honneur de porter ce qui précède à votre connaissance, nous vous prions » de bien vouloir prendre, au plus tôt, les mesures nécessaires pour que, sur cette ligne » il soit pourvu à la réception des troupes, comme sur la ligne de Genève.

» Nous vous prions de nous faire savoir, de quelle manière et par quelle route vos » troupes marcheront depuis les Verrières jusqu'à Pontarlier, afin que nous puissions en » informer le commandant des troupes allemandes, qui nous en a témoigné le désir.

» Ensuite d'un entretien que nous avons eu avec M. le commandant de Verdières (de » l'état-major du général en chef), nous nous proposons de faire évacuer successive- » ment sur le Pays-de-Gex, par Nyon et Divonne, les six mille chevaux qui se trouvent » encore en Suisse et de les y diriger, suivant un tableau de marche que nous pren- » drons la liberté de vous communiquer.

» Il est donc nécessaire de faire également sans retard, les préparatifs indispensables » pour l'entretien de ces chevaux, tant à Divonne même, que dans les étapes suivantes.

» Enfin, nous nous permettons de vous faire observer, que toutes ces mesures doivent » être prises d'autant plus rapidement, que le Conseil fédéral se propose d'ordonner le » commencement de l'évacuation un de ces premiers jours.

» Recevez, etc., etc. »

Le général Clinchant et son état-major, auquel on avait toujours fait part de toutes les mesures qui étaient prises et auquel, en dernier lieu, on venait de remettre une copie de la convention conclue avec l'état-major de l'armée allemande, avait profité des derniers jours pour faire la répartition des officiers de troupe dans les diverses colonnes et ceux qui avaient été désignés, s'étaient rendus à leur poste pour recevoir leurs soldats et les conduire à destination.

Les officiers généraux étaient partis en avant pour gagner les points où la concentration et la réorganisation des divers corps devait s'effectuer. M. de Sachy, colonel d'état-major, avait été envoyé à Genève pour recevoir du colonel Rilliet, les internés rapatriés de ce côté, et M. le colonel Vivenot était allé aux Verrières dans le même but, auprès du colonel Borgeaud ; enfin tout se préparait et on n'attendait plus que la nouvelle de l'exécution des dernières dispositions pour mettre l'armée en mouvement. Aussi le 9 mars, sur la proposition du Département militaire, le Conseil fédéral décida de fixer le départ au lundi 13 mars, et les ordres nécessaires furent donnés de nouveau partout; les soldats en permission et ceux qui avaient trouvé du travail chez les particuliers, furent immédiatement rappelés dans leurs dépôts. Les convois de malades et de convalescents furent suspendus à partir du 11 mars au matin, jusqu'à la fin de l'évacuation.

On en était là, lorsque le Gouvernement français fit exprimer de nouveau, avec instance, le vœu que, pour des considérations politiques, on voulut bien ne diriger aucune troupe sur la Savoie, mais que celles qui devaient être rapatriées de ce côté, le fussent par Genève. Malgré les nouvelles dispositions que cela forçait de prendre au dernier moment, le Conseil fédéral s'empressa de faire droit à la demande de la France , et le colonel de Gingins reçut l'ordre de modifier ses plans dans ce sens. En conséquence le mouvement des troupes des cantons du Valais, Fribourg et Vaud eût lieu comme l'indique le tableau ci-après, en sept jours, tandis que douze jours furent nécessaires pour l'évacuation de la Suisse allemande.

Un vapeur fût tenu prêt à se rendre dans le port de Morges, afin de pouvoir cas échéant transporter, par eau, à destination le chargement d'un train destiné à Genève et qui aurait été arrêté en route par accident ou à la suite d'un encombrement éventuel.

Tableau du rapatriement des Internés des cantons de Fribourg, Vaud et Valais par le lac Léman et Genève.

DÉPOTS	ÉTAPES	PORT d'embarquement	Nombre des Internés	NOM DU VAPEUR	Heure du départ	Date du départ
ne	Ouchy Villeneuve	Vevey Ouchy Villeneuve	256 541 1125	Bonivard id. Winkelried	7 h. 30 m. 9 h. 30 » 12 h. »	13 mars
1 ne e	Ouchy Ouchy Moudon	Morges Ouchy Ouchy	701 683 304 502	Bonivard Winkelried Bonivard	8 h. 20 m. 9 h. 30 » 2 h. 17 s.	14 mars
n	Lausanne Rolle	Ouchy Rolle	600 1010	Bonivard Winkelried	8 h. 10 m. 12 h. 10	15 mars
St-Denis e y ice	Vevey Vevey Vevey Sion-Bouveret Sion-Bouveret Bouveret Bouveret Bouveret Sion-Bouveret Bouveret Bouveret	Vevey Bouveret	427 1040	Bonivard Winkelried	8 h. m. 12 h. 10	16 mars
ve er	Bulle-Châtel-St-Denis Payerne-Moudon Payerne-Moudon	Vevey Ouchy Ouchy	762 378	Winkelried Aigle	12 h. 50 3 h. s.	17 mars
3, des Verrières 5, id.	Romont-Lausanne Romont-Lausanne Morges Nyon	Ouchy Ouchy Morges A pied	853 157 992 927	Bonivard Guillaume-Tell Winkelried A pied.	8 h. 20 m. 8 h. 45 » 6 h. 30 » 9 h. »	18 mars
	Bulle-Châtel-St-Denis	Vevey	1004	Winkelried	9 h. m.	19 mars
3, des Verrières 5, id.	Morges Morges	Morges Morges	1020 958	Bonivard et Aigle Winkelried	8 h. 30 » 3 h. 50 »	19 mars
3, des Verrières 5, id.	Morges Morges	Morges Morges	898 867	Winkelried	9 h. »	20 mars
3, des Verrières 5, id.	Morges Morges	Morges Morges	804 761	Winkelried Winkelried	8 h. 45 » 2 h. 30 s.	21 mars
3, des Verrières 5, id.	Morges Morges	Morges Morges	996 898	Winkelried Winkelried	8 h. 20 m. 2 h. 20 s.	22 mars
3, des Verrières	Morges	Morges	761	Winkelried	12 h. 15	23 mars
5, des Verrières	Morges	Morges	565	Winkelried	7 h. 15 m.	24 mars

Plus le moment approchait où le plan général de l'évacuation allait être mis à exécution, plus les difficultés semblaient surgir pour l'entraver.

Le 9 mars, à la suite d'une fête commémorative organisée par la colonie allemande habitant Zurich, des troubles, auxquels des internés français prirent part, éclatèrent dans cette ville. Deux jours après, la situation s'étant aggravée, il devint prudent de faire partir rapidement les Français internés dans la ville ; en conséquence, on avisa le général Clinchant, qu'on était forcé de devancer le moment fixé pour le départ de ces soldats et que ce même jour, 11 mars, mille hommes partiraient de Zurich pour Genève, et qu'en outre les officiers de ce dépôt seraient engagés à partir au plus tôt.

La Compagnie du chemin de fer du Nord-Est organisa un train express avec la plus grande célérité, et comme les avis nécessaires avaient été donnés sur toute la ligne et à Genève, il put arriver sans arrêt dans cette ville pour y passer quelques heures et en repartir pour la France, le 12 au matin.

La gare de Zurich avait été occupée au moment du départ de ce train par un détachement de troupes, afin de prévenir de nouveaux désordres, mais tout se passa heureusement avec le plus grand calme.

L'échauffourée qui avait lieu à Zurich, ayant pris des proportions plus considérables que ce n'est ordinairement le cas dans notre pays, et les événements politiques récents ayant aggravé la situation et donné un certain retentissement à cette affaire, nous croyons devoir en faire l'objet d'un récit détaillé.

Zurich, une des villes les plus considérables de notre pays, par sa population et son industrie, occupe une position prépondérante en Suisse, non-seulement par son importance commerciale, mais aussi parce qu'elle réunit dans ses murs, un certain nombre d'établissements d'instruction publique supérieure et est devenue, pour ainsi dire, le centre intellectuel de la Suisse allemande.

Outre l'Ecole polytechnique fédérale, elle possède encore une Faculté de médecine, une de droit et une de théologie qui ont attiré un grand nombre d'étudiants et un certain nombre de professeurs et d'agrégés appartenant à la nation allemande, formant le noyau d'une colonie assez considérable de ressortissants de l'Allemagne.

Les grands événements qui venaient de s'accomplir avaient été suivis avec anxiété par chacun, mais avec un intérêt particulier et bien légitime par les Allemands, dont chacun avait un ami, un parent dans les rangs de l'armée de la Confédération du Nord ; aussi, lorsque la guerre fut terminée, conçurent-ils le projet de célébrer par un banquet, suivant la coutume de leur pays, la constitution de l'Empire germanique, les victoires des armes allemandes et la conclusion de la paix.

Cette fête, fixée au 9 mars, était peu sympathique à une certaine partie de la popula-

.tion et on avait lieu de craindre qu'elle ne fut troublée, car dès que ce projet fut connu du public, une certaine agitation se produisit, faisant prévoir qu'il serait tenté de la troubler, ou de la rendre impossible.

Les désastres de l'armée de l'Est avaient éveillé une sympathie générale pour les malheureux soldats qui en faisaient partie et dont un grand nombre séjournaient à Zurich, parmi lesquels se trouvaient plus de quatre cents officiers. Tout cela compliquait la situation et donnait au projet de fête un caractère particulièrement intempestif.

Les promoteurs du banquet, avertis de ce qui se préparait, ne voulurent pas consentir à le renvoyer à une époque plus favorable, afin de ne pas paraître céder à l'intimidation et ils invoquèrent le droit de réunion et la protection des lois.

Le gouvernement zurichois prit donc des mesures pour prévenir le désordre, mais, dès l'origine, elles ne furent malheureusement pas suffisantes pour empêcher les événements qui troublèrent l'ordre public et compromirent la sûreté des citoyens.

Le 9 mars, dans la matinée, M. le colonel fédéral Stadler, commandant en chef des internés français et des troupes cantonales de garde, fut avisé par l'autorité supérieure de ce qui semblait se préparer et invité à veiller au maintien de l'ordre.

Les internés français furent, en conséquence, consignés dans leurs cantonnements et les officiers suisses qui étaient à leur tête reçurent l'ordre de rester auprès d'eux dès 5 heures du soir, jusqu'à nouvel avis. On voulait, par ce moyen, ôter à la population surexcitée la possibilité de chercher à entraîner les internés dans le mouvement.

Les troupes de garde, appartenant au 88e bataillon de réserve, furent également consignées.

A sept heures et demie du soir, le colonel Stadler, accompagné de quelques officiers, se rendit à la Tonhalle, vaste salle de concerts, où le banquet avait lieu et qui était entourée par une foule compacte et bruyante. Il fit personnellement tous ses efforts pour l'empêcher de pénétrer par la porte principale, dans l'intérieur du bâtiment. Mais voyant que les moyens de persuasion ordinaires allaient devenir inutiles, il donna l'ordre de faire avancer la troupe de la caserne et cent cinquante hommes qui s'y trouvaient dans ce moment, arrivèrent aussitôt.

Le commandant de la place de Zurich, M. le colonel fédéral Hess, qui dirigeait ce détachement, avait reçu l'ordre d'occuper l'entrée de la Tonhalle et de faire circuler des patrouilles à l'entour du bâtiment pour en éloigner la foule; mais l'ayant précédé à cheval pour reconnaître la position, il jugea qu'il ne pouvait songer à faire évacuer la place envahie avec le nombre restreint de soldats mis à sa disposition; en même temps, des voix nombreuses, parties de la foule, lui donnant l'assurance qu'elle allait se dissiper si on éloignait la troupe, il crut devoir retourner sur ses pas et se borna à poster trois sections d'infanterie sur une place voisine, puis il conduisit les trois autres sections dans une rue peu éloignée.

Dès le départ des soldats, une grêle de pierres lancées à travers les fenêtres de la Tonhalle, pénétrèrent dans la salle du banquet. Le tumulte allait croissant sur la place et la foule, parmi laquelle se trouvait un certain nombre d'officiers français, s'animait de plus en plus.

Vers dix heures, quelques officiers et deux sous-officiers français, qui avaient pu pénétrer dans le restaurant de la Tonhalle, situé tout auprès de la salle du banquet et qu'on avait négligé de fermer, réussirent à entrer par un escalier intérieur dans le local de la fête et arrivèrent sur l'estrade où était établie la musique qu'ils culbutèrent, afin de se frayer un passage jusqu'aux convives.

Ils arrivaient sabre dégainé et quelques Allemands qui s'étaient vivement portés au-devant d'eux pour les empêcher d'aller plus loin, durent se servir de chaises et de divers meubles pour se défendre. Une courte mêlée s'en suivit, dans laquelle il y eut des blessés des deux côtés. La plupart des Français furent repoussés au dehors, les autres saisis et mis en sûreté.

Pendant que cela se passait à l'intérieur du bâtiment, la foule qui stationnait au-dehors devenait de plus en plus menaçante et à chaque instant on pouvait craindre que les portes de la salle ne fussent enfoncées et que les personnes qui s'y trouvaient ne fussent assaillies et maltraitées.

Dans cet instant, sur l'ordre exprès de la Direction militaire, la troupe, sous les ordres du commandant de place, reparut et occupa l'entrée principale et une porte de dégagement ; elle parvint sans résistance, à former un cordon autour du bâtiment et à faire reculer la foule, puis on réussit à faire échapper peu à peu les dames et les messieurs qui prenaient part à la fête.

On avait opéré pendant ce temps, l'arrestation de vingt-neuf personnes qui paraissaient particulièrement excitées et on les conduisit à la maison pénitentiaire sous la conduite de la police qui, dès le commencement, avait été présente et avait prêté un concours intelligent et énergique aux mesures prises pour rétablir l'ordre.

Vers trois heures du matin on put enfin fermer et abandonner la Tonhalle.

Sur l'ordre de M. le colonel Stadler, commandant en chef des internés, les officiers français furent rassemblés le lendemain et interrogés ; douze d'entr'eux déclarèrent avoir été présents lors de l'émeute et ils furent mis à la disposition du juge d'instruction.

Les soldats internés restèrent parfaitement tranquilles dans leurs cantonnements et ils répondirent tous à l'appel, à l'exception de dix seulement, dont deux avaient été blessés à l'attaque de la salle et mis aussitôt en lieu sûr, les huit autres avaient jugé à propos de disparaître.

Le lendemain, les émeutiers se rassemblèrent devant la maison pénitentiaire en demandant, que les personnes arrêtées la veille fussent relâchées et menaçant d'employer la force pour les délivrer, si on n'obtempérait pas à leur sommation. Mais les bâtiments de la Force, solides et établis de manière à pouvoir résister à une attaque sérieuse, étaient occupés par une compagnie de carabiniers et par un certain nombre de soldats d'artillerie volontaires, en sorte que ces menaces restèrent pour le moment, sans effet.

Ces événements avaient agité profondément la population et le désordre menaçait de prendre des proportions inquiétantes pour la sûreté publique, si des mesures énergiques n'étaient pas prises immédiatement. Le Gouvernement de Zurich reconnaissant que le chiffre des troupes présentes en ville était tout à fait insuffisant, s'était décidé à mettre sur pied un bataillon d'infanterie, des carabiniers et une compagnie de dragons qui n'allaient pas tarder à entrer en ville. En attendant que les troupes fussent disponibles, un certain nombre d'officiers, de sous-officiers et de soldats volontaires vinrent se mettre à la disposition du colonel Hess, à qui le commandement supérieur avait été remis. Il les organisa en patrouilles qui parcoururent la ville et n'eurent pas ce jour-là, un rôle plus actif à jouer, mais entre 9 et 10 heures du soir, la foule rassemblée devant la maison de détention et qui s'était bornée jusqu'alors à être fort bruyante et menaçante, commença à jeter des pierres et des pavés dans les fenêtres du bâtiment.

Des patrouilles d'infanterie, expédiées de la caserne, arrivèrent bientôt sur la place et cherchèrent à la faire évacuer, mais elles furent reçues par des vociférations et une pluie de cailloux. Alors quelques soldats atteints par ces projectiles et exaspérés par les insultes des émeutiers, perdirent patience et se servirent de leurs armes chargées par ordre exprès de l'Autorité militaire supérieure ; ils tirèrent quelques coups de fusil, en visant toutefois par-dessus les têtes des assaillants.

Une balle perdue alla malheureusement atteindre à sa fenêtre, un jeune tailleur wurtembergeois, spectateur inoffensif, et le tua.

Une attaque en règle de la prison ne fut cependant pas tentée, et la nuit se passa assez tranquillement.

Divers bâtiments faisant suite à la prison et dans lesquels une partie des internés français était casernée, furent par prudence, occupés par une compagnie d'infanterie, outre le poste de garde ordinaire.

L'arsenal fut aussi occupé militairement et mis en état de résister à une attaque éventuelle. Les troupes cantonales mises sur pied avaient pendant ce temps, fait leur entrée en ville et avaient été réunies à l'Hôtel-de-Ville, devenu le centre des opérations.

Pendant toute la journée, des attroupements se formèrent où l'on discutait vivement ce qui s'était passé et les mesures de répression que le gouvernement avait prises. Un grand nombre de citoyens, étant du reste restés complètement étrangers à l'origine du conflit, interprêtaient sévèrement et diversement la conduite des autorités; les partis politiques profitaient de cette occasion pour s'affirmer, les têtes se montaient peu à peu et des cris séditieux contre le gouvernement commencèrent à se faire entendre. Les fauteurs du désordre profitèrent de ces dispositions hostiles, pour exciter la population à s'insurger contre l'ordre établi. Le gouvernement zuricois auquel des rapports, sans doute exagérés, ne cessaient de parvenir de tous les côtés et auquel on représentait les troupes cantonales comme inspirant peu de confiance, ne se crut pas en mesure de réprimer le désordre avec ses propres forces et réclama du Conseil fédéral, auquel il adressait depuis la veille des rapports alarmants, une intervention supérieure et l'envoi de troupes de la Confédération, pour rétablir l'ordre.

Le Conseil fédéral se décida immédiatement à obtempérer à la requête de Zurich et désigna un commissaire extraordinaire dans la personne de M. le landammann Heer, de Glaris, qui fut invité à se rendre aussitôt sur les lieux pour y prendre telles mesures que la situation comporterait.

En même temps et pour appuyer son autorité, quatre bataillons d'infanterie et deux batteries d'artillerie furent mises sur pied et reçurent l'ordre de se rendre rapidement à Zurich.

Ces troupes furent placées sous le commandement supérieur du colonel fédéral Ed. de Salis, commandant la VIIIe division de l'armée; elles se composaient des bataillons n°s 31 et 63 de Saint-Gall, appartenant à la 22e brigade (colonel Trumpy), avec l'ambulance n° 22; des bataillons n° 17 d'Argovie et n° 49 de Thurgovie, appartenant à la 14e brigade (colonel Brændlin), avec l'ambulance n° 14, ces deux derniers bataillons se trouvaient dans ce moment en service à Genève pour la garde de la frontière. En outre, le bataillon de carabiniers n° 16, avec les compagnies n° 2 et 4 de Zurich et la compagnie de dragons n° 19 de Zurich. Les batteries n° 16 et 17 furent mises sur pied à Appenzell et à Saint-Gall, mais elles reçurent contr'ordre avant leur départ.

Pendant la nuit qui suivit, un fort attroupement se réunit de nouveau devant la prison, pour chercher à obtenir la mise en liberté des individus arrêtés. Quelques émeutiers s'emparèrent d'un fort baliveau, avec lequel ils cherchèrent à enfoncer la porte en s'en servant comme d'un bélier. Un coup de feu dirigé contre le bâtiment, partit de la foule.

Malgré les observations réitérées du chef de la troupe qui gardait la prison, les émeutiers continuèrent à faire jouer leur bélier et ne tardèrent pas à réussir, car la porte céda enfin et fut enfoncée, mais personne ne put pénétrer dans l'intérieur de la maison, grâce à l'attitude énergique du commandant Escher; cependant la foule se pressant de plus en plus et refusant de se retirer, malgré les injonctions qui lui furent adressées, on se prépara à faire feu sur elle. Après avoir encore fait battre à plusieurs reprises un roulement de tambour pour dernière sommation, une salve d'une trentaine de coups de fusils, partis de la porte assaillie et des fenêtres de la façade, fit reculer l'attroupement qui laissa deux morts et plusieurs blessés sur le carreau. Une forte patrouille d'infanterie, appuyée par un peloton de dragons, survint peu d'instants après et acheva de balayer la place et les rues voisines, tout en opérant plusieurs arrestations.

Le lendemain 12 mars, une foule considérable, mais composée en très grande partie de curieux inoffensifs, ne cessa de parcourir les rues; l'annonce que les troupes fédérales allaient arriver, avait un peu calmé les esprits échauffés et les citoyens paisibles voyaient avec plaisir que le désordre qui régnait depuis deux jours allait prendre fin. Cependant à la tombée de la nuit, les perturbateurs reprirent courage et se répandirent en menaces et en insultes contre le Gouvernement et contre la troupe qui cherchait à maintenir l'ordre.

Deux ou trois tentatives de voies de fait furent encore facilement réprimées par les soldats de garde, et peu après, les bataillons fédéraux étant entrés en ville, ils occupèrent toutes les positions et relevèrent la troupe cantonale.

Le commissaire fédéral les avait précédés et n'avait pas tardé à voir que la situation était loin d'être aussi grave qu'on l'avait dépeinte. Le Gouvernement de Zurich, subitement rassuré par sa présence, n'eut pas plus tôt été mis au fait de l'état réel des choses, qu'il reprit confiance et se plaignit du chiffre des troupes envoyées par la Confédération. Sur la demande de M. le landammann Heer, le départ des deux batteries d'artillerie fut suspendu et elles furent aussitôt licenciées. Sur de nouvelles instances, une partie des troupes fut également renvoyée et le lendemain le reste fut licencié, en sorte que l'intervention fédérale ne dura environ que trois jours.

Pendant que ceci se passait, le Tribunal militaire fédéral avait été convoqué et l'instruction de l'affaire avait été confiée, pour la partie militaire, à M. le capitaine auditeur Eugène Borel, de Neuchâtel, député au Conseil des Etats. Il fut chargé de s'entendre avec le magistrat chargé de l'enquête civile des citoyens arrêtés, les deux causes étant communes, quoique devant être jugées séparément.

A teneur de l'arrêté du Conseil fédéral que nous avons mentionné déjà, les internés français étaient placés sous la juridiction du Code pénal militaire fédéral, et c'est pour juger les officiers et sous-officiers français seulement, que le Tribunal militaire était réuni. Les autres inculpés civils étaient déférés aux tribunaux ordinaires.

Quoique les faits que nous venons de relater, ne soient qu'indirectement en rapport avec l'internement de l'armée de l'Est proprement dit, nous n'avons pas cru devoir passer sous silence les événements de Zurich, car il est hors de doute, que le séjour d'un grand nombre de soldats français arrivés chez nous dans des conditions malheureuses et dont la situation avait éveillé la sympathie du peuple suisse, a puissamment contribué à provoquer l'émeute populaire causée par la fête organisée par la colonie allemande et qui semblait narguer le malheur de nos hôtes.

En outre, quelques officiers et sous-officiers français ayant pris une part active à l'émeute et ayant même provoqué des voies de fait regrettables par leur attaque à main armée contre des gens couverts par la protection des lois, il devenait nécessaire de résumer les faits qui précèdent, avant de parler de la mise en jugement et de la condamnation de ceux d'entr'eux qui furent reconnus coupables.

Neuf officiers et deux sergents français furent cités à comparaître devant la justice militaire, ensuite des faits révélés par l'enquête. Trois d'entr'eux, dont deux officiers, ne se présentèrent pas, ayant quitté la Suisse pour rentrer en France avec le reste de l'armée de l'Est rapatriée.

La légation de France ayant été invitée à faire les démarches nécessaires pour procurer la comparution des absents, ne tarda pas à annoncer, que les deux officiers étaient en route et allaient se présenter devant le Tribunal militaire à Zurich, mais ils n'arrivèrent qu'après le prononcé du jugement.

Le jury fut choisi avec soin parmi des militaires connaissant parfaitement les deux langues et les interrogatoires et plaidoieries ayant eu lieu dans la forme usitée, il prononça le verdict suivant :

Un sergent fut seul reconnu coupable de s'être introduit violemment et illégalement dans le domicile d'autrui.

Trois officiers et un sergent furent reconnus coupables d'avoir pris part à une rixe, dans laquelle plusieurs personnes reçurent des lésions corporelles.

Les quatre autres officiers présents furent déclarés non coupables.

En conséquence, le Tribunal militaire fédéral, vu les articles de loi appliqués, prononça une peine de trois mois d'emprisonnement contre trois officiers et le sergent, et les condamna en outre, à payer solidairement leur part des frais du procès et les indemnités suivantes :

Fr. 3000   à un photographe blessé dangereusement à l'attaque de la salle de la Tonhalle.

»   700   à la Société zuricoise, propriétaire de la Tonhalle, pour dégâts commis au mobilier de la salle.

»   350 }
»   300 } à deux particuliers blessés dans la même occasion.

»   100   au restaurateur de la Tonhalle, pour bris de vaisselle et de matériel.

Fr. 4350

Quant aux trois accusés non présents, le Tribunal prononça :

1° Que l'enquête préliminaire n'avait pas fourni de preuves suffisantes pour prononcer un jugement de culpabilité.

2° Qu'un jugement par contumace prononçant l'acquittement est illicite :
« en application de l'art. 410 du Code pénal militaire fédéral.

» La procédure contre les trois accusés absents est suspendue, jusqu'à ce que les » accusés soient présents. »

Les militaires condamnés subirent leur peine dans la prison d'Uster, canton de Zurich, et lorsqu'elle fut expirée, le montant des frais et de l'indemnité leur fut réclamé, mais ils déclarèrent ne posséder que leurs effets militaires, être sans argent et se trouver ainsi dans l'impossibilité de s'acquitter.

Le Conseil fédéral prit alors la décision de faire payer d'office les sommes dûes aux intéressés et d'en porter le montant au compte général de l'internement qui sera présenté au Gouvernement français, en l'accompagnant de tous les renseignements nécessaires, afin que celui-ci puisse, s'il le juge convenable, rechercher les débiteurs pour se couvrir de cette avance. Abstraction faite de cette somme, les frais généraux causés à la Confédération par son intervention à Zurich, se sont élevés à fr. 62,277.18, qui sont mis à la charge de ce Canton, malgré son recours à l'Assemblée fédérale, recours qui fut écarté dans sa session de décembre 1872.

Le grand nombre de réfugiés français civils qui avaient cherché un asile en Suisse pendant la guerre, et dont la plus grande partie étaient restés dans les Cantons romands, voyant que la paix était faite, que la tranquillité allait renaître et que l'armée elle-même allait être rapatriée, se pressaient en foule à la gare de Genève, avec une masse énorme d'effets, pour rentrer en France. En même temps, des internés égrenés, des officiers en quantité, demandaient à partir, en sorte que l'encombrement devenait inquiétant, car il était indispensable que cette gare fut libre avant le passage des troupes, pour ne pas occasionner d'arrêt forcé et éviter les accidents. Grâce à la remarquable activité et au savoir-faire de M. le Directeur Simon, commissaire fédéral, tout se passa avec ordre et le 12 mars au soir, on put attendre tranquillement le passage du premier convoi.

Pendant ce temps, les voitures de bagages des officiers, avec leurs équipages et leurs chevaux devaient gagner la frontière par étapes avec feuilles de route, sous la conduite des ordonnances

Toutes les troupes suisses encore sur pied et qui n'avaient pas un service de garde à faire dans la gare de Genève, à la frontière vers les Verrières ou sur quelques points de croisement des trains, furent licenciées. Les bataillons envoyés à Zurich pour l'occupation fédérale étaient déjà partis; l'état-major de la Ve division, colonel fédéral Meyer, ainsi que ses brigadiers, reçurent alors l'ordre de rentrer dans leurs foyers. Il ne resta plus à Genève, que la 15e brigade (colonel Münzinger) et à Colombier que la garde du grand parc, sous les ordres du colonel fédéral d'artillerie Fornaro.

La garnison de punition de la forteresse du Luziensteig fut expédiée en France par train séparé, avec une forte escorte, car il se trouvait parmi les 149 individus qui la composaient, des soldats qui devaient avoir été condamnés dans leur pays à des peines sévères, dont quelques-unes s'élevaient jusqu'à vingt ans de réclusion. On prit toutes les précautions pour éviter une évasion et ces mauvais soldats furent remis à part, aux délégués français, sauf dix d'entr'eux, malades, qui furent transportés à l'hôpital de Coire. M. le major d'état-major Caviezel, commandant du fort, qui s'était acquitté de ses délicates fonctions avec toute l'humanité et la bienveillance compatibles avec le triste personnel placé sous ses ordres, fut également licencié.

Le 13 mars, on put enfin, mettre en mouvement les diverses colonnes et les trains sur les lignes ferrées; le départ et la marche de chaque convoi était signalé à l'adjoint du Département à Olten et tout marchait avec ordre et régularité, lorsqu'un télégramme du colonel Borgeaud, commandant aux Verrières, vint aviser, qu'il surgissait des difficultés de la part de la compagnie française du Paris-Lyon-Méditerranée, pour le transport des colonnes au-delà de notre frontière, sur la ligne de Pontarlier.

La Légation de France et le Délégué du ministre de la guerre furent aussitôt avisés que, malgré l'assurance qui avait été donnée, que les soldats rapatriés seraient immédiatement dirigés dans l'intérieur, il paraissait que ces transports étaient l'objet de difficultés, et comme dans aucun cas, il ne nous était possible de faire interrompre le mouvement, nous invitions instamment la Légation à bien vouloir prendre telle mesure qu'il appartiendrait, pour faire cesser cet état de choses.

En attendant, le colonel Borgeaud avait commandé des vivres pour être à même de donner quelque nourriture aux soldats qui seraient ainsi forcés de continuer leur route à pied.

Le lendemain, les convois se succédèrent assez régulièrement, à part un ou deux petits arrêts occasionnés sur les voies ferrées par des raisons techniques; la conduite des internés pendant les longues heures de ces trajets ne laissa rien à désirer, l'embarquement et les transbordements se passèrent avec assez d'ordre et la troupe de garde n'eut aucun fait grave à réprimer. Aux Verrières, la communication avec les lignes françaises n'étant pas encore établie, les colonnes furent expédiées à pied, après quelques heures de repos passées sous la tente, pendant la nuit. Il fallut faire venir du bois d'assez loin, pour alimenter les feux du bivouac, cette contrée étant à peu près dépourvue de tout combustible.

Le 15 mars, le colonel Borgeaud avise, qu'il vient d'apprendre qu'un matériel considérable se prépare en France pour le transport des internés. Les pentes que les locomotives ont à gravir, depuis Neuchâtel aux Verrières, sont très raides et chaque train devait être remorqué par deux et même trois locomotives ; chaque jour aussi, un accident de peu d'importance vint éveiller l'attention et faire redoubler de surveillance ; tantôt une machine ne pouvait plus fonctionner et on était obligé d'en réclamer une autre pour la remplacer ; tantôt le train trop lourd, entraînait en arrière les machines et forçait d'augmenter la traction, enfin, le troisième jour, un train portant plus de mille soldats, courut un effroyable danger : les chaines qui l'attachaient à la machine se rompirent tout à coup et les trente-deux wagons qui composaient le convoi, se mirent à redescendre la pente avec une vitesse croissante ; en peu de minutes ils parcoururent le chemin de Boveresse à la station de Travers, où, grâce à un palier assez étendu, l'action des freins put se faire sentir et prévenir un malheur imminent. C'est au sang-froid du personnel du train qu'il lui d'échapper à une catastrophe certaine, car au-delà de Travers, il se serait sans aucun doute, précipité hors des rails, après avoir renversé et brisé tous les obstacles qui se seraient trouvés sur son passage dans les stations.

Le 10 mars, parmi les rapports qui parvinrent au Département militaire sur la marche des convois et leur remise à la France, on signale le fait, que des officiers français chargés par leur Général en chef d'accompagner les colonnes, ont jugé à propos de les abandonner et de disparaître. Ce fait s'est présenté plus particulièrement, pendant la marche du troisième train du 14 mars, portant mille internés de Frauenfeld aux Verrières. Arrêté à la gare de Zurich, pour une collation, le train dut repartir sans aucun des officiers français qui, après avoir déjeuné au buffet, avaient disparu. Les autres cas semblables portent sur des faits isolés, mais on constate, que ce sont surtout les officiers des mobiles qui ont jugé bon de ne pas accomplir la mission dont ils étaient chargés par leurs chefs.

A mesure que les dépôts étaient évacués et que les gares ne servaient plus de lieu d'embarquement, la troupe de garde était licenciée ; il en était de même des escortes, dès leur retour à leur point de départ.

Pendant cette journée du 16, une tourmente de neige, suivie d'un froid très vif, vint s'abattre sur la contrée des Verrières et compliquer la situation déjà si défavorable. On fut obligé de faire descendre dans la neige, les soldats des convois et comme il n'y avait pas de train français prêt pour leur transbordement immédiat, ils furent obligés d'attendre jusqu'à minuit, où leur départ pût être effectué, en laissant toutefois, deux cents hommes en arrière. Un avis de Pontarlier vint prévenir que, vu la masse de neige tombée, on ne pouvait expédier un second train et que le lendemain, il en serait sans doute de même. En présence de cette éventualité et vu l'impossibilité de se servir du camp de tentes-abri, les colonnes furent dirigées à pied sur la France, à la lueur des flambeaux, après qu'elles se furent restaurées, et ce n'est qu'à quatre heures du matin que l'opération fut terminée. Un officier fut envoyé à Pontarlier, pour tâcher d'obtenir un peu plus de régularité su la ligne française et pour organiser les coïncidences, car il y avait dans la gare de cett ville un matériel plus que suffisant pour assurer le départ de chaque convoi. On réussi enfin vers midi, à expédier tous les soldats accumulés depuis le veille.

Pour éviter aux colonnes obligées d'attendre leur départ, de stationner dans une neig épaisse, rendue plus désagréable par un vent piquant et glacé, le colonel Borgeaud fi venir de Pontarlier vingt-cinq wagons de marchandises couverts, dans lesquels 800 à 100 hommes pouvaient trouver un abri. Mais malgré ces précautions, il était de plus en plu probable, que les circonstances atmosphériques ne tarderaient pas à rendre la circulatio sur cette ligne difficile sinon impossible, car il ne fallait pas songer à faire marcher le colonnes, à travers un pays dépourvu de ressources et par un temps abominable, auss l'Adjoint du Département, à Olten, décida-t-il de diriger chaque jour, par Neuchâtel su Yverdon et Morges, deux des trains destinés primitivement aux Verrières, et comme l prévoyance du colonel de Gingins avait assuré à Morges et à Nyon, le logement et l subsistance pour mille hommes, qui pouvaient être dirigés dès le lendemain sur Genèv par le bateau à vapeur mis en réserve, cette modification ne changea rien à l'exécutio du plan général.

Tout avait bien marché à Genève jusqu'à ce moment; aucun arrêt, aucun accroc n'étai venu déranger l'organisation des départs, grâce aux bonnes dispositions prises par l personnel de la gare, sous la direction de M. Simon, pour le retour des wagons vides Plusieurs colonnes, principalement celles qui étaient amenées par les bateaux étaien évacuées à pied et sous escorte à St-Julien, où des officiers français délégués les rece vaient et les dirigeaient par Annecy, sur Chambéry.

Le bruit courut à ce moment-là, répandu par les journaux, que, si on était obligé d faire partir des colonnes à pied pour Saint-Julien, c'était parce que les trains françai manquaient à Genève pour les transporter plus loin. Cette allégation est dénuée de tou fondement, car quatre trains du Paris-Lyon-Méditerranée étaient toujours prêts en gare à embarquer cinq mille internés, soit douze cent cinquante par train; ce qui eût effecti vement lieu, sans interruption.

Dans le même temps, un nombre assez considérable de soldats français se présentaien à la frontière suisse, munis de tous les congés et feuilles de route désirables, demandan à traverser le pays pour gagner Bâle. C'étaient des Alsaciens et des Lorrains qui, depuis l cession de leur patrie à l'Allemagne, étaient licenciés et regagnaient leurs foyers. Ce passages nombreux venant à contre-sens des convois du rapatriement, occasionnèren quelque perturbation, principalement à Genève. Au premier moment, on les prit pou des soldats internés ayant réussi à s'échapper et à rentrer en Suisse, après leur remise officielle à la France, car des faits analogues se présentaient chaque jour, mais ayant constaté leur identité, on les laissa parfaitement libres de continuer leur route dans les trains ordinaires.

Cependant, comme le bruit s'accréditait dans la population, que des internés rentraient en Suisse et que des désordres provoqués par des soldats licenciés, avaient déjà eu lieu dans des cafés, le Département militaire fédéral, sur la demande du colonel Rilliet, mit sur pied la compagnie des guides à cheval, de Genève, pour faire le service de police à la frontière, du côté de St-Julien.

A ce propos, et sur les rapports qui lui parvinrent, le Conseil fédéral crut devoir prendre des mesures de précaution, afin de parer aux désagréments inévitables qui résulteraient pour les populations suisses, du passage d'un trop grand nombre de soldats étrangers licenciés et sans moyens d'existence, parmi lesquels pouvaient se trouver des individus peu recommandables. On donna donc les instructions suivantes aux Gouvernements des Etats confédérés.

Berne, le 23 mars 1871.

Le Département militaire fédéral, aux Gouvernements des Cantons.

Le Conseil fédéral suisse, dans sa séance du 22 mars courant, a autorisé le Département militaire soussigné, à transmettre les ordres suivants aux Autorités militaires et de police des Cantons, au sujet du passage sur le territoire suisse, des prisonniers de guerre français en Allemagne qui rentrent dans leur pays :

1° Les prisonniers de guerre français qui se présenteront à leur entrée en Suisse, en nombre tel qu'ils ne puissent être transportés immédiatement par les trains ordinaires des chemins de fer, ou dont le transport à pied par les routes du pays nécessiterait des mesures spéciales de police, devront être refoulés à la frontière.

2° Le passage des militaires isolés ou de petits détachements de troupes n'est autorisé qu'à la condition, que chacun d'eux soit pourvu d'un billet de chemin de fer pour tout le trajet ou qu'il fournisse la preuve de moyens d'existence suffisants, afin de ne pas avoir recours à la bienfaisance publique, pendant son séjour en Suisse.

Le Département a l'honneur de porter ce qui précède à votre connaissance, en vous invitant à prendre les mesures nécessaires, à l'effet de pourvoir à l'exécution de ces ordres.

Agréez, très honorés Messieurs, l'assurance de notre haute considération.

Le Chef du Département militaire fédéral,
WELTI.

33

Pendant la journée du 19, il se passa le fait suivant : Un soldat suisse faisant partie du train n° 4, parti de Zurich et qui était chargé de la surveillance de deux wagons remplis d'internés, fatigué et profitant des ombres du soir, s'assit sur la plateforme où il ne tarda pas à s'endormir ; il perdit l'équilibre et vint à choir sur la voie, à environ trois cents pas de la station de Schœnbühl ; le reste du train lui passa par-dessus, puis il se releva et gagna tranquillement à pied la station, sans avoir reçu aucune meurtrissure.

Ce jour-là fut un des plus difficiles, car plus de sept mille internés furent rapatriés par Genève seulement.

Les derniers jours de l'évacuation ne présentèrent pas les caractères d'ordre et de discipline des premiers convois. La population, ne se faisant pas une juste idée des devoirs qui incombaient aux faibles escortes des détachements et ne pensant qu'à donner aux soldats étrangers, qui venaient de passer plusieurs semaines au milieu d'elle, un témoignage de cordialité fraternelle, les festoyait de telle sorte, que des détachements entiers d'internés partirent complètement ivres et donnèrent du fil à retordre à leur escorte, qui dût parfois, porter les soldats dans les wagons. Deux internés tombèrent même d'un train et se blessèrent gravement.

Les Cantons de la Suisse centrale, et en particulier celui d'Argovie, se distinguèrent par la manière plantureuse dont ils prirent congé des Français. D'un autre côté, les soldats qui eurent à parcourir par étapes, la route de Nyon à Genève, furent si abondamment rafraîchis sur leur passage, qu'ils arrivèrent à destination, pour la plupart fortement surexcités et une partie d'entr'eux, incapable de continuer la route, gisait le long des chemins et dût être ramenée les jours suivants par la gendarmerie. Les convois partis de Bâle et de Lucerne se distinguèrent entre tous, par leur bonne tenue et en général, ceux qui partirent de la Suisse orientale, furent exemplaires d'ordre et de discipline.

Malgré les ordres formels et la surveillance du colonel de Gingins, la plupart des détachements traversant le Canton de Vaud, présentèrent de très nombreux cas d'ivresse.

Le rapatriement allait être terminé le 22 mars, à l'exception de quelques trains arrêtés pendant la nuit, qui ne devaient atteindre Genève que le lendemain ; les convois qui amenaient les internés s'étaient succédés rapidement, sans autre incident que quelques retards, lorsque tout à coup on apprit avec douleur, qu'un grave accident venait d'avoir lieu à Colombier, station du réseau de la Suisse-Occidentale, située dans le canton de Neuchâtel, à peu de distance de la station frontière des Verrières. Le train n° 3, arrivant directement de Soleure avec 1025 hommes et leur escorte, et qui devait originairement être dirigé sur ce point, venait d'être acheminé sur Yverdon et Morges à destination de Genève, lorsqu'il dérailla vers les 9 heures du soir, par suite d'une fausse aiguille qui l'avait engagé sur une voie où stationnait, par mégarde, un train de marchandises chargé de houille.

Le choc fut terrible, la locomotive et les cinq premiers wagons, obéissant à l'impulsion, s'amoncelèrent les uns sur les autres et en se brisant, firent de nombreuses victimes et occasionnèrent d'affreuses blessures.

A la première nouvelle de l'accident, la garde de la caserne était accourue sur les lieux avec les soldats français préposés à la garde du parc, en amenant des brancards et tous les moyens de transport qu'on pût immédiatement se procurer, et on procéda aussitôt au sauvetage des malheureux amoncelés avec les débris des voitures. Plusieurs d'entr'eux avaient le corps traversé par des éclats de bois, étaient écrasés entre les wagons ou restaient suspendus par leurs membres déchirés. Ce ne fut pas sans de vives souffrances et sans difficulté, qu'on parvint à dégager les blessés. Les lourdes voitures furent soulevées au moyen des crics du grand parc d'artillerie et on put, peu à peu, retirer toutes les victimes qui furent aussitôt transportées dans l'intérieur de la gare, où elles reçurent les premiers soins des médecins et de la population de Colombier qui prêta un concours intelligent et empressé aux mesures de sauvetage. L'obscurité avait rendu cette opération très compliquée, malgré les lanternes qu'on s'était procurées ; les gémissements des blessés indiquaient seuls parfois, la place où ils gisaient et il fallut déployer les plus grandes précautions pour retirer chaque soldat, sans aggraver la situation de ceux qui étaient engagés plus avant, dans la masse des débris.

Des télégrammes envoyés à Neuchâtel firent arriver en hâte des médecins et des secours de cette ville et les Autorités militaires fédérales, prévenues aussitôt, prirent toutes les mesures nécessaires. M. le colonel Borgeaud, commandant aux Verrières, reçut l'ordre de se rendre sur les lieux et arriva bientôt sur une locomotive express pour prendre la direction supérieure et acheminer plus loin, les autres convois d'internés qui arrivaient et dont on avait déjà arrêté un à Neuchâtel et un autre à Bienne.

Lorsqu'on eut organisé une ambulance dans trois salles de la caserne de Colombier, on y installa cinquante-quatre blessés qui furent examinés, pansés avec soin et placés sous la direction de M. le Dr de Montmollin.

Dix soldats grièvement blessés furent immédiatement transportés à l'hôpital Pourtalès, à Neuchâtel ; deux d'entr'eux furent amputés sur place, dont l'un ne survécut que peu de moments à l'opération.

Les vingt-deux morts furent placés sur une couche de paille, dans le manège de Colombier et furent examinés encore avec soin, par les médecins présents sur les lieux ; on constata leur identité et on dressa les actes de décès, car l'état dans lequel se trouvaient la plupart d'entr'eux, rendait une prompte inhumation nécessaire.

Tous les blessés et les morts étaient des soldats internés, à l'exception du chef de train suisse, qui eût les jambes emportées et expira peu après. Aucun homme de l'escorte ne fut atteint.

Pendant que tout cela se passait, les soldats français formant le reste du convoi, étaient restés parfaitement tranquilles dans leurs wagons, et ils y passèrent le reste de la nuit, sauf ceux à qui on pût fournir un gîte provisoire dans les salles disponibles de la caserne.

On n'eut qu'à se louer de leur attitude calme et de la manière dont ils respectèrent la consigne. Ils reçurent des rafraîchissements et on fit tout ce qui était compatible avec les ordres donnés, pour alléger l'ennui de leur station forcée.

L'ensevelissement des victimes eut lieu le 24 mars, à 10 heures du matin, avec une grande solennité. Toutes les troupes présentes rendirent les derniers honneurs à ces malheureux soldats morts d'une façon si tragique et si douloureuse, peu d'heures avant de remettre le pied sur le sol de leur patrie, après avoir échappé aux dangers d'une campagne longue et pénible, aux maladies et à la fatigue ; après qu'un séjour de quelques semaines les eût reconfortés et que l'espérance de revoir sous peu leur pays et leur famille eût porté la joie dans leurs cœurs.

La population toute entière de Colombier s'associa à cette cérémonie, et les paroles émues qui furent prononcées sur la tombe de ces victimes d'une implacable fatalité, trouvèrent un écho sympathique, non-seulement chez les assistants, mais aussi dans toute la Suisse.

Un monument commémoratif fut élevé plus tard sur ces tombes, grâce à l'initiative et à la générosité des habitants de cette petite ville.

Lorsque les soixante-quatre blessés eurent séjourné quelques heures à l'ambulance, on put constater avec plaisir, que plusieurs d'entr'eux n'étaient que très légèrement atteints et que l'émotion avait surtout contribué à leur faire perdre connaissance ; quatorze purent être expédiés, le 25 mars, sur Genève, et huit à dix jours plus tard, on put faire partir le reste, à l'exception de sept à huit soldats plus grièvement atteints qui restèrent à Colombier en traitement. Les neuf blessés qui avaient été transportés à Neuchâtel, y séjournèrent également jusqu'à leur rétablissement.

Les soldats blessés et les familles de ceux qui avaient perdu la vie, s'adressèrent à la Compagnie des chemins de fer de la Suisse-Occidentale pour obtenir une indemnité, en raison d'une incapacité de travail momentanée pour plusieurs et complète pour quelques-uns d'entr'eux. La Compagnie, se fondant sur ce que le transport de l'armée avait eu lieu sur son réseau, au prix de la moitié du tarif ordinaire et que la direction générale du mouvement avait été placée entre les mains de l'Autorité militaire, vis-à-vis de laquelle elle n'avait pu prendre certaines mesures de précaution, qui auraient peut-être évité l'accident, en espaçant davantage le passage des convois d'internés, renvoya ces réclamations au Gouvernement français, en lui proposant toutefois, de se charger du paiement de ces indemnités si il consentait à payer la taxe entière pour tous les transports des militaires rapatriés.

Par note du 18 août 1872, le Ministre des affaires étrangères de France avisa la Légation suisse à Paris, qu'il acceptait cette combinaison, toutefois sous la réserve que, si le total des indemnités n'absorbait pas le supplément de prix calculé sur le tarif ordinaire, la différence ferait retour à la France.

La Compagnie des chemins de fer fut chargée dès lors, de s'entendre avec les intéressés et les négociations qui en résultèrent se sont traitées en dehors des voies officielles de la Confédération.

Le dernier convoi qui terminait l'évacuation des soldats valides, partit de Genève le 24 mars, à midi, et déjà la veille, on avait repris le transport régulier des convalescents dirigés tous dans cette direction, ainsi que le transit des lazarets d'Allemagne, qui arrivaient à Bâle pour traverser la Suisse.

Mais afin de ne pas encombrer l'hôpital de Genève, qui devait recevoir les convalescents auxquels la fatigue, la maladie ou toute autre raison ne permettrait pas de continuer immédiatement leur voyage et afin de ne pas surcharger les trains de voyageurs, on donna les directions suivantes, pour leur transport à la frontière.

Berne, le 17 mars 1871.

Le Département militaire fédéral, aux Autorités militaires des Cantons.

Les trains de convalescents, interrompus du 11 au 22 mars, seront repris jeudi 23, pour être continués jusqu'au 27 mars.

Les Cantons peuvent en conséquence, expédier leurs convalescents à Genève, dès le 3 mars, au moyen de transports journaliers partant avec le premier train du matin, transports qui, pour chaque jour, ne devront pas dépasser le chiffre maximum indiqué ci-après et à la condition, que ces convalescents ne soient que des malades légèrement atteints et pouvant, sans danger, supporter le voyage jusqu'à Lyon.

Zurich	100	hommes.
Berne	200	»
Lucerne	50	»
Uri	4	»
Schwytz	20	»
Unterwalden-le-Haut	10	»
Unterwalden-le-Bas	10	»

Ces Cantons recevront des instructions spéciales.

Glaris	15 hommes.	
Zoug	15	»
Fribourg	50	»
Soleure	20	»
Bâle-Ville	30	»
Bâle-Campagne	15	»
Schaffhouse	30	»
Appenzell Rh.-Ext.	20	» (A pied ou en char, le matin de bonne heure, à la station de Winkeln.)
St-Gall	50	»
Grisons	10	»
Argovie	80	»
Thurgovie	50	»
Vaud	50	»
Valais	15	»
Neuchâtel	50	»

Les Cantons sont invités, en outre, à se conformer strictement aux instructions suivantes :

1° Le chiffre maximum des convalescents à rapatrier chaque jour, ne devra être dépassé dans aucun cas. S'il y est contrevenu, les conséquences retomberont à la charge des Cantons respectifs.

2° Les convalescents rapatriés devront être pourvus, pour le voyage, d'aliments convenables, en rapport avec la durée du trajet. Voir le titre III « entretien et solde » des instructions (circulaire du Département militaire, du 2 mars) pour la rentrée en France, de l'armée française de l'Est.

La troupe devra être soldée jusqu'au jour de son arrivée à Genève.

3° Chaque transport devra être accompagné par un médecin et deux infirmiers dont l'entretien et la solde, pendant la marche, devront être conformes aux prescriptions du Département militaire, du 2 mars courant, déjà citées.

4° Le nombre des convalescents à évacuer chaque jour, ainsi que l'heure de leur départ, devront être annoncés à temps par télégraphe :

    a) Au commandant de place, à Genève ;

    b) Aux compagnies respectives de chemin de fer ;

    c) Au médecin de division Dr Berry, à Berne.

5° Les principales gares de chemins de fer et stations de halte où les transports pourront prendre des rafraîchissements et où se trouveront en même temps, des ambulances volantes, sont les suivantes :

Winterthour, Zurich, Olten, Herzogenbuchsee, Fribourg, Morges et Genève.

6° La remise aux délégués français, à Genève, aura lieu de la même manière que pour la rentrée des hommes valides, c'est-à-dire à teneur des instructions de la circulaire mentionnée plus haut.

Le Chef du Département militaire fédéral,
WELTI.

Le mouvement du rapatriement général peut donc se résumer comme suit :

1° Par Genève :	42 trains avec	35,584	
	24 bateaux à vapeur	18,891	
	une colonne à pied, de Nyon	850	
	gendarmes, à part	714	
	92e régiment pour occuper Culoz	1,050	
	évacués de Zurich par train direct	1,120	58,209
2° Par les Verrières			14,938
3° Convalescents par Genève			6,430
4° Convalescents par Thonon et Evian			1,638
5° Conducteurs des chevaux par Divonne			2,850
			84,065 hommes.

Officiers :

Rentrés isolément		328
»	par les Verrières	89
»	par Genève	2050
		2467

Un millier environ de malades restèrent dans les hôpitaux.

Pour ce qui concerne plus particulièrement le canton de Vaud et le service qui était sous la direction du colonel de Gingins-La Sarra, 19,920 internés, officiers et soldats, furent transportés à Genève par les bateaux à vapeur du lac Léman, en outre 850 gagnèrent cette ville à pied depuis Nyon ; 13,320 hommes reçurent des subsistances lors de leur passage à travers ce canton et 8154 y furent logés à couvert, principalement dans les casernes de Morges et à Nyon. Il résulte de ces faits, que le canton de Vaud a été mis à contribution plus que tout autre, car il a reçu le plus grand nombre d'internés, non-seulement lors de leur entrée, les premiers jours de février, mais aussi à l'occasion de leur rapatriement, et les personnes qui ont été placées à leur tête, tout particulièrement le colonel de Gingins, méritent-ils des éloges pour la manière dont ils se sont acquittés de leur tâche difficile pendant le séjour des Français et surtout lors de leur départ.

A Genève, le service s'est effectué avec la plus grande régularité, malgré la fréquence des arrivées par trains express ou par bateaux ; ce qui démontra incontestablement combien le plan général avait été bien combiné et les ordres donnés et exécutés avec intelligence et précision.

M. le colonel Rilliet qui, de concert avec M. le directeur Simon, dirigea le mouvement sur ce point important de la frontière, l'a fait de la manière la plus distinguée et c'est à M. Simon et à ses connaissances spéciales, qu'on doit de n'avoir pas eu le moindre retard, ni le moindre accroc dans la marche des trains et dans leur transbordement sur la ligne française.

Les bataillons n° 11, de Zurich, et 15, d'Argovie, sous les ordres du colonel Munzinger, commandant de la 15ᵉ brigade, ont eu un service très serré et pénible ; non-seulement ils eurent à maintenir l'ordre dans la gare et à l'arrivée des bateaux à vapeur, mais encore à fournir le cordon de surveillance de la frontière sur un grand nombre de points et au moment où cette surveillance devenait moins sérieuse et leur laissait espérer un peu d'allégement, les événements survenus à Zurich les obligèrent à partir aussitôt pour occuper cette ville. Les rapports parvenus à l'autorité supérieure constatent, que le service de ces troupes a été très satisfaisant et nous nous faisons un devoir de le mentionner ici.

Le 25 mars, la 15ᵉ brigade, ainsi que le reste des troupes sur pied, fut licencié.

Ainsi que nous l'avons mentionné plus haut, le Conseil fédéral, d'accord avec les Autorités françaises, avait fait procéder à la vente aux enchères des chevaux de l'armée, afin d'alléger autant que possible les frais d'entretien qui, dans la plupart des cas, n'étaient point en rapport avec la valeur de ces animaux ; mais dès que la conclusion des préliminaires de paix fit prévoir la prochaine rentrée des troupes en France, on ordonna de suspendre immédiatement toutes les ventes de chevaux et on informa les Cantons que, jusqu'à leur rentrée en France, les chevaux devaient être entretenus conformément aux prescriptions de la circulaire du 9 février. Un état de tous ceux qui restaient encore dans les Cantons fut réclamé, avec l'indication des lieux où ils se trouvaient. En outre, il fut spécialement prescrit de ne pas compter parmi les hommes qui seraient rapatriés avec l'armée, les soldats qui soignaient les chevaux et qui devaient rester pour les conduire à la frontière, lorsque le moment en serait venu.

Enfin, le 8 mars, la circulaire suivante fut adressée aux Autorités militaires cantonales, leur donnant les instructions nécessaires pour l'évacuation des chevaux sur Divonne, dans le département de l'Ain, où devait se trouver un délégué français, que le général Clinchant avait été prié de désigner :

« Le Département militaire fédéral transmet par la présente, aux Autorités militaires des Cantons sur le territoire desquels se trouvent encore des chevaux de l'armée française, les ordres ci-après, concernant leur rentrée en France.

1° Leur évacuation sera effectuée par étapes.

2° Ils seront conduits par des cavaliers ou des soldats du train français, en comptant au moins 1 homme par 3 chevaux.

On veillera sévèrement, à ce que les cavaliers ou les soldats du train n'abandonnent pas leurs chevaux et ne se joignent pas aux transports par chemin de fer.

3° Les Cantons qui ont dans leurs dépôts trop peu de cavaliers ou de soldats du train français pour les conduire, voudront bien nous indiquer sans retard, par télégraphe, le nombre des hommes nécessaires.

4° Il devra être remis à chaque cavalier, une selle et une bride avec licol et pour les chevaux en mains, une bride et un licol.

5° Tout le reste de l'équipement des chevaux devra être réuni et expédié immédiatement à Colombier ou à Yverdon.

6° Les transports seront formés de 600 chevaux environ. On désignera un officier suisse d'artillerie ou de cavalerie comme chef de chaque transport et on lui adjoindra six sous-officiers de dragons ou du train.

7° Cette escorte sera montée sur des chevaux français.

8° Les officiers suisses recevront pour chaque jour de route, fr. 3 de supplément de solde, le reste de la troupe fr. 1 par homme et les internés 25 centimes, indemnités qui devront leur être payées par les Commissaires des guerres des Cantons, avant qu'ils se mettent en marche.

9° Les lieux de rassemblement dans les Cantons et les étapes sont indiquées dans l'annexe ci-jointe (tableau de marche). Ce tableau indique en outre, la répartition des chevaux en dix colonnes et leur effectif approximatif.

A teneur de cette répartition, la Ire colonne est formée par le Canton de Vaud, avec Rolle comme lieu de rassemblement; la IIe par Neuchâtel, avec Colombier comme lieu de rassemblement; les IIIe, IVe, V^e et VIe par Berne, avec deux places de rassemblement, à Bienne et à Berne; la VIIe par Argovie; la VIIIe par Argovie, Lucerne et Schwytz, les deux, avec Kreuzstrasse comme lieu de rassemblement; la IXe colonne par Zurich, la

X^e par Zurich et Thurgovie, les deux, avec lieu de rassemblement à Zurich. Argovie fournira le commandant de la VIIIe colonne, ainsi que la troupe d'escorte, et Zurich le commandant et la troupe de la Xe; pour le reste, chaque Canton pourvoira au personnel de ses colonnes.

Chaque colonne doit arriver aux lieux de rassemblement désignés, la veille au soir du jour où commencera le mouvement; il va sans dire cependant, que lorsque deux colonnes se suivent, la seconde ne peut arriver qu'un jour plus tard au rendez-vous. Toutes les autres mesures concernant l'arrivée des chevaux dans les lieux de rassemblement, sont du ressort des Cantons.

11° Si on n'a pas d'écuries, les chevaux devront bivouaquer, aussi bien sur les places de rassemblement qu'aux étapes.

La troupe d'escorte sera cantonnée, les internés seront logés dans des locaux préparés à cet effet et recevront la même subsistance que celle qui leur a été délivrée jusqu'ici.

12° Le Commissariat des guerres central enverra immédiatement le fourrage nécessaire aux lieux de rassemblement et d'étape et aura à veiller à la subsistance de la troupe.

13° Un officier du Commissariat sera envoyé à chaque lieu de rassemblement et d'étape et pourvoira à l'entretien des hommes et des chevaux, pendant toute la durée du mouvement.

14° Si cela est nécessaire, les chevaux seront ferrés avant le commencement de la marche. Un compte spécial devra être établi à cet effet.

15° Si pendant la marche, des chevaux ne pouvaient pas aller plus loin, ils devront être remis contre quittance, à la commune la plus rapprochée et, suivant les circonstances, être traités par un vétérinaire. La quittance sera remise au Commissaire des guerres de l'étape la plus rapprochée, et chaque cheval resté en arrière, devra être porté en diminution sur l'état sommaire.

16° Les Commandants de colonne devront être munis de trois expéditions de l'état sommaire des chevaux et du personnel.

Ils auront à la frontière, à les remettre à l'officier fédéral délégué à cet effet; celui-ci l'attestera sur un de ces exemplaires; il s'en fera donner quittance sur le second exemplaire par le délégué français auquel il remettra le troisième exemplaire, pour sa gouverne.

17° La surveillance supérieure de tout le mouvement, ainsi que la réception et la remise des chevaux aux délégués français, ont été confiés à M. le colonel Fornaro, auquel les commandants de colonnes devront s'adresser, dans le cas où quelque empêchement, etc., surviendrait. Les commandants de colonne devront en outre, lui faire rapport chaque jour, par télégraphe et par écrit, immédiatement après leur arrivée dans les étapes.

M. le colonel Fornaro prendra son quartier-général à Rolle.

18° Comme pour l'évacuation du reste de l'armée, nous vous indiquerons par télégraphe, le jour où les chevaux devront arriver sur les lieux de rassemblement désignés dans le tableau de marche, ainsi que le jour où le mouvement doit commencer.

Le Chef du Département militaire fédéral,
WELTI.

Toutes les dispositions étant prises dans les Cantons et les renseignements nécessaires ayant été donnés par eux, à l'Administration supérieure, le Département les invita le 10 mars, à envoyer pour le 13 au soir, tous les chevaux français valides avec leurs conducteurs, aux lieux de rassemblement désignés. Chaque colonne était en outre, autorisée à requérir un char de bagages à deux colliers.

Le départ était fixé au 14 mars et devait s'effectuer d'après le plan général suivant. Les Cantons qui n'y sont pas portés et dans lesquels il se trouvait cependant quelques chevaux français, durent les envoyer à temps, aux étapes les plus rapprochées pour être joints aux colonnes de marche.

	1er JOUR 14 mars.	IIe JOUR 15 mars.	IIIe JOUR 16 mars.	IVe JOUR 17 mars.	Ve JOUR 18 mars.	VIe JOUR 19 mars.	VIIe JOUR 20 mars.	VIIIe JOUR 21 mars.	IXe JOUR 22 mars.
Xme colonne. **ZURICH** 430 chev. de Zurich. 243 » Thurgovie.	Lenzbourg.	Kreuz-strasse.	Wynigen.	Berne.	Fribourg.	Siviriez.	Chalet-à-Gobet.	Rolle.	Divonne.
IXme colonne. **ZURICH** Environ 650 chevaux.	Brugg.	Kreuz-strasse.	Soleure.	Bienne.	Colombier.	Yverdon.	Cossonay.	Rolle.	Divonne.
VIIIe colonne. **KREUZSTRASSE** 417 chev. d'Argovie. 131 » de Lucerne. 46 » de Schwytz.	Wynigen.	Berne.	Fribourg.	Siviriez.	Chalet-à-Gobet.	Rolle.	Divonne.		
VIIme colonne. **KREUZSTRASSE** Environ 600 chev. d'Argovie.	Soleure.	Bienne.	Colombier.	Yverdon.	Cossonay.	Rolle.	Divonne.		
VIme colonne. **BERNE** Environ 600 chevaux.	Berne.	Fribourg.	Siviriez.	Chalet-à-Gobet.	Rolle.	Divonne.			
Vme colonne. **BERNE** Environ 600 chevaux.	Fribourg.	Siviriez.	Chalet-à-Gobet.	Rolle.	Divonne.				
IVme colonne. **BIENNE** Environ 600 chevaux.	Bienne.	Colombier.	Yverdon.	Cossonay.	Rolle.	Divonne.			
IIIme colonne. **BIENNE** Environ 600 chevaux.	Colombier.	Yverdon.	Cossonay.	Rolle.	Divonne.				
IIme colonne. **COLOMBIER** Environ 270 chevaux.	Yverdon.	Cossonay.	Rolle.	Divonne.					
Ire colonne. **ROLLE** Environ 670 chevaux.	Divonne.								
DATES	1er JOUR. 14 mars.	IIe JOUR. 15 mars.	IIIe JOUR. 16 mars.	IVe JOUR. 17 mars.	Ve JOUR. 18 mars.	VIe JOUR. 19 mars.	VIIe JOUR. 20 mars.	VIIIe JOUR. 21 mars.	IXe JOUR. 22 mars.

Le nombre de chevaux indiqué devait nécessairement varier, car un assez grand nombre d'entr'eux étaient malades et incapables pour le moment, de marcher pendant plusieurs jours de suite ; d'autres étaient sous séquestre juridique, par suite de contestation au sujet de leur propriété ; enfin quelques-uns étaient en trop piteux état pour que de longtemps encore, on put espérer les faire partir.

Le rapport du colonel d'artillerie Fornaro, établit d'une manière précise comme suit, le nombre de ceux qui ont passé la frontière et ont été remis aux Autorités françaises.

	Chevaux.	Troupe.	Selles et brides.
		Effectif reconnu à Divonne.	
Ire COLONNE.			
Rolle. — Laissé en arrière deux chevaux et un homme malades	311	245	—
IIe COLONNE.			
Colombier	316	200	205
IIIe ET Ve COLONNE.			
Bienne et Berne	992	615	633
IVe COLONNE.			
Bienne. — Au départ comptait . . . . . 677 chevaux Laissé en route . . . . 37 chevaux	640	353	357
VIe COLONNE.			
Berne. — Au départ comptait . . . . . 606 chevaux Laissé en route pour cause de maladie . . 9 chevaux	597	375	380
VIIe COLONNE.			
Kreuzstrasse. — Au départ comptait . . . 714 chevaux Laissé en route . . . . 16 chevaux dont 10 malades et 6 volés à Cossonay (Vaud).	698	327	293
A reporter	3554	2115	1868

	Chevaux.	Troupe.	Selles et brides.
Report,	3554	2115	1868

VIIIe Colonne.

Kreuzstrasse. — Au départ comptait . . . . 534 chevaux
Laissé en route, malades . . . . 12 chevaux

	523	244	286

IXe Colonne.

Zurich. — Au départ comptait	511 chevaux	193 hommes
Rejoint en route de Soleure	134 »	75 »
» Colombier	6 »	— »
» Onnens	2 »	— »
» Yverdon	4 »	— »
» Cossonay	8 »	— »
	665 chevaux	268 hommes
Laissé en route	58 »	17 »

	607	251	244

Dont 6 disparus à Brugg et 44 malades.
   2   »   Orbe.
   9   »   Yverdon.

Xe Colonne.

Zurich. — Au départ comptait	189 chevaux	100 hommes
Rejoint en route de Frauenfeld	222 »	100 »
» Uster . .	96 »	52 »
» Fribourg .	3 »	— »
» Siviriez .	4 »	— »
» Lausanne .	6 »	— »
	520 chevaux	252 hommes
Laissé en route	23 »	9 »

	497	243	235

Dont 11 malades, 1 mort et 11 enlevés en route.

Total,	5181	2850	2630

Un millier de chevaux rentra par Genève, ce sont ceux de la gendarmerie et ceux des généraux et autres officiers.

Les chevaux qui durent être laissés en arrière furent soignés par des vétérinaires militaires et au fur et à mesure de leur rétablissement, ils furent vendus aux enchères et le produit versé au compte de la France.

Quant aux chevaux volés ou égarés intentionnellement par les habitants des localités traversées par les colonnes, ils furent recherchés avec soin par les Juges de paix auxquels les commandants des colonnes les signalèrent et vendus également aux enchères.

Ces enlèvements eurent lieu généralement, dans les localités où on devait bivouaquer. Les conducteurs fatigués d'une longue étape, ne pouvaient encore passer la nuit à garder leurs chevaux ; cette surveillance était confiée à des gens de la localité, généralement à des militaires, mais cette garde était toujours trop peu nombreuse pour être suffisante, surtout lorsqu'on eût à surveiller la mauvaise foi des habitants, tandis qu'on croyait n'avoir qu'à empêcher les chevaux de se détacher et de s'écarter.

M. le lieutenant-colonel Pauli, du Commissariat, qui avait été chargé de pourvoir à la nourriture de tous ces chevaux et de leurs conducteurs, dans leurs divers bivouacs, avait tout parfaitement organisé et s'était assuré personnellement de l'exécution de ses ordres, dans les principaux lieux d'étape où un préposé spécial était en outre chargé de la surveillance. Le rapport du colonel Fornaro signale les autorités de la ville de Rolle, comme ayant particulièrement eu à cœur de bien installer le grand bivouac qui devait recevoir toutes les colonnes de chevaux venant de l'intérieur, et, comme le 16 mars, une tourmente de neige vint rendre le campement dangereux en plein air, les habitants de cette ville se prêtèrent avec la plus grande obligeance à ce que tous les chevaux fussent cantonnés ce jour-là.

Il y a lieu de remarquer, que les instructions très précises du Département militaire fédéral ne furent pas également bien observées partout. Ainsi à Berne et à Fribourg, les soldats reçurent leurs rations en argent et non point en nature, comme cela était prescrit, aussi les hommes se hâtèrent-ils d'en employer le montant en eau-de-vie, ce qui ne contribua pas à faciliter la tâche de l'officier chargé de les commander.

Au Chalet-à-Gobet, la personne préposée à la distribution des vivres, remit les rations aux hommes, sans qu'elles fussent préparées et cuites, ce qui les rendit à peu près inutiles à des soldats arrivant le soir, après une journée de fatigue et s'attendant à trouver une bonne soupe pour les réconforter. Cette étape fut, paraît-il, celle où il y eut le plus de désordre.

Le bivouac de Brugg laissa aussi beaucoup à désirer ; l'emplacement était particulièrement défavorable et les pieux trop faibles pour pouvoir y attacher des chevaux.

Lorsque le premier convoi arriva à Divonne, l'officier français qui devait être délégué pour prendre livraison des hommes et des chevaux n'était pas encore arrivé, et on fut obligé de prier le maire de bien vouloir les recevoir. Un chef d'escadron et quelques officiers arrivèrent le lendemain et toutes les formalités purent dès lors être remplies.

Les convois furent dirigés sans arrêt, dans l'intérieur, sur les points désignés à l'avance par l'Intendance française où une révision dût avoir lieu, avant que ces chevaux fussent rendus au service.

Nous avons vu, par le texte de la convention conclue entre les généraux Herzog et Clinchant, art. 2, « que le matériel de guerre français devait rester en gage à la Suisse, » jusqu'à la conclusion de la paix et après le règlement définitif des dépenses occasion-» nées à la Suisse par le séjour des troupes françaises. »

On n'avait point perdu de temps pour conserver sa valeur à ce matériel et principalement aux armes à feu portatives, en les examinant une à une, lors de l'inventaire qui en fut dressé avec les commissions françaises et en leur donnant tous les soins que leur grande quantité et le peu de temps dont on pouvait disposer, permettait d'y consacrer.

Lorsque l'armée de l'Est fut rentrée en France, il était resté dans les dépôts de ce matériel, un certain nombre de sous-officiers et de soldats d'artillerie pour aider les commissions et pouvoir, cas échéant, procéder à sa réexpédition, mais le nombre de ces soldats était naturellement aussi restreint que possible et suffisait à peine au travail journalier qu'entraînait une quantité aussi considérable d'objets et d'armes de toute espèce, aussi ne pût-on les préposer encore à la garde des parcs principaux de Colombier et d'Yverdon. Les cantons de Vaud et de Neuchâtel avaient été chargés de fournir les troupes nécessaires à la surveillance et de les relever par d'autres, au bout d'un certain temps ; de cette manière, on ne tarda pas à épuiser le tour de rôle des hommes qui n'avaient pas encore été mis sur pied pour la garde des frontières, et ce service de garde ennuyeux, rendu plus pénible encore par des pluies presque continuelles, souleva des réclamations sans nombre, de la part des soldats qui étaient appelés à le faire et de la part des Cantons qui se voyaient forcés de commander des hommes ayant déjà contribué pour une large part, aux prestations militaires des derniers temps.

Il devenait urgent de remédier à cet état de choses qui ne pouvait se prolonger, car à ces inconvénients venait encore s'ajouter le fait, que le matériel de guerre occupait, soit des places d'armes, comme à Colombier et à Yverdon, soit des magasins, casernes ou locaux militaires, comme à Thoune et Morges, qui, à l'entrée du printemps, allaient être utilisés pour le service d'instruction de nos troupes.

En attendant que le Conseil fédéral eût pris une décision à cet égard, décision qui dépendait en grande partie de la conclusion définitive de la paix et des négociations qui se traitaient avec le Gouvernement français, au sujet du paiement des frais de l'internement, le général Clinchant avisa le Département militaire, que le Ministre de la guerre venait de désigner M. le lieut.-colonel d'artillerie Tricoche, pour recevoir de nous et diriger ensuite l'expédition du matériel laissé en garantie de ces frais. Cet officier ayant été déjà chargé de la livraison du matériel, lors de son entrée en Suisse, était au courant de tout ce qui s'était passé à ce sujet et était par conséquent très bien placé pour cette mission. De notre côté, M. le colonel fédéral d'artillerie Fornaro fut chargé de la direction de tout ce qui concernait cette livraison et de prendre les mesures préliminaires nécessaires, de concert avec le colonel Tricoche. Sur sa proposition, la Compagnie des chemins de fer de la Suisse-Occidentale fut invitée à faire des travaux indispensables à la gare de Colombier pour l'embarquement du grand parc, en établissant un quai et les rampes indispensables. Cette Compagnie mit le plus grand empressement à répondre au désir qui lui était exprimé et fit immédiatement commencer les travaux.

Cinquante canonniers, avec quelques sous-officiers et six chevaux, furent placés à Colombier ; à Yverdon, quatre-vingt hommes et quatre chevaux qui devaient en même temps servir pour le dépôt de Grandson, placé à peu de distance entre ces deux villes, sur la voie ferrée.

Un détachement semblable fut envoyé à Thoune ; quant au dépôt de Morges, un personnel suffisant s'y trouvait déjà réuni.

Une fois la restitution du matériel opérée, c'était au colonel Tricoche à prendre les dispositions nécessaires pour son transport en France, d'où les wagons devaient lui être envoyés.

Dans chacun des dépôts du matériel, un officier français avait à prendre les mesures préliminaires à la remise des objets, de concert avec le chef du dépôt, afin que les délégués officiels fussent facilités dans leur tâche.

Enfin, la Légation de France fut avisée d'abord, de la désignation de ces délégués qui allaient procéder immédiatement à l'accomplissement de leur mission et ensuite que, dès qu'elle serait terminée et que la paix serait définitivement conclue, les Autorités françaises étaient laissées entièrement libres d'organiser comme elles l'entendraient le retour de ce matériel, pour lequel nous fournirions volontiers jusqu'à ce moment, le personnel nécessaire à sa surveillance.

Les travaux des délégués furent poussés activement, de telle sorte que, le 23 mars, le colonel Fornaro reçut l'autorisation de procéder à la remise définitive de tout le matériel au lieutenant-colonel Tricoche. Un procès-verbal en double expédition pour chacun des dépôts fut signé, constatant l'inventaire de tous les objets qui étaient rendus à la France et dès ce moment, les commissions françaises furent libres de manipuler et de préparer les voitures de guerre et les bouches à feu, en vue de leur expédition.

Le 5 avril, le Département fut avisé que l'Intendance française avait reçu du ministre de la guerre l'ordre de réunir toutes les voitures, chars, chariots, etc., réquisitionnés chez les particuliers pendant la guerre. Ces voitures, pour ce qui concerne l'armée de l'Est, devaient être rassemblées au fort de Joux, afin d'y être rendues à leurs propriétaires qui les réclamaient en vue des travaux de la campagne. L'Intendance de Pontarlier délégua en Suisse, un officier avec la mission de réclamer toutes les voitures de ce genre qui pouvaient encore se trouver dispersées dans les localités frontières. Toutes celles qui avaient été découvertes au nombre de quarante-quatre, dont deux omnibus, avaient été réunies à Colombier et jointes au grand parc. Comme aucun de ces véhicules ne pouvait à proprement parler, être considéré comme voiture de guerre et que l'officier qui représentait la commission française à Colombier ne voyait aucun inconvénient à leur restitution, le Département militaire fédéral donna l'autorisation de les enlever et de les expédier en France. Quelques autres voitures du même genre qui étaient détériorées et avaient dû être laissées en arrière, menaçant de tomber en ruine ou de disparaître, avaient été vendues aux enchères, avant l'arrivée de l'officier chargé de les réclamer.

Le chef de la commission française s'adressa encore au commencement de juin à l'Autorité fédérale, pour obtenir le renvoi en France de tous les équipements de selle et de trait, sans attendre le moment de l'évacuation générale du matériel. Ces effets qui avaient comme tous les autres, beaucoup souffert pendant la campagne, avaient un besoin urgent d'entretien et de réparations si on ne voulait pas s'exposer à les voir bientôt hors de service, et le personnel à la disposition du lieutenant-colonel Tricoche était trop restreint pour permettre de démonter et de graisser ces équipements avec soin et assez rapidement pour qu'ils ne souffrissent pas d'une manutention prolongée.

Comme ces effets représentaient une valeur assez considérable et que chaque jour de retard tendait à la diminuer au détriment de la France, le Département militaire s'empressa de faire droit à cette requête et donna aussitôt les ordres nécessaires, pour que la commission française put procéder à leur chargement, et les compagnies de chemin de fer intéressées furent autorisées à les laisser embarquer et expédier.

Cependant, afin de hâter le moment où la Suisse pourrait donner son assentiment à l'évacuation de tout ce qui restait encore, comme garantie de ses avances vis-à-vis de la France, le Conseil fédéral décida le 26 juin, sur la proposition du Département militaire, de charger son ministre à Paris, de s'adresser au Gouvernement français pour obtenir le règlement d'une partie des frais de l'internement, en faisant observer toutefois, que le travail de révision des comptes n'était point encore terminé et ne le serait pas d'un certain temps, mais qu'on pouvait déjà constater, que la somme dûe dépasserait onze millions, sur lesquels ils n'y avait de versé, que le montant des caisses de l'armée et le produit de la vente des chevaux, faisant ensemble environ deux millions huit cent soixante-dix mille francs.

En attendant le résultat de ces démarches et désireux de faciliter la tâche du colonel Tricoche, autant que sa responsabilité vis-à-vis du pays le permettait, le Département autorisa encore l'expédition de toutes les voitures à deux roues dites « voitures à bagages d'officiers », au nombre de cent vingt-quatre, et comme elles ne suffisaient pas pour former le chargement complet d'un train, parce qu'elles avaient été démontées, afin de les charger plus facilement, on y joignit encore les fourgons et caissons du train des équipages et divers autres objets ressortant du service de l'Intendance et ayant comme eux la même destination.

Sur ces entrefaites, M. le Dr Kern avisa que le Gouvernement français était entré dans nos vues et avait pris ses dispositions pour le paiement d'un à-compte sur nos avances ; en effet, le 15 juillet, un million fut versé dans la caisse d'Etat et trois jours après une somme équivalente ; aussi dès le 10 juillet, le Conseil fédéral donna l'autorisation de laisser partir tout le matériel de guerre, à l'exception des armes à feu portatives, et on demanda à la commission française un rapport sur la manière dont elle comptait procéder et sur les dispositions qu'elle avait prises pour l'expédition des immenses parcs d'Yverdon et de Colombier, en la priant de bien vouloir prendre ses mesures pour que le premier fut évacué d'abord.

Le lieutenant-colonel Tricoche répondit immédiatement, que ses instructions lui prescrivaient de diriger sur Toulon et Valence tout ce qui se trouvait réuni dans les deux parcs ; la plus grande partie de celui de Colombier irait à Toulon et celui d'Yverdon en entier, avec ce qui restait de l'autre, serait dirigé sur Valence. Le matériel sans munition devait être transporté démonté par les trains ordinaires de marchandises et les munitions par huit ou dix trains spéciaux, en suivant pour cela les prescriptions du règlement fédéral. Un gendarme suisse fut attaché à chacun de ces trains de munitions, qu'il accompagna jusqu'à Genève.

Comme les wagons devaient être fournis par la Compagnie du chemin de fer de Paris à Lyon et à la Méditerranée, la rapidité de l'expédition dépendait principalement de la régularité avec laquelle les voitures seraient amenées à destination, mais on pouvait espérer, qu'avec le personnel disponible et la disposition des gares d'embarquement il serait possible de charger tous les deux jours, un train de quinze à vingt voitures.

Le 23 juillet, la plus grande partie du parc d'Yverdon était expédiée ; trois trains devaient suffire à enlever le reste. L'opération avait été bien conduite et exécutée avec adresse et célérité, sous la surveillance directe des gardes d'artillerie, qui s'acquittaient fort bien de leurs fonctions. Comme le parc de Colombier était beaucoup plus considérable, il y eut des dispositions à prendre à l'égard de l'expédition afin d'en assurer la régularité, car jusqu'à ce moment, les wagons français n'étaient pas toujours arrivés au moment voulu ; parfois ils étaient en nombre suffisant, tandis que certains jours, il n'y en avait pas et on était obligé de suspendre les expéditions ; c'est pourquoi l'Autorité militaire fédérale désigna M. le lieutenant-colonel fédéral d'artillerie J. Grandjean, comme son délégué auprès de la commission française, spécialement en vue d'agir auprès des compagnies de chemin de fer pour obtenir le matériel suffisant et à temps ; son intervention eut le meilleur résultat, car le 26 juillet, l'évacuation d'Yverdon était achevée et quatre cents chariots du parc de Colombier étaient partis ; les munitions furent expédiées par cinq trains de vingt-cinq wagons chacun, avec l'ordre formel de ne pas stationner dans les gares ; enfin, le 7 août, le dernier train partit de Colombier emportant le reste du matériel. Le lendemain, les cinq officiers et 101 soldats qui étaient restés pour son expédition, partirent pour la France ; ils furent suivis peu de jours après, par les soixante chevaux et les trente-six soldats du train qui les soignaient.

La garde suisse du parc fut licenciée, dès le départ des soldats français.

Le rapport du lieutenant-colonel Grandjean constate la manière distinguée avec laquelle les officiers français ont dirigé cette vaste et difficile opération du démontage de toutes les voitures de guerre, de leur chargement et de leur aménagement dans les wagons. Aucune avarie n'a eu lieu et on n'a eu aucun accident à déplorer, quoique le travail eût été accompli avec toute la célérité possible, à tel point qu'on pût charger un jour, vingt-neuf wagons complets.

Le trafic ordinaire, au moins jusqu'à Genève, n'a point été entravé et la Compagnie de la Suisse-Occidentale a mis encore dans cette occasion, toute la bonne volonté possible à faciliter et à accélérer cette évacuation.

Le ministre de France à Berne, avait adressé le 3 août, au Conseil fédéral, une note au nom de son Gouvernement, demandant la restitution des armes portatives encore en possession de l'Administration fédérale. Le Département militaire auquel elle fut renvoyée, proposa de faire droit à la demande de la France, quoique les termes de la convention conclue entre les généraux suisse et français autorisassent à garder ces armes jusqu'au paiement intégral des frais d'internement, mais le ministre de France ayant communiqué le 8 août, au Président de la Confédération et au Chef du Département militaire, une nouvelle note par laquelle le Gouvernement français s'engageait à faire un versement d'un million tous les quinze jours, à partir du 15 du même mois, outre les cinq millions déjà payés, le Département militaire ne jugea pas, qu'il y eût à se prévaloir plus longtemps du droit de gage réservé à la Suisse et sa manière de voir fut partagée par le Conseil fédéral qui en avisa la Légation de France et chargea le ministre de Suisse à Paris, d'informer le Gouvernement français, que l'ordre de lui restituer ces armes était donné et que nous étions d'accord quant aux versements successifs qu'il se proposait d'effectuer, jusqu'à l'extinction de sa dette envers nous.

Le lieutenant-colonel Tricoche fut aussitôt avisé, que les ordres étaient donnés dans les dépôts de Morges, Grandson et Thoune de metttre les armes à feu portatives à sa disposition et que dors et déjà, il était invité à prendre ses mesures pour leur expédition. Il s'en occupa sans retard et bientôt les rapports qui nous parvinrent, signalèrent que les envois se succédaient rapidement.

L'emballage des fusils eut lieu d'une manière particulière. Partout, jusqu'à ce jour, on avait emballé les armes à feu portatives, en les couchant dans des caisses ou dans des wagons avec de la paille entre les interstices, mais soit que ce mode usité eût présenté des inconvénients pour les nouvelles armes à chargement par la culasse, soit qu'on eût reconnu qu'il prenait trop de place, on essaya de charger les wagons envoyés par les chemins de fer français, en mettant les fusils de pointe, alternativement sur la crosse et sur la bouche, et il paraît que les défectuosités reconnues dans les envois d'armes antérieurs, ne se sont pas présentées dans ceux-ci.

Du reste, l'expédition des fusils ayant été entièrement remise à la commission française, qui eût non-seulement à organiser les convois, mais aussi à en régler toutes les conditions et les frais de transport, nous n'avons obtenu sur l'évacuation de ce matériel, que des données tout à fait générales. Tout ce que nous pouvons dire, c'est que le lieutenant-colonel Tricoche a procédé, comme il l'avait fait jusqu'ici, avec une complète connaissance des choses et que tout s'est passé avec un ordre parfait et une entente tout à fait cordiale entre les officiers suisses et français.

On eût occasion de remettre encore à la commission française divers effets d'armement et d'équipement découverts après coup, dans des localités écartées ou saisis chez des personnes qui en étaient les détenteurs illégaux.

Tout ce qui put être découvert fut aussitôt restitué, mais, ainsi que nous l'avons dit déjà, le fait que les habitants des villages français frontières vendaient chez nous les armes et effets ramassés le long de notre territoire, rendait chaque jour plus difficile la saisie juridique des équipements de l'armée de l'Est, aussi fut-on bientôt forcé de renoncer à toute poursuite, en laissant aux citoyens qui en possédaient, sachant qu'ils les tenaient d'une source illégitime, la honte d'avoir profité des désastres d'une armée et du malheur d'un peuple voisin, pour s'approprier ses dépouilles.

CHAPITRE SIXIÈME

Délits commis pendant l'internement ; leur répression. — Jugement des tribunaux. — Affaire Huot et consorts. — Service sanitaire auprès des internés ; les décès, leur proportion, leur cause. — Résumé de la question financière ; emprunt fédéral ; comptes généraux ; rembours des frais par la France.

Nous avons eu l'occasion de faire remarquer à plusieurs reprises, combien la discipline était relâchée dans l'armée de l'Est, de l'aveu même des chefs qui la dirigeaient ; nous avons signalé l'état de complet désarroi dans lequel elle s'est présentée à notre frontière et les actes regrettables qui ont accompagné son entrée en Suisse ; ce manque de respect vis-à-vis des officiers ; ces ventes illicites d'objets qui ne leur appartenaient point ; l'absence de cette solidarité qui doit exister entre soldats et camarades dans le malheur comme dans les jours heureux où la victoire guidait leurs pas ; tout cela avait fait craindre que la surveillance de cette quantité de soldats ne fût difficile et qu'on eût à réprimer de nombreux actes d'indiscipline ou d'insubordination.

Les éléments hétérogènes qui composaient cette armée, la hâte qu'on avait mise à rassembler les hommes valides pour renforcer les corps en campagne, sans se préoccuper de les instruire ni de leur faire connaître les lois de la discipline militaire, le bruit qui courait, que plusieurs compagnies de discipline d'Afrique avaient été versées dans l'armée ; tout cela concourait à faire naître des craintes sur la manière dont ils se comporteraient pendant le séjour forcé qu'ils étaient appelés à faire au milieu de nos populations.

Cependant, la véritable bonhomie, accompagnée peut-être d'une forte dose de nonchalance, bien explicable dans ce moment-là, avec laquelle de fortes colonnes se laissèrent conduire à travers la Suisse par quelques hommes d'escorte ; la vive reconnaissance que chaque soldat témoignait aux personnes charitables qui les soignaient, les accueillaient, leur donnaient de la nourriture ou des vêtements, ne tardèrent pas à dissiper les craintes qu'on avait conçues à leur sujet. Un homme, un soldat, dont le cœur est touché des soins dont il est l'objet, dont les yeux expriment la gratitude, n'a pas perdu les sentiments d'honneur qui lui feront respecter l'hospitalité qu'il doit à des étrangers.

L'expérience a prouvé que la confiance qu'on avait placée dans leur honnêteté et leur loyauté n'a point été trompée.

En effet, on a constaté avec surprise, combien était petit le nombre des délits qu'on a eu à leur reprocher, une fois que l'armée entière eut été installée dans ses dépôts.

Ainsi que nous l'avons dit déjà, les cas d'indiscipline, d'insubordination, d'ivrognerie répétée ou d'autres fautes analogues, furent punis par l'envoi des coupables au fort du Luziensteig. Leur nombre total s'est élevé à 153, dont 3 officiers de mobiles.

Les fautes plus graves, qui ont été déférées aux tribunaux militaires, sont toutes des délits communs, dont le vol a été généralement le mobile ; vingt-neuf cas ont été jugés, qui se répartissent comme suit :

Huit vols simples.
Six vols accompagnés de faux en écriture.
Trois tromperies et malversations.
Une usurpation de grade accompagnée de malversation.
Un pour mauvais traitements envers un camarade.
Un pour coups et blessures à un supérieur.
Huit ont été impliqués dans l'affaire de la Tonhalle, à Zurich, et
Un a été mis en accusation pour actes contraires au droit international (Huot et consorts).

Parmi les sentences qui furent prononcées, il y en eût vingt-deux qui condamnèrent à l'emprisonnement, deux à la réclusion et cinq qui libérèrent le prévenu.

En voici le détail :

Un a été condamné à quinze jours de prison.
Un, à trois semaines.
Un, à un mois.
Trois, à deux mois.
Cinq, à trois mois.
Un, à quatre mois.
Un, à cinq mois.
Cinq, à six mois.
Un, à huit mois.
Trois, à un an d'emprisonnement, et
Deux, à un an de travaux forcés.

Parmi les vingt-neuf prévenus, deux appartiennent aux francs-tireurs ; deux aux mobiles, dont un sergent; trois, dont un fourrier, à des régiments de ligne; deux à la marine ; huit à des régiments de marche, dont un sergent-major et un sergent; un aux chasseurs d'Afrique ; un aux chasseurs à cheval; un Arabe du 1er régiment de turcos : un artilleur et un zouave.

Sept officiers furent impliqués dans l'affaire de la Tonhalle, dont trois furent condamnés à trois mois de prison, ainsi qu'on l'a vu plus haut, et les quatre autres libérés.

Tous les condamnés subirent leur peine dans les prisons du Canton où le délit avait été commis et au fur et à mesure qu'elle fut expirée, ils furent renvoyés dans leur pays.

Le capitaine de francs-tireurs Huot, qui, ainsi que nous l'avons raconté déjà, avait attaqué à la tête d'une bande de francs-tireurs une petite troupe de soldats allemands qui rentrait dans ses cantonnements, après avoir déposé à notre premier poste frontière mille fusils, que le général allemand renvoyait au général français, fut arrêté par nos troupes lorsqu'il vint en triomphe livrer ses prisonniers et réclamer les armes que ceux-ci venaient de nous remettre.

L'officier qui commandait l'extrême poste frontière avait été révolté et blessé dans ses sentiments d'honneur, ainsi que les hommes sous ses ordres, de la manière lâche et traîtreuse avec laquelle ces francs-tireurs avaient assailli une petite troupe sans défense, marchant sous la protection du drapeau blanc et qui venait d'accomplir une mission tout à l'avantage de la France, sous la sauvegarde du droit international.

Sa conduite fut approuvée par le général en chef, qui déféra Huot et les hommes qui avaient été arrêtés avec lui, au tribunal militaire, sous prévention d'actes portant atteinte au droit international, attendu que la convention entre les généraux français et suisse avait déjà été conclue, lorsque fut commis cet acte difficile à qualifier autrement qu'un assassinat.

Comme le guêt-apens avait été commis en France par des Français, ceux-ci ne pouvaient être jugés en Suisse, sur le chef de meurtre et de pillage, mais seulement en vertu de l'art, 45 du Code pénal militaire fédéral qui dit :

« Celui qui commet un acte contraire au droit international, de nature à pouvoir occa-
» sionner ou justifier les hostilités d'une puissance étrangère contre la Confédération,
» sera puni, si le délit ne doit pas être qualifié trahison, d'un emprisonnement de six
» mois au moins, et s'il en est résulté un danger ou un dommage, de la réclusion pen-
» dant cinq au plus. »

Le Tribunal militaire fédéral pour la Suisse-Occidentale, s'assembla à Neuchâtel pour juger cette cause, dont la presse suisse et étrangère s'était occupée et qui avait produit une certaine sensation dans notre pays.

Huot, Louis-Joseph, ayant une commission de capitaine de francs-tireurs, âgé de 31 ans, et sept francs-tireurs, dont un nègre, furent interrogés sur les faits de l'accusation.

Le lieutenant Klæhn et le sergent-major Dr Grossmann, cités comme témoins, n'ont pas paru, le général prussien sous les ordres duquel ils se trouvaient n'ayant pas autorisé leur comparution, mais ayant offert de les interroger par l'auditeur de son armée, suivant un questionnaire à envoyer dans ce but.

Après avoir entendu les plaidoiries, le Grand Juge retrace aux Jurés la tâche qu'ils ont à remplir, puis il leur pose par écrit les questions auxquelles ils auront à répondre, comme suit :

« L'accusé Huot, Louis-Joseph, capitaine de francs-tireurs français, après être entré
» sur territoire suisse, postérieurement à la convention conclue le 1er février 1871, entre
» le général en chef de l'armée suisse et le général en chef de l'armée française, est-il
» rentré sur le sol français, alors qu'il savait qu'un détachement de l'armée prussienne,
» après avoir accompagné en Suisse un convoi d'armes, regagnait ses cantonnements en
» France, pour y prendre part à une lutte armée avec ce détachement? »

La même question est posée pour les sept francs-tireurs, ses co-accusés.

Les Jurés ayant délibéré entr'eux, rentrent dans la salle du tribunal et leur chef déclare, que toutes les réponses du Jury ont été négatives par sept voix contre une : en conséquence le Grand-Juge prononce l'acquittement de tous les accusés.

Ce verdict tout à fait inattendu fut accueilli diversement par la population, mais on ne peut nier qu'il causa une pénible surprise à la majorité des Suisses et surtout dans l'armée.

Nous ne devons pas omettre, que tant que des indices vinrent signaler à l'attention de l'autorité la présence d'armes ou d'effets de guerre dans les mains de particuliers, les Juges de Paix instruisirent des enquêtes pour provoquer leur saisie ou pour constater le droit des détenteurs à leur possession.

Ce fut surtout dans le Canton de Vaud, que les fonctionnaires de l'ordre judiciaire mirent le plus de zèle à découvrir les coupables et à faire restituer les objets détenus illicitement.

Pendant l'été, des perquisitions furent entreprises par dix-sept Juges de Paix et elles firent découvrir 406 armes à feu de divers systèmes, qui furent envoyées au dépôt de Morges, malgré la réclamation, appuyée par le Département militaire de Vaud, de quelques personnes qui prétendaient les avoir achetées ou les avoir reçues en cadeau d'officiers supérieurs français. Dans une commune on trouva même un canon dont les habitants s'étaient emparés.

Une autre bouche à feu fut également découverte dans un jardin où on l'avait enfouie.

On découvrit en même temps, que dans diverses localités touchant à la frontière, des brocanteurs français fournissaient à bas prix une quantité d'armes ramassées en France, dans la contrée qui avait été le théâtre des derniers combats de l'armée de l'Est.

La Légation de France qui en fut immédiatement avisée, prit les mesures nécessaires pour que les Autorités françaises missent fin à ce commerce illicite qui écoulait chez nous une quantité d'armes volées.

Les lois qui régissent le Canton de Neuchâtel n'interdisant nullement le commerce des armes et le cas particulier n'étant pas prévu, on n'avait ni le droit ni la possibilité de poursuivre les ressortissants de ce Canton qui servaient d'intermédiaire à ces transactions et qui payaient régulièrement les droits d'entrée fédéraux; aussi ce ne fut que quand une sévère surveillance eut été établie par les Autorités voisines qu'on les vit cesser.

A l'occasion des recherches qui se firent dans le Canton de Vaud, à la demande de l'Autorité fédérale, le Département militaire cantonal crut devoir lui signaler, le 26 septembre, le fait qu'une assez grande quantité d'armes françaises devait se trouver dans la Suisse allemande, car, disait-il, tandis que des officiers français donnaient des fusils à des militaires vaudois, les officiers des bataillons n° 34 de Zurich et n° 17 d'Argovie y mettaient plus d'empressement; que beaucoup d'entr'eux se servaient eux-mêmes et qu'ils étaient tous munis d'un chassepot, qu'ils portaient en bandouillère lorsqu'ils changeaient de cantonnement.

Le Département fédéral fit aussitôt procéder à une enquête sur ces faits, dans les Cantons susdits et auprès des bataillons incriminés.

Il résulte des informations précises qui lui parvinrent, qu'en effet, un certain nombre d'officiers et de soldats de la 14ᶜ brigade, avaient pris des armes ou des pistolets à titre de souvenir, au moment de l'entrée de l'armée, ou lorsqu'ils en trouvèrent qui gisaient çà et là, les jours qui suivirent, mais que l'ordre du jour du 15 février, fit restituer toutes les armes ou autres objets en mains des militaires faisant partie de la brigade; une inspection minutieuse faite aussitôt après, n'amena la découverte d'aucun objet caché.

Le bataillon n° 34 et la compagnie de dragons n° 8, qui se trouvaient détachés à Genève, furent également inspectés dans ce but les 17 et 18 février, et tout ce qui fut déposé par les soldats ou les officiers ou découvert par l'inspection, fut remis contre quittance, au délégué de l'Autorité militaire genevoise; ce sont :

Vingt-trois fusils de divers modèles ;

deux sabres de cavalerie ;

vingt-cinq pistolets de cavalerie, et

divers spécimens de munitions.

Il avait été procédé de même auprès du bataillon d'Argovie n° 17, et il fut constaté que, lorsqu'il fut rentré dans ses foyers et qu'il eut réinstallé ses fourgons à l'arsenal d'Aarau, on trouva plus tard dans l'un d'eux en le nettoyant, cinq chassepots, cinq fusils d'un autre système, un sabre d'officier et un yatagan, qui furent rendus à la Commission française.

Tout ce qui fut trouvé plus tard en Suisse, fut réuni et expédié en France suivant les directions de la Légation.

Les Autorités fédérales et cantonales ont fait tout ce qui était en leur pouvoir pour que rien de ce qui appartenait à l'armée de l'Est ne fut distrait de sa destination, et si quelques objets sont restés en Suisse sans que leur possession fut justifiée, cela est dû à la ruse déployée par quelques personnes peu consciencieuses.

————

Déjà, lorsque les opérations des armées belligérantes se furent rapprochées de nos frontières dans le courant de l'été de 1870 et qu'on put supposer que des combats meurtriers se livreraient dans notre voisinage, le médecin en chef de l'armée fédérale, Dr Lehmann, prit les dispositions nécessaires pour pouvoir soigner les blessés des deux armées qui viendraient à être évacués sur notre territoire et, dans ce but, il organisa à Delémont et à Porrentruy, les deux villes principales du Jura bernois, des ambulances qui n'eurent pas d'emploi, les opérations militaires s'étant portées plus au sud-ouest.

Ainsi que nous l'avons vu, les événements se succédèrent si rapidement et se déroulèrent de telle sorte, que nous nous trouvâmes entraînés à y prendre une part active, avant qu'on eût le temps de s'y préparer, et lorsque, le 31 janvier, le médecin en chef se rendit à Neuchâtel, on n'avait organisé que des hôpitaux pour nos malades et les éclopés de nos troupes et point d'ambulances pour la masse de ceux qui allaient entrer avec l'armée de Bourbaki.

Son premier soin fut de s'adresser aux établissements de santé du Canton de Neuchâtel, qui en possède plusieurs de premier ordre, et à ceux du Canton de Vaud qui étaient les plus rapprochés. On s'adressa également à Morat, à Soleure, à Olten et à Zurich, les hôpitaux devant être installés dans cette dernière ville.

Le médecin en chef signale avec surprise, dans son rapport, le fait que, dans le Canton de Vaud, l'établissement particulier de Saint-Loup fut le seul dans lequel on mit à sa disposition un certain nombre de lits. A Lausanne et à Yverdon , on refusa de recevoir des malades et ce ne fut qu'après s'être adressé directement à M. le Dr Rouge , chirurgien en chef de l'hôpital cantonal, que les demandes furent mieux accueillies et dès lors on montra dans le reste du Canton les meilleures dispositions qui ne se démentirent pas un instant. Les communes, les sociétés et les particuliers rivalisèrent de zèle pour offrir les secours dont on avait besoin.

Néanmoins, sur le premier refus des Autorités vaudoises, le médecin en chef s'adressa au chef de l'état-major de l'armée, pour l'inviter à fournir les locaux nécessaires à l'installation d'hôpitaux ou de lazarets.

A Neuchâtel, l'hôpital bourgeois, l'hôpital Pourtalès, celui de la Providence, se mirent à la disposition des médecins de l'armée. L'hospice des aliénés de Préfargier offrit même vingt lits. On rencontra le même empressement au Locle, à la Chaux-de-Fonds, à Couvet et à Fleurier.

En outre, la réserve sanitaire de l'armée , à Berne, envoya 270 lits avec le matériel suffisant pour parer à toutes les éventualités et éviter l'encombrement des malades à Neuchâtel.

Malgré tous ces préparatifs, on ne tarda pas à se convaincre qu'ils étaient insuffisants, et on allait se trouver dans le plus grand embarras lorsque des secours inattendus surgirent de toutes parts. La population s'émut et se mit en avant pour organiser les secours , s'emparer des malades et des blessés et créer des ambulances dans tous les locaux convenables, en les fournissant avec une remarquable célérité, de tout le matériel nécessaire.

Les femmes de toute classe déployèrent un zèle admirable et procédèrent aux premiers soins à donner, avec cet instinct du cœur et cette sollicitude de mère qui les rend supérieures en face de la souffrance.

On voulut essayer de séparer les malades des blessés, dès qu'ils eurent pénétré en Suisse , mais la cohue était telle et la foule s'écoulait à flots si pressés, qu'il fallut y renoncer, car il fut impossible, malgré plusieurs tentatives, de traverser les colonnes en marche pour en retirer un soldat chancelant, soutenu par des camarades.

Les premiers secours furent donnés aux troupes qui, entrées près de Ballaigues, se dirigeaient sur Orbe, par l'ambulance nº 15, établie dans cette ville , et par la 14ᵉ à Vallorbes.

A Orbe , on dut provisoirement installer des centaines de malades et de blessés dans le collége, à l'hôpital de la ville, à l'église , au théâtre, au casino et dans une maison à peine terminée et non encore habitée.

Un lazaret pour les maladies contagieuses fut établi dans la maison du tir.

Le médecin de la Vᵉ division de l'armée s'exprime comme suit, sur l'état des troupes françaises qui passèrent sous ses yeux :

« Elles avaient considérablement souffert des fatigues surhumaines qu'elles avaient
» endurées, n'ayant pour se reposer qu'un bivouac presque continuel dans la neige. Les
» marches sans fin dans une neige épaisse et par-dessus tout, une alimentation insuffi-
» sante et de mauvaise qualité avaient en peu de temps épuisé leurs forces. Si l'on
» ajoute à cet état de choses, la démoralisation complète qui s'était emparée des troupes,
» on aura une idée du désastre dont nous étions les témoins. »

On constata à Orbe, qu'un grand nombre de soldats qui arrivèrent les premiers, n'avaient rien mangé depuis 48 heures, et malgré le vif désir qu'on eût de leur donner quelque nourriture, on fut obligé de les remettre en route pour les diriger plus loin, afin de faire place aux colonnes qui débouchaient de toutes parts.

Ceux qui, trahis par leurs forces, furent dans l'impossibilité de repartir, restèrent une nuit entière dans la neige, sans qu'il fût possible de leur porter secours, et leur état s'aggrava considérablement.

Une toux sèche, stridente, incessante et vraiment affreuse se faisait entendre sur toute la longueur des colonnes ; une odeur pénétrante s'exhalait de ces poitrines exténuées ; tout cela offrait un spectacle navrant, même pour un médecin habitué à voir souffrir.

Cependant les soldats qui n'étaient qu'épuisés de fatigue, et leur nombre était énorme, furent rétablis en peu de jours et laissèrent de la place pour soigner ceux qui étaient plus gravement atteints et qui étaient provisoirement établis sur de la paille, en attendant qu'on put leur procurer des lits. Il fallut un certain temps avant que le service des hôpitaux fut convenablement installé, car les chemins de fer étant tous occupés au trans-port des convois de soldats, ne purent se charger pendant quelques jours, des lits et du matériel nécessaire.

Les rapports des médecins, et en particulier celui du médecin en chef, signalent d'une manière toute particulière le zèle, la sollicitude et l'activité que déploya la population d'Orbe et le dévouement qu'elle apporta au soulagement des maux de toute espèce dont elle fut soudainement entourée.

Cinq jours après l'entrée de l'armée de l'Est, arriva à Orbe une ambulance française se rendant tranquillement à Genève pour rentrer en France. Le Commandant de la Vᵉ division rappela le chef de cette ambulance à ses devoirs et lui donna l'ordre de rester pour soigner ses compatriotes malades. C'était l'ambulance du grand quartier-général de la 1ʳᵉ armée. Elle se composait de 17 officiers et médecins, 73 infirmiers, soldats du train et domestiques et 69 chevaux et mulets ; elle était en outre pourvue du matériel et des voitures nécessaires.

La ville d'Orbe mit à sa disposition une maison de campagne voisine de la ville, et on constata à regret, que le personnel de cette ambulance paraissait s'y plaire mieux qu'auprès des soldats qu'elle avait à soigner.

En présence de cet état de choses, on s'occupa des moyens d'évacuer en France tous les malades dont l'état le permettait, et le 8 février, on en expédia 110 à Genève pour être rapatriés, puis l'ambulance française fut licenciée.

Une ambulance avait aussi été organisée à Yverdon, mais la plupart de ceux qui y étaient ne tardèrent pas être remis suffisamment pour pouvoir être renvoyés en France.

Estavayer, au bord du lac de Neuchâtel, et Payerne, furent encombrés de malades pendant les premiers jours, mais on ne tarda pas à faire évacuer tous ceux qui purent supporter le transport.

Le bruit ayant couru, que dans ces deux villes ils se trouvaient dans le plus fâcheux état, le médecin de la Ve division se rendit sur les lieux et constata que, si on avait exagéré leur situation, il n'en était pas moins vrai qu'ils étaient placés dans des conditions particulièrement défavorables et mal installés, surtout à Payerne, où il s'en trouvait cent sept. Les cas de typhus y furent nombreux et la plupart du temps meurtriers, jusqu'au moment où on renvoya un Français qui les soignait et qui s'était présenté comme médecin sans avoir aucun titre à cette qualification.

Les troupes françaises qui pénétrèrent en Suisse par les Verrières, eurent leurs malades et leurs blessés soignés par l'ambulance n° 12, tandis qu'à Couvet, Môtiers et Fleurier, c'était la 11e qui fonctionnait.

L'ambulance internationale franco-suisse de M. Schulz-Milson, qui avait été créée à Genève, avait pu heureusement arriver aux Verrières avant le gros de l'armée. Depuis huit jours, elle se tenait sur ses derrières et recueillait les malades et les blessés, les soignait, les nourrissait, leur fournissait souvent des vêtements et restaurait les soldats épuisés.

L'église de Meudon, près des Verrières, lui fut assignée, et après le combat de la Cluse, ayant recueilli beaucoup de blessés, on mit encore la cure à sa disposition. Du 30 janvier au 3 février, cette ambulance a recueilli et donné des soins à environ six cents soldats de passage, les a nourris et pourvus des vêtements les plus indispensables.

Du 2 au 28 février, elle a soigné 180 malades ou blessés, dont 27 sont morts, et elle eut l'occasion de pratiquer de nombreuses et difficiles opérations.

L'Autorité communale des Verrières n'ayant pu fournir de maison située à l'écart, on fut obligé d'installer les varioleux dans la maison d'école.

A Fleurier, les malades et les blessés qui remplissaient les deux maisons d'école, furent remis aux soins de l'ambulance française de la division de cavalerie, placée sous les ordres de M. Sancery. Elle a rempli sa mission avec dévouement et a rendu d'excellents services. M. Fritz Berthoud, de cette ville, organisa de son côté, dans une maison particulière, une ambulance qu'il dirigea lui-même et qu'il pourvut à ses frais de tout le matériel, lits, nourriture, personnel, etc. Plus de cent malades y trouvèrent asile et les soins les plus éclairés. Plus tard, l'ambulance française fut également chargée des soins médicaux à leur donner.

Le dévouement et l'abnégation de ce citoyen généreux font honneur à son pays.

Les ambulances internationales du Locle et de la Chaux-de-Fonds avaient préparé chacune trente à quarante lits pour les troupes qui entreraient en Suisse par le col des Roches. Ces lits ne tardèrent pas à être occupés.

A Couvet et à Môtiers, l'ambulance fédérale nᵒ 11 suffisait à tous les besoins, et lorsque cela lui fut possible, elle aida l'ambulance française dans sa tâche.

Le Gouvernement de Neuchâtel avait mis les casernes de Colombier à la disposition du service sanitaire et y avait envoyé plusieurs médecins. Tous les soldats dont les pieds blessés, la fatigue ou l'épuisement empêchaient de se traîner plus loin et tous ceux qui ne pouvaient pas supporter le transport par chemin de fer, y furent installés. Comme cette ville était une étape pour les troupes, un grand nombre d'entr'elles y bivouaquèrent, et les salles des casernes furent en un instant remplies d'éclopés. Le reste des malades dût gagner à pied Neuchâtel, pour y trouver enfin le repos et une nourriture qui réchauffa leurs corps transis et leur rendit des forces.

Tout ce qui pouvait servir à leur logement avait été tenu prêt, chauffé, garni de lits ou de paille; le temple du bas de la ville, les deux collèges des garçons et plusieurs salles particulières, tout fut occupé en peu d'heures. On dut bientôt songer à installer l'hôpital principal des internés dans le collège des filles, aux Terreaux, vaste et beau bâtiment très favorablement situé. En même temps, on affecta le stand du Mail aux varioleux.

La Société internationale de secours aux blessés de Neuchâtel avait fait disposer la grande salle des Bercles pour y recevoir et y soigner environ quarante malades. Elle fut pourvue de lits par le dépôt fédéral, sur l'ordre du médecin en chef de l'armée.

En outre, chacun des établissements de santé de la ville offrit un certain nombre de lits.

L'asile civil et particulier de Landeyeux, au Val-de-Ruz, avait annoncé qu'il s'était mis en disposition de recevoir aussi des malades. Le médecin en chef ne crut pas d'abord devoir accepter cette offre obligeante, parce qu'il y avait suffisamment de place à Neuchâtel pour le moment, et qu'on manquait des moyens de transport nécessaires, requis tous pour évacuer les armes et les effets d'équipement déposés à la frontière. Mais un beau matin et sans autre avis, douze traîneaux arrivèrent devant l'hôpital de l'école des filles, pour prendre vingt-quatre malades que, bon gré mal gré, il fallut laisser partir pour Landeyeux.

Outre les nombreuses installations dont nous venons de parler, beaucoup de particuliers se chargèrent de soigner un, deux ou plusieurs soldats, dans les localités par lesquelles les colonnes passèrent et où tombaient, incapables d'aller plus loin, ces pauvres soldats brisés par la maladie ou l'épuisement.

On avait songé un instant à organiser de grands hôpitaux où auraient été dirigés tous les malades de l'armée internée, mais on ne tarda pas à renoncer à cette idée et on laissa à chaque Canton le soin d'établir des hôpitaux et des lazarets écartés pour les maladies contagieuses.

Le Comité central suisse de secours aux blessés fut invité à se mettre en rapport avec les comités cantonaux et on le pria de veiller avant tout, à ce que tous ceux qui étaient en état d'être transportés, fussent dirigés sur un établissement organisé et que ceux qui étaient encore trop malades, reçussent les soins nécessaires.

Le médecin en chef de l'armée fédérale jugea à propos de rester à Neuchâtel, pour y surveiller le service sanitaire très encombré, attendu qu'on y dirigeait tous ceux qui étaient atteints, depuis la frontière et les diverses étapes, dès que leur état n'était pas trop grave.

Il fit procéder à un triage des malades, suivant le cas dont ils étaient affectés.

On gardait un jour ou deux ceux qui paraissaient devoir se rétablir assez pour continuer leur route.

Le service des médecins fut très pénible, vu leur petit nombre relativement à la masse de soldats qui réclamaient leurs soins, mais ils furent continuellement aidés par la population dont le zèle ne se ralentit pas un seul instant.

Les médecins de corps faisant partie de la 7e et de la 13e brigade stationnaient à Neuchâtel et aidaient leurs collègues. L'ambulance n° 7 desservait le collége des filles aux Terreaux ; l'ambulance suisse n° 13 fut encore appelée et on lui adjoignit des médecins militaires dont les corps n'étaient pas mis sur pied. Enfin, on chercha à s'adjoindre aussi des médecins français, et trois d'entr'eux purent être employés assez longtemps, comme commissaires d'ambulance.

Tout à coup et sans aucun avis préalable, un train contenant 384 malades, dont on n'avait pas même séparé les varioleux, arriva du Val-de-Travers en gare à Neuchâtel. Il fallut pourvoir rapidement à leur logement et à leur donner les soins pressants que réclamaient leur état, avant de se préoccuper des motifs qui avaient nécessité cette incroyable imprudence.

On s'assura, que le médecin de division qui stationnait au Val-de-Travers avait agi en vertu d'ordres supérieurs de son chef qui avait en outre, fait publier dans tous les villages de cette vallée, que ceux qui demandaient à évacuer leurs malades sur Neuchâtel eussent à les conduire, à une heure fixée, à la station la plus rapprochée du chemin de fer.

Cette mesure avait été prise à la suite des bruits exagérés qui circulaient au sujet des maladies contagieuses apportées par les Français, et par crainte que nos troupes qui occupaient cette contrée, n'en fussent atteintes.

On peut se représenter dans quel embarras se trouvèrent tout à coup les médecins qui dirigeaient les diverses ambulances de Neuchâtel, en présence d'une augmentation pareille de malades et en face de locaux presque tous entièrement occupés. Le lazaret des varioleux était plus que rempli et on n'avait pas sous la main un autre local qu'on put facilement affecter à ce service et à celui des typhoïdes. Aussi l'alarme se répandit-elle bientôt dans la population de la ville et des réclamations furent adressées à la direction supérieure du service de santé.

Le colonel Dr Lehmann réunit aussitôt tous les médecins de Neuchâtel, ceux des ambulances et ceux des corps de troupes qui s'y trouvaient, pour aviser aux moyens de loger convenablement et de pouvoir soigner efficacement un si grand nombre de malades. Il s'agissait de trouver d'abord des locaux et de pourvoir ensuite à leur service lorsqu'ils seraient occupés.

Les médecins de la ville, jusqu'ici tout à leur affaire, dévoués à leurs malades et pleins de zèle, témoignèrent leur mécontentement de l'envoi intempestif d'un pareil surcroît d'effectif, et aucun d'entr'eux ne se montra disposé à faire des démarches pour procurer de nouvelles salles, ni même à se charger de leur service; ils demandèrent avec instance, à ce que tout ce qui pouvait l'être, fut évacué sur d'autres Cantons et à ce que les varioleux et les typhoïdes fussent également éloignés. Ils proposèrent de les transporter dans l'île de St-Pierre, au lac de Bienne, dans une position très salubre et qui est la propriété de l'hôpital des bourgeois de la ville de Berne.

Cette opinion, qui paraît avoir été celle de la grande majorité des habitants de la ville, fut soumise au général et le médecin en chef la combattit de tout son pouvoir, en insistant particulièrement sur le fait, qu'on avait évacué sur la France tout ce qu'il avait été possible de transporter, que les malades qui restaient à Neuchâtel étaient tous sérieusement, et beaucoup très gravement atteints, qu'il serait par conséquent inhumain et dangereux de les exposer à de nouvelles pérégrinations et que nos confédérés des autres Cantons seraient en droit de se révolter contre un pareil procédé et de se refuser à en recevoir de nouveaux. Il fallait donc absolument garder à Neuchâtel ceux qui s'y trouvaient en traitement ; agir autrement serait rabaisser singulièrement l'hospitalité si spontanée et généreuse dont la population de la ville n'avait cessé de donner des preuves.

Le général Herzog approuva la manière de voir du médecin en chef; les médecins de la ville et bientôt après la population se rassurèrent, et l'installation des malades put s'opérer d'une manière régulière. Peu de jours après, un certain nombre d'entr'eux furent assez remis pour être évacués sur la France ou sur l'intérieur de la Suisse ; on put alors licencier les médecins civils de la ville, le service pouvant être fait par ceux des ambulances fédérales.

L'encombrement des premiers jours ne permit pas d'établir un contrôle d'entrée des ambulances, ce ne fut que le 11 février, qu'on établit le premier état sommaire; ce jour-là, il se trouvait 895 malades dans le Canton, dont 500 dans la ville de Neuchâtel; le 14 février, ce nombre était descendu à 682, et le 15, à 611 malades, qui furent placés sous la direction supérieure du Dr de Pury, médecin en chef cantonal.

Le 23 mars, l'hôpital des Terreaux fut entièrement évacué.

A partir du 16 février, la direction générale des malades avait été confiée, ainsi que nous l'avons dit, à M. le médecin de division, major Berry, qui eut à s'occuper de la surveillance du service sanitaire des internés dans tous les Cantons. Il remplit ces fonctions jusqu'au 1er mai, époque à laquelle le médecin en chef de l'armée reprit en mains la direction de ce service et l'examen des comptes. Une ambulance volante restait à Genève, à la Gare pour les soins à donner, le mardi et le vendredi de chaque semaine, aux malades et aux convalescents rapatriés qui traversaient la Suisse ou qui venaient de nos ambulances.

Le 22 juin, il restait encore 25 malades dans toute la Suisse, et le 20 août, une seule vivandière.

Le nombre des malades qui ont été soignés régulièrement dans les hôpitaux ou les ambulances organisées, s'est élevé à 17,897. Il serait bien plus considérable encore si on y comprenait tous ceux qui ont reçu des soins un peu partout, pendant les premiers jours de février, mais on n'a pu en tenir compte, comme on le comprendra facilement, les médecins ayant eu peine à suffire à tout ce qu'on demandait d'eux et n'ayant point pris note de tous ceux qu'ils ont soignés, ni de la maladie dont ils étaient affectés.

M. le Dr Legouest, inspecteur général du service de santé des armées, fut envoyé par le Gouvernement français pour visiter les ambulances des soldats internés. Nous n'avons aucune donnée sur le résultat de sa mission, qui a été simplement notifiée, mais l'administration fédérale n'a pas eu d'autres rapports avec cet inspecteur.

Des plaintes répétées se sont fait entendre de la part de la Direction du service sanitaire, sur la manière tout à fait défectueuse dont les rapports des Cantons ont été rédigés et envoyés.

En général, les médecins chargés de la direction des ambulances cantonales ont eu beaucoup de peine à se plier à une certaine régularité dans l'envoi de leurs rapports et des états nominatifs. Il en est résulté une certaine difficulté à établir une statistique des malades, de leurs affections, de leur traitement, de la moyenne des guérisons ou des morts, enfin d'une foule de détails qui eussent été fort intéressants et utiles à connaître.

Cette absence de ponctualité a en outre compliqué le travail du bureau de renseignements, par la difficulté qu'il a eu à se procurer des indications sur les malades, au sujet desquels on désirait en France obtenir des nouvelles. Il est évident, que c'étaient précisément ceux que la souffrance empêchait d'écrire à leur famille ou de donner quelque indication qui pût servir à les faire retrouver, dont on s'informait le plus, et malgré ses fréquentes réclamations, ce bureau ne put jamais obtenir le moindre état nominatif de la direction centrale du service sanitaire pour les internés, mais seulement des données vagues sur le nombre des malades.

Nous devons donc décliner toute responsabilité, de ne pouvoir donner que fort peu de détails sur les malades de l'armée de l'Est.

Nous avons cherché, en revanche, à compenser cette lacune en établissant d'une manière aussi complète que possible, l'état des décès survenus parmi les malades pendant leur séjour et qui sont au nombre de 1701.

En premier lieu, nous avons dressé un tableau des morts survenues dans chaque cantonnement, et il eut été à désirer qu'il eût pu être comparé à la force de chaque dépôt et au nombre des malades qui y ont été traités ; mais ce dernier renseignement manquant, il a fallu se borner à indiquer les décès.

ETAT DES SOLDATS MORTS
par Canton et par dépôt.

ZURICH.	
Benken	1
Bülach	3
Eglisau	2
Horgen	4
Küssnacht	4
Pfœffikon	1
Rheinau	16
Richtersweil	1
Uster	8
Winterthour	47
Zurich	85
Stephansbourg, hôpital	21
Total pour le canton,	**193**

BERNE.	
Aarberg	5
Aarwangen	3
Affoltern	4
Belp	9
Berne	94
Bienne	6
Boltingen	1
Bœningen	2
Brienz	3
Büren	10
Berthoud (Burgdorf)	9
Erlenbach	1
Frutigen	4
Herzogenbuchsee	5
Hœchstetten	3
Huttwyl	8
Interlaken, Unterseen	12
A reporter	**179**

	Report 179
Kirchberg	3
Kirchdorf	3
Koppigen	2
Langenthal	6
Langnau	8
Lützelflüh	2
Meiringen	3
Münchenbuchsee	9
Münsingen	4
Neuveville	12
Nidau	3
Porrentruy	1
Ringgenberg	1
Rohrbach	1
Saanen	2
Seignelégier	1
Schüpfen	1
Schwarzenbourg	2
Signau	4
Steffisbourg	6
Sumiswald	10
Thoune	27
Wangen	10
Wimmis	1
Wilderswyl	1
Worb	9
Zweisimmen	1
Total pour le canton,	**312**

LUCERNE.	
Lucerne	27
Münster	1
Rathhausen	8
A reporter	**36**

Report	36
St-Urban	44
Willisau	7
Total pour le canton,	**87**

URI.

Altdorf	2
Total pour le canton,	**2**

SCHWYTZ.

Einsiedeln	4
Ingenbohl	2
Lachen	4
Schwytz	6
Total pour le canton,	**16**

UNTERWALDEN.

Ob dem Wald.

Sarnen	3

Nid dem Wald.

Stanz	7
Total pour le canton,	**10**

GLARIS.

Glaris	15
Total pour le canton,	**15**

ZUG.

Zug	17
Total pour le canton,	**17**

FRIBOURG.

Billens	7
Bulle	14
Châtel-St-Denis	2
A reporter	**23**

Report	23
Cugy	1
Estavayer	11
Fribourg	78
Hauterive	5
Morat, Meyriez	8
Romont	7
Total pour le canton,	**133**

SOLEURE.

Olten	5
Soleure	32
Total pour le canton,	**37**

BALE.

Bâle-Ville.

Bâle	22

Bâle-Campagne.

Liestal	9
Total pour le canton	**31**

SCHAFFHOUSE.

Neunkirch	1
Schaffhouse	12
Thayingen	2
Unterhallau	1
Total pour le canton,	**16**

APPENZELL.

Hérisau	21
Total pour le canton,	**21**

ST-GALL.

Altstætten	3
Berneck	1
Bitzibad	8
A reporter	**12**

Report 12

Ebnat	1
Flawyl	2
Gossau	6
Mels	12
Neu-St-Johann	4
Rapperesweil	9
Rorschach	11
St-Fiden	2
St-Gall	43
Steinach	3
St-Pirmensberg	1
Utznach	1
Wallenstadt	13
Wattwyl	1
Wyl	2
Total pour le canton,	**123**

GRISONS.

Coire	10
Total pour le canton,	**10**

ARGOVIE.

Aarau	30
Aarburg	4
Baden	1
Bremgarten	1
Brugg	2
Fisibach	1
Kœnigsfelden	10
Klingnau	1
Lenzbourg	2
Muri	22
Rheinfelden	4
Schinznach	22
Total pour le canton,	**100**

THURGOVIE.

Arbon	3
Bischoffszell	7
Frauenfeld	20
Grüneck	10
Münsterlingen	10
Tægerweilen	1
St-Katharinenthal	15
Weinfelden	10
Total pour le canton,	**76**

VAUD.

Avenches	18
Aigle	1
Ballaigues	6
Baulmes	1
Bière	35
Concise	1
Cossonay	15
Echallens	3
Grandson	2
Lausanne } Hôpital de Cery }	47
Hôpital St-Loup	1
Lavey	3
Lignerolle	1
Morges	30
Moudon	10
Nyon	2
Orbe	10
Payerne	53
Pully	1
Ste-Croix	7
St-Saphorin	1
Vevey	2
Yverdon	10
Total pour le canton,	**261**

<table>
<tr><td>

VALAIS.

Brigue	2
Monthey	1
Sierre	1
Sion	2
Vouvry	1
Total pour le canton,	**7**

NEUCHATEL.

Chaux-de-fonds	1
Colombier	25
Couvet	4
Epagnier	1
Fleurier	33
Landeron	1
Landeyeux	10
Locle	1
Môtiers	9
Neuchâtel	104
St-Aubin	1
Verrières	35
Total pour le canton	**225**

GENÈVE.

Genève	9
Total pour le canton	**9**

</td><td>

RÉCAPITULATION.

Zurich	193
Berne	312
Lucerne	87
Uri	2
Schwyz	16
Unterwalden	10
Glaris	15
Zug	17
Fribourg	133
Soleure	37
Bâle	31
Schaffhouse	16
Appenzell	21
St-Gall	123
Grisons	10
Argovie	100
Thurgovie	76
Vaud	261
Valais	7
Neuchâtel	225
Genève	9
Total général,	**1701**

</td></tr>
</table>

Les certificats de décès ont servi de base à l'établissement du second tableau, dans lequel les morts sont classés suivant le genre de maladie à laquelle ils ont succombé.

On remarquera que 66 sont portés sous la rubrique « cause inconnue ou non indiquée. »

Une vingtaine d'entr'eux sont des malheureux soldats qui ont succombé sans secours, lors de l'entrée de l'armée et qu'on a trouvés péris le long des routes, dans les bois, ou le matin, dans les locaux où ils avaient trouvé un abri momentané. La mort de quelques-uns a pu provenir sans doute, de ce qu'ils ont reçu tout à coup, une nourriture trop abondante et trop substantielle pour leurs estomacs affaiblis.

Les autres proviennent, de ce que des médecins, en écrivant ou faisant rédiger l'acte de décès d'un malade, se contentaient d'indiquer à la rubrique « cause du décès » le mot « maladie », ce qui était en effet assez probable et ne les compromettait point.

Ce sont le typhus, la pneumonie et la variole qui ont fait le plus de victimes.

Sur ces 1701 morts, il n'y en a eu que 42 qui proviennent de blessures, ce qui vient encore à l'appui de ce que nous avons dit plus haut, c'est que l'armée était plus démoralisée par des fatigues extraordinaires et des privations de toute espèce, que par les combats.

TABLEAU STATISTIQUE DES MALADIES

AUXQUELLES ONT SUCCOMBÉ LES SOLDATS DE L'ARMÉE DE L'EST

Méningite, fièvre cérébrale, inflammation de la dure-mère, congestion cérébrale	18	Report	382
Apoplexie, hémorrhagie cérébrale	16	Ulcus rotundus ventriculi	1
Encéphalite	2	Diarrhée, catharre intestinal, entérite chronique	9
Paralysie, myélite	2	Foie, atrophie jaune aiguë, atrophie, icterus, hepatitis	4
Epilepsie, attaque subite d'éclampsie	2	Peritonite, perforation intestinale	6
Tétanos	3	Nephritis, maladie de Bright	6
Ischias	1	Hydropisie	4
Angine, pharyngitis	5	Dyssenterie	36
Bronchite capillaire	45	Diphtéritis	4
Pneumonie, péripneumonie, pleuropneumonie, fluxion de poitrine	178	Typhus, fièvre typhoïde, typhus abdominal, fièvre ataxique	905
Phthisie, purulente, pulmonaire	34	Fièvre scarlatine	6
Tuberculose, pulmonaire, intestinale	37	Rougeole, morbilli	3
Emphysème	1	Variole	156
Pleurésie, hydrothorax, empyema, hydropneumothorax	24	Rhumatisme aigu	1
Oedema pulm.	6	Catharre	5
Cœur, affection organique, péricardite, embolie	6	Scorbut, diathèse hémorrhagique	2
Inflammation d'estomac, embarras gastrique fébrile	2	Syphilis	2
		Diabetes mellitus	2
A reporter	382	A reporter	1534

	Report	1534
Congélation		1
Noyé par accident		4
Epuisement, marasme extrême		6
Empoisonnement par alcool		1
Suite de blessures, pyémie, gangrène, phlegmon gangreneux		42
A reporter		1588

	Report	1588
Explosion de l'arsenal de Morges		23
Accident de chemin de fer à Colombier		24
Cause non indiquée ou inconnue		66
Total des décès		1701

N.-B. — Sur les 66 morts dont la cause n'a pas été indiquée sur l'acte de décès établi par les médecins, il y en a 51 dans le canton de Vaud, dont 33 à Payerne seulement, et pas un de ceux-là n'est décédé avant le 6 février; la plupart sont morts dans l'intervalle du 6 au 22 février; 8 autres sont morts dans le canton de Neuchâtel, lors de l'entrée de l'armée; 1 à Genève, 3 dans le canton de Fribourg, dont deux lors du rapatriement et 3 dans le canton de Berne.

Jusqu'en automne de 1873, on eût à correspondre avec les autorités françaises, au sujet des soldats morts, la plupart du temps à cause des actes de décès établis d'une manière incomplète ou fautive et afin de certifier leur indentité.

L'Administration eut ensuite à s'occuper de réunir tous les objets personnels laissés par les décédés.

Chaque Canton dût les envoyer à Berne dans des paquets séparés, soigneusement étiquetés et accompagnés d'un état nominatif avec la désignation exacte de chaque objet, même ceux de la plus minime importance et de la moindre valeur, tels que boutons, peloton de fil, etc., car ces babioles pouvaient devenir de précieuses reliques pour les mères, les femmes ou les bien-aimées de ces pauvres soldats, morts sur la terre étrangère.

Tous ces objets furent remis contre quittance, à la Légation de France, qui doit les avoir fait parvenir à qui de droit.

Quant aux effets d'habillement et d'équipement qui avaient été délivrés aux soldats par l'Etat, et qui étaient par conséquent sa propriété, on les fit adresser à M. le lieutenant-colonel Tricoche, Directeur du matériel de guerre français à Colombier, afin qu'il pût les comprendre dans les envois qui étaient dirigés sur la France. Cependant, tous les habillements ne furent pas rendus; on fut obligé d'en brûler un certain nombre qui avaient été portés par des soldats atteints de maladies contagieuses et qui étaient en trop mauvais état pour valoir la peine d'être désinfectés, opération qu'on faisait subir en général, à tous les vêtements.

On donna les instructions nécessaires aux Cantons, par la circulaire ci-après, du 10 mai.

Le Département militaire fédéral, aux Autorités militaires des Cantons.

En nous référant à l'article 20, des instructions rendues le 1er février dernier, concernant les militaires français internés et décédés en Suisse, ainsi qu'à nos circulaires des 17 et 21 du même mois relatives au même objet, nous venons vous prier de bien vouloir faire expédier à la Direction du matériel de guerre de la première armée française, à Colombier, tous les effets d'habillement et d'équipement provenant des soldats français décédés dans votre Canton.

Ces effets devront être soigneusement empaquetés et porter sur une adresse qui devra être cousue sur le paquet de chaque intéressé, ses noms, le lieu et la date de sa mort ainsi que l'indication exacte du contenu du paquet.

Chaque envoi devra être accompagné d'un état en deux doubles, contenant les noms des décédés et l'inventaire des effets expédiés à Colombier. L'un de ces doubles restera entre les mains de M. le lieutenant-colonel Tricoche, chargé de la direction du matériel français qui renverra l'autre acquitté au Canton expéditeur.

Les envois devront être affranchis et ces frais portés au compte de l'internement.

Le Chef du Département militaire fédéral,
WELTI.

Plus tard, quelques effets furent encore retrouvés et, d'après les directions que la Légation de France reçut du ministre de la guerre, ils furent tous envoyés au magasin central d'habillement, à Lyon.

Tous les soldats français morts sur le sol helvétique, ont été ensevelis dans les cimetières, avec les mêmes égards et les mêmes soins, que cela est le cas pour les habitants du pays.

Dans quelques localités, à Thoune, par exemple, on les a réunis dans un enclos particulier entouré d'une palissade, afin de ne pas les disséminer dans le cimetière, ce qui aurait eu lieu si on les avait ensevelis dans l'ordre de leur décès.

Des comités s'instituèrent pour donner un souvenir à ces malheureux soldats morts loin de leur famille et pour perpétuer leur mémoire, afin que leurs parents et leurs amis pussent, au besoin, retrouver le lieu de leur repos.

Des pierres funéraires furent élevées au moyen de souscriptions publiques, et dans plusieurs localités elles prirent des proportions monumentales, grâce à la générosité des donateurs. Leur dédicace eut, en général, lieu avec une certaine solennité et au milieu d'un grand concours de spectateurs, par les autorités locales accompagnées du clergé catholique et protestant et des sociétés françaises de secours. Il serait trop long de citer ici toutes les localités où des monuments furent élevés sur la tombe des soldats de l'armée de l' Est, et de faire le récit des cérémonies qui eurent lieu pour les consacrer, mais on peut ajouter qu'elles furent souvent touchantes et toujours accompagnées d'une foule nombreuse et toute sympathique.

Au moment de la déclaration de guerre, la Confédération suisse pouvait disposer de quatre millions et demi de francs environ.

Cette somme se composait, d'un demi-millon de monnaie de billon déposé dans les caves de la Caisse d'Etat ; de deux et demi millions, solde du dernier emprunt contracté pour l'achat d'armes à chargement par la culasse ; des créances ; du fonds de réserve déposé dans divers établissements de crédit et destiné à solder les travaux de défense contre les inondations.

Ces ressources étaient loin d'être suffisantes pour maintenir le pays en état de défense pendant un laps de temps un peu prolongé et comme on ignorait combien de temps la guerre durerait et jusqu'où elle s'étendrait, il fallut aviser aux moyens de se procurer les fonds nécessaires pour tenir l'armée sur pied de guerre aussi longtemps que les événements nous y obligeraient.

L'argent monnayé circulait en abondance en Suisse ; les complications politiques qu agitaient la France avaient fait rentrer beaucoup de capitaux qui chômaient ; des envois considérables d'argent étaient venus chercher un refuge plus sûr chez nous, l'occasion paraissait donc très propice à l'émission d'un emprunt, et on choisit de préférence le mode des bons de caisse, remboursables à un an et au taux de $4 \ ^{1}/_{2}\ \%$, avec les intérêts payables d'avance et une commission de demi pour cent pour les souscripteurs de cent mille francs et en sus.

Quoique sur le seul bruit d'un projet d'émission de ces bons, on eût fait entrevoir que la Caisse fédérale trouverait facilement des sommes considérables en Suisse , le Consei fédéral ne crut pas devoir se borner à ce seul moyen, n'étant pas sûr de pouvoir trouver les ressources suffisantes aussi rapidement que cela serait nécessaire. Un certain nombre de maisons de banque suisses ayant en outre, témoigné le désir que cet emprunt fut conclu de préférence à l'étranger, on chargea M. le conseiller national Feer-Herzog, qui se trouvait alors à Paris, de le négocier sur cette place ou autre part, s'il le fallait e d'indiquer les conditions auxquelles on pourrait obtenir ces capitaux.

Il sembla au premier abord, que les démarches tentées par notre délégué avec le concours du ministre de Suisse, auraient un résultat favorable. La Banque de France se montra disposée à faire l'avance de quatre à six millions de francs au taux courant, moyennant une commission raisonnable et à la condition formelle que cette opération serait conclue par l'intermédiaire de maisons de banque suisses. Mais au moment où cette affaire allait être conclue, la Banque de France ajouta à ces conditions, la clause que les capitaux prêtés par elle ne pourraient être employés que dans un but militaire. Les maisons de banque intermédiaires déclarèrent ces conditions inacceptables.

Comme la ratification du ministre des finances et du ministre des affaires étrangères était en outre réservée, le Conseil fédéral renonça immédiatement à traiter sur ces bases, par des raisons faciles à apprécier.

Sur ces entrefaites, l'argent était devenu extrêmement rare sur le continent. La Banque de France n'escomptait plus le papier suisse dans les mêmes conditions et ne négociait même plus que les effets provenant de fournitures de marchandises.

M. Feer-Herzog fut alors chargé de faire une tentative en Angleterre, mais elle fut moins heureuse qu'à Paris, malgré que M. le consul général Streckeisen eut joint ses efforts aux siens.

Une association de banques anglaises offrit en premier lieu, pour six mois, une somme de cinq millions, mais à un taux si exorbitant, qu'en additionnant la commission, la perte au change et d'autres indemnités, il s'élevait à 36 %, ce qui naturellement fit abandonner ces offres. Plus tard, de nouvelles propositions furent un peu moins onéreuses, quoique les frais s'élevassent encore au 20 %.

Tous les projets qui furent soumis à nos délégués, aboutissaient à la même combinaison, savoir, que la Confédération devait s'engager à émettre plus tard, par l'intermédiaire des maisons de banque qui faisaient l'avance, un emprunt définitif à un taux élevé et au-dessous du pair, ou bien à payer une indemnité proportionnée à l'avance; ainsi le premier groupe de banquiers demandait cinq cent mille francs pour une avance de cinq millions; plus tard, il offrit de la réduire à 375,000 francs.

A son retour de Londres, M. Feer-Herzog reçut de maisons de banque de Paris l'offre de deux ou trois millions de francs au 6 ou 8 %, pour six mois ou un an, à condition que la Confédération rembourserait le capital par les titres d'un emprunt à 5 %, au cours de 90.

D'autres offres furent faites encore, qui ne différaient pas en réalité de celles qu'on avait traitées à Londres.

Pendant ce temps, il avait fallu suffire à des dépenses militaires assez considérables, et comme en même temps les banques suisses, auxquelles la Confédération avait confié des capitaux, ne pouvaient les rembourser avant l'expiration du délai d'avertissement, le Conseil fédéral décida, le 16 août, d'élever de 4 1/2 à 6 0/0 le taux de ses bons de caisse. A ce moment, on en avait pris déjà pour deux millions environ, et peu de jours après cette décision, la Confédération put disposer de 6,700,000 francs. On bonifia naturellement aux premiers souscripteurs à 4 1/2 %, la différence d'intérêt de 1 1/2 %. Avant l'élévation du taux de l'intérêt, la Caisse fédérale avait reçu environ 646,000 francs par l'émission de billets à ordre 6 %, à trois et à six mois.

Cet emprunt n'a point occasionné dans la circulation monétaire le trouble que l'on semblait redouter ; la crise monétaire que la Suisse a traversée a pris sa source dans le manque de confiance, que les événements justifiaient suffisamment, bien plus que dans la pénurie métallique.

Cette émission de bons de caisse a prouvé une fois de plus, que lorsque la Confédération a besoin d'argent, elle doit s'adresser au pays pour l'avoir rapidement et à bon marché, plutôt que de passer par les fourches caudines des établissements de crédit de l'étranger.

Les bons de caisse ayant été émis pour un an au plus, il devint nécessaire de se préoccuper à temps, du moyen de les rembourser.

Les affaires commerciales avaient subi une stagnation prolongée pendant la guerre, et, comme au mois de janvier 1871, on remarqua une grande affluence de numéraire, le moment parut favorable à la conclusion d'un emprunt destiné à régulariser le paiement des anciennes obligations et à faire face aux nouvelles dépenses qui, selon toute apparence, allaient incomber à notre pays.

Le Département fédéral des finances institua donc une commission, composée d'économistes et d'hommes versés dans cette question, qui présentèrent deux rapports, l'un sur la situation financière, l'autre sur les nouvelles acquisitions d'armes à feu portatives et de matériel de guerre qui devaient avoir lieu dans un temps plus ou moins rapproché et auxquelles on devait pouvoir faire face sans nuire au service des autres administrations. Cette commission proposa l'émission d'un emprunt de quinze à vingt millions et fut unanime à déclarer que, pour en assurer la réussite, il devait être émis au pair et à 5 % d'intérêt.

Pour en arriver à fixer le montant de l'emprunt à quinze millions, la commission se basait sur les calculs suivants :

Etat des capitaux fédéraux et des espèces en caisse à la fin de 1869   Fr.   8,456,000
dont il y avait à déduire :

1° Le fonds de roulement nécessaire à l'Administration fédérale   .   .   »   2,500,000

A reporter,   Fr.   2,500,000

Report,   Fr. 2,500,000

2º Le double contingent d'argent, aux termes de l'article 40 de la Constitution fédérale . . . .   » 2,080,000

3º Le solde disponible du crédit de 10,741,350 francs pour achat d'armes, s'élevant à . . . .   » 3,288,000

4º La somme qu'il faudra probablement ajouter à ce crédit et qui, d'après les calculs du Département militaire, s'élèvera à . . . . .   » 1,000,000

5º La dépense pour l'achat de 25,000 fusils Vetterli (avec les munitions) commandés ultérieurement . . . .   » 2,400,000

6º La contre-valeur du fonds de réserve de la monnaie . . . . . .   » 662,000

Ensemble   Fr. 11,930,000

Les ressources disponibles étant de . . . .   » 8,456,000

il reste à couvrir une somme de . . . : . . . .   Fr. 3,474,000

Les frais d'occupation des frontières étaient alors évalués à . . .   » 10,000,000

Somme à couvrir . . . .   Fr. 13,474,000

ou en chiffres ronds treize millions cinq cent mille francs.

Sur cette somme de dix millions à laquelle sont évalués les frais d'occupation des frontières, ne figure AUCUNE des dépenses faites pour les internés, car au moment où la conclusion de cet emprunt fut décidée, l'armée française venait d'entrer en Suisse. Le 3 février, le Conseil fédéral décida de fixer le cours d'émission à 97, et le taux de l'intérêt à 4 1/2 %, l'argent étant à ce moment partout très abondant; le montant total de l'emprunt fut également fixé à quinze millions.

Au premier abord, il ne parut pas rencontrer beaucoup de faveur, surtout dans la Suisse romande, d'où on s'attendait cependant à une forte participation, et si on eut suivi alors les conseils qui se firent jour à ce moment-là, on eût élevé le taux de l'intérêt ou abaissé le cours de l'émission. Mais vers le milieu du délai, fixé à dix jours pour la souscription, on en reçut quelques-unes très importantes, et il ne resta dès lors plus aucun doute, que l'emprunt serait couvert et au-delà. En effet, le 20 février, jour de la clôture de la souscription, elle s'élevait à fr. 106,126,500, dont fr. 4,754,700 de conversions.

Voici de quelle manière ces chiffres se répartissent sur les Cantons :

Zurich . . . . Fr. 27,008,000

Berne . . . . » 12,791,500

Lucerne . . . . » 824,000

A reporter,   Fr. 50,623,500

Report,	Fr.	50,623,500
Uri	»	46,000
Schwyz	»	209,000
Unterwalden	»	500
Glaris	»	1,320,000
Zoug	»	418,000
Fribourg	»	345,500
Soleure	»	969,500
Bâle	»	23,689,500
Schaffhouse	»	907,000
Appenzell	»	280,000
St-Gall	»	7,496,000
Grisons	»	3,785,500
Argovie	»	3,339,000
Thurgovie	»	998,000
Tessin	»	347,000
Vaud	»	6,060,500
Valais	»	24,500
Neuchâtel	»	7,013,500
Genève	»	6,733,000
	Fr.	105,514,500
Etranger	»	612,000
	Total Fr.	106,126,500

Il est hors de doute, que dans cette somme, il y a un certain nombre de souscriptions qu'on ne peut considérer comme réelles, car elles ont été portées à un chiffre exagéré en prévision des réductions qui seraient faites, mais malgré cela, le résultat de cette opération n'en prouva pas moins, que la Suisse dispose d'une puissance véritable en capitaux nationaux. Cette puissance est d'autant plus remarquable, qu'elle a déjà eu plusieurs fois l'occasion de se manifester, quoique dans de moindres proportions, et elle est une nouvelle preuve que, dans les moments pressants, l'administration fédérale peut et doit s'appuyer sur le pays pour la conclusion d'un emprunt.

Les réductions proportionnelles furent opérées, non sans difficulté, par la raison que le Conseil fédéral décida, le 3 mars, de favoriser les petites souscriptions et de les admettre toutes, car c'était à elles, en réalité, qu'on devait la réussite de l'emprunt et parcequ'elles n'avaient point été faites en vue d'une spéculation, mais bien d'un placement sérieux. Les sommes plus considérables furent alors réduites proportionnellement jusqu'au chiffre de cinquante mille et le résultat de ce travail fut, que le total de l'emprunt dût être augmenté de 600,000 francs.

Les titres définitifs furent classés en quatre séries, comme suit :

Série A. Titres de fr. 500	Fr. 2,311,000
Série B. Titres de fr. 1000	» 10,304,000
Série C. Titres de fr. 5000	» 2,375,000
Série D. Titres de fr. 10000	» 610,000
	Fr. 15,600,000

Nous avons maintenant à résumer aussi brièvement que possible, les comptes de l'internement de l'armée française et la manière dont ils ont été établis.

La comptabilité renferme deux sortes de dépenses; les unes soldées directement par le Commissariat fédéral des guerres central, les autres faites par les Cantons, dont chacun d'eux établit un compte séparé des frais de l'internement. Ils reçurent, à cet effet, des avances de la Confédération et lorsque l'armée française fut rentrée dans son pays tous les comptes cantonaux furent soumis à une révision complète par les soins d'un bureau spécial, placé sous les ordres de M. le major fédéral de Grenus.

Quoique le Département militaire eût donné des instructions très précises au sujet de la manière dont les comptes devaient être établis, les premiers qui parvinrent au Commissariat variaient tellement entr'eux, qu'on fut obligé de les retourner avec l'injonction de s'en tenir strictement aux bases posées par l'Autorité supérieure. En outre, on jugea à propos de fixer quelques indemnités d'une manière uniforme.

Ainsi, il fut alloué dix centimes par homme et par jour, pour le logement dans les bâtiments publics et vingt centimes, lorsqu'il avait lieu dans des maisons particulières.

On fixa à dix centimes par homme et par jour, l'indemnité pour le bois de cuisine; quant aux frais de chauffage, ils furent payés suivant la quantité de combustible employé et suivant les prix ordinaires de chaque Canton.

Ces chiffres qui, au premier abord, paraissent un peu bas, donnèrent lieu à des réclamations écartées chaque fois : plus tard, chacun put se convaincre qu'ils étaient rationnels.

Une masse énorme de comptes passèrent ainsi sous les yeux du bureau spécial, qui en les contrôlant rigoureusement, eut l'occasion de les réduire d'une somme d'environ trois cent mille francs.

En premier lieu furent examinés tous ceux qui concernaient les subsistances, afin de pouvoir boucler et solder définitivement et sans retard les comptes des fournisseurs.

Puis vinrent les comptes particuliers et enfin la révision très laborieuse des bordereaux de transport par voie ferrée.

Il était très à désirer que le Gouvernement français fut entouré de tous les renseignements, de tous les documents et de toutes les justifications nécessaires, pour accompagner les comptes qui lui seraient présentés, mais comme cela aurait inévitablement occasionné une correspondance considérable entre les deux Gouvernements, et qu'on aurait ainsi perdu un temps précieux et augmenté les frais, le Conseil fédéral lui proposa d'envoyer en Suisse des délégués chargés de prendre connaissance de toutes les pièces et de vérifier tous les comptes, afin que, si des explications étaient nécessaires, on pût les leur donner aussitôt. On insista particulièrement sur le fait, que dans cette vérification, il ne s'agissait pour les délégués, que de l'examen pur et simple des comptes, en regard des pièces justificatives, et qu'en cas de contestation, le Conseil fédéral se réservait absolument la faculté de trancher la question.

Le Gouvernement français accepta cette proposition avec le plus grand empressement et envoya à Berne, M. A. Léger, inspecteur des finances; M. Bilco, sous-intendant militaire, et M. Mollin, officier d'administration. Ces délégués examinèrent à fond tout le travail et les cent-cinquante volumes des pièces annexes. Les quelques rares dépenses douteuses qu'ils signalèrent, furent immédiatement rectifiées par les Cantons qui les avaient produites.

Le compte général fut bouclé le 20 avril 1872, et tous les documents du bureau spécial ayant été classés, il put être licencié le 1ᵉʳ mai suivant.

Le compte général que nous donnons ci-après, est suffisamment détaillé pour dispenser de toute explication.

La dépense totale se décompose comme suit :

Pour les troupes internées	Fr.	9,765,603 19
Pour les troupes de surveillance . .	»	1,615,159 16
Pour les chevaux	»	773,634 55
	Total Fr.	12,154,396 90

Le chiffre le plus élevé auquel s'est monté le nombre des internés est :

Officiers	2,467
Troupe	87,847
Total	90,314

Sur lesquels, ainsi que nous l'avons vu plus haut, il est mort 1701 hommes.

Le nombre des chevaux internés régulièrement a été de 11,787.

Le nombre total des troupes de surveillance qui ont été en service pendant l'internement, s'élève à 16,861 hommes.

Le nombre total des frais, par homme et par jour de subsistance, se monte pour les troupes internées à fr. 2.38 et pour les chevaux à fr. 2.33, tandis que, pour les troupes suisses, cette moyenne n'est que de fr. 2.11.

La raison pour laquelle le coût journalier d'un soldat suisse est plus faible que pour un interné, quoique la solde de ceux-ci eût été moins élevée et que la subsistance eût été la même, provient de ce que les frais du service sanitaire, qui ont été assez considérables, ont dû être répartis pour la plus grande part sur les internés; puis les constructions provisoires qui ont dû être élevées pour leur logement, leur sont comptées, attendu que les troupes de surveillance ont généralement été logées dans des bâtiments.

En outre, les frais de transport ont été plus considérables, puisque quelques hommes de garde ont suffi pour escorter, par chemin de fer, de forts détachements; enfin le compte d'intérêt des sommes avancées a été porté en entier, sur celui des internés.

Voici quels sont, du reste, les frais par homme et par jour, suivant chacune des rubriques du compte général :

	Internés (officiers et troupe.)	Troupes de surveillance.
1º Frais généraux d'administration	Fr. 0.01,2	Fr. 0.01,1
2º Solde	» 0.43,9	» 0.07,0
3º Subsistance	» 0.87,8	» 0.90,0
4º Service de santé	» 0.15,7	» 0.03,8

Frais d'internement de l'armée française de l'Est. 1871---1872.

Désignation générale des comptes	Désignation spéciale des comptes	Frais généraux	Solde	Subsistance	Service de santé	Entretien des chevaux	Casernement	Transports	Dommages aux propriétés	Conseils de guerre	Dépenses diverses	TOTAL	Comptes spéciaux	Total général
		Fr. Cl.	Fr. Cl.	Fr. Cl.	Fr. Cl.	Fr. Cl.	Fr. Cl.	Fr. Cl.	Fr. Cl.	Fr. Cl.	Fr. Cl.	Fr. Cl.	Fr. Cl.	Fr. Cl.
Frais généraux d'administration	Frais de l'état-major fédéral chargé de diriger l'entrée des internés et plus tard, leur évacuation	10,149 55	—	—	—	—	—	—	—	—	—	10,149 55		10,149 55
	» » » de la brig. d'artillerie à Yverdon	1,223 90	—	—	—	—	—	—	—	—	—	1,223 90		1,223 90
	» » » pour le service d'escorte	529 20	—	—	—	—	—	—	—	—	—	529 20		529 20
	» » d'évacuation des troupes par Divonne	3,563 67	—	—	—	—	—	—	—	—	—	3,563 67		3,563 67
	» » » » les Verrières	4,424 55	—	—	—	—	—	—	—	—	—	4,424 55		4,424 55
	» du service de surveillance sur le lac Léman	4,001 35	—	—	—	—	—	—	—	—	—	4,001 35		4,001 35
	» des hôpitaux militaires à Neuchâtel	8,879 70	—	—	—	—	—	—	—	—	—	8,879 70		8,879 70
	Dépenses des magasins fédéraux pour { subsistances	768,[illegible] 84	—	—	—	—	—	—	—	—	—	768,[illegible] 84		768,[illegible] 84
	{ fourrages	140,426 54	—	—	—	—	—	—	—	—	—	140,426 54		140,426 54
	{ frais divers	20,403 77	—	—	—	—	—	—	—	—	—	20,403 77		20,403 77
	Dépenses diverses	190,508 98	—	—	—	—	—	—	—	—	—	190,508 98		190,508 98
	TOTAL	653,159 92	—	—	—	—	—	—	—	—	—	653,159 92	—	653,159 92
Comptes des Cantons	Dépenses des dépôts du canton de Zurich	—	[illegible]	[illegible]	[illegible]	[illegible]	[illegible]	[illegible]	[illegible]	[illegible]	[illegible]	[illegible]		[illegible]
	» » » » Berne	—	[illegible]	[illegible]	[illegible]	[illegible]	[illegible]	[illegible]	[illegible]	[illegible]	[illegible]	[illegible]		[illegible]
	» » » » Lucerne	—	[illegible]	[illegible]	[illegible]	[illegible]	[illegible]	[illegible]	[illegible]	[illegible]	[illegible]	[illegible]		[illegible]
	» » » » Uri	—	[illegible]	[illegible]	[illegible]	[illegible]	[illegible]	[illegible]	[illegible]	[illegible]	[illegible]	[illegible]		[illegible]
	» » » » Schwytz	—	[illegible]	[illegible]	[illegible]	[illegible]	[illegible]	[illegible]	[illegible]	[illegible]	[illegible]	[illegible]		[illegible]
	» » » » Unterwalden-le-Haut	—	[illegible]	[illegible]	[illegible]	[illegible]	[illegible]	[illegible]	[illegible]	[illegible]	[illegible]	[illegible]		[illegible]
	» » » » Unterwalden-le-Bas	—	[illegible]	[illegible]	[illegible]	[illegible]	[illegible]	[illegible]	[illegible]	[illegible]	[illegible]	[illegible]		[illegible]
	» » » » Glaris	—	[illegible]	[illegible]	[illegible]	[illegible]	[illegible]	[illegible]	[illegible]	[illegible]	[illegible]	[illegible]		[illegible]
	» » » » Zoug	—	13,010 08	[illegible]	[illegible]	[illegible]	[illegible]	[illegible]	[illegible]	[illegible]	[illegible]	23,208 [illegible]		[illegible]
	» » » » Fribourg	—	105,030 06	[illegible]	[illegible]	[illegible]	[illegible]	[illegible]	[illegible]	[illegible]	[illegible]	330,076 21		[illegible]
	» » » » Soleure	—	56,405 30	[illegible]	[illegible]	[illegible]	[illegible]	[illegible]	[illegible]	[illegible]	[illegible]	130,805 52		[illegible]
	» » » » Bâle-Ville	—	95,463 30	[illegible]	[illegible]	[illegible]	[illegible]	[illegible]	[illegible]	[illegible]	[illegible]	47,035 98		[illegible]
	» » » » Bâle-Campagne	—	51,860 65	[illegible]	[illegible]	[illegible]	[illegible]	[illegible]	[illegible]	[illegible]	[illegible]	51,128 30		[illegible]
	» » » » Schaffhouse	—	30,960 90	[illegible]	[illegible]	[illegible]	[illegible]	[illegible]	[illegible]	[illegible]	[illegible]	42,000 70		[illegible]
	» » » » Appenzell (Rh.-Ext.)	—	3,244 40	[illegible]	[illegible]	[illegible]	[illegible]	[illegible]	[illegible]	[illegible]	[illegible]	4,177 09		[illegible]
	» » » » Appenzell (Rh.-Int.)	—	27,312 30	[illegible]	[illegible]	[illegible]	[illegible]	[illegible]	[illegible]	[illegible]	[illegible]	55,028 12		[illegible]
	» » » » St-Gall	—	175,814 54	[illegible]	[illegible]	[illegible]	[illegible]	[illegible]	[illegible]	[illegible]	[illegible]	553,614 07		[illegible]
	» » » » Grisons	—	26,348 00	[illegible]	[illegible]	[illegible]	[illegible]	[illegible]	[illegible]	[illegible]	[illegible]	89,012 81		[illegible]
	» » » » Argovie	—	207,698 —	[illegible]	[illegible]	[illegible]	[illegible]	[illegible]	[illegible]	[illegible]	[illegible]	451,279 07		[illegible]
	» » » » Thurgovie	—	80,602 80	[illegible]	[illegible]	[illegible]	[illegible]	[illegible]	[illegible]	[illegible]	[illegible]	130,782 40		[illegible]
	» » » » Vaud	—	276,743 80	[illegible]	[illegible]	[illegible]	[illegible]	[illegible]	[illegible]	[illegible]	[illegible]	700,087 36		[illegible]
	» » » » Valais	—	23,030 24	[illegible]	[illegible]	[illegible]	[illegible]	[illegible]	[illegible]	[illegible]	[illegible]	57,800 56		[illegible]
	» » » » Neuchâtel	—	17,045 10	[illegible]	[illegible]	[illegible]	[illegible]	[illegible]	[illegible]	[illegible]	[illegible]	340,260 01		[illegible]
	» » » » Genève	—	20,513 25	[illegible]	[illegible]	[illegible]	[illegible]	[illegible]	[illegible]	[illegible]	[illegible]	23,1050 13		[illegible]
	TOTAL	—	2,423,400 01	3,092,360 01	692,107 38	517,745 54	1,963,019 50	72,087 40	540,752 68	1,386 18	230,253 47	9,264,297 98	—	9,264,297 98
Comptes spéciaux	Frais des officiers généraux et des commissions	—	198,192 58	—	—	5,768 80	—	163 15	155 70	—	—	163,891 18	133,941 18	
	Frais du parc de Colombier	—	9,531 20	14,384 47	—	—	—	—	—	—	—	24,934 52		
	» » » d'Yverdon	—	7,420 60	10,183 27	305 85	979 60	850 —	172 30	91 —	—	883 80	90,707 42		
	» » » de Grandson	—	801 30	501 10	—	205 —	—	—	—	—	140 30	1,845 70		
	TOTAL	—	17,802 10	25,386 84	305 85	1,184 60	1,013 15	628 —	83 —	—	844 40	50,957 64	50,957 64	389,174 42
	Frais du dépôt d'armes à Thoune	—	44,784 25	13,787 20	4,210 61	25,844 82	7,882 01	863 75	571 90	—	10,831 72	71,916 25	74,916 25	
	» de forteresse au Luzienstein	—	5,484 80	4,734 30	113 02	765 40	4,712 86	6 50	—	—	147 54	15,024 52	15,024 52	
	» d'évacuation des chevaux par Divonne	—	3,049 40	7,860 58	—	75,814 82	2,810 30	1,133 70	484 —	—	1,092 —	95,038 —	95,038 —	
	» Frais des conseils de guerre	—	—	—	—	—	—	—	—	6,296 81	—	6,296 81	6,296 81	
Comptes de transports	Frais de transport des troupes et du matériel de guerre	—	—	—	—	—	—	1,346,972 18	—	—	—	1,346,972 18	—	1,346,972 18
Compte d'intérêts	Intérêts au 4 ½ % et 3 % de perte sur les avances	—	—	—	—	—	—	—	—	—	—	571,843 50	—	571,843 50
Récapitulation	Montant des comptes des Cantons	—	2,423,400 01	3,092,360 01	692,107 38	517,745 54	1,963,019 50	72,087 40	540,752 68	1,386 18	230,253 17	9,264,297 98		
	» » spéciaux	—	165,356 83	74,398 92	1,329 47	108,297 71	10,468 32	2,321 85	1,148 90	6,296 85	17,375 56	389,174 42		
	» » frais de transport	—	—	—	—	—	—	1,346,972 18	—	—	—	1,346,972 18		
	TOTAL	—	2,588,762 84	3,074,178 53	664,796 86	626,013 28	1,920,387 82	1,370,081 43	550,001 58	8,293 01	240,498 73	10,949,444 08		
	Montant des frais généraux	653,159 32	—	—	—	—	—	—	—	—	—	653,159 32		
	» » intérêts	—	—	—	—	—	—	—	—	—	—	571,843 50		
	TOTAL GÉNÉRAL	633,159 32	2,588,762 84	3,074,178 53	664,796 86	626,013 28	1,920,387 82	1,370,081 43	780,001 58	8,293 01	817,642 23	12,154,306 90	—	12,154,306 90

	Internés (officiers et troupe.)	Troupes de surveillance
5° Casernement	Fr. 0.21,8	Fr. 0.03,4
6° Frais de transport	» 0.33,5	» 0.00,6
7° Indemnités pour dommages aux propriétés . . .	» 0.14,4	» —
8° Conseils de guerre	» 0.00,2	» —
9° Entretien des chevaux	» 0.19,0	» 0.02,5
10° Intérêts	» 0.14,0	» —
11° Divers	» 0.07,0	» 0.03,6
	Fr. 2.57,5	Fr. 2.11,0
Si l'on déduit les frais des chevaux internés par . .	» 0.19,0	

la dépense pour la troupe internée est ainsi par jour et
par homme de . . . . Fr. 2.38,0

Si l'on tient compte des circonstances dans lesquelles l'internement s'est effectué, on doit convenir que ce résultat est satisfaisant, et si l'on y ajoute les frais de surveillance et ceux qui concernent les chevaux, on voit que les frais de l'internement ne reviennent en totalité à la France qu'à fr. 2.97 par homme et par jour.

$$\left(\frac{12{,}154{,}396\ 90 \quad \text{somme totale}}{4{,}090{,}525\ -\ \text{jours de subsistance}} = 2.97 \right)$$

tandis que les frais qui nous ont été occasionnés par la garde de nos frontières en 1870, se sont élevés à fr. 3.25 par homme et par jour.

Le tableau suivant indique le rapport des frais entre les divers Cantons.

CANTONS	FRAIS pour les internés Fr.	C.	FRAIS pour les troupes de surveillance Fr.	C.	FRAIS pour les chevaux Fr.	C.	TOTAL Fr.	C.	Journées de subsistance — Officiers et troupes — Total Fr.	Moyenne par journée de subsistance — Internés Fr.	C.	Surveillance Fr.	C.	Chevaux Fr.	C.	Le % des frais est pour les internés de Fr.	C.	pour la surveillance de Fr.	C.
Zurich	806,916	15	161,360	24	83,103	15	1,051,378	51	605,882	1	33	2	05	2	65	83	34	16	66
Berne	1,550,354	34	375,064	32	189,232	23	2,114,650	89	918,417	1	69	2	07	2	55	80	53	19	47
Lucerne	455,295	33	64,789	54	32,522	50	552,607	37	283,233	1	61	1	55	2	58	87	54	12	46
Uri	20,630	45	7,147	34	—	—	27,777	79	18,957	1	09	2	11	—	—	74	27	25	73
Schwytz	62,277	80	17,747	89	4,647	38	84,673	07	41,984	1	48	1	77	2	72	77	82	22	18
Unterwalden-le-Haut	19,880	57	11,277	26	—	—	31,157	83	17,396	1	14	2	70	—	—	63	80	36	20
Unterwalden-le-Bas	20,229	36	7,519	94	—	—	27,749	27	17,103	1	18	2	33	—	—	72	90	27	10
Glaris	68,947	44	16,513	42	—	—	85,460	86	33,994	2	03	1	90	—	—	80	68	19	32
Zoug	36,996	19	10,835	21	—	—	47,831	40	30,257	1	22	2	20	—	—	77	14	22	86
Fribourg	436,368	51	100,046	85	47,713	92	584,129	28	211,446	2	06	2	56	2	33	81	35	18	65
Soleure	195,484	29	38,265	65	39,010	—	272,759	94	128,235	1	52	1	94	2	50	83	63	16	37
Bâle-Ville	91,604	05	9,662	85	—	—	101,266	90	64,491	1	42	3	03	—	—	90	46	9	54
Bâle-Campagne	76,584	39	25,609	85	13,633	50	116,827	74	66,249	1	16	2	23	2	80	74	20	25	80
Schaffhouse	71,594	62	19,918	94	—	—	91,513	56	45,676	1	57	1	85	—	—	78	24	21	76
Appenzell (Rh.-Ext.)	82,861	69	16,009	67	—	—	98,871	36	58,497	1	42	2	16	—	—	83	81	16	19
Appenzell (Rh.-Int.)	7,466	10	4,202	10	—	—	11,668	20	3,868	1	93	1	61	—	—	63	99	36	01
St-Gall	531,546	28	105,182	55	4,185	89	640,914	72	300,947	1	77	1	82	2	16	83	48	16	52
Grisons	69,905	62	22,368	85	—	—	92,274	47	47,194	1	48	1	90	—	—	75	76	24	24
Argovie	585,854	79	207,201	97	74,692	38	867,749	14	380,271	1	54	2	44	2	03	73	87	26	13
Thurgovie	236,108	83	53,429	02	26,870	06	316,407	91	142,192	1	66	1	80	2	21	81	55	18	45
Vaud	1,227,334	62	164,102	05	154,982	50	1,546,449	17	550,690	2	23	1	64	2	50	88	20	11	80
Valais	63,105	60	15,843	51	—	—	78,949	11	45,398	1	39	1	76	—	—	79	93	20	07
Neuchâtel	256,800	95	28,301	28	15,330	75	300,432	98	34,129	7	52	2	11	2	06	90	07	9	93
Genève	79,760	15	21,523	26	19,542	30	120,826	01	17,221	4	63	5	26	3	—	78	75	12	25
TOTAL	7,053,908	12	1,504,923	80	705,465	56	9,264,297	48	4,090,525	1	92	2	20	2	46	83	14	16	86

La différence assez sensible, que l'on remarque entre la dépense proportionnelle des Cantons, provient de ce que, dans les limites posées par les dispositions générales du Département militaire fédéral, ils étaient libres de loger et d'entretenir comme ils l'entendraient les internés qui étaient répartis sur leur territoire et de ce que les prix étaient naturellement différents suivant les localités.

Le taux élevé auquel on a dû payer les jours de subsistance à Neuchâtel et à Genève, s'explique pour le premier, par le fait, qu'une grande quantité de soldats ont passé par son territoire, lors de leur entrée en Suisse, et n'y sont restés que peu de jours, qu'en outre, les hôpitaux ont été pendant toute la durée de l'internement constamment occupés par des malades, tandis qu'il n'y avait pas dans ce Canton de soldats internés. Il en a été de même pour Genève, qui a été mis fortement à contribution lors de l'évacuation, ainsi que par les nombreux convois de malades rapatriés, dont un grand nombre a dû être soigné pendant un ou plusieurs jours.

Nous avons indiqué déjà, que le contenu des caisses du trésor livrées lors de l'entrée de l'armée en Suisse se montait à . . . . Fr.   1,682,584 66

Que la vente des chevaux a produit . . . .   »   1,154,459 04

et la vente d'autres objets . . . .   »   160,646 56

Ce qui faisait en somme . . . . Fr.   2,997,690 26

La France avait remboursé
le 15 juillet 1871 . . . .   »   1,000,000 —
le 18 juillet 1871 . . . .   »   500,000 —
le 19 juillet 1871 . . . .   »   500,000 —
et avait annoncé, en demandant le 3 août, au Conseil fédéral la restitution des armes à feu portatives, vouloir effectuer le versement d'un million tous les quinze jours, à partir du 15 août, mais en réalité les versements subséquents eurent lieu comme suit :

le 9 novembre . . . .   »   1,000,000 —
le 18 novembre . . . .   »   500,000 —
le 30 novembre . . . .   »   500,000 —
le 1er décembre . . . .   »   1,000,000 —
le 24 juillet 1872 . . . .   »   2,000,000 —
le 5 août 1872 . . . .   »   2,000,000 —
le 12 août 1872 . . . .   »   202,127 90

Fr. 12,199,188 16

Somme égale au total du compte général bouclé le 20 avril 1872, plus la bonification des intérêts du solde de compte, soit fr. 45,421 26. L'intérêt des sommes dont la Confédération a fait l'avance, a été payé au 4 1/2 % jusqu'au remboursement intégral.

La France a, en outre, bonifié sa part proportionnelle des pertes subies sur l'emprunt de 1871, à raison du 3 % des avances qui lui ont été faites.

Dans le calcul des intérêts et autres frais de l'emprunt, nous sommes partis du principe, que la France devait nous rembourser nos avances aux mêmes conditions que celles que nous avons dû supporter nous-mêmes, lorsque nous nous sommes procuré l'argent nécessaire pour suffire aux dépenses extraordinaires qui allaient nous incomber.

L'emprunt de quinze millions six cent mille francs a été souscrit au taux de 97 fr. et à 4 1/2 %, et les fr. 349,212 58 qui ont été portés à son compte, représentent la part proportionnelle qui lui incombe à ce même taux, sur les sommes dépensées pour ses troupes. En outre, l'intérêt à 4 1/2 %, au 31 juillet 1872, se montait à fr. 250,318 08, ce qui ensemble fait fr. 599,530 66.

L'Assemblée fédérale, à laquelle fut soumis le compte général avec la France, dans sa première session ordinaire de 1873, nomma une commission pour l'examiner, et dans le Conseil des Etats, aussi bien que dans le Conseil national, elle fut unanime pour proposer son adoption, en saisissant cette occasion de remercier le peuple et les Autorités suisses des efforts qu'ils ont fait, lors de l'entrée de l'armée de Bourbaki dans notre pays.

Cette commission déclara, que le Conseil fédéral avait consciencieusement fait remplir les obligations qui incombaient à un Etat neutre, et exprima d'un autre côté, sa satisfaction profonde de la manière loyale dont le Gouvernement français s'est acquitté de ses obligations.

M. Cérésole, Président de la Confédération, prend acte des éloges que la commission a donnés à l'Administration militaire, et ajoute :

« Le Commissariat a été assez souvent exposé à des critiques, pour qu'il vaille la peine de relever les services qu'il a rendus lors de l'internement. Dans cette circonstance, l'Administration fédérale toute entière a fait son devoir, et grâce au concours des Administrations cantonales et communales et au dévouement des populations, la Suisse a pu se tirer avec honneur d'une épreuve difficile. Nous assistons dans ce moment au dernier acte du drame de l'internement en Suisse de l'armée française de l'Est, et l'approbation que le Conseil des Etats donne à son tour, à ce que le Conseil fédéral a fait dans cette circonstance, clôt cette page mémorable de notre histoire.

» Il vaut donc la peine de s'arrêter encore un instant et de jeter un coup d'œil en arrière.

» Nous ne pouvons le faire sans reconnaître que l'entrée en Suisse, le 1er février 1871, de 90,000 hommes et de 14,000 chevaux, qui aurait pu nous causer des embarras de toute espèce, n'a eu, en dépit des prophéties sinistres et des compliments ironiques de certains journaux du Sud de l'Allemagne, que des conséquences heureuses pour la Suisse. Cet événement a montré ce que peuvent faire un gouvernement et un peuple unis dans un sentiment commun de patriotisme et d'humanité. Il a créé entre la France et nous des sentiments plus étroits de sympathie et de reconnaissance. A ces divers points de vue, nous n'avons qu'à nous féliciter de l'épreuve que nous avons subie.

» Le règlement des comptes avec la France s'est fait dans les meilleures conditions, et nous n'avons qu'à nous louer des procédés de la France et de ses représentants à notre égard.

» Pour éviter des correspondances et des demandes d'explications qui n'auraient pas manqué de surgir de la part de l'Administration française, si nous nous étions bornés à lui exposer sans autre, la carte à payer, nous lui avons proposé d'envoyer ici des délégués, non point pour contrôler, ni pour discuter, mais pour prendre connaissance des comptes et pour obtenir de l'Administration suisse les explications nécessaires. Cette marche a eu les meilleurs résultats. Les délégués français ont rempli leur mission avec beaucoup de soin et de tact. Sur plusieurs points, le Département militaire a trouvé leurs observations fondées et y a fait droit immédiatement. Sur tous les autres, les délégués français ont reconnu les comptes justes et ils en ont proposé le paiement intégral à leur Gouvernement.

» Le 12 août 1872, le dernier centime dû à la Suisse par la France, sur un compte de 12,000,000 francs, y compris l'intérêt et la perte sur l'emprunt, était payé à la Caisse fédérale.

» L'Assemblée nationale française a exprimé ses remerciements à la Suisse. Le Gouvernement de la République l'a fait, de son côté, dans diverses circonstances. C'est assez dire, que les attaques dont la Suisse a été l'objet de la part de quelques journalistes français à propos des comptes de l'internement, n'ont aucun caractère officiel.

» Nous pouvons les mépriser. C'est injurier gratuitement un pays ami, que de prétendre, par exemple, que nous avons fait payer à la France une partie des frais faits pour la défense de nos frontières en 1870 et 1871.

» Ces frais qui s'élèvent à plus de huit millions, nous les supportons tout entiers, bien que nous n'ayons certes pas été les auteurs de la guerre.

» Le Gouvernement français a tenu à répudier toute solidarité avec ces calomnies de quelques journalistes avides de scandale et qui ont cru sans doute, que la France avait trop d'amis, et il l'a fait de la manière la plus complète par l'organe de son représentant à Berne.

» De ce côté encore, nous pouvons considérer l'internement de l'armée de l'Est comme s'étant heureusement terminé pour nous. »

Il eût été intéressant à bien des égards, d'indiquer, avant de terminer ce rapport, quelle a été la sphère d'action des nombreuses sociétés de secours particulières qui se sont formées en Suisse, dès le début de la guerre, pour venir en aide aux blessés des deux armées ou soulager la misère des populations ruinées par le séjour ou le passage des belligérants au milieu d'elles.

Les sociétés de secours aux blessés de Genève et de Bâle, ainsi que la Société centrale suisse, sous la présidence de M. le Dr Dubs, alors conseiller fédéral, rendirent de très grands services. C'est à leur initiative qu'une partie de la population de Strasbourg dût d'échapper aux horreurs d'un siége prolongé et reçut un asile au milieu de nous. C'est également par leurs soins, que les enfants de Montbéliard et de la contrée environnante, furent amenés dans notre pays pour y attendre la paix et le retour de leurs parents dans leurs foyers.

Ces enfants furent répartis dans plusieurs localités, en tenant compte de leur religion et des circonstances particulières dans lesquelles ils se trouvaient, et ils reçurent, outre l'entretien journalier et gratuit, des vêtements et l'instruction scolaire.

C'est encore à l'initiative de ces sociétés, qu'on dût de porter secours aux populations ruinées par la guerre, en leur envoyant, soit de l'argent et des vêtements, soit des denrées et des semences pour reprendre leurs travaux agricoles et leur rendre l'avenir moins sombre.

Mais, outre ces sociétés, qui avaient un caractère semi-officiel, il se forma dans chaque localité où des soldats français furent internés, une société particulière, qui ne cessa de fonctionner, que lorsque le dernier interné eut quitté le sol helvétique.

Ces sociétés, disposant des contributions volontaires des citoyens qui les fournirent toujours abondamment, d'argent, de vêtements et de secours de toute espèce, eurent une action plus directe et plus immédiate, et rendirent ainsi de précieux services.

On songea, au premier moment, à réunir les comptes-rendus de chacune de ces sociétés, pour en faire l'objet d'un travail qui eût terminé le présent rapport et eût offert des particularités pleines d'intérêt; mais on reconnût bientôt la difficulté d'obtenir des ren-

. seignements précis et homogènes de chacune d'elles, attendu que, le plus souvent, dans la louable précipitation de venir immédiatement en aide aux malheureux qui avaient le plus pressant besoin de secours, on ne songea qu'à distribuer à tous les contributions volontaires qui affluaient de toutes parts. Ce ne fut que plus tard, lorsque la charité publique put reprendre haleine , qu'on prit note du mouvement des magasins et de la caisse. En outre, comme ces sociétés étaient tout à fait privées et n'avaient de compte à rendre qu'à elles-mêmes et à ceux qui leur fournissaient leurs moyens d'action, il a paru plus convenable et plus conforme à l'esprit républicain, de laisser dans l'ombre les bienfaits que les citoyens suisses ont été heureux de répandre individuellement sur leurs hôtes malheureux

Tout ce qu'on peut dire, c'est que le chiffre total de ces secours particuliers s'élève à une somme très considérable, qui étonnerait sans doute si on la faisait connaître et dans laquelle n'est point compris le taux des journées de travail perdues par les gens qui , à tour de rôle, se dévouaient au soulagement des internés, ou qui, appelés sous les armes pour leur garde, ne pouvaient pas consacrer leur temps aux soins de leurs intérêts particuliers, ce dont un grand nombre souffrirent.

FIN

TABLE DES MATIÈRES

LAUSANNE. — IMPRIMERIE L. VINCENT.